8 Z 10486

Paris
1886

Schiller, Frederich von

Correspondance

Extraits

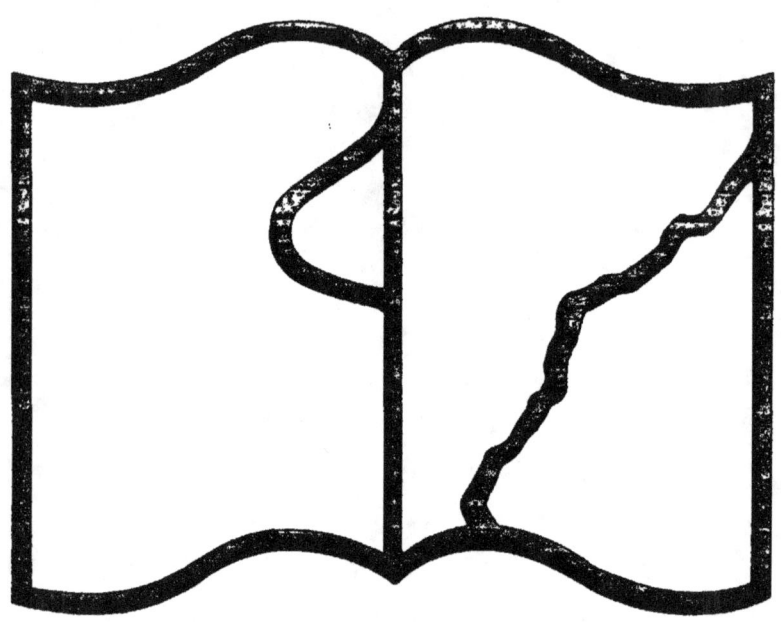

**Symbole applicable
pour tout, ou partie
des documents microfilmés**

Texte détérioré — reliure défectueuse

NF Z 43-120-11

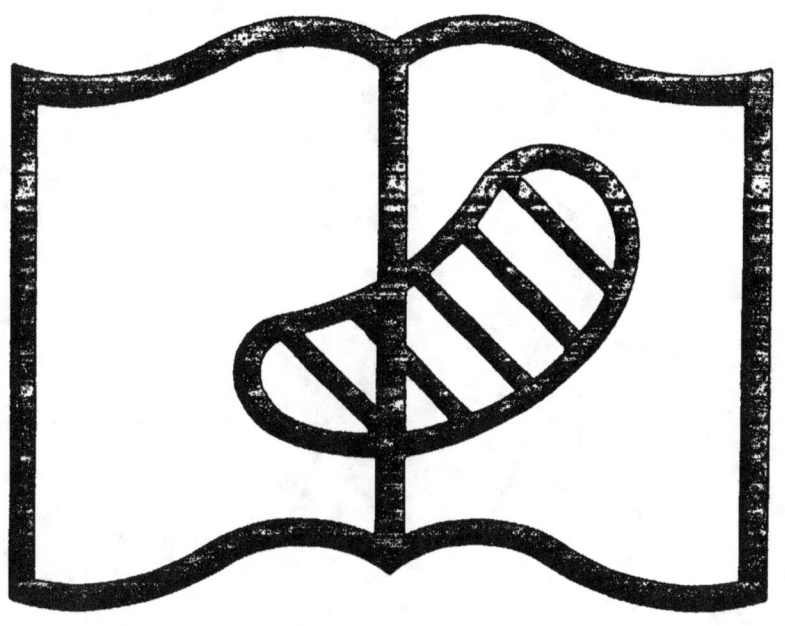

Symbole applicable
pour tout, ou partie
des documents microfilmés

Original illisible

NF Z 43-120-10

J. BOULANGER

CORRESPONDANCE

ENTRE

SCHILLER ET GŒTHE

A LA MÊME LIBRAIRIE :

Extraits de la correspondance entre Schiller et Gœthe, publiés avec une introduction et des notes par M. B. Lévy; texte allemand. 1 vol. petit in-16, cart.   3 fr.

Coulommiers. — Imp. P. BRODARD et GALLOIS.

CORRESPONDANCE

ENTRE

SCHILLER ET GŒTHE

EXTRAITS

TRADUITS EN FRANÇAIS

PAR B. LÉVY

Ancien inspecteur général des langues vivantes.

PARIS
LIBRAIRIE HACHETTE ET Cie
79, BOULEVARD SAINT-GERMAIN, 79

1886
Tous droits réservés.

AVANT-PROPOS

Parmi les lettres dont nous publions la traduction en français, les unes sont traduites pour la première fois, les autres ont été traduites déjà par M#me# de Carlowitz et publiées avec un beau commentaire par M. Saint-René Taillandier, de l'Académie française.

Dans notre traduction nous avons cherhé à reproduire, avec toute la fidélité possible, et les pensées des deux illustres correspondants, et la forme sous laquelle ces pensées apparaissent dans leur correspondance. Quand il s'agit de poètes et de penseurs tels que Goethe et Schiller, les moindres nuances méritent notre attention, et le traducteur doit s'efforcer d'offrir à ses lecteurs la reproduction exacte de son original. D'ailleurs notre but spécial, celui d'être utile à ceux qui étudient la langue allemande, nous imposait la nécessité de rester sans cesse aussi près que possible du texte allemand, afin que la comparaison entre les deux langues ne présentât point trop de difficulté. Pour remplir cette tâche, si importante à notre point de vue, nous avons bien des fois péché forcément contre les lois de l'élégance et de l'harmonie. Le lecteur nous pardonnera en faveur de l'intention, et du désir de créer un instrument d'étude d'un maniement facile.

Les notes nécessaires pour expliquer certaines allusions, des titres d'ouvrages ou des noms propres peu connus, se trouvent en français dans le texte original. Nous avons pensé qu'il était superflu de les répéter dans la traduction; nous n'avons pas cru non plus devoir reproduire, en tête de ce volume, la préface qui accompagne nos extraits des lettres originales.

AVANT-PROPOS

Parmi les lettres dont nous publions la traduction en français, les unes sont traduites pour la première fois, les autres ont été traduites déjà par Mme de Carlowitz et publiées avec un beau commentaire par M. Saint-René Taillandier, de l'Académie française.

Dans notre traduction nous avons cherhé à reproduire, avec toute la fidélité possible, et les pensées des deux illustres correspondants, et la forme sous laquelle ces pensées apparaissent dans leur correspondance. Quand il s'agit de poètes et de penseurs tels que Goethe et Schiller, les moindres nuances méritent notre attention, et le traducteur doit s'efforcer d'offrir à ses lecteurs la reproduction exacte de son original. D'ailleurs notre but spécial, celui d'être utile à ceux qui étudient la langue allemande, nous imposait la nécessité de rester sans cesse aussi près que possible du texte allemand, afin que la comparaison entre les deux langues ne présentât point trop de difficulté. Pour remplir cette tâche, si importante à notre point de vue, nous avons bien des fois péché forcément contre les lois de l'élégance et de l'harmonie. Le lecteur nous pardonnera en faveur de l'intention, et du désir de créer un instrument d'étude d'un maniement facile.

Les notes nécessaires pour expliquer certaines allusions, des titres d'ouvrages ou des noms propres peu connus, se trouvent en français dans le texte original. Nous avons pensé qu'il était superflu de les répéter dans la traduction; nous n'avons pas cru non plus devoir reproduire, en tête de ce volume, la préface qui accompagne nos extraits des lettres originales.

EXTRAITS

DE

LA CORRESPONDANCE

ENTRE

SCHILLER ET GŒTHE

1794

1.

Monsieur et très-honoré Conseiller intime,

Ces lignes contiennent le vœu d'une réunion d'hommes qui ont pour vous une estime sans bornes : ils souhaitent vous voir honorer la Revue projetée de votre collaboration dont le rang et la valeur ne sauraient rencontrer qu'une voix parmi nous. Si vous pouvez, très-honoré monsieur, vous décider à soutenir cette entreprise de votre concours, la réussite en sera assurée, et nous sommes très-disposés à accepter toutes les conditions auxquelles vous voudrez bien nous l'accorder.

Ici, à Iéna, MM. Fichte, Woltmann et de Humboldt, se sont associés pour la publication de cet écrit périodique; or, d'après une disposition indispensable, un comité composé de quelques membres devra donner son avis sur tout manuscrit envoyé, et vous nous obligeriez infiniment, très-honoré monsieur, si vous vouliez permettre que de temps à autre un de ces manuscrits fût soumis à votre appréciation. Plus sera grande et intime la part que vous daignerez prendre à notre entreprise, plus la valeur de celle-ci croîtra auprès de cette classe de lecteurs dont l'approbation a pour nous le plus de prix.

C'est avec la plus haute estime que je demeure, très-honoré monsieur, votre très-humble et très-sincère admirateur.

FR. SCHILLER.

Iéna, 13 juin 1794.

Les Heures.

Sous ce titre paraîtra au commencement de l'année 1795 une revue mensuelle publiée par une réunion d'hommes de lettres connus. Elle embrassera les matières susceptibles d'être traitées avec goût et avec un esprit philosophique; c'est dire que ses colonnes seront ouvertes aux recherches philosophiques aussi bien qu'aux peintures poétiques et historiques. Tout ce qui n'intéresse que le lecteur savant, tout ce qui ne satisfait que le lecteur ignorant en sera exclu; elle s'interdira surtout d'une manière absolue ce qui a rapport à la religion officielle et à la constitution politique. Elle est dédiée au beau monde comme un instrument de savoir et de culture intellectuelle; au monde savant, comme une libre recherche de la vérité, comme un fécond échange d'idées. En s'efforçant d'enrichir la science par la valeur intrinsèque des articles, on espère, en même temps, étendre le cercle des lecteurs par la beauté de la forme.

Au milieu de tant d'écrits périodiques semblables, il sera peut-être difficile de se faire écouter, et après tant d'essais malheureux dans ce genre, il sera plus difficile encore d'inspirer quelque confiance. Les espérances des éditeurs de la présente revue mensuelle sont-elles fondées? On en jugera d'après les moyens employés par eux pour arriver à leur but.

La valeur intrinsèque d'une entreprise littéraire peut seule lui assurer la faveur durable du public; d'autre part, cette faveur seule peut donner à l'auteur d'une telle œuvre le courage et la force de faire les sacrifices nécessaires pour lui assurer cette valeur. La grande difficulté est donc celle-ci : le succès devrait en quelque sorte être réalisé déjà, pour rendre possible la dépense qui seule peut le réaliser. Pour sortir de ce cercle il n'y a qu'une issue; c'est qu'un homme entreprenant risque sur ce succès problématique ce qui serait à peu près nécessaire pour le rendre certain.

La clientèle ne manque pas à ce genre d'écrits; mais cette clientèle se partage entre trop de journaux isolés. En additionnant les acheteurs de tous les journaux de cette catégorie, on arriverait à un total qui suffirait à faire vivre l'entreprise même la plus dispendieuse. Or ce total appartiendra à la revue qui, réunissant en elle tous les avantages par lesquels subsistent les journaux isolés, ne dépassera pas néanmoins le prix de ceux-ci d'une manière bien sensible.

Tout écrivain de mérite a son cercle dans le monde des lecteurs, et l'auteur même le plus lu n'y a que son cercle. La culture intellectuelle, en Allemagne, n'est pas encore arrivée au point qu'on trouve entre les mains de tout le monde ce qui plaît aux hommes d'élite. Si maintenant les principaux écrivains de notre nation viennent à former une association littéraire, ils réuniront par cela même le public jusque-là disséminé ; et l'œuvre à laquelle tous prendront part aura pour clientèle le monde entier des lecteurs. Par ce moyen on sera en état d'offrir à chacun des collaborateurs tous les avantages que le cercle de lecteurs et d'acheteurs même le plus étendu peut procurer à un auteur isolé.

Un éditeur, à la hauteur de cette entreprise sous tous les rapports, s'est trouvé dans la personne du libraire Cotta de Tubingen; il est prêt à mettre la main à l'œuvre, dès qu'on aura réuni le nombre voulu de collaborateurs. Tout auteur, qui recevra ce prospectus, est invité à faire partie de notre société ; et l'on espère avoir fait en sorte qu'il ne paraisse pas devant le public dans une compagnie indigne de lui. Mais toute l'entreprise n'étant possible qu'à la condition de réunir un nombre suffisant de collaborateurs, on ne peut permettre à aucun des auteurs conviés de différer son consentement jusqu'après l'apparition de la revue ; car il faut que l'on sache d'avance sur qui compter, pour pouvoir seulement songer à l'exécution. Dès que le nombre voulu aura été atteint, tous les collaborateurs de la revue en seront immédiatement avisés.

Il a été convenu qu'on publierait par mois neuf feuilles grand-raisin ; la feuille d'impression sera rémunérée par... louis d'or, en or. L'auteur, de son côté, s'engage à ne point faire usage des articles imprimés dans la revue pendant les trois ans qui suivront cette publication, à moins cependant qu'il n'y ait été fait des changements importants.

Quoique les gens de lettres dont on a sollicité le concours soient incapables de rien écrire qui ne fût digne d'eux-mêmes et d'un écrit périodique comme le nôtre, on a cependant établi, par des raisons faciles à comprendre, qu'aucun manuscrit ne serait livré à l'impression sans avoir été soumis à un certain nombre de membres désignés à cet effet. C'est une convention à laquelle MM. nos collaborateurs se soumettront d'autant plus volontiers qu'ils pourront être assurés qu'on débattra tout au plus l'utilité de leurs articles relativement au plan et à l'intérêt de notre journal. Ni le rédacteur en chef, ni le comité ne se permettront de rien changer aux manuscrits de leur propre autorité. Si des changements étaient nécessaires, il va de soi que l'auteur serait invité à les faire lui-même. L'impression des manuscrits sera réglée d'après l'ordre de leur envoi, en tant que cet ordre se conciliera avec la variété des sujets que réclamera chaque livraison mensuelle. Cette variété a rendu nécessaire la clause qui ne permet pas qu'un article s'étende au delà de trois livraisons, ou qu'il remplisse dans l'une d'elles plus de soixante pages.

Les lettres et les manuscrits doivent être adressés au rédacteur de la revue ; il est responsable envers les auteurs des articles, et il sera toujours prêt à en rendre compte à chacun d'eux, dès qu'il en sera requis.

A peine est-il nécessaire de rappeler que le présent avis ne doit pas être rendu public.

Fr. Schiller,
Conseiller aulique et professeur à Iéna.

Iéna, le 13 juin 1794.

2.

Honoré Monsieur,

La publication que vous préparez et la collaboration à laquelle vous m'invitez m'ouvrent une perspective doublement agréable. C'est avec plaisir et de tout cœur que je m'associerai à vous.

Si parmi mes travaux non imprimés, il y avait quelque chose qui convînt à un tel recueil, je me ferais un plaisir de le communiquer. Ce qui est sûr c'est que bien des choses stagnantes chez moi reprendront leur cours, grâce au lien qui va m'unir à des hommes aussi vaillants que le sont les fauteurs de la Revue.

Déjà sera-ce une conversation très-intéressante, que d'établir les principes d'après lesquels on devra examiner les articles à insérer, et de surveiller le fond et la forme, afin de donner à cet écrit périodique sa supériorité sur les autres, et de lui assurer, grâce à ces avantages, une durée au moins de quelques années.

J'espère pouvoir bientôt m'en entretenir de vive

voix avec vous, et je présente mes meilleurs compliments à vous et à vos estimables collaborateurs.

GOETHE.

Weimar, le 24 juin 1794

3.

Iéna, le 23 août 1794.

Hier j'ai eu le plaisir d'apprendre que vous êtes de retour de votre voyage. Nous avons donc l'espoir de vous revoir peut-être bientôt parmi nous; pour ma part je le souhaite de tout cœur. Les derniers entretiens que j'eus avec vous ont mis en mouvement toute la masse de mes idées; car ils portaient sur un sujet qui m'occupe vivement depuis plusieurs années. Pour éclairer bien des points, sur lesquels je ne pouvais tomber d'accord avec moi-même, le regard de votre intelligence (car c'est ainsi qu'il me faut nommer l'impression totale de vos idées sur moi) a allumé en moi une lumière inattendue. C'est l'objet, le corps qui manquait à beaucoup de mes idées spéculatives, et vous m'en avez montré la trace. Votre coup d'œil observateur qui s'arrête sur les objets avec tant de calme et de clarté, ne vous expose jamais à prendre la fausse route, où s'égare si aisément la spéculation, aussi bien que l'imagination sans frein et sans autre guide qu'elle-même. Les éléments que l'analyse cherche avec tant de peine, se trouvent bien plus complétement dans votre juste intuition; vos propres richesses vous sont inconnues, parce que ces éléments se trouvent en vou; comme un tout; et malheureusement nous ne possédons que ce que nous décomposons. Les esprits de votre trempe savent donc rarement jusqu'à quelle profondeur ils ont pénétré, et combien peu ils ont sujet de faire des emprunts à la philosophie qui ne peut qu'aller à leur école. Celle-ci ne fait qu'analyser ce qu'on lui donne; mais donner n'est pas le propre de l'analyse; c'est le propre du génie qui compose d'après des lois objectives, sous l'influence mystérieuse, mais infaillible, de la raison pure.

Depuis longtemps déjà, quoique d'assez loin, j'ai suivi la marche de votre esprit, et observé, avec une admiration toujours nouvelle, la route que vous vous êtes tracée. Vous cherchez l'absolu de la nature, mais vous le cherchez par la voie la plus difficile, dans laquelle toute puissance moins forte se gardera bien de s'engager. Vous embrassez la nature tout entière pour répandre la lumière sur chaque partie isolée, et c'est dans l'ensemble de ses diverses manifestations que vous recherchez la raison de l'individu. De l'organisme le plus simple vous montez pas à pas au plus compliqué, pour construire enfin, nouvelle genèse, le plus compliqué de tous, l'homme, avec les matériaux de l'édifice tout entier de la nature. En cherchant à le créer d'après la nature, vous pénétrez dans sa technique cachée. Idée grande et vraiment héroïque, qui montre assez combien votre génie retient en un beau faisceau toutes les richesses de ses conceptions. Vous n'avez jamais pu espérer que votre vie suffirait à un pareil but; mais oser entreprendre une telle route est plus méritoire que de parcourir en entier toute autre; vous avez

choisi, comme Achille dans l'Iliade, entre Phtie et
l'immortalité. Si vous étiez né grec ou même italien,
si dès le berceau déjà une nature exquise et un art
idéal vous avaient entouré, votre chemin eût été
infiniment abrégé, peut-être entièrement supprimé.
Dès l'abord votre esprit eût conçu les objets sous
leur forme parfaite, dès vos premiers pas le grand
style se serait développé chez vous. Mais comme
vous êtes né allemand, et que votre esprit grec a été
jeté sur cette terre boréale, il ne vous restait que
le choix entre devenir un artiste du nord ou rendre
à votre imagination, par la force de la pensée, ce
que lui refusait la réalité, et enfanter en quelque
sorte une Grèce née de vous-même par une voie
rationnelle. A cette époque de la vie, où l'âme se
crée son monde intérieur avec les éléments du
monde extérieur, vous étiez entouré de formes
défectueuses, et déjà en proie à l'intempérance
d'une nature septentrionale; mais alors votre génie
triomphant et supérieur à son milieu grossier, dé-
couvrit ce défaut en lui-même; en dehors de lui il
trouva sa découverte confirmée par la connaissance
qu'il fit de la nature grecque. D'après cet excellent modèle, créé par votre génie, il vous fallut
corriger désormais cette nature grossière imposée
autrefois à votre imagination ; or cela ne peut se
faire que d'après des idées dirigeantes. Mais cette
direction logique, que l'esprit de réflexion est obligé
de prendre, ne cadre pas avec la direction esthétique qui seule rend le génie créateur. Vous avez
ainsi une tâche de plus; car, de même que vous
êtes arrivé de la réalité à l'abstraction, il vous a
fallu revenir en arrière et transformer vos idées

en intuitions, et vos pensées en sentiments ; eux seuls rendent le génie productif.

C'est à peu près de cette manière que je juge la marche de votre esprit, et vous-même mieux que personne vous devez savoir si j'ai raison. Mais ce que vous ne savez pas sans doute (le génie restant toujours pour lui-même le plus grand mystère), c'est le bel accord qui existe entre votre instinct philosophique et les plus purs résultats des spéculations de la raison. Au premier abord il semble qu'il ne peut y avoir de contrastes plus grands que l'esprit spéculatif, qui procède de l'unité, et l'esprit d'intuition qui procède de la diversité. Mais si le premier cherche avec un sens chaste et infatigable les faits de l'expérience, et si le dernier cherche la loi avec toute l'ardeur et toute l'indépendance de ses facultés pensantes, il faudra que les deux se rencontrent à mi-chemin. Il est vrai que l'esprit intuitif s'occupe des individus et le spéculatif des espèces. Mais si l'esprit intuitif est doué de génie, et s'il cherche dans l'empirisme le caractère de l'absolu, il ne cessera pas, sans doute, d'enfanter des individus, mais des individus ayant les caractères de l'espèce ; et si l'esprit spéculatif est doué de génie, s'il ne perd pas de vue les faits de l'expérience, tout en s'élevant au-dessus d'eux, il ne cessera pas, à la vérité, d'enfanter des espèces, mais des espèces ayant la faculté de vivre, et des rapports solides avec des objets réels.

Cependant je m'aperçois qu'au lieu d'une lettre je suis en train d'écrire une dissertation; pardonnez au vif intérêt dont ce sujet me remplit ; et si vous ne reconnaissiez pas votre image dans ce miroir, je vous prie néanmoins de ne pas en détourner vos regards.

L'opuscule de Moritz que M. de Humboldt demande la permission de garder encore quelques jours, a été lu par moi avec beaucoup d'intérêt, et m'a fourni quelques enseignements importants. C'est un vrai plaisir que de se rendre clairement compte d'un procédé instinctif si propre à induire en erreur, et de justifier ainsi ses sentiments par des lois. En poursuivant les idées du traité de Moritz, on voit peu à peu un bel ordre s'introduire dans l'anarchie de la langue, et si, à cette occasion, on découvre les défectuosités et les limites de notre idiome, on apprend aussi à en connaître la force, et on finit par savoir comment et à quoi on peut l'employer.

Le factum de Diderot est très-amusant, surtout la première partie, et, étant donné le sujet, il est manié avec une décence tout à fait édifiante. Je vous demande aussi la permission de garder cet ouvrage encore quelques jours.

Le moment est venu, selon moi, de mettre en train le nouveau journal. Peut-être vous sera-t-il agréable de commencer la première livraison : en ce cas je prendrai la liberté de vous demander si vous ne voulez pas y publier peu à peu votre roman. Mais que, dans un avenir plus ou moins rapproché, vous le destiniez ou non à notre revue, vous m'accorderiez une grande faveur en me le communiquant. Mes amis ainsi que ma femme se rappellent à votre bienveillant souvenir, et je demeure avec la plus parfaite estime,

Votre très-obéissant serviteur.

F. SCHILLER.

4.

L'anniversaire de ma naissance, qui tombe cette semaine, ne pouvait m'apporter un cadeau plus agréable que votre lettre; vous y tracez d'une main amie la somme de mon existence, et, par l'intérêt que vous me témoignez, vous m'exhortez à faire de mes forces un usage plus actif et plus diligent.

Les jouissances pures et les véritables profits sont toujours réciproques; il me sera doux de vous faire comprendre à l'occasion, quel fruit j'ai retiré de votre entretien; que moi aussi je compte une ère nouvelle à partir de ces jours-là, et que je cesse de me plaindre d'avoir suivi ma route sans beaucoup d'encouragement, depuis qu'il parait que nous allons, après une rencontre si inopinée, voyager désormais ensemble. J'ai toujours su apprécier la loyauté et la rare gravité qui règnent dans vos actes, comme dans vos écrits; et maintenant j'oserai prétendre être initié par vous-même à la marche de votre esprit, surtout dans ces dernières années. Quand nous nous serons mutuellement indiqué les points où nous sommes arrivés aujourd'hui, nous pourrons d'autant mieux travailler en commun sans interruption.

Je vous communiquerai avec plaisir tout ce qui est à moi, et en moi. Car je sens très-vivement que mon entreprise dépasse la mesure et la durée terrestre des forces humaines, et je voudrais déposer chez vous bien des choses, non-seulement pour les conserver, mais aussi pour les vivifier.

Combien sera grand l'avantage que je tirerai de

l'intérêt que vous prenez à mon œuvre! vous vous en convaincrez bientôt vous-même, lorsque, me connaissant mieux, vous aurez découvert chez moi je ne sais quoi d'obscur et d'incertain dont je ne puis me rendre maître, quoique j'en aie pleinement conscience. Mais ces sortes de phénomènes se rencontrent quelquefois dans notre nature, à laquelle, malgré cela, nous aimons à obéir, pourvu qu'elle ne devienne pas par trop tyrannique.

J'espère passer bientôt quelque temps auprès de vous et alors nous examinerons ensemble bien des points.

Quelques semaines avant votre invitation j'ai malheureusement cédé mon roman au libraire Unger. Depuis lors je me suis dit plus d'une fois qu'il aurait convenu fort bien à notre Revue; c'est, parmi ceux que j'ai encore, le seul ouvrage qui forme une masse; et puis c'est une sorte de composition problématique, comme les aiment nos bons Allemands.

J'enverrai le premier livre dès que les bonnes feuilles seront rassemblées. Cet ouvrage date déjà de si loin que je n'en suis plus que l'éditeur, dans la stricte acception du mot.

Si parmi mes idées il y avait quelque chose à élaborer pour servir à notre but, il nous sera facile de tomber d'accord sur la forme la plus convenable; cela réglé, l'exécution ne nous offrirait pas d'obstacle.

Adieu; souvenez-vous de moi dans votre cercle.

Ettersbourg, le 27 août 1794.

GOETHE.

5.

Iéna, le 31 août 1794.

A mon retour de Weissenfels, où j'avais un rendez-vous avec mon ami Koerner de Dresde, j'ai reçu votre avant-dernière lettre dont le contenu m'a doublement réjoui ; car elle me montre qu'en jugeant votre génie je me suis rencontré avec votre propre volonté, et que la sincérité avec laquelle j'ai laissé parler mon cœur ne vous a point déplu. Notre connaissance tardive, mais qui éveille en moi plus d'une belle espérance, prouve une fois de plus combien il vaut souvent mieux laisser faire le hasard que de le prévenir par trop d'empressement. Si vif qu'ait toujours été mon désir d'être avec vous dans une relation plus étroite que celle qui est possible entre l'esprit de l'auteur et de son lecteur le plus attentif, je comprends cependant parfaitement bien aujourd'hui que les voies si différentes que nous suivions, vous et moi, n'auraient pu nous rapprocher utilement avant le temps actuel. Mais à présent je puis espérer que nous ferons de compagnie tout le trajet qui nous reste encore à parcourir ; nous le ferons avec d'autant plus de profit que dans un long voyage les derniers compagnons sont toujours ceux qui ont le plus à se dire.

N'attendez pas chez moi un fonds d'idées bien riche, c'est là ce que je trouverai chez vous. Mes efforts tendent nécessairement à faire beaucoup avec peu ; et, quand une fois vous verrez de plus près combien je suis pauvre en tout ce qu'on nomme connaissances acquises, vous trouverez peut-être que ma méthode m'a réussi dans maintes occurences. Le cercle de mes pensées étant petit, je le parcours vite et souvent, et par cela même je puis mieux utiliser mon petit capital, et produire par la forme une variété qui manque au fond. Vous tâchez de simplifier le vaste monde de vos idées, moi je cherche un peu de variété pour mon petit domaine. Vous avez un empire d'idées à gouverner, moi une famille un peu nombreuse, dont je voudrais de tout cœur faire un petit monde.

Votre esprit opère à un très-haut degré par intuition; toutes vos forces pensantes semblent en quelque sorte se concentrer dans l'imagination, qui les représente toutes. Au fond, l'homme arrive à sa plus haute expression, dès qu'il réussit à généraliser ses perceptions et à donner force de loi à ses sentiments. Voilà où vous aspirez, et à quelle hauteur n'êtes-vous pas déjà parvenu dans cette voie! Mon esprit, à vrai dire, opère plutôt d'une manière symbolique; je flotte, véritable hermaphrodite, entre l'idée et la sensation, entre la règle et le sentiment, entre l'esprit technique et le génie. Voilà ce qui m'a donné, surtout dans mon jeune âge, l'air assez gauche, aussi bien dans le champ de la spéculation que de la poésie; car d'ordinaire le poète me surprenait quand il s'agissait de philosophie, et l'esprit philosophique quand je voulais faire des vers. Aujourd'hui encore il arrive assez souvent que l'imagination trouble mes idées abstraites, et la froide raison mes inventions poétiques. Si je parviens à me rendre maître de ces deux forces et à tracer en toute liberté ses limites à chacune d'elles, je pourrai encore compter sur un bel avenir; mais après que j'ai commencé à bien connaître et à bien employer mes forces intellectuelles, une maladie menace de miner mes forces physiques. Je trouverai difficilement le temps d'opérer en moi une révolution profonde et générale ; mais je ferai de mon mieux, et quand enfin l'édifice s'écroulera, j'aurai peut-être sauvé de l'incendie ce qui mérite d'être conservé.

Vous vouliez que je parlasse de moi-même, et j'use de cette permission. C'est avec confiance que je vous fais cette confession, et j'ose espérer que vous la recevrez avec amour.

Je m'abstiens aujourd'hui d'entrer dans le détail de votre dissertation qui amène, d'un coup, nos entretiens sur ce sujet dans la voie la plus féconde. Mes recherches, à moi, entreprises par une route différente, m'ont conduit à un résultat à peu près identique; dans les feuilles ci-jointes vous trouverez peut-être des idées qui se rencontrent avec les vôtres. Elles ont été écrites à la hâte il y a dix-huit mois. Cette circonstance et l'occasion qui les fit naître (elles étaient destinées à un ami indulgent) peuvent servir d'excuse à la rudesse de la forme. Depuis lors elles ont trouvé en moi une base plus solide et plus de précision, et ainsi amendées elles pourraient peut-être se rapprocher bien davantage des vôtres.

Je ne puis assez déplorer la perte du *Wilhelm Meister* pour notre journal. Votre esprit si fertile et votre amical empressement me font espérer que vous dédommagerez notre entreprise de cette perte; les amis de votre génie y auront double profit.

Dans la livraison ci-jointe de la *Thalie*, vous trouverez sur la déclamation quelques idées de Koerner, qui ne vous déplairont pas. Tout notre monde se rappelle à votre amical souvenir, et je suis avec le respect le plus cordial tout le vôtre.

Schiller.

6.

J'ai lu avec beaucoup de plaisir les manuscrits que vous m'avez envoyés, ainsi que le fragment de l'essai sur le Sublime; j'y ai puisé de nouveau la conviction que ce ne sont pas seulement les mêmes objets qui nous inspirent de l'intérêt, mais encore que notre manière de les envisager est identique le plus souvent. Sur tous les points capitaux je vois que nous sommes d'accord; quant aux écarts entre les points de vue, les combinaisons et l'expression, ils témoignent de la richesse de l'objet et de la variété correspondante des sujets. Je vous prierai maintenant de me communiquer peu à peu tout ce que vous avez écrit et fait imprimer sur cette matière, afin de combler sans perte de temps les lacunes du passé.

De plus j'aurais une proposition à vous faire : la semaine prochaine la Cour va à Eisenach, et pendant quinze jours je serai seul et libre comme je ne prévois pas que je le serai de sitôt. Ne voudriez-vous pas me venir voir pendant ce temps? habiter et rester chez moi? vous pourriez vous occuper à l'aise de toute espèce de travail. Nous nous entretiendrions ensemble aux heures propices, nous verrions des amis pensant comme nous, et nous ne nous séparerions pas sans quelque profit. — Vous pourriez vivre tout à fait à votre guise et vous installer, autant que possible, comme chez vous. Je serais ainsi à même de vous montrer les objets les plus importants de mes collections, et bien des fils se noueraient entre nous. A partir du quatorze vous me trouverez prêt à vous recevoir.

Je remets à ce moment bien des choses que j'ai à dire; en attendant portez-vous bien.

Avez-vous peut-être vu *Charis* de Ramdohr? J'ai cherché à attaquer cet ouvrage avec tous les organes naturels et artificiels de mon être ; mais je n'y ai point encore trouvé une seule page dont je pusse m'assimiler le contenu.

Adieu ! Des compliments pour les vôtres.

Weimar, le 4 septembre 1794.

GOETHE.

7.

C'est avec plaisir que j'accepte votre aimable invitation ; mais en vous priant sérieusement de vouloir bien ne compter sur moi dans aucun détail de vos arrangements intérieurs; mes crampes m'obligent malheureusement de consacrer toute la matinée au sommeil, parce qu'elles ne me laissent point de repos pendant la nuit; dans le courant même de la journée, je ne me porte jamais assez bien pour pouvoir compter avec certitude sur une heure fixe. Vous me permettrez donc de me regarder dans votre maison tout à fait comme un étranger auquel on ne fait pas attention; on m'isolant ainsi j'échappe à l'embarras de faire dépendre autrui de mon état maladif. L'ordre, qui fait du bien à tout le monde, est mon ennemi le plus dangereux ; car il suffit que je me propose de faire une chose déterminée en un temps déterminé pour que je sois assuré que cela ne sera pas possible. Excusez ces préliminaires, mais il me fallait nécessairement débuter par là, pour rendre tant soit peu possible mon existence chez vous. Je ne demande que la triste liberté d'oser être malade dans votre maison.

J'avais précisément la pensée de vous prier de venir passer quelques jours chez moi, lorsque je reçus votre invitation. Ma femme est allée avec notre enfant à Rudolstadt, où elle doit rester trois semaines, pour échapper à la petite-vérole que M. de Humboldt a fait inoculer à ses jeunes enfants. Je suis entièrement seul, et je pourrais vous offrir un logement commode. Excepté Humboldt, je ne vois presque personne, et depuis bien longtemps aucune métaphysique n'a franchi mon seuil.

La *Charis* de Ramdohr m'a joué un tour singulier. En la parcourant une première fois, le style absurde et l'affreuse philosophie du livre me donnèrent le frisson, et sans perdre une minute je le renvoyai au libraire ; plus tard je trouvai cités dans un journal savant quelques passages de l'ouvrage touchant l'école néerlandaise, et l'auteur m'inspira un peu plus de confiance. Je me remis à lire sa *Charis*, qui ne m'a pas été entièrement inutile. Toutes ses remarques générales sur le sentiment, sur le goût et la beauté, sont bien loin certainement d'être satisfaisantes pour ne pas dire quelque chose de pis ; c'est une vraie philosophie de baron de l'empire. Mais la partie empirique de son livre, celle où il parle de la caractéristique des différents arts en assignant à chacun son domaine et ses limites, m'a paru très-utile. On voit qu'il est là dans sa sphère, et qu'ayant longtemps vécu au milieu de chefs-d'œuvre, il a su acquérir une sûreté de goût qui n'est certes pas ordinaire. Dans cette partie de son ouvrage, c'est l'homme instruit qui parle, et sa voix, si elle n'est pas décisive, doit du moins entrer en ligne de compte. Mais il se peut bien que la valeur qu'il devait nécessairement avoir ici pour moi, soit tout à fait nulle pour vous; les faits acquis sur lesquels il s'appuie vous sont connus, et par conséquent vous n'avez pu trouver chez lui rien, absolument rien de nouveau; ce que vous cherchiez est précisément ce qu'il a mal fait, et ce qu'il a bien fait, vous n'en avez aucun besoin. Je serais étonné que les disciples de Kant le laissassent se retirer en paix, et que les adversaires de cette philosophie ne cherchassent pas en lui un auxiliaire pour leur parti.

Puisque vous vous êtes donné la peine de lire le fragment de mon traité sur le Sublime, je vous envoie ci-joint le début, où vous trouverez peut-être quelques idées, qui peuvent aider un peu à préciser l'expression esthétique de la passion.

Quelques-uns des traités que j'écrivis autrefois sur des sujets d'esthétique ne me satisfont pas assez pour vous les soumettre; je vous en apporterai quelques autres un peu postérieurs, et qui ne sont pas encore imprimés. Peut-être lirez-vous avec quelque intérêt une critique des poésies de Matthison que j'ai fait insérer dans la *Gazette de Littérature universelle* qui paraîtra cette semaine.

A voir l'anarchie qui règne toujours encore dans la critique poétique et l'absence totale de lois du goût, on se trouve sans cesse très-embarrassé pour motiver ses jugements; car il n'existe point de code à invoquer. Pour rester loyal, il faut garder un silence absolu, ou bien, (ce que l'on n'aime pas toujours à faire) se constituer à la fois législateur et juge. Dans mon article j'ai pris ce dernier parti : avec quel droit, avec quel succès, voilà ce que je voudrais apprendre de vous.

Je reçois à l'instant même mon article, et je le joins à ma lettre.

Fr. Schiller.

8.

Iéna, le 28 octobre 1794

Ici j'ouvre la marche, et je commence la ronde des *Heures* en vous envoyant celles de mes lettres au prince qui sont destinées à la première livraison. — Excepté quelques pages, cette livraison ne contiendra que des articles de vous et de moi. Peut-être pourrions-nous obtenir un petit appoint de Herder déjà pour ce premier numéro, ce qui me serait fort agréable. D'ailleurs s'il n'y a pas variété dans les auteurs, il y en a du moins dans les matières, comme vous en jugerez par vous-même.

Mon début dans les *Heures* n'est certes pas une *captatio benevolentiæ* auprès du public. Mais je n'ai pas pu le traiter avec plus de ménagement, et je suis certain qu'en cela vous êtes de mon avis. Je souhaiterais que vous le fussiez également ailleurs ; car j'avoue que ces lettres sont l'expression sérieuse de mon intime pensée. Je n'ai encore jamais trempé une plume pour peindre notre misérable situation politique; ce que j'en dis dans ces lettres n'a été fait que pour n'en plus rien dire de toute éternité ; mais je crois que la confession que j'y dépose ne sera pas entièrement superflue. Si différents que soient les instruments avec lesquels vous et moi nous saisissons le monde, si différentes les armes offensives et défensives que nous manions, j'estime cependant que nous tendons au fond vers le même but. Vous trouverez votre portrait dans ces lettres ; j'eusse volontiers écrit votre nom au-dessous, s'il ne me répugnait pas de dicter son sentiment au lecteur pensant. Pas un de ceux dont le jugement a quelque valeur pour nous ne s'y trompera, car je sais que j'ai bien saisi mon modèle et que je l'ai dessiné d'une manière assez ressemblante.

Il me serait agréable que vous pussiez trouver le temps de lire bientôt le manuscrit, et que vous le fissiez parvenir à Herder que j'aviserai ; ce manuscrit, d'après nos statuts, doit passer encore par plusieurs mains avant de pouvoir être expédié, et il nous faut cependant prendre nos mesures pour commencer bientôt l'impression des *Heures*.

Savez-vous peut-être déjà que Engel de Berlin a donné sa démission de directeur du théâtre, et qu'il vit à Schwerin dans une retraite complète ? Des 1,500 thalers qu'il touchait comme honoraires, il n'a absolument rien gardé. J'apprends que sa plume est très-féconde en ce moment, et il m'a promis d'envoyer bientôt un article.

Je viens de faire un traité en règle avec le libraire juif, pour mon *Almanach des Muses* dont je vous parlais récemment ; il paraîtra à la prochaine foire de la St-Michel. Ici encore je compte sur votre bonté qui ne me laissera pas dans l'embarras. Quant au travail cette entreprise ne sera pour moi qu'un surcroît de fatigue bien insignifiant ; mais elle sera d'autant plus favorable à mes intérêts économiques, que je pourrai la continuer même avec une faible santé, et assurer par là mon indépendance.

C'est avec une vive impatience que j'attends tout ce que me promet votre dernière lettre.

Nous nous rappelons tous à votre bon souvenir.

SCHILLER

9.

J'ai lu immédiatement avec grand plaisir le manuscrit que vous m'avez envoyé ; je l'ai absorbé d'un seul trait. De même qu'un breuvage délicieux et propre à notre tempérament s'avale aisément et annonce déjà sur la langue son influence salutaire, en disposant favorablement le système nerveux, de même vos lettres ont été pour moi un aliment agréable et bienfaisant ; pouvait-il en être autrement, quand je trouvais exposé avec tant de suite et d'élévation ce que depuis longtemps je reconnaissais comme juste, ce que tantôt je louais, tantôt je désirais louer ? Meyer aussi les lit avec grand plaisir. Son coup-d'œil juste et incorruptible a été pour moi un bon garant. Cette douce satisfaction aurait presque été troublée par le billet ci-joint de Herder, qui n'est pas éloigné de nous accuser d'uniformité, parce que nous aimons cette manière d'exprimer nos idées. Mais dans le domaine des phénomènes il ne faut pas être trop difficile; c'est déjà une consolation que de se tromper en compagnie d'hommes éprouvés, et cela au profit plutôt qu'au détriment de soi-même et de ses contemporains. Continuons donc à vivre et à agir comme nous avons fait, sans peur et sans trouble; que notre existence et notre volonté nous apparaissent comme un tout fait pour compléter, dans une certaine mesure du moins, notre œuvre fragmentaire. Je garderai encore quelques jours vos lettres afin d'en jouir une seconde fois avec Meyer.

Voici les élégies. Je souhaiterais qu'elles ne sortissent pas de vos mains; mais que vous en fissiez la lecture à ceux qui ont à décider de leur admissibilité. Je vous prierai ensuite de me les renvoyer pour donner encore par-ci par-là un coup de pinceau. Si vous avez quelques remarques à faire veuillez me les indiquer. On copie l'Épître et elle arrivera bientôt accompagnée de quelques bagatelles; ensuite il faudra que je fasse une pause, car le troisième livre du roman réclame mes soins. Je n'ai point encore reçu les bonnes feuilles du premier livre; dès qu'elles arriveront, elles seront chez vous. Au sujet de l'Almanach je vous fais la proposition suivante : y insérer ou y joindre un livre d'épigrammes. Séparées, elles ne signifient rien; mais dans les quelques centaines, dont une partie ne mérite pas de voir le jour, nous pourrions choisir un certain nombre, celles qui ont quelque affinité entre elles, et forment un tout. A notre prochaine entrevue vous verrez la pétulante couvée réunie dans son nid.

Portez-vous bien, et faites que je ne sois pas oublié au milieu des vôtres.

Weimar, le 26 octobre 1794.

GŒTHE.

Écrivez-moi donc ce que vous désirez que je fournisse encore aux *Heures*, et à quel moment vous en aurez besoin. La seconde Épître sera terminée au premier souffle propice.

10.

Iéna, le 28 octobre 1794.

Vous savoir d'accord avec mes idées et satisfait de la manière dont je les ai exprimées, c'est pour moi un grand sujet de joie et un stimulant bien nécessaire dans la voie où je suis entré. Les matières qui sont du domaine de la seule raison, ou qui se font passer pour telles, devraient, sans doute, être établies assez solidement sur leurs assises extérieures et objectives, et porter en soi le critérium de la vérité; mais une telle philosophie n'existe pas encore; et la mienne en est toujours bien éloignée. Finalement l'essentiel repose sur le témoignage du sentiment, et a besoin d'une sanction subjective, sanction qui ne peut venir que de l'approbation des cœurs libres. Sur ce point, la voix de Meyer est d'un poids précieux; elle me console de la contradiction de Herder, qui ne saurait, ce semble, me pardonner ma foi kantienne. Je n'attends pas non plus de la part des adversaires de la nouvelle philosophie la tolérance qu'on accorderait d'ailleurs à tout autre système, dont on ne se serait pas encore mieux rendu compte; car la philosophie de Kant n'est pas elle-même tolérante dans ses points capitaux; elle a un caractère trop rigoureux pour rendre possible aucun accommodement avec elle. Mais, à mes yeux, ce rigorisme tourne à son honneur, et nous prouve combien peu elle supporte l'arbitraire. Aussi n'est-ce point par un hochement de tête qu'on se débarrasse d'une pareille philosophie. C'est dans le domaine de l'investigation, domaine clair, ouvert, d'un accès facile, qu'elle édifie son système; jamais elle ne cherche l'ombre ni ne laisse de place au sentiment individuel; mais ainsi qu'elle traite ses voisins, ainsi elle veut être traitée à son tour, et il faut lui pardonner de n'estimer rien hormis les preuves. Je ne suis point du tout effrayé de penser que la loi du changement, devant laquelle ne trouve grâce aucune œuvre humaine, ni divine, détruise aussi la force de cette philosophie comme toute autre; mais ses fondements n'auront pas à redouter un pareil destin, car depuis que le genre humain existe, et depuis qu'il y a une raison, on l'a toujours reconnue tacitement, et on a, en somme, agi d'après elle.

Il pourrait bien n'en être pas ainsi de la philosophie de notre ami Fichte. Déjà, dans sa propre église, surgissent de puissants adversaires qui bientôt diront hautement que tout le système aboutit à un *spinosisme subjectif*. Fichte a engagé un de ses anciens amis d'Université, un certain Weisshuhn, à venir s'établir à Iéna, dans le but sans doute d'étendre par celui-ci son propre domaine. Mais Weisshuhn, excellent esprit philosophique, d'après tout ce que j'entends dire, croit déjà avoir fait un trou dans le système de son ami, et il écrira contre lui.

Selon les assertions orales de Fichte, dans son livre il n'en a pas encore été question, le moi est aussi créateur par ses représentations, et toute réalité n'existe que dans le moi. Le monde n'est pour lui qu'une balle que le moi a lancé et qu'il rattrape par la réflexion. Ainsi il aurait réellement proclamé sa divinité, comme nous nous y attendions dernièrement.

Nous vous remercions tous pour vos élégies. Il y règne une chaleur, une tendresse, un souffle poétique vrai et fortifiant, qui vous fait un bien exquis au milieu des créations du monde poétique de notre temps. C'est une vraie apparition du bon génie de la poésie. J'ai regretté de ne pas y trouver certains traits, et je comprends cependant qu'il ait fallu en faire le sacrifice. Quelques passages m'inspirent des doutes que je signalerai en vous les renvoyant.

Comme vous m'engagez à dire ce que je désire encore de votre main pour les premières livraisons, je vous rappellerai votre idée de traiter le sujet de l'honnête Procureur de Boccace. Je mets, en général, une peinture poétique au-dessus des recherches abstraites, et en ce moment je suis d'autant plus de cet avis que dans les trois premières livraisons des *Heures* on fait peut-être un peu trop de philosophie, et qu'il y a pénurie de morceaux poétiques.

Sans cette circonstance, je vous rappellerais votre traité sur le paysage. D'après les dernières dispositions, il faudrait que la troisième livraison des *Heures* fût expédiée au commencement de janvier. Voici maintenant mon calcul : vos élégies avec la première Épître paraîtront dans la première livraison; dans la seconde, la deuxième Épître, et ce que vous pourrez nous envoyer encore cette semaine; et dans la troisième, une autre Épître et l'histoire tirée de Boccace ; je suis sûr que de cette manière chacune de ces trois livraisons aura sa valeur.

Votre offre bienveillante concernant les épigrammes est tout ce qu'il y a de plus avantageux pour l'Almanach. Comment il faudra s'y prendre pour ne pas les scinder est un point qui reste à examiner. Peut-être y aurait-il néanmoins moyen d'en faire plusieurs livraisons dont chacune pourrait cependant subsister indépendamment des autres.

Je suis bien aise d'apprendre que le professeur Meyer est de retour à Weimar, et je vous prie de nous faire faire connaissance très-prochainement. Peut-être se décidera-t-il à entreprendre bientôt une petite excursion ici; et afin qu'elle ne soit pas non plus sans but pour l'artiste, je lui montrerai un buste, œuvre d'un sculpteur allemand, qui, j'ose le dire, n'a pas à redouter l'œil d'un véritable critique. Peut-être M. Meyer se décidera-t-il à composer quelque chose pour les *Heures*, dès cet hiver.

J'entreprendrai sûrement les *Chevaliers de Malte*, aussitôt que j'aurai terminé mes lettres dont vous n'avez lu que le tiers, ainsi qu'un petit essai sur le Naïf; mais ces travaux pourraient bien absorber le reste de cette année. Il m'est donc impossible de promettre ma tragédie pour l'anniversaire de la duchesse, mais je pense l'avoir terminée vers la fin de l'hiver. Je parle ici comme un homme bien portant, vigoureux et maître de son temps; mais pendant l'exécution le non-moi saura bien me rappeler sa présence. Gardez-nous un bon souvenir. Vous vivez dans le nôtre.

Schiller.

11.

Voici le manuscrit; je souhaite avoir rencontré la mesure exacte et le ton convenable. Vous voudrez bien me le renvoyer promptement, parce que çà et là quelques coups de pinceau sont encore nécessaires pour mettre certains passages dans leur jour le plus favorable. Si je pouvais insérer dans la deuxième livraison la seconde Épître et le premier récit, nous les ferions suivre en réservant les élégies pour la troisième livraison; sinon, celles-ci pourront paraître d'abord. Après la charge que vous impose une pseudo-épopée comme mon roman, j'ai grande envie de revenir aux petits récits.

Unger (qui est parfois un peu brouillon) m'envoie la fin du premier livre et oublie le milieu. Dès que les six feuilles manquantes arriveront, je vous enverrai cette introduction.

M. de Humboldt est venu dernièrement assister à une séance critico-esthétique; je ne sais pas comment il s'y est plu.

Il me tarde bien d'apprendre où en sont vos

travaux, et plus encore d'en lire quelque chose d'achevé.

Vous recevez sans doute les bonnes feuilles du journal mensuel, afin que nous en connaissions la physionomie avant le public.

Adieu. J'ai encore une fois quantité de choses dont je voudrais m'entretenir avec vous.

Weimar, le 27 novembre 1794.

GOETHE.

12.

Iéna, le 9 décembre 1794.

C'est avec une véritable joie de mon cœur que j'ai lu et dévoré le premier livre de *Wilhelm Meister*; je lui dois une jouissance, comme je n'en ai pas eu depuis longtemps, et jamais que par vous. Je pourrais me fâcher tout de bon, si la méfiance avec laquelle vous parlez de cette excellente création de votre génie pouvait être attribuée à toute autre cause qu'aux exigences extraordinaires de votre esprit envers lui-même. Car je n'y trouve rien qui ne soit en belle harmonie avec la grâce de l'ensemble. N'attendez pas de moi aujourd'hui un jugement détaillé. Les *Heures*, leur annonce, plus le jour du courrier, sont autant de tracas qui ne me permettent pas de me recueillir pour un pareil travail. Si je puis garder les feuilles pendant quelques moments, j'y consacrerai un peu plus de temps, et j'essaierai de deviner quelque chose de la marche ultérieure des événements, et

du développement des caractères. M. de Humboldt
en a fait ses délices ; il trouve, comme moi, que
votre génie se montre ici dans toute sa virile jeunesse, dans sa force calme et sa plénitude créatrice.
Cette impression sera générale, il ne faut pas en
douter. Tout dans cette œuvre se tient et s'unit sans
effort avec autant de beauté que de simplicité, et
de petites causes produisent les plus grands effets.
Le long intervalle qui sépare le premier jet de la
dernière main, m'avait d'abord inspiré la crainte de
rencontrer quelque inégalité ; fût-ce celle qui provient de l'âge. Mais on n'en découvre pas la moindre
trace. Les passages hardis et poétiques sortant,
comme des éclairs isolés, de la masse paisible de
l'ensemble, produisent un excellent effet; ils élèvent
et remplissent le cœur. Je ne veux encore rien dire
aujourd'hui de la belle peinture des caractères, ni
de la vivacité et de la saisissante vérité qui règnent
dans les descriptions physiques, descriptions d'ailleurs si réussies dans toutes vos œuvres. Je suis
très-compétent pour juger de la fidélité avec laquelle
vous représentez une troupe d'acteurs, et ses intrigues galantes, connaissant ces deux choses plus que
je n'ai sujet de le désirer. L'apologie du commerce
est magnifique et conçue dans un esprit élevé.
Mais qu'à côté vous ayez pu défendre, non sans
gloire, l'inclination de votre principal héros, n'est
certes pas une des moindres victoires de la forme
sur la matière. Mais je ne devrais pas tant m'a-
vancer, empêché que je suis en ce moment d'aller
jusqu'au bout.

J'ai fait rayer votre nom, et notre nom à tous chez
Cotta. A ma grande satisfaction j'ai terminé aujour-

d'hui l'avertissement, qui paraîtra dans le supplément de la gazette littéraire. Votre promesse de venir passer quelque temps ici après Noël est consolante pour moi; elle me fait jeter un regard plus serein sur le triste hiver qui n'a jamais été mon ami.

Il ne m'a pas été possible de rien apprendre au sujet de l'aventure de Mlle Clairon. Cependant j'attends encore quelques renseignements. Ma femme se souvient encore avoir entendu conter qu'à Bayreuth, à l'ouverture d'un vieux bâtiment, les anciens margraves étaient apparus et avaient fait des prédictions. Hufeland, le juriste, qui sait d'ordinaire, comme l'autre, parler *de rebus omnibus et quibusdam aliis*, n'a rien su m'en dire.

Tout le monde vous envoie ses meilleurs compliments et se réjouit de votre promesse de venir nous voir.

Schiller.

13.

Le témoignage de satisfaction que vous donnez au premier livre de mon roman m'a fait beaucoup de bien. Après les singulières destinées que cette œuvre a subies en moi et au dehors, il n'y aurait rien d'étonnant que tout se fût brouillé dans ma tête. J'ai fini par m'en tenir à mon idée, et je me déclarerai satisfait si elle m'aide à sortir de ce labyrinthe.

Gardez le premier livre tant que vous voudrez; le second arrivera entre temps, et vous lirez le troisième en manuscrit ; vous trouverez ainsi plus de points d'appui pour asseoir votre jugement. Je souhaite qu'avec les livres suivants, votre jouissance ne diminue point, mais plutôt qu'elle augmente. Fort de votre approbation et de celle de M. de Humboldt, je vais continuer à travailler avec d'autant plus de zèle et de courage. Supprimer sous chaque article les noms, qui d'ailleurs devaient être publiés dans l'annonce, ne fera qu'augmenter l'intérêt, si toutefois les articles sont intéressants. Pour l'histoire de la Clairon, j'ai mes documents ; prière de ne plus en parler jusqu'au moment où nous la publierons.

Adieu. J'espère être assez valide pour pouvoir commencer avec vous la nouvelle année.

Weimar, le 10 décembre 1794.

GŒTHE.

14.

Iéna, le 2 janvier 1795.

Mes meilleurs souhaits pour la nouvelle année ; je vous remercie encore une fois pour celle qui vient de s'écouler ; votre amitié la distingue de toutes les précédentes, et l'a gravée dans ma mémoire à tout jamais. Je l'ai terminée très-activement, et afin d'avoir quelque chose de prêt pour votre arrivée, je me suis même un peu surmené ces jours-ci. Maintenant je suis au bout de ce travail, et il pourra vous être soumis quand vous viendrez.

L'Épître, dont je vous remercie fort, est toujours chez moi ; car ce qui devait suivre immédiatement n'étant pas encore terminé, je ne pouvais pas l'expédier toute seule. Aussi la chose était moins pressée, parce qu'on m'a demandé encore du manuscrit pour le premier numéro des *Heures*, la dissertation de Fichte elle-même n'ayant pas suffi ; c'est un retard de quinze jours pour cette livraison.

Monsieur le professeur voudra bien me pardonner de ce que j'ai envoyé, sans sa permission spéciale, une partie de son article pour paraître dans le premier numéro. Il n'était pas possible de lui soumettre de nouveau mes corrections, parce qu'il me fallut expédier la copie par le courrier du même jour. Je crois cependant pouvoir l'assurer d'avance qu'il en sera content, mes changements n'ayant absolument porté que sur l'écorce. L'article m'a fait beaucoup de plaisir ; ce sera un morceau précieux pour les *Heures*. Il arrive si rarement qu'un homme comme Meyer trouve l'occasion d'étudier l'art en Italie, ou qu'un homme trouvant cette occasion soit précisément un Meyer.

Je n'ai pas lu l'ode de Klopstock dont vous me parlez ; si vous l'avez encore, apportez-la, je vous prie. Le titre déjà promet un produit d'une certaine façon.

Je me réjouis fort de la suite du *Meister*, que vous voudrez sans doute apporter également ; je suis bien en état d'en goûter le charme, maintenant que je languis véritablement après quelque peinture objective.

Puissiez-vous consentir à nous lire aussi quelques-unes des scènes du *Faust*. Madame de Kalb, qui en sait quelque chose, m'a inspiré la plus grande envie de les entendre ; je ne sache rien dans tout le monde poétique qui maintenant pourrait me faire plus de plaisir. Vos ordres concernant Obereit seront exécutés. Pour le moment il a de quoi vivre, parce qu'il a reçu de l'argent de Meiningen. Il faudra nécessairement employer une partie des quatre louis d'or à lui acheter des vêtements, d'autant plus qu'on le mettra par-là dans la possibilité de s'asseoir aux tables étrangères, d'où l'a banni jusqu'à ce jour son cynisme philosophique.

D'ici à quelques jours j'espère vous voir vous-même ou recevoir l'avis du moment de votre arrivée.

Tout le monde vous envoie ses meilleurs compliments.

Schiller.

15.

Bonne et heureuse année ! Passons celle-ci comme nous avons fini la dernière, en nous intéressant réciproquement aux choses que nous aimons et que nous pratiquons ; si ceux qui poursuivent le même but ne se donnent pas la main, que deviendra la sociabilité ! Il m'est doux d'espérer que notre confiance et notre influence réciproques 'ront toujours en augmentant.

Voici le premier volume du roman ; le second exemplaire est pour Humboldt. Puisse le second livre vous faire plaisir comme le premier ! J'apporterai le troisième en manuscrit.

Quant aux histoires de revenants, je pense les livrer à l'époque voulue.

J'ai le plus grand désir de voir votre travail. Meyer envoie ses compliments. Nous viendrons probablement dimanche, le 11. Dans l'intervalle vous recevrez encore de mes nouvelles. Adieu.

Weimar, le 3 janvier 1795.

Goethe.

16.

Recevez tous mes remercîments pour l'exemplaire du roman que vous m'avez envoyé. Le sentiment qui me pénètre et me subjugue à un degré qui augmente à mesure que j'avance dans la lecture de cette œuvre, je ne puis l'exprimer mieux qu'en le comparant à un doux et profond bien-être, à un sentiment de santé du corps et de l'esprit ; et je garantirais qu'il en est de même chez la plupart des lecteurs.

Voici comment je m'explique cet état : Il provient de la douce clarté, de l'harmonie, de la limpidité qui y règnent d'un bout à l'autre, et ne laissent derrière elles rien qui soit capable de troubler la paisible satisfaction du cœur ; l'émotion n'est portée qu'au degré nécessaire pour exciter et entretenir chez le lecteur une animation pleine de charme. Je ne vous dirai rien des détails avant d'avoir lu le troisième livre que j'attends avec impatience.

Je ne puis vous exprimer combien il m'est souvent pénible de quitter une telle œuvre pour plonger mes regards dans le domaine philosophique. Là tout est si serein, si vivant, si harmonieusement épanoui, si humainement vrai ; ici tout est si sévère, si rigide et abstrait, et si complétement contraire à la nature, parce que toute nature est synthèse, toute philosophie antithèse. Sans doute j'ose me donner à moi-même le témoignage d'être resté, dans mes spéculations, aussi fidèle à la nature que le comporte l'idée de l'analyse. Peut-être même lui suis-je resté plus fidèle que nos Kantistes ne tiennent pour permis et pour possible. Je n'en sens pas moins l'écart infini qu'il y a entre la vie et le raisonnement, et je ne puis m'empêcher, dans ces moments de mélancolie, d'interpréter comme un défaut de ma nature ce que, dans une heure sereine, je considère simplement comme une propriété des études abstraites. Il reste avéré toutefois que le poète est le vrai homme, et le meilleur philosophe comparé à lui n'est qu'une caricature.

Je n'ai pas besoin de vous assurer que je suis très-impatient de savoir ce que vous dites de ma métaphysique du beau. De même que le beau est tiré de l'homme tout entier, de même cette mienne analyse est tirée du fond de toute *mon* humanité, et je dois attacher la plus grande importance à savoir comment celle-ci s'accorde avec la vôtre.

Votre présence au milieu de nous sera une source qui viendra alimenter mon esprit et mon cœur. J'ai surtout un grand désir de jouir en commun avec vous de certaines œuvres poétiques.

Vous m'avez promis de me lire à l'occasion vos épigrammes. Ce serait une vive joie de plus pour moi, si cette lecture pouvait avoir lieu pendant votre prochain séjour à Iéna, ne sachant pas du tout quand moi-même je pourrai aller à Weimar.

Mes amitiés, je vous prie, à Meyer.

Tout le monde ici se réjouit de votre arrivée à tous deux, et personne plus que votre sincère admirateur et ami,

Schiller.

Au moment de fermer je reçois la suite de *Meister*, elle est la bienvenue. Mille fois merci.

17.

Iéna, le 19 février 1795

L'affreux temps qu'il fait a encore une fois emporté tout mon courage, et le seuil de ma porte est encore une fois, comme jadis, redevenu le terme de mes vœux et de mes pérégrinations. Avec quel plaisir j'userai de votre invitation aussitôt que je pourrai un peu compter sur ma santé, quand ce ne serait que pour vous voir quelques heures seulement! Je le désire de tout cœur, et ma femme qui se réjouit fort de cette visite ne me laissera pas de repos que je ne l'aie faite. Dernièrement je vous ai rendu fidèlement l'impression que produit sur moi le *Wilhelm Meister* : c'est donc, comme il est juste, votre propre feu auquel vous vous chauffez. Kœrner, dans ses lettres, m'en a parlé il y a peu de jours avec une grande satisfaction, et l'on peut faire fond sur son jugement. Jamais je n'ai trouvé un critique qui se laisse moins que lui détourner par les accessoires de la conception essentielle d'une création poétique. Il trouve dans *Wilhelm Meister* toute la force du *Werther*, mais une force maîtrisée par un esprit viril, et qui, en se purifiant, acquiert la grâce plastique, caractère des œuvres d'art accomplies.

Ce que vous écrivez de l'opuscule de Kant, je me rappelle l'avoir aussi éprouvé en le lisant. L'exécution n'est qu'anthropologique, et l'on n'y apprend rien des causes finales du beau. Mais comme physique et histoire naturelle du sublime et du beau, il contient beaucoup de matériaux féconds. Pour le sujet qui est sérieux le style m'a semblé un peu enjoué et fleuri ; singulier défaut pour un Kant, mais qui d'autre part s'explique aisément.

Herder nous a donné un article bien choisi et bien travaillé, dans lequel on cherche à répandre un peu de lumière sur l'idée courante de *la Destinée particulière*. Ces matières conviennent bien à notre but, parce qu'elles portent en elles quelque chose de mystique, tout en se rattachant par la façon dont elles sont traitées à une vérité générale.

A propos de destinée, il faut vous dire que ces jours-ci j'ai pris une décision concernant la mienne. Mes compatriotes m'ont fait l'honneur de me nommer professeur à Tubingen, où en ce moment l'on s'occupe beaucoup de réformes. Mais étant incapable de monter en chaire, j'aime encore mieux demeurer oisif à Iéna, où je me trouve bien, où je désire vivre et mourir, plutôt que partout ailleurs. J'ai donc refusé, et je ne m'en fais pas un mérite ; car ma propre inclination suffit toute seule à me décider ; je n'ai pas eu besoin de me rappeler les obligations que je dois à notre bon duc, et que j'aime mieux devoir à lui qu'à tout autre. Pour mon existence je n'aurai pas, je pense, de soucis à avoir, tant que je pourrai un peu manier la plume ; ainsi donc je laisse faire au ciel qui ne m'a jamais abandonné.

M. de Humboldt, de Bayreuth, n'est pas encore ici et n'a encore rien écrit de positif au sujet de son arrivée. Voici les feuilles de Weisshuhn dont je vous parlai dernièrement. Prière de me les renvoyer promptement.

Nous nous rappelons tous de cœur à votre souvenir.
SCHILLER.

18.

Combien je me réjouis que vous consentiez à rester à Iéna, et que l'attrait de patrie n'ait pu vous séduire. J'espère que nous pourrons encore diriger et accomplir ensemble bien des choses. Je vous prie de me faire parvenir le manuscrit du quatrième livre, et je renverrai bientôt les Synonymes. Ainsi la ronde des *Heures* deviendra de plus en plus vive.

Adieu. Prochainement j'écrirai davantage.

Weimar, le 21 février 1795.
GŒTHE.

19.

Iéna, le 22 février 1795.

Selon votre désir vous recevrez ci-joint le quatrième livre de *Wilhelm Meister*. Partout où quelque chose me choquait j'ai fait un trait à la marge, vous en découvrirez bien vite la signification. — Là où vous ne la trouverez pas, il n'y aura non plus rien de perdu.

Le cadeau en or que Wilhelm reçoit et accepte de la comtesse, par l'entremise du baron, me suggère une remarque un peu plus importante. Il me semble (et Humboldt est du même avis) qu'après les rapports délicats entre lui et la comtesse, celle-ci ne devrait pas lui offrir un tel cadeau par une main étrangère, ni lui l'accepter. J'ai cherché dans l'ensemble quelque motif qui pourrait sauvegarder la délicatesse des deux personnages; on y réussirait, je crois, si on présentait ce cadeau comme dédommagement d'une somme déboursée, et si lui-même l'acceptait comme tel. Décidez vous-même. Tel qu'il est ce trait étonne le lecteur, qui ne sait comment sauvegarder le sentiment de délicatesse du héros.

Au reste j'ai éprouvé, à la seconde lecture, un nouveau plaisir à admirer la vérité infinie des peintures et l'excellent commentaire sur Hamlet. Quant à Hamlet je souhaiterais, seulement par égard pour l'enchaînement de l'ensemble et pour la variété, qui règne à un si haut degré partout ailleurs, que ce sujet ne fût pas exposé d'un seul trait, mais coupé, si faire se peut, par quelques incidents fortuits. A la première entrevue avec Serlo il est remis trop vite sur le tapis, et puis tout de suite après dans la chambre d'Aurélie. Cependant ce sont là des bagatelles que le lecteur ne remarquerait pas, si vous ne l'aviez vous-même habitué, par tout ce qui précède, à la plus haute variété. Kœrner, qui m'écrivit hier, m'a expressément recommandé de vous remercier pour le plaisir que lui procure votre *Wilhelm Meister*. Il n'a pas pu s'empêcher de mettre en musique quelques-unes des poésies qui s'y rencontrent; et il me charge de vous présenter son travail. L'un des morceaux est composé pour la mandoline, l'autre pour le clavecin. Une mandoline se trouvera bien quelque part à Weimar.

Il me reste encore à vous prier bien instamment de vous souvenir de notre troisième numéro des *Heures*. Cotta me presse de lui envoyer le manuscrit plus tôt; il pense que le dix du mois devrait être fixé comme dernier terme, auquel toute la copie devra être réunie. Il faudrait donc qu'elle fût expédiée d'ici le trois. Pensez-vous avoir terminé votre Procureur pour ce moment-là? Mais que mon avertissement ne vous importune en aucune façon; car vous êtes parfaitement libre de le destiner à la troisième ou à la quatrième livraison, puisque vous devez sauter une des deux.

De cordiales amitiés de nous tous pour vous, avec prière de présenter mes meilleurs compliments à Meyer.

SCHILLER.

20.

Le soin bienveillant avec lequel vous critiquez mon œuvre m'a rendu le courage et le désir de revoir encore une fois le quatrième livre. J'ai bien compris vos obèles et mis à profit vos avertissements; j'espère pouvoir aussi satisfaire à tous les autres desiderata, et introduire à cette occasion bien des corrections utiles à l'ensemble. Mais comme je suis obligé de me mettre immédiatement à l'œuvre, vous me permettrez de ne rien donner à la troisième livraison; en revanche mon Procureur se présentera à la quatrième livraison dans toute son élégance.

Les Synonymes que je vous retourne ci-joints ont

toute mon approbation ; l'exécution est spirituelle, et dans beaucoup d'endroits étonnamment plaisante. L'introduction, au contraire, me semble moins *lisible*, quoique utile et bien pensée.

La boutade de l'auteur qui ne veut pas se soumettre aux lois de l'Université nous a été communiquée enfin sous forme de rapport. L'Université demande satisfaction, parce qu'il a injurié le proreoteur en le qualifiant d'*impudent*, etc. Comme vous lui portez quelque intérêt, faites-moi seulement connaître ce que l'on pourrait dire de plausible en sa faveur ; car échanger un *Forum privilegiatum* contre un ordinaire est pourtant chose par trop *transcendante*. Le conseil municipal ne peut même pas l'accueillir avant qu'il ait rempli les conditions habituelles. On peut lui demander de prouver qu'il rapporte deux cents thalers, il faut qu'il obtienne le droit de bourgeoisie, et ainsi de suite. Si on pouvait l'engager à faire sa paix avec l'Université, il y aurait moyen de tout arranger à l'amiable par l'entremise de Voigt, le proreoteur actuel.

J'espère vous revoir bientôt, ne fût-ce que pour quelques jours. Ne me laissez pas être absent, même quand je suis loin. Assurez Kœrner que je suis heureux de la part qu'il prend à mes travaux. J'aurai bientôt l'occasion d'entendre sa romance à la scène.

Adieu.

Weimar, le 25 février 1796.

Gœthe.

21.

Iéna, le 27 février 1795.

Si vous jouissez là-bas des belles journées que nous avons ici, j'en félicite le quatrième livre de *Wilhelm Meister*. Pour moi cette annonce du printemps m'a réconforté, et a répandu une nouvelle vie sur mes travaux, qui en avaient grand besoin. Que nous sommes donc, en dépit de notre indépendance tant vantée, enchaînés aux forces de la nature, et qu'est-ce que notre volonté quand la nature dit non ! Ce que je couvais depuis cinq semaines vient d'éclore, sous un doux regard du soleil, dans l'espace de trois jours ; ma persévérance antérieure peut bien avoir préparé ce développement ; mais le développement lui-même, c'est la chaleur du soleil qui me l'a procuré.

Je m'empare de plus en plus de mon sujet, et je découvre, à chaque pas que je fais en avant, combien est solide et sûr le fond sur lequel j'ai bâti. Désormais je n'ai plus à craindre de ces objections capables de tout renverser, et l'enchaînement rigoureux de l'ensemble me garantira lui-même des erreurs partielles dans l'exécution ; ainsi le calcul lui-même avertit le mathématicien des fautes de calcul.

Notre philosophe transcendant, qui sait si mal apprécier les franchises académiques, n'étant pas visible en personne, je suis parvenu, par l'intervention de Niethammer, à l'amener à bien vouloir se mettre sur le pied de paix avec le prorecteur actuel; de cette manière il ne sera probablement plus inquiété. Je n'ai pas sujet de croire qu'il dénature les faits ; or, s'il dit vrai, M. le professeur Schmidt s'est lui-même attiré l'épithète que Weisshuhn lui a adressée; car, d'après l'affirmation de celui-ci, Schmidt aurait assuré en termes exprès qu'on le laisserait tranquille jusqu'à Pâques, sans exiger de lui aucune déclaration relative à son séjour ici, mais il aurait après cela nié la parole donnée, et ainsi de suite. Or Weisshuhn étant d'avis qu'un pareil procédé ne pouvait pas être le fait du prorecteur Schmidt, mais du professeur Schmidt, il avait, malgré tout son respect pour le premier, trouvé l'autre impertinent.

Les nouvelles *Heures* sont terminées, et déjà j'ai reçu un exemplaire par la poste aux lettres. Nous avons complétement éteint dans la seconde livraison la dette que nous avions contractée dans la première, car elle contient huit feuilles et demie au lieu de sept.

Votre promesse nous permet d'attendre chaque jour votre visite, je m'en réjouis de tout cœur. Tout le monde se porte bien, et vous envoie ses meilleurs compliments.

SCHILLER,

N.B. — Vous avez oublié dernièrement de joindre les Synonymes.

22.

Iéna, le 15 mai 1795.

Cotta est assez content de la foire. Il est vrai qu'un certain nombre d'exemplaires qu'il avait donnés en commission lui ont été retournés ; mais d'un autre côté on lui en a commandé un nombre égal, si bien que le compte total n'en a pas souffert. Mais il demande instamment une plus grande variété dans les articles. Beaucoup de lecteurs se plaignent des matières abstraites ; beaucoup même ne se retrouvent pas bien dans vos Entretiens, parce que, pour parler comme eux, ils ne peuvent pas prévoir ce qui en sortira. Vous voyez que nos convives allemands ne se démentent pas ; il faut toujours qu'ils sachent ce qu'ils mangent pour manger avec appétit. Il faut qu'ils en aient une idée.

Je causai de cela dernièrement avec Humboldt. A l'époque où nous sommes, il est absolument impossible qu'un écrit, si bon ou si mauvais qu'il soit, obtienne en Allemagne un succès *universel*. Le goût du public n'a plus l'unité du monde primitif, et moins encore celle d'une civilisation parfaite. Il est entre les deux ; pour les méchants auteurs c'est un temps superbe, mais d'autant plus mauvais pour ceux qui ne veulent pas seulement gagner de l'argent. Je suis maintenant très-curieux d'apprendre comment on va apprécier votre *Wilhelm Meister*, c'est-à-dire ce que vont en penser les porte-voix officiels : car le public est partagé, cela va de soi.

D'ici je n'ai rien de nouveau à vous écrire, car avec le départ de l'ami Fichte, tarit la source d'absurdités la plus abondante. L'ami Woltmann vient encore d'enfanter un malheureux produit dans le style le plus présomptueux. C'est un plan imprimé pour servir à ses leçons d'histoire, un menu indicateur capable de faire fuir le convive le plus affamé.

Vous savez sans doute que Schutz a encore une fois été très-malade, mais qu'il va mieux.

J'attends votre tribut pour l'almanach des Muses avec une véritable impatience ; Herder fournira aussi quelque chose.

Reichardt a offert, par l'entremise de Hufeland, de collaborer aux *Heures*.

Avez-vous déjà lu la *Louise* de Voss, qui vient de paraître? Je puis vous l'envoyer. Je me ferai donner l'article du *Mercure allemand*.

Je souhaite à Meyer bonne chance pour son œuvre. Saluez-le cordialement de ma part. Tout le monde vous fait ses meilleures amitiés.

SCHILLER.

P.-S. — Cotta ne m'a envoyé que ces deux *Heures*. Je crois que j'en avais trois à vous remettre.

23.

Voici la moitié du cinquième livre ; elle fait époque, c'est pourquoi j'ai osé l'envoyer. Je lui souhaite bon accueil. Mon mal a changé mes plans, et il m'a fallu avancer ce travail. Pardonnez les fautes d'orthographe et n'oubliez pas le crayon. Quand vous l'aurez lu, vous et Humboldt, renvoyez-le moi au plus tôt. Comme je supporte impatiemment les douleurs physiques, j'irai probablement à Carlsbad, où jadis je me suis débarrassé pour longtemps de douleurs de même nature. Portez-vous bien. Prochainement quelque chose pour l'*Almanach* ainsi que pour les *Heures*. J'ai hâte de savoir comment vous plaira une idée que j'ai d'élargir la

Juridiction des *Heures* et des *Revues* en général.
Vous recevrez une *lettre d'un collaborateur.*

Puissiez-vous jouir d'une bonne santé et ne pas être arrêté dans vos travaux !

Comment va Karl ?

Weimar, le 11 juin 1795.

GŒTHE.

24.

Iéna, le 15 juin 1795.

J'ai lu ce cinquième livre du *Meister* avec une véritable ivresse, avec un sentiment unique, sans mélange. Rien, même dans le *Meister*, ne m'a saisi aussi fortement coup sur coup, m'entraînant malgré moi dans le tourbillon ; à la fin seulement j'ai retrouvé le calme et la réflexion. Quand je songe à la simplicité des moyens par lesquels vous excitez un intérêt si palpitant, mon admiration ne fait qu'augmenter. Les détails mêmes m'ont paru excellents. La manière dont Meister justifie devant Werner son entrée au théâtre, cette entrée elle-même, Serlo, le souffleur, Philine, la nuit orageuse sur le théâtre et d'autres endroits, sont traités avec un bonheur unique. Vous avez tiré si bon parti de l'apparition du spectre anonyme, que je ne sais plus qu'en dire. Toute cette conception est du nombre des plus heureuses que je connaisse, et vous avez su épuiser jusqu'à la dernière goutte l'intérêt qui y était renfermé. A la fin, il est vrai, chacun s'attend à voir le spectre à table ; mais comme vous rappelez cette circonstance, on comprend aisément que la non apparition doit avoir ses bonnes raisons. Le personnage du spectre donnera naissance à autant d'hypothèses qu'il existe dans le roman d'individus capables de le figurer. Chez nous la majorité veut que Marianne soit le spectre, ou du moins son alliée. Aussi sommes-nous disposés à regarder comme deux personnages identiques le spectre et le lutin dont les bras enlacent Meister dans sa chambre à coucher ; cette dernière apparition m'a fait aussi penser à Mignon, qui, ce même soir, semble avoir eu beaucoup de révélations sur son sexe. Vous voyez par ce petit échantillon herméneutique, avec quel succès vous avez su garder votre secret.

La seule objection que j'aie à faire contre ce cinquième livre est celle-ci : Il me semble parfois que vous avez accordé à la partie concernant exclusivement le théâtre plus de place qu'elle n'en devrait avoir dans la libre et vaste conception de l'ensemble. Vous avez par moments l'air d'écrire pour l'acteur, tandis que vous ne voulez écrire que sur l'acteur.

Le soin que vous donnez à certains petits détails de ce genre, et l'attention que vous consacrez aux minuties de l'art théâtral ont de l'importance pour un acteur et un directeur, mais n'en ont pas pour le public ; ils ont de plus le tort de faire croire que vous poursuivez un but spécial ; celui-là même qui ne vous suppose pas un pareil but, pourrait être tenté de vous blâmer d'avoir trop cédé à une prédilection personnelle pour ces sortes de sujets. Si vous pouviez condenser cette partie de votre œuvre, l'ensemble y gagnerait à coup sûr.

Maintenant un mot encore sur vos lettres au rédacteur des *Heures*. J'ai déjà autrefois pensé que nous ferions bien d'ouvrir dans les *Heures* une arène à la critique. De tels articles donnent instantanément de la vie à un journal, et ne manquent jamais d'exciter l'intérêt du public; seulement il ne faudrait pas, je pense, laisser sortir le journal de nos mains ; ce qui arriverait si, par une invitation formelle, nous concédions un certain droit au public et aux auteurs. — Le public ne nous ferait à coup sûr entendre que les voix les plus misérables, et les auteurs, comme on en a des exemples, deviendraient très-importuns. Je propose de diriger nos attaques avec nos moyens à nous ; que si ensuite les auteurs voulaient se défendre dans les *Heures*, ils auraient à se soumettre aux conditions que nous leur prescrirons. C'est pour cette raison que je serais d'avis de commencer tout de suite par un acte, plutôt que par une proposition. Nous ne perdrons rien à passer pour indomptables et mal appris.

Que diriez-vous si, sous le nom de M. X., je reprochais à l'auteur de *Wilhelm Meister* de séjourner si volontiers auprès des gens de théâtre et de fuir dans son roman la *bonne compagnie*? (C'est là certainement la pierre d'achoppement que le beau monde, en général, trouve dans le *Meister*, et il ne serait ni sans utilité, ni sans intérêt, de redresser les esprits sur ce point). Si vous voulez répondre, je vous fabriquerai une lettre de ce genre. J'espère que votre santé va mieux maintenant ; que le ciel bénisse vos travaux, et vous réserve encore un grand nombre de jours aussi beaux que l'étaient ceux pendant lesquels vous écrivites le *Meister*.

Vos articles pour l'Almanach et vos Entretiens que vous m'avez fait espérer sont attendus avec impatience. Chez moi on va mieux. Tout le monde vous salue.

Schiller.

25.

Je ne veux pas manquer l'occasion de vous envoyer cette lettre par mademoiselle de Goechhausen. Après avoir traversé des chemins plus ou moins mauvais, je suis arrivé le 4 au soir ; jusqu'à présent le temps a été extrêmement laid, le premier rayon de soleil semble n'être que passager. La société est nombreuse et bonne ; on se plaint, comme toujours, de l'absence d'harmonie, et chacun vit à sa guise. Je n'ai encore fait que regarder et causer ; attendons patiemment ce que la suite nous apportera de bon.

A tout hasard, j'ai commencé par improviser un petit roman très-nécessaire pour vous tirer du lit à cinq heures du matin. Il faut espérer que nous saurons modérer nos *sentiments*, et diriger les aventures de manière à le faire durer quinze jours.

Ma qualité d'auteur célèbre m'a d'ailleurs valu l'accueil le plus empressé, et cependant les méprises bizarres n'ont pas fait défaut ; par exemple, une toute charmante petite dame me disait récemment qu'elle avait lu mes derniers ouvrages avec le plus grand plaisir, qu'Ardinghello surtout l'avait intéressée au delà de toute mesure.

Vous pouvez penser que je m'enveloppai dans le

manteau de l'ami Heinse avec la plus grande modestie, et que sous ce masque j'osai me permettre d'aborder plus librement mon admiratrice. Je n'ai pas à craindre qu'elle soit tirée de son erreur pendant les trois semaines de mon séjour. J'apprends à connaître peu à peu les nombreux visiteurs, parmi lesquels il y en a de très-intéressants : j'aurai bien des choses à vous conter.

En rémémorant pendant mon voyage quelques vieux contes, il m'est passé par la tête bien des idées sur la manière de traiter ce genre. Je me propose d'en écrire un prochainement, afin d'avoir un texte devant moi. Portez-vous bien, vous et les vôtres, et souvenez-vous de moi.

GOETHE.

Carlsbad, le 8 juillet 1795.

26.

Iéna, le 20 juillet 1795.

Ma femme vous a écrit que depuis les douze derniers jours j'ai été très-malade, et empêché par là de vous donner de mes nouvelles ; j'espère que vous aurez reçu exactement cette lettre, et une autre de moi, qui est partie d'ici quatre jours après vous.

La vôtre m'a fait grand plaisir, et je souhaite de tout cœur que le masque de Heinse vous amène un grand nombre d'aventures aimables. Je ne trouve pas du tout mauvais de se voir bien accueilli auprès des dames sous une pareille raison sociale, car le plus difficile est ainsi fait.

Je ne suis pas moins impatient d'apprendre les progrès de votre santé que ceux de vos travaux. Je me réjouis beaucoup de lire la fin du cinquième livre. Ce que j'ai appris du *Centaure*, ne laisse pas que d'être très-bon, vos Elégies charment tout le monde, et personne ne songe à s'en scandaliser. Il est vrai que les tribunaux les plus redoutés n'ont pas encore prononcé. Moi aussi, j'ai reçu ma part d'éloges pour ma collaboration au *Centaure*; j'ai même été plus heureux encore que vous ; car, huit jours à peine après la publication de cette livraison, j'ai reçu d'un écrivain de Leipzig un poëme composé expressément en mon honneur.

En attendant il est arrivé pour les *Heures* deux nouveaux articles venant de lieux d'où je n'attendais rien. L'un d'eux traite de l'architecture grecque et gothique; au milieu de choses insignifiantes et assez mal écrites, il renferme plus d'une idée ingénieuse. Après de longues hésitations je l'ai accepté pour les *Heures;* la convenance et la nouveauté du sujet, et son peu d'étendue m'ont décidé à le publier. Le second article, qui n'a même pas une feuille, examine les idées des anciens sur la Destinée. C'est l'œuvre d'une excellente tête et d'un penseur pénétrant, aussi n'hésiterai-je point à m'en servir. Il y a à peine une heure que je l'ai reçu.

Jacobi m'a enfin envoyé sa dissertation; elle renferme beaucoup de choses excellentes, particulièrement sur l'équité avec laquelle il faut juger les conceptions d'autrui ; elle respire d'un bout à l'autre une philosophie libérale. Je ne saurais cependant définir exactement le sujet. Avec ce titre : « Épanchements fortuits d'un penseur solitaire sous forme de lettres à Ernestine, » on traite de toutes sortes de choses,

De Herder je n'ai reçu ni manuscrits, ni nouvelles depuis bien des semaines. Humboldt est arrivé heureusement, mais il a trouvé sa mère très-malade.

Mes poésies avancent bien lentement; car durant des semaines entières je suis impropre à tout travail. Vous trouverez cependant quelque chose quand vous reviendrez. D'ici je n'ai aucune nouvelle à vous écrire.

Adieu, et que le ciel vous ramène bien portant et bien dispos.

SCHILLER.

27.

Le 17 août 1795.

J'ai pris à la lettre votre récente promesse, et je comptais sûrement vous voir ici demain, mardi; voilà pourquoi j'ai gardé si longtemps le *Meister* sans rien vous en écrire. J'eusse bien désiré causer avec vous de vive voix sur ce sixième livre; car dans une lettre on ne s'avise pas de tout, et pour de pareilles matières le dialogue oral est indispensable. Il me semble que vous ne pouviez pas attaquer ce sujet par un côté plus heureusement qu'en ouvrant, comme vous le faites, le commerce tacite de la personne avec l'inspiration religieuse de son intérieur; ce sont des relations tendres et délicates; la marche que vous leur faites suivre est absolument conforme à la nature.

Le passage de la religion, en général, à la religion chrétienne, par l'expérience du péché, est une conception magistrale. En général les idées conductrices de l'ensemble sont excellentes, je crains seulement qu'elles ne soient pas indiquées d'une manière assez sensible. Je ne veux pas non plus vous promettre que certains lecteurs ne s'imagineront pas que l'action reste stationnaire. Si l'on avait pu rapprocher certains faits, en abréger d'autres, et donner au contraire plus d'extension à quelques-unes des idées capitales, cela n'aurait peut-être pas été mauvais. En évitant la terminologie triviale de la dévotion, vous vous efforcez de purifier votre sujet, de le rendre honnête, allais-je dire, cela ne m'a point échappé; j'ai néanmoins souligné quelques passages qu'une âme chrétienne pourrait blâmer comme trop frivoles.

Voilà quelques mots sur ce que vous avez dit et fait comprendre. Mais ce sujet est de nature à vous tenter de parler même de ce qui est sous-entendu. Il est vrai que ce livre n'est pas encore fini, je ne sais donc pas ce qui pourra suivre; mais l'oncle arrivant avec son bon sens doit, si je ne me trompe, amener une crise. S'il en est ainsi, la matière me paraît avoir été abandonnée un peu vite, car je trouve qu'on a encore trop peu parlé de l'essence de la religion chrétienne, et de l'enthousiasme chrétien; qu'on n'a pas encore suffisamment indiqué ce que cette religion peut être pour une belle âme, ou plutôt ce qu'une belle âme peut faire de cette religion. Selon moi, la religion chrétienne contient virtuellement le germe de tout ce qu'il y a de plus élevé et de plus noble; et les différentes formes sous lesquelles elle se manifeste dans la vie me semblent seulement si désagréables et si absurdes, parce que ce sont les manifestations manquées de ce sublime. Si l'on se borne à rechercher le caractère spécial du christianisme, qui le distingue de toutes les autres religions monothéistes, on le trouve dans *la suppression de la loi* de l'impératif de Kant, que le christianisme remplace par une inclination spontanée. Sous sa forme pure, cette religion représente la beauté morale, ou l'incarnation du saint; à ce point de vue c'est la seule religion esthétique. Je m'explique par là pourquoi cette religion a eu tant de succès auprès de la nature féminine, et pourquoi elle ne se rencontre plus guère, sous une forme à peu près tolérable, que chez les femmes. Mais dans une lettre je ne veux plus rien avancer sur cette matière chatouilleuse; j'ajoute seulement encore que j'aurais voulu un peu entendre vibrer cette corde.

Vos désirs concernant les Épigrammes seront ponctuellement remplis. Les fautes d'impression dans les Elégies m'ont aussi vivement contrarié, et j'ai tout de suite signalé la plus grosse dans le feuilleton de la Gazette littéraire ; mais ce sont les fautes des copistes, et non du compositeur, et il sera d'autant plus facile de les éviter.

En réalisant ce que vous promettez aux *Heures* pour les derniers mois, vous me ferez grand plaisir et j'insiste encore une fois au sujet du *Faust*. Que ce ne soit qu'une seule scène de deux ou trois pages. Le conte me fera le plus vif plaisir, et finira bien les Entretiens pour cette année.

Je ne me suis pas trouvé mieux physiquement cette semaine ; cependant je me sens la disposition et le désir de composer quelques poésies pour grossir mon recueil.

Ma femme désire savoir, si les aiguilles qui ont servi dernièrement à envelopper le sixième livre, doivent être le symbole des aiguillons de conscience.

Adieu ; j'aspire au moment de vous revoir, vous et notre ami Meyer.

SCHILLER.

28.

Au lieu de vous quitter hier à la hâte, j'eusse préféré rester, et pendant toute la route j'ai ressenti le malaise qui naît d'une satisfaction incomplète. Dans un espace de temps si court on met en avant bien des thèmes, sans en développer aucun ; et si nombreux que soient les sujets qu'on agite, bien peu arrivent à leur pleine maturité.

C'est à vos poésies que j'ai surtout pensé pendant mon retour ; elles ont des qualités particulières ; j'allais dire qu'elles sont maintenant telles que je les espérais de vous autrefois. Ce mélange étonnant d'objectivité et de subjectivité qui est dans votre nature, paraît maintenant dans son équilibre parfait, et toutes les autres vertus poétiques entrent en scène dans le plus bel ordre. C'est avec plaisir que je les retrouverai imprimées, j'en jouirai moi-même plus d'une fois et partagerai la jouissance avec les autres. Le petit poème en stances à l'adresse du public, terminerait avec autant d'à propos que de charme l'année courante des *Heures*.

Je me suis tout aussitôt occupé de madame de Staël, mais le travail est plus compliqué que je ne pensais; j'irai cependant jusqu'au bout, car ce n'est pas bien long ; le tout donnera au maximum cinquante-cinq feuillets de mon manuscrit. Vous recevrez bientôt la première partie contenant vingt-un feuillets. Dans une courte préface à l'éditeur, j'expliquerai le procédé suivi par moi dans la traduction. Pour vous épargner de petites rectifications, j'ai rapproché les mots du livre de notre pensée, et en même temps j'ai cherché à préciser un peu plus, selon notre manière allemande, ce qu'il y a de vague dans le français. Dans le détail vous trouverez beaucoup de bon ; mais l'auteur ne voyant qu'un côté des choses, et étant d'autre part intelligent et loyal, ne parvient en aucune façon à tomber d'accord avec lui-même ; pour la revue vous pourrez certainement tirer bon parti de cet opuscule. Je voudrais que vous vous donnassiez la peine d'être aussi clair et galant que possible dans votre commentaire, afin que celui-ci pût être soumis plus tard à l'auteur, et servir à introduire la danse des *Heures* dans la France nouvelle.

GŒTHE.

29.

Le 16 octobre 1795.

Si j'avais pu supposer que vous prolongeriez votre séjour à Eisenach, je n'aurais pas attendu si longtemps pour vous écrire. En vérité il m'est agréable de vous savoir encore loin des luttes du Mein. L'ombre du géant pourrait bien vous empoigner un peu rudement. Souvent il me semble étrange de penser que vous êtes ainsi jeté dans le monde, tandis que moi je suis assis entre mes carreaux en papier, n'ayant que du papier devant moi, et que néanmoins nous sommes près l'un de l'autre, que nous nous comprenons mutuellement.

Votre lettre de Weimar m'a fait grand plaisir. Pour une heure de courage et de confiance, il y en a toujours dix, où je suis découragé, où je ne sais que penser de moi. Dans ces moments-là, une appréciation de moi-même venant du dehors m'arrive comme une véritable consolation. Dernièrement Herder m'a écrit aussi bien des choses flatteuses sur mes poésies.

Une expérience infaillible m'a appris que la facilité ne provient que de la précision des pensées. Autrefois je croyais le contraire, et je redoutais la dureté et la raideur. Je suis bien aise maintenant de n'avoir pas reculé devant les fatigues d'une route pénible, que j'ai souvent regardée comme funeste à l'imagination du poète. Mais cette activité sans doute exige une grande tension d'esprit, car alors que le philosophe peut laisser en repos son imagination, et le poète sa force d'abstraction, il me faut dans ce genre de production, tenir constamment ces deux forces en haleine; et c'est seulement par un mouvement perpétuel en moi que je parviens à maintenir ces deux éléments hétérogènes dans une sorte de solution. J'attends avec impatience l'arrivée des feuilles de *Madame de Staël*. Si l'espace le permet, je suis, comme vous, d'avis de publier immédiatement le tout dans un seul numéro. Mes remarques paraîtront alors dans le numéro suivant. Entre temps le lecteur aura fait les siennes et m'écoutera avec d'autant plus d'intérêt. Aussi bien aurais-je beaucoup de peine à les finir dans le court espace qui nous sépare de la publication de la onzième livraison, en supposant que la traduction me parvienne lundi prochain.

Herder a aussi envoyé pour la onzième livraison une dissertation sur les Grâces ; il essaie de restituer leurs anciens droits à ces figures dont on a tant abusé. Il promet un autre article pour le numéro douze. J'espère terminer encore pour la onzième livraison mon traité sur le Naïf ; il n'aura que quelques feuilles, et le style, si je ne me trompe, en est populaire.

Le menu poétique ne fera pas non plus défaut. Ci-joint quelques bagatelles de ma plume. *Le Partage de la terre* aurait dû être lu par vous à une des fenêtres de la Zeile de Francfort, c'est là son véritable terrain. Si la pièce vous amuse, lisez-la au duc.

Dans l'autre pièce, je me suis égayé aux dépens du principe de contradiction ; la philosophie semble toujours ridicule quand de ses propres moyens, sans avouer qu'elle dépend de l'expérience, elle veut étendre le savoir et donner des lois au monde.

La résolution de vous remettre au *Meister* me sourit beaucoup. De mon côté, je ne tarderai pas alors d'embrasser l'ensemble, et, si je le puis, j'essaierai à cette occasion un nouveau genre de critique, d'après une méthode génésiaque, si celle-ci. ce que je ne puis pas encore affirmer, est chose possible. Ma femme et ma belle-mère, qui est actuellement ici, vous envoient leurs meilleurs compliments. On a fait demander chez moi, où vous vous trouviez en ce moment, mais j'ai cru qu'il était inutile de le dire. Si vous recevez des nouvelles de notre voyageur italien, je vous prie de me les communiquer.

Portez-vous bien.

SCHILLER.

30.

Soyez le bienvenu à Weimar ! Je suis très-content de vous savoir de nouveau dans notre voisinage. Je regrette vivement que vous n'ayez pas pu être ici les huit derniers jours. Ce beau temps m'avait rendu bien plus alerte ; j'ai même pu refaire aujourd'hui une promenade en voiture, qui m'a très-bien réussi. Cette distraction, il est vrai, m'a coûté plusieurs jours de travail.

J'attends madame de Staël avec impatience. La lettre que je vous adressai à Eisenach vendredi dernier ne vous est probablement pas encore parvenue ; vous étiez parti avant qu'elle arrivât à destination.

J'attends une réponse de Humboldt au sujet du logement. Ne sachant pas si son appartement peut être cédé, je n'ai fait que toucher un mot de l'affaire, afin qu'il ne soit pas embarrassé, s'il désirait la passer sous silence. Il me serait très-agréable de vous voir trouver ici toutes vos aises.

Je souhaite au roman toutes les chances et toutes les prospérités possibles. Je ne doute pas le moins du monde que maintenant vous ne rendiez le plus grand service à la totalité de l'œuvre en y vivant constamment. Puis ce ne serait pas, je pense, un avantage à dédaigner de voir le dernier volume terminé quelques mois avant qu'il soit livré à l'impression. Vous avez un grand compte à régler. Combien dans ce cas il est facile d'oublier une bagatelle. Si vous trouvez parmi vos papiers la lettre que je vous écrivis l'année dernière à mon retour d'Iéna, comme introduction d'une correspondance esthétique, ayez la bonté de me l'envoyer. Je songe actuellement à en faire quelque chose. Ma femme et ma belle-mère, qui est ici pour quelques semaines, envoient leurs salutations.

SCHILLER.

31.

J'ai reçu aujourd'hui vingt-une élégies du Properce de Knebel; je les parcourrai avec soin et communiquerai mes observations au traducteur; car il s'est donné tant de peine qu'il ne faudrait rien changer sans son assentiment.

Je désirerais voir suggérer à Cotta l'idée de payer immédiatement ce manuscrit; le nombre de feuilles est facile à calculer. Cette demande ne m'est dictée par aucun motif spécial; mais un tel procédé a quelque chose de prévenant; il provoque à une collaboration active, et sert à propager la bonne réputation des *Heures*. Un libraire, si souvent obligé à faire des avances, peut bien une fois aussi payer un manuscrit au moment où il le reçoit. Knebel souhaiterait que les élégies fussent imprimées en trois fois; moi aussi, je pense que c'est la juste mesure; elles serviraient ainsi d'ornement aux trois premières livraisons des *Heures* de l'année prochaine. J'aurai soin qu'elles parviennent en vos mains au moment opportun.

Avez-vous déjà lu l'affreuse préface que Stolberg a mis en tête de ses dialogues platoniciens? Les faiblesses qu'il y démasque sont si insipides et insupportables que j'ai grande envie de casser les vitres et de le châtier. Il est bien facile de mettre en évidence la déloyauté insensée de cette race bornée; en le faisant, on a de son côté le public raisonnable, et ce sera une sorte de déclaration de guerre contre la médiocrité, qu'il nous faut désormais harceler dans toutes les directions. Par la guerre sourde qu'elle nous fait à force de réticences, de déplacements et de suppressions, elle mérite depuis longtemps que nous lui donnions un honorable et durable souvenir. Au milieu de mes travaux scientifiques que je réunis peu à peu, cette défense me paraît doublement nécessaire et inévitable. Je me propose de marcher, bannière déployée, contre les critiques, les journalistes, les collectionneurs et les compilateurs, de m'en expliquer sans détour devant le public, soit dans une préface, soit dans un épilogue; et dans ce cas surtout je ne passerai à personne ni renitence, ni réticence.

Que dites-vous, par exemple, de Lichtenberg? Nous correspondons à propos des découvertes d'optique, et nos rapports sont d'ailleurs très-convenables; eh bien, dans la dernière édition qu'il a publiée du *Compendium d'Exleben*, il n'a pas même fait mention de mes essais; et pourtant, n'est-ce pas à cause des travaux récents qu'on réédite un *Compendium ?* Ces messieurs ont pourtant l'habitude de tout noter assez prestement dans leurs livres interfoliés. Combien n'y a-t-il pas de manières de mentionner de pareils écrits, ne fût-ce qu'en passant? mais pas une n'a su se présenter à cette tête spirituelle.

Les dispositions esthétiques et sentimentales sont loin de moi dans ce moment; songez-vous au sort de mon pauvre roman? Cependant j'emploie mon temps comme je peux, et à la basse mer on espère la marée montante.

Je reçois votre bonne lettre et je vous remercie de votre sympathie, dont j'étais sûr d'avance. Dans de pareils cas on ne sait pas s'il vaut mieux s'abandonner naturellement à sa douleur, ou se recueillir en faisant appel aux secours que nous offre la culture intellectuelle. Si l'on s'arrête à ce dernier moyen, comme je fais toujours, on n'est guéri que pour le moment, et j'ai remarqué que la nature maintient ses droits par d'autres crises.

Le sixième livre de mon roman a aussi produit bon effet ici; mais avec de pareilles œuvres le pauvre lecteur, sans doute, ne sait jamais où il en est; il ne songe pas qu'il ne toucherait aucunement à ces sortes de livres, si on ne s'entendait pas à se railler de ses pensées, de ses sentiments et de son désir de s'instruire.

Les témoignages en faveur de mon conte me sont très-précieux, et désormais je m'occuperai aussi avec plus de confiance de ce genre de compositions.

Le dernier volume du roman ne pourra pas, en tout cas, paraître avant la St-Michel; il serait fort joli que nous y appliquions les plans dont vous parliez dernièrement.

Le nouveau conte ne pourra guère être terminé en décembre, je n'ose même pas le commencer sans avoir dit un mot touchant l'interprétation du premier. S'il m'est possible de fournir en décembre quelque chose d'agréable dans ce genre, je serai charmé de pouvoir sous ce rapport aussi prendre part à l'ouverture de l'année.

Portez-vous bien! Puissions-nous longtemps nous réjouir des nôtres et de notre amitié. Au nouvel an j'espère vous revoir pendant quelque temps.

GŒTHE.

Weimar, le 21 novembre 1795.

32.

28 novembre 1795.

Je suis curieux de voir l'œuvre de Schmidt, et je ne doute pas que l'élite de nos lecteurs ne nous en soit reconnaissante. Elle ne plaira pas au grand nombre, je le sais d'avance; on ne le captive que par des opuscules de la trempe de Lorenz Stark. Vous ne vous imaginez pas combien est général le plaisir que cause ce livre. Aucun autre n'a encore fait autant de bruit.

Quant à l'avance pour les élégies, je crois que Cotta n'en sera pas très-édifié dans ce moment; son courage, touchant les *Heures*, est un peu bas, depuis que de toutes parts on se désabonne. Il paiera néanmoins à coup sûr, si l'on insiste, mais je voudrais pouvoir l'en dispenser précisément au moment actuel. J'ignore à combien se montera la somme ; si elle est modique, je la paierai, en ma qualité de rédacteur, à la place de Cotta. Peut-être atteindra-t-on le but en payant immédiatement la moitié, et le reste à l'époque de la foire. De cette manière le paiement aurait toujours encore lieu avant l'impression de tout le manuscrit ; car je ne suis pas d'avis de publier les trois parties dans trois livraisons mensuelles consécutives, mais de laisser chaque fois un mois d'intervalle. Six ou huit feuilles, du même auteur, portant le même titre, et de plus une traduction, tout cela arrivant coup sur coup pourrait paraître bien uniforme. Si donc vous croyez qu'une avance de vingt louis d'or, payée tout de suite, fasse son effet, je tiens la somme toute prête et nous n'aurons pas besoin de Cotta pour cela. Je sais qu'il est déjà à découvert de soixante louis d'or avec Fichte, et Dieu sait quand il rentrera dans son argent. Plusieurs petits articles, comme par exemple ceux de Weisshuhn, etc., ont déjà été payés par lui. Mais en voilà assez sur ce chapitre.

Votre indignation contre les Stolberg, Lichtenberg et consorts m'a gagné moi-même et je consens de tout cœur que vous les arrangiez de la bonne façon. D'ailleurs c'est là *l'histoire du jour.* Il en a toujours été de même, et il en sera de même toujours. Soyez sûr d'une chose ; c'est qu'après avoir écrit un roman, une comédie, il vous faut éternellement écrire un roman, une comédie. On ne veut, on n'apprécie aucune autre œuvre venant de vous. Si l'illustre Newton avait débuté par une comédie, on lui aurait cherché noise à propos de son optique et même de son astronomie. Si vous vous étiez amusé à mettre au jour vos découvertes d'optique sous le nom de notre professeur Voigt, ou de quelque autre héros en bonnet carré, elles auraient fait merveille. L'opposition qu'elles rencontrent chez ces têtes creuses tient moins à la nouveauté des vues qu'à la personne qui en est l'auteur.

Je voudrais jeter un coup d'œil sur le *delictum* de Stolberg. Si vous pouvez me le procurer pour vingt-quatre heures, vous me ferez plaisir. Chez cet homme, l'orgueil et l'impuissance s'unissent à un tel degré que je ne saurais avoir pitié de lui. Jenisch de Berlin, un fou qui veut se mêler de tout, a lu les critiques des *Heures*, et dans le premier feu il s'est mis à écrire, sur ma personne et sur mon caractère d'auteur, un essai qui doit figurer une apologie en réponse à ces accusations. Un de mes amis a pu heureusement obtenir le manuscrit des mains de Genz, dont la revue mensuelle devait le publier, et arrêter l'impression. Je ne suis pas sûr cependant, qu'il ne le fasse point imprimer ailleurs. C'est un malheur tout spécial qu'au milieu de mes nombreux et violents ennemis, j'aie surtout à redouter l'ineptie d'un ami, et que je sois obligé d'imposer silence, à tout prix, au petit nombre de voix qui veulent parler en ma faveur. Au mois d'août ou de septembre de l'année prochaine je pourrai publier un commentaire très-minutieux de votre *Meister ;* et cela viendra fort *à propos*, soit que la dernière partie paraisse à la St-Michel 96 ou à Pâques 97. Peut-être se trouvera-t-il dans la quatrième partie un *morceau* que vous pourriez publier pour Pâques 96 ; vous donneriez ainsi satisfaction au public, qui attend à cette époque l'œuvre complète.

J'ai enfin reçu hier de la part d'Archenholz un très-bon article historique intitulé : *Sobieski* ; il paraîtra encore dans la dernière livraison des *Heures* de cette année. Certes j'eusse beaucoup donné si vous aviez pu faire quelque chose pour la première livraison de la deuxième année. Peut-être aurez-vous envie d'ouvrir le feu dans ce numéro. Vous recevrez par Herder mon traité sur les poètes sentimentaux, dont vous n'avez entendu jusqu'ici que la moindre partie ; faites-moi le plaisir de le relire encore une fois tout entier. J'espère que vous en serez content ; car je ne pense pas avoir rien fait de mieux dans ce genre. Je crois que ce jugement dernier sur le plus grand nombre des poètes allemands produira, à la fin de l'année, un bon effet ; avant tout il donnera à réfléchir à messieurs nos critiques. Mon allure est franche et ferme, malgré les ménagements que je crois avoir gardés. Chemin faisant, à la vérité, j'ai *effleuré* autant de monde que possible, et bien peu sont sortis du combat sans blessure. Je me suis aussi étendu longuement sur la nature et ses droits (à propos des élégies), et à cette occasion Wieland a reçu son coup de patte en passant. Mais ce n'est pas ma faute ; comme personne (pas même Wieland) ne s'est jamais avisé de supprimer son opinion sur mes défauts, qu'au contraire on me les a souvent reprochés assez vertement, le hasard m'ayant à mon tour donné les atouts en main, je n'ai pas non plus mâché ce que j'avais sur le cœur.

SCHILLER

33.

29 décembre 1795.

L'idée des *Xénies* est superbe, et il faut la mener à bonne fin. Celles que vous m'avez envoyées aujourd'hui m'ont beaucoup amusé, et parmi elles surtout les dieux et les déesses. De tels titres donnent tout de suite du relief à une bonne idée. Mais si nous voulons compléter la *Centaine*, il nous faudra, je pense, tomber aussi sur des ouvrages isolés, et quelle riche source nous trouverons là! Dès que nous ne nous épargnerons pas entièrement nous-mêmes, il nous sera permis d'attaquer le sacré et le profane. Quelle matière ne nous fournira pas la clique stolbergeoise, Racknitz, Ramdohr, le monde métaphysique avec ses moi et ses non-moi, l'ami Nicolaï, notre ennemi juré, l'auberge du bon goût de Leipzig, Thummel et Goeschen son écuyer, et les autres.

Hier j'ai reçu les bonnes feuilles des poètes élégiaques, qui pourront ainsi figurer dans la grande revue critique de la gazette littéraire.

J'ai déjà causé avec Schutz depuis qu'il les a lus; quoiqu'il les comprenne horriblement mal, il n'en est pas aussi effrayé que je le pensais; je lui ai fait entendre que je ne prétendais en rien gêner la manière dont il les jugera; mais que toute réfutation trop accentuée de mes jugements m'obligerait à une réplique; que cette réplique devant être accompagnée de pièces justificatives, les auteurs, ses clients, pourraient bien courir quelque danger. Il n'y touchera donc que d'une main très-légère.

La critique sera très-longue, la partie poétique seule remplira toute une page de journal. Moi aussi je mets la main à l'œuvre; ainsi, par exemple, on me charge de rendre compte de l'article d'Archenholz du dernier numéro ; sans cela Schutz n'aurait pas le temps d'achever. Cette revue critique sera donc une véritable casaque d'Arlequin. Mais rien n'en sera publié avant le six.

La tragédie de Woltmann est pitoyable et ne peut servir d'aucune façon; c'est un factum sans caractère, sans vraisemblance, sans rien de la nature humaine. L'opérette est un peu plus supportable, mais supportable seulement comparée à la tragédie.

Avez-vous lu une *Zoonomie* publiée par le docteur Brandis? On y traite votre écrit de la *Métamorphose* avec beaucoup d'estime ; mais, chose ridicule! comme votre nom est en tête du livre, et que vous avez écrit des romans, des tragédies, il faut de toute force qu'on nous en prévienne. « Nouvelle preuve, dit le brave ami à cette occasion, combien l'esprit poétique est favorable même à la vérité scientifique. »

Votre prochaine venue au milieu de nous ne me cause pas un médiocre plaisir. Nous allons encore une fois faire un fameux remue-ménage. Vous apporterez sans doute votre « tricot » du jour, le roman? Et puis je veux qu'on puisse dire : *Nulla dies sine epigrammate.*

Vous parlez d'une extrême disette dans le monde théâtral. Ne vous est-il pas encore venu à l'esprit d'essayer sur la nouvelle scène une pièce de Térence? Les *Adelphes* ont déjà été traduits avec succès il y a une trentaine d'années par un certain Romanus, au dire de Lessing. Il vaudrait la peine d'en faire l'essai. Depuis quelque temps, je lis un peu plus les auteurs latins, et c'est Térence qui m'est tombé d'abord dans les mains. Je traduisis les *Adelphes* à livre ouvert à ma femme, et le grand intérêt que nous y avons pris me fait espérer une bonne réussite. La pièce est naturelle par excellence, la marche en est vive, les caractères promptement décidés et bien arrêtés ; toute la comédie respire une douce gaieté. L'almanach théâtral contient énormément de noms et très-peu de choses ; moi, pour ma part, j'en ai été quitte à bon marché. Mais dans quelle société on s'y trouve! On a eu la libéralité de vous attribuer à vous un *Jules César* dont vous resterez sans doute débiteur envers le public.

Mais où n'écrit pas l'ami Boettiger!

Portez-vous bien. Ma femme envoie ses meilleurs compliments.

Schiller.

34.

30 décembre 1795.

Je suis bien aise que les *Xénies* aient obtenu votre agrément et votre approbation ; mon avis est aussi qu'il faut étendre notre sphère d'action. *Charis* et *Jean* placés côte à côte, ne feront-ils pas un effet superbe? Écrivons seulement ces bagatelles en bloc ; nous ferons le triage après. Quant à ce qui nous concerne, il nous suffira de mettre en vers ce que disent de nous ces sots gredins ; de cette façon, nous aurons encore l'avantage de nous cacher derrière la forme de l'ironie.

La critique des *Heures* sera donc une véritable merveille, aussi nos rivaux la guettent comme des loups affamés ; quelle qu'elle soit, il y aura certainement du tapage.

Je me rappelle ce que Brandis dit de ma Métamorphose dans un ouvrage sur la *force vitale ;* mais je ne me rappelle pas le passage que vous citez ; il en a probablement fait mention encore une fois dans sa traduction de la *Zoonomie* de Darwin, Darwin ayant aussi eu le malheur d'avoir été d'abord connu comme poète (dans le sens anglais de ce mot).

Notre extrême pénurie a seule pu me faire espérer quelque chose de bon de la tragédie de Jones. Hier on a encore une fois donné une pièce détestable de Ziegler : *Barbarie et grandeur d'âme*. Il s'y est distribué des coups de sabre si barbares qu'ils ont failli coûter le nez à l'un des acteurs. Comment donc s'appelle le titre de l'imitation des *Adelphes* ? J'en ai un souvenir qui date de ma première jeunesse.

J'ai bien envie de vous revoir et de travailler dans le paisible château ; depuis ces quatre dernières semaines, ma vie est un pêle-mêle traversé par cent sortes d'occupations et par cent sortes de *far-niente ;* mon roman en attendant ressemble à un tricot qui se salit à force de rester dans les mains. Cependant il mûrit dans ma tête, et c'est là l'essentiel.

J'ai reçu de Meyer une lettre de Rome; il y est arrivé heureusement, et le voilà sans doute comme l'oiseau dans la roseraie; mais il se plaint des autres compatriotes qui y sont également, et qui coupent des roseaux pour en faire des chalumeaux avec lesquels ils lui cornent aux oreilles.

L'Allemagne ne saurait s'échapper quand même elle courrait jusqu'à Rome; partout elle est suivie de sa platitude comme l'Anglais de sa bouilloire à thé. Meyer espère envoyer bientôt quelque chose de lui et de Hirt pour les *Heures*.

Voici une lettre de Obereit qui est encore une fois très-curieuse dans son genre; je vais tâcher de mendier quelque chose auprès de nos souverains pour le pauvre vieillard.

Portez-vous bien, et gardez-moi votre amitié.

GŒTHE.

1796

35.

Le 22 janvier 1796.

Voici un petit envoi d'épigrammes. Ce qui ne vous en plaira pas n'a pas besoin d'être copié. Ces petites plaisanteries ne se font pas aussi vite qu'on pourrait le croire, parce qu'on ne peut pas se servir pour les composer d'une *suite* de pensées et de sentiments, comme dans un travail de longue haleine. Elles ne veulent pas se laisser dépouiller de leur droit primordial, celui de n'être qu'un *heureux caprice*. Aussi ma paresse étant donnée, je doute que je gagne sur vous autant d'avance que vous croyez, car mon train de vie ne peut durer bien longtemps; il faut que je me décide à mettre sur le métier des œuvres de plus longue haleine, et à laisser venir les épigrammes à leur heure. Cependant chaque courrier apportera quelque chose, et nous aurons ainsi une assez belle provision d'ici à quatre ou cinq mois.

Vos épigrammes dans l'Almanach obtiennent un grand succès, comme je l'entends dire de plus en plus, et auprès d'hommes dont le jugement ne nous fait pas honte. C'est pour moi un sujet de consolation d'apprendre que l'*Almanach* ait pu percer à

Weimar à côté des *émigrés* et des *Hundsposttage*.

Oserai-je vous charger d'une petite commission ? Je voudrais avoir soixante-trois aunes de papier peint d'un beau vert, et soixante-deux aunes de bordure, que j'abandonne entièrement à votre goût et à votre théorie des couleurs. Voulez-vous les faire acheter par Gernig, et avoir soin en tout cas de me les expédier dans six ou huit jours?

Adieu. Ma femme envoie ses salutations.

SCHILLER.

A un certain poète moraliste.

Oui, l'homme est un misérable gredin. — Je sais, mais j'allais justement l'oublier et j'arrive, hélas, que je le regrette! chez toi.

Le Kantien.

Ce cerveau creux contiendrait des paroles de Kant? N'as-tu pas quelquefois vu des devises dans une noix creuse?

36.

Pendant les jours qui vont venir, je mènerai une existence très-accidentée. Aujourd'hui arrive la famille princière de Darmstadt; demain, il y aura grande réception à la cour, dîner, concert, souper et redoute. Lundi, le *Don Juan*. Le reste de la semaine se passera en répétitions, car le 30 on jouera les *Avocats* d'Iffland, et le 2 le *Nouvel-Opéra*. Mais après cela je tâcherai de me recueillir aussi vite que possible, et de voir ce que je pourrai produire. Le huitième livre m'apparaît cependant plus d'une fois à travers toutes ces figures étrangères, et j'espère qu'il sera terminé à la première occasion.

Les dernières epigrammes que vous m'envoyez respirent une gaîté charmante, c'est pourquoi je les ferai copier toutes ; ce qui finalement ne pourra pas rester dans la compagnie s'en détachera comme un corps étranger.

On ne trouve pas ici tout prêts le papier peint et les bordures que vous désirez ; voici des échantillons des deux. Le rouleau de papier a une aune de largeur et vingt de longueur. Pour avoir soixante-trois aunes, il faudrait donc prendre quatre rouleaux, et il vous en resterait tant et tant. L'année passée, la pièce coûtait un florin et vingt kreuzers. La bordure ci-jointe mesure par rouleau quarante aunes, et coûte trois florins et demi. Il vous en faudrait deux rouleaux. Elle va très-bien avec le vert, et, si on voulait une nuance un peu plus prononcée, on trouverait aussi de belles bordures roses de la même largeur. Si vous me renvoyiez promptement les échantillons, je pourrais écrire à Francfort lundi soir, et vous recevriez encore assez vite votre commande.

Vouloir faire peindre les papiers ici causerait plus d'embarras, surtout en ce moment, où le temps d'Ekebrecht est absorbé par les décors.

Portez-vous bien et profitez du beau temps.

GŒTHE.

Le 23 janvier 1790.

37.

Iéna, le 24 janvier 1796.

Pour un auteur occupé de la catastrophe d'un roman, de mille épigrammes, et de deux longs récits sur l'Italie et la Chine, vous aurez pendant les dix jours qui vont suivre d'assez nombreuses distractions. Mais ce que le temps vous enlève, il vous le rend en matériaux, et, en fin de compte, vous arrivez plus loin que moi, qui suis obligé de me ronger les ongles pour en tirer mes sujets. Aujourd'hui, cependant, j'ai aussi ma distraction; car Charlotte Kalb viendra nous voir.

Je suis fâché que l'affaire de mes papiers vous coûte au delà de quelques mots. Cependant, comme vous voulez avoir la bonté de vous charger de cet ornement de mon horizon, je vous prie de me faire venir de Francfort quatre rouleaux de papier vert et deux de bordures roses, quand même ces dernières contiendraient quarante aunes; la couleur vive des bordures roses me les fait préférer à l'échantillon ci-joint.

Woltmann a passé hier trois heures seul avec moi, et j'ai si bien manœuvré qu'il ne fut pas prononcé une syllabe sur ses pièces de théâtre. Il a d'ailleurs été fort gracieux, il s'est répandu en éloges sur vos travaux et sur les miens; ses prévenances ont été impuissantes à faire naître chez moi la moindre étincelle de pitié pour sa pièce.

Adieu. Voici encore quelques Xénies afin que l'ordonnance soit observée.

Schiller.

38.

La collection de tous nos petits poëmes n'est pas encore en ordre; voici en attendant mon appoint de cette semaine. Si nous voulons parfaire le nombre que nous nous sommes proposé, il nous faudra traiter quelques-uns des sujets qui nous intéressent particulièrement aujourd'hui, car quand le cœur est plein, la parole déborde; puis ce sera une superbe occasion de glisser ces choses du cabinet de travail et du monde de la critique dans le grand public. Là, tel ou tel prendra feu qui autrement aurait laissé passer l'affaire sans s'en occuper.

Ces jours-ci commencent à me paraître bien agités; on entreprend toujours plus de choses qu'on n'en peut exécuter.

Portez-vous bien et mes compliments à votre chère femme.

Weimar, le 27 janvier 1796.

GOETHE.

39.

27 janvier.

Vous m'avez fait une surprise très-agréable en m'envoyant votre riche provision de Xénies. Celles qui concernent Newton se reconnaîtront à la matière; mais dans ce savant litige qui n'atteint aucun auteur vivant cela même importe peu. Celles qui sont soulignées sont celles qui nous ont fait le plus de plaisir. N'oubliez pas d'honorer de quelques Xénies Reichardt, notre *soi-disant* ami. Je viens de lire une critique des *Heures*, dans son journal *l'Allemagne*, édité par Unger; il s'y émancipe terriblement à propos de vos *Entretiens* et d'autres articles encore. Les articles de Fichte et de Woltmann figurent dans son journal par de longs extraits proposés comme modèles. La cinquième livraison (la plus mauvaise de toutes) figure comme la plus intéressante; les poésies de Voss, le génie rhodien de Humboldt sont fort exaltés et ainsi de suite. — Le tout est écrit avec une fureur mal dissimulée. En sa qualité d'œuvre la plus importante de la littérature allemande moderne, le roman musical de Heinse est longuement critiqué, je n'ai pas lu comment.

Il faut que nous persécutions amèrement dans les *Heures* ce Reichardt qui nous attaque sans raison et sans ménagement. Voici encore quelques pieux à enfoncer dans la chair de nos collègues. Prenez-en ce qui vous convient.

Adieu. Ma femme envoie ses meilleurs compliments.

Schiller.

40.

La première copie des Xénies est enfin achevée; je vous l'envoie tout de suite, d'autant plus que je ne pourrai pas venir à Iéna avant le 14 de ce mois. Réunies elles ont l'air fort gai; seulement il sera bien nécessaire qu'une veine poétique vienne de nouveau se répandre à travers la collection. Mes dernières sont tout à fait prosaïques, ainsi que vous vous en apercevrez bien ; comme elles ne reposent pas sur un fond objectif, il n'en pouvait être autrement chez moi.

Peut-être vous enverrai-je le septième livre de mon roman d'ici à très-peu de temps. — Je suis occupé à polir le premier jet de la dictée ; ce qui restera encore à y faire se trouvera, quand le huitième livre sera arrivé au même point, et que le tout aura passé par nos vives et sérieuses causeries.

J'ai reçu ces jours-ci de Gœttingen l'ouvrage de Cellini sur la partie mécanique de différents arts. C'est un livre parfaitement écrit ; la préface aussi bien que le corps de l'ouvrage nous fournit de belles révélations sur cet homme merveilleux. Aussi me suis-je immédiatement remis à sa biographie, mais les difficultés de l'exécution restent toujours les mêmes. Je vais commencer par traduire quelques endroits intéressants, et je verrai comment il faudra continuer. D'après mes idées réalistes, une vie n'intéresse que par le détail, surtout quand il s'agit de celle d'un simple *particulier*, où l'on ne saurait imaginer de ces résultats immenses capables de nous imposer ; ou de celle d'un artiste dont les œuvres, produits durables de son existence, ne sont pas sous nos yeux. Peut-être aurai-je réuni une assez belle tâche avant d'aller chez vous ; et nous verrons mieux alors ce qu'il y a à faire.

D'où vient que la dernière livraison des *Heures* tarde tant à paraître ?

La première représentation du nouvel opéra s'est passée heureusement, et nous avons l'approbation de la masse ; l'ensemble est vraiment très-joli ; la musique n'est pas profonde, mais agréable ; les costumes et les décors ont produit bon effet. Je vous enverrai le livret au premier jour, afin que vous voyiez quelle tournure bizarre et archi-germanique prend le théâtre allemand.

Portez-vous bien, et mes compliments à votre chère femme. J'espère bientôt me réfugier dans votre port, au sortir de ma vie actuelle, qui est trop forte pour le réaliste le plus fort.

Weimar, le 4 février 1796.

GOETHE.

41.

Iéna, le 5 février 1796.

Le recueil grossit sous nos mains à souhait. J'ai été content de trouver parmi les dernières quelques Xénies politiques ; comme nous serons assurément confisqués dans les lieux dangereux, je ne vois pas pourquoi nous ne chercherions pas à le mériter aussi par ce côté. Vous en trouverez de quarante à quarante-deux nouvelles de moi ; j'en garde encore ici environ quatre-vingts qui forment un tout, et demandent un dernier coup de lime. Reichardt est bien recommandé, mais il faut qu'il le soit mieux encore. Il faut l'attaquer comme musicien, parce que là non plus il n'est pas parfait ; et il est juste qu'il soit poursuivi jusque dans ses derniers retranchements : il nous fait bien la guerre sur le terrain qui nous appartient de droit.

J'apprends avec plaisir que vous voulez commencer par des passages isolés de Cellini ; c'est le meilleur moyen de s'attacher à l'ouvrage. Car là où la chose est faisable, j'estime toujours qu'il vaut mieux ne pas commencer par le commencement, qui est toujours la partie la plus difficile et la plus vide. Vous ne me mandez pas si je puis espérer quelque chose de vous pour la troisième livraison des *Heures*. Il me le faudrait, il est vrai, dans l'espace de trois ou de quatre semaines au plus tard. Maintenant je vis encore de l'horrible Torville. Je désirerais recevoir la seconde partie de Properce d'ici à huit jours. Herder a renoncé aux *Heures* pour un temps illimité. Je ne sais d'où vient cette froideur ; ou bien est-il réellement empêché par un autre travail ?

Si les *Heures* de ce premier mois ne sont pas encore ici, la faute, à vrai dire, en est à moi ; mon article, celui que vous lisez ici, n'est parti que depuis quatre semaines. Pour l'aller et le retour il faut trois semaines, et une semaine pour l'impression. Les exemplaires arriveront certainement demain, car celui qu'on a expédié par le courrier est dans mes mains depuis lundi. Les nouveaux caractères se présentent bien, et le papier plaira davantage.

Je me réjouis de la suite du *Meister*, comme d'une fête. Moi aussi je chercherai à connaître encore mieux les parties déjà publiées, avant de discuter l'ensemble avec vous.

Kœrner m'écrit qu'il pense venir ici vers la fin de mai pour passer quinze jours auprès de nous ; j'en suis très-heureux. Sa présence vous fera sans doute plaisir. Schlegel venant aussi au printemps, et Funk devant probablement passer un mois ici, ma maison sera assez animée.

Pour cette première année, les auteurs ne gagneront encore rien à l'impression plus espacée, parce que Cotta a fait de nouvelles dépenses en mettant au rebut les vieux caractères, en prenant un nouveau papier et une nouvelle couverture. On déduira donc cette année des honoraires une somme fixée par le rapport de l'ancienne à la nouvelle impression.

Adieu. Ma femme envoie ses meilleurs compliments.

Schiller.

42.

Voici, mon très-bon, un assez gros envoi. Le manuscrit de *Cellini* est plus court de cinq feuilles, que je désire supprimer tout à fait ; elles contiennent la suite du voyage de Cellini en France et son retour à Rome, parce qu'il n'a pas cette fois trouvé de travail. Je n'en donnerai qu'un petit extrait, si bien que le prochain numéro pourra contenir sa captivité au château Saint-Ange dont j'abrégerai le récit détaillé ; je donnerai de quatorze à quinze feuilles d'écriture.

En même temps voici l'*idylle* et la *parodie*, ainsi que les épreuves du nouveau caractère d'impression. Le poème est fait à ravir, la réalité et l'allégorie, l'imagination et le sentiment, la crise et la morale s'enchaînent de la manière la plus belle · je désirerais l'avoir bientôt en ma possession.

Le grand caractère me plaît fort. Si vous trouvez

un correcteur qui, avant le tirage, enlève non-seulement les lettres fausses, mais aussi celles qui sont mauvaises, usées, inégales, et si pendant l'impression on se donne la peine nécessaire pour l'encre et le reste, on ne remarquera pas une grande différence avec l'Almanach précédent.

Il serait bon aussi de prendre une décision au sujet du papier et du reste, et de faire ensuite commencer l'impression. Je vais terminer aussi vite que possible mes petits articles. Vous et M. Schlegel, vous déciderez si le poème de Cellini sur sa captivité mérite d'être traduit. J'ai déjà envoyé récemment le sonnet; vous l'insérerez en tout cas à l'endroit désigné. Je vous prie encore de lire, la plume à la main, le paquet de *Cellini* ci-joint, je n'ai pu le revoir qu'une seule fois.

Je vais tout de suite m'occuper des plaques : quand je saurai qui les fait et combien elles doivent coûter, je vous écrirai le reste. Je relis encore une fois le septième livre du roman avec l'espoir de l'expédier jeudi. Il ne manque qu'un *compelle* extérieur et le huitième livre sera terminé ; puis nous pourrons nous étendre de bien des façons. J'ai une lettre de Meyer qui ne sait comment assez décrire l'anxiété et la confusion qui règnent actuellement à Rome ; lui-même va sans doute aller à Naples.

Remerciez bien Kœrner de toutes les peines qu'il s'est données pour la Victoria. Cet objet d'art me devient de plus en plus précieux ; il est réellement du plus haut prix. J'ai aussi lu avec grand intérêt les deux nouveaux volumes de Herder. Le septième surtout me semble compris, pensé et écrit d'une manière excellente ; le huitième, si exquises que soient les choses qu'il contient, ne vous fait pas une impression agréable, et l'auteur n'était pas non plus à son aise quand il l'écrivit. Les précautions, les circuits et les ambages, les sous-entendus, une distribution parcimonieuse de louange et de blâme, font que les appréciations sur la littérature allemande sont d'un rendement fort maigre. Peut-être cela tient-il aussi à ma propre disposition du moment ; il me semble toujours à moi qu'en parlant d'un écrit ou d'une action sans amour, sans un certain enthousiasme partial, il en résulte si peu de chose que cela ne vaut pas la peine qu'on en parle.

Le goût, le plaisir, l'intérêt que nous inspirent les choses, voilà du réel, voilà qui engendre la réalité ; le reste est vide et ne produit que le vide.

Weimar, le 14 juin 1797.

GOETHE.

43.

Iéna, le 18 juin 1796.

Voss n'est pas encore ici, du moins ne l'ai-je point encore aperçu. Comme je doute fort que vous veniez, j'expédie cette lettre pour laquelle je trouve une bonne occasion.

A la deuxième lecture, votre idylle m'a ému profondément, plus profondément même qu'à la première. Elle doit certainement être comptée parmi les plus belles choses que vous ayez faites, tant elle est simple avec une insondable profondeur de sentiment. Par la rapidité que donne à l'action l'impatience de l'équipage du navire, le théâtre se resserre tellement pour les deux amants, la situation est si grave et si pleine d'angoisse que ce seul instant tient lieu d'une existence tout entière. Il serait difficile d'imaginer une autre situation, où l'on ait cueilli avec tant de pureté et de bonheur, la fleur de l'élément poétique qu'un sujet peut offrir. Avoir mis la jalousie tout près de là, et avoir si vite fait disparaître le bonheur sous la crainte est un procédé que je ne saurais encore entièrement justifier devant le tribunal de mon sentiment, quoique je n'aie point à élever d'objection satisfaisante. Je sens seulement que je voudrais faire durer toujours l'heureuse ivresse d'Alexis au moment où il quitte la jeune fille.

Le livre de Herder produit sur moi à peu près la même impression que sur vous; seulement ici, comme d'ordinaire, ses écrits me font perdre toujours beaucoup plus de ce que je croyais posséder, que gagner en nouvelles connaissances positives. En visant sans cesse à combiner, à réunir ce que les autres séparent, il sert plutôt à troubler mon esprit qu'à le guider. Sa haine implacable contre la rime me semble aussi exagérée, et tout ce qu'il avance pour la combattre ne paraît pas assez significatif. Que l'origine de la rime soit aussi vulgaire. aussi antipoétique qu'on voudra, il faut s'en tenir à l'impression qu'elle produit, et qui ne s'efface pas par des raisonnements.

Ce qui me contrarie dans ses confessions sur la littérature allemande n'est pas seulement sa froideur envers tout ce qui est bon, mais encore sa singulière tolérance envers ce qui est misérable; il lui en coûte aussi peu de parler avec estime d'un Nicolaï, d'un Eschenburg et de tant d'autres que de l'homme le plus important, et de la façon la plus bizarre il ne fait qu'une même bouillie des Stolberg, de moi et de Kosegarten. Sa vénération pour Kleist, Gerstenberg et Gessner, et en général pour tout ce qui est mort et en poussière, est au niveau de sa froideur pour ce qui est vivant.

Vous avez depuis fait la connaissance de Richter. Je suis avide de savoir comment vous l'avez trouvé. Charlotte Kalb est ici pour soigner une amie; elle me dit que Richter s'est brouillé ou peu s'en faut avec Iffland, et elle parle en général avec une grande froideur de l'acquisition de ce dernier pour le théâtre de Weimar. L'enthousiasme pour lui semble s'être perdu quelques mois plus tôt encore que nous ne le pensions.

Humboldt vous aura sans doute déjà écrit lui-même. Il est extraordinairement satisfait de l'Idylle. Il écrit aussi que *Cellini* plaît énormément.

Les Xénies nous parviendront lundi ; afin de lier entre eux les différents sujets, il faudra en composer encore quelques nouvelles ; je mets pour cela mon espoir en votre bon génie. Les parodies homériques ne pouvant se fondre dans l'ensemble ont dû être rejetées ; seulement je ne sais encore comment caser ces revenants. — J'aurais bien volontiers mis à la fin les Xénies aimables et plaisantes, car à la tempête doit succéder la clarté. Moi-même je suis parvenu à en écrire quelques-unes de semblables ; que chacun de nous en fournisse encore une douzaine seulement du même genre, et les Xénies se termineront d'une manière fort avenante.

Portez-vous bien. Ma femme vous envoie ses meilleures salutations. L'état de sa santé est toujours le même.

SCHILLER.

44.

Vos deux chères et précieuses lettres ainsi que le biscuit me sont parvenus, et pour ce matin le *pensum* de mon roman est fini; je vais donc dicter cette page pour demain par provision.

Le huitième livre avance toujours sans interruption. Quand on considère le concours de circonstances, qui finit par réaliser, d'une manière tout-à-fait naturelle, certaines choses presque impossibles, on serait tenté de devenir superstitieux. Ce qui est certain c'est qu'aujourd'hui je trouve un grand secours dans la longue habitude que j'ai d'utiliser sur le champ les forces, les événements fortuits, les dispositions d'esprit, et en général tout ce qui nous peut arriver d'agréable et de désagréable; malgré cela, l'espoir de vous envoyer ce livre dès samedi prochain me paraît avoir été prématuré.

Votre poème : *La plainte de Cérès*, m'a rappelé différents essais que j'avais tentés pour établir sur une base encore plus large l'idée que vous avez conçue et traitée d'une façon si aimable. Quelques-uns, contre mon attente, ont heureusement abouti; or je prévois que je pourrai rester chez moi un peu de temps pendant ces beaux mois d'été; j'ai pris aussitôt mes dispositions pour élever dans l'obscurité un certain nombre de plantes, afin de comparer ensuite les résultats obtenus à ceux qui sont déjà connus.

Que Voss ne soit pas venu, est un trait de caractère qui ne me plaît pas ; surtout parce que vous ne vous connaissez pas encore personnellement, comme j'ai pu voir par votre lettre. C'est une sorte de négligence et de manque d'attention dont on se rend malheureusement coupable dans la jeunesse, mais dont il faudrait se garder autant que possible, quand on apprend à estimer les hommes. C'est Reichardt qui l'aura finalement empêché ; car la fausse position où celui-ci se trouve vis-à-vis de nous doit le mettre à la gêne ; il ne faut pas en douter. Zelter à Berlin est prêt. Il serait bon que vous lui écrivissiez aussi sans tarder. J'ai une chanson de Mignon que je voudrais insérer dans votre Almanach ; le roman ne fait que la mentionner. Reste à savoir s'il faudrait en dire un mot confidentiel à Unger ; une pareille déclaration fût-elle même ébruitée, que la guerre serait déclarée, et il serait bon de l'entreprendre plus tôt que plus tard.

J'ai de nouveau quelques douzaines de Xénies, mais elles ne sont pas de l'espèce dont nous avons besoin.

Je suis bien aise que l'idylle supporte sans désavantage un examen attentif. Pour la jalousie de la fin j'ai deux raisons : l'une tirée de la nature ; en amour, tout bonheur inattendu et immérité traîne en effet sur ses talons la crainte de le perdre ; une autre tirée de l'art, car la marche de l'idylle étant entièrement pathétique il fallait que la passion augmentât jusque vers la fin ; le compliment d'adieu du poète ramène le calme et la sérénité. Voilà la justification de l'instinct inexplicable d'où naissent de pareilles choses.

Richter est un être si complexe, que je ne puis pas trouver le temps de vous dire mon opinion sur lui ; il faut le voir : vous le verrez et nous prendrons plaisir à nous entretenir de lui. Ici il paraît avoir le sort de ses écrits ; on l'estime tantôt trop haut, tantôt trop bas, et personne ne sait au juste par quel côté saisir un être si bizarre.

Cellini nous réussit à merveille, et comme ce succès vient à propos, forgeons le fer tant qu'il est chaud. Dites-moi quand vous aurez besoin d'une nouvelle cargaison.

Voici une pasquinade qui vous conduira dans un monde tout-à-fait original, et qui, malgré son inégalité, renferme quelques bonnes plaisanteries ; elle malmène assez follement certains poltrons, hypocrites, pieds-plats et pédants. Ne la montrez à personne et renvoyez-la moi tout de suite.

Expédiée le 22 juin 1796.

GŒTHE.

45

Iéna, le 2 juillet 1796.

Je viens encore une fois de parcourir, quoique très-rapidement, les huit livres du roman.

La matière seule est si considérable que deux jours m'ont à peine suffi pour terminer ma lecture. Je ferais donc bien de ne rien encore écrire aujourd'hui, car je suis écrasé par la variété étonnante, inouïe, qui s'y trouve *cachée* (c'est le mot le plus propre). J'avoue avoir compris jusqu'à présent la *stabilité*, mais non pas encore bien l'*unité* ; je ne doute pas cependant un seul instant que celle-ci ne finisse par m'apparaître clairement ; si déjà dans les œuvres de ce genre la stabilité n'est pas plus de la moitié de l'unité.

Ces circonstances étant données, vous ne pouvez attendre de moi rien de bien satisfaisant; agréez donc des remarques partielles, qui ne sont pas sans quelque valeur, parce qu'elles expriment une impression instantanée. En revanche je vous promets que pendant tout ce mois les causeries sur le roman ne tariront pas. Une appréciation digne de l'œuvre et véritablement esthétique est une grande entreprise, à laquelle je consacrerai avec plaisir les quatre mois qui vont suivre. Je regarde d'ailleurs comme un des grands bonheurs de mon existence d'avoir vécu assez longtemps pour voir cette œuvre achevée; achevée à une époque où mes forces sont encore en pleine activité, où je peux puiser encore à cette source pure. Le beau lien qui nous unit m'impose comme un devoir religieux de confondre votre cause avec la mienne, de transformer ce qu'il y a d'objectif en moi en un miroir fidèle de l'esprit auquel cette œuvre sert d'enveloppe, et de mériter ainsi, dans la plus haute expression du mot, d'être appelé votre ami. Avec quelle vivacité j'ai ressenti, à cette occasion, que l'excellent est une puissance, qui agit comme puissance sur les cœurs égoïstes, que vis-à-vis de l'excellent, il n'y a d'autre liberté que l'amour!

Je ne puis pas vous dépeindre combien m'ont ému la vérité, la belle vie, la simplicité, l'ampleur de cette œuvre. Mon émotion, il est vrai, est encore un peu plus tourmentée qu'elle ne le sera quand je me serai rendu entièrement maitre du sujet ; ce sera là une grave révolution pour mon esprit. Mais elle n'en est pas moins le résultat du beau, et du beau tout seul; l'inquiétude vient uniquement de ce que la raison n'a pas pu rejoindre la sensibilité. Je vous comprends maintenant tout à fait, quand vous disiez qu'à proprement parler le beau, le vrai, étaient souvent capables de vous toucher jusqu'aux larmes. Calmes et profonds, clairs et pourtant insaisissables comme la nature, tels sont les effets de votre œuvre, telle est l'œuvre elle-même; tout, jusqu'aux moindres accessoires, montre la belle égalité de l'âme de laquelle tout est sorti.

Mais je ne peux pas encore trouver de mots pour ces impressions; aussi m'arrêterai-je seulement au huitième livre. Comme vous avez réussi à rétrécir et à rapprocher de nouveau le cercle et la scène des personnages et des événements, d'abord si vaste, si immense! Votre œuvre apparaît comme un beau système planétaire, tout s'enchaîne; seules, les figures italiennes, comme des comètes, et comme elles pleines d'horreur, rattachent le système à un autre système plus éloigné et plus grand. D'un autre côté, toutes ces figures, ainsi que Marianne et Aurélie, sortent du système, et s'en détachent comme des corps étrangers, après avoir servi uniquement à lui imprimer un mouvement poétique. Quelle belle conception que d'attribuer à une théorie monstrueuse, aux enfantements informes de l'intelligence, le réalisme monstrueux, le pathétique effrayant qu'il y a dans la destinée de Mignon et du harpiste! la belle et saine nature n'y est pour rien. C'est du sein d'une superstition absurde qu'émerge le sort horrible qui poursuit Mignon et le joueur de harpe. Aurélie elle-même ne périt que par sa nature étrange moitié femme, moitié homme. Envers Marianne seule je serais tenté de vous accuser d'égoïsme poétique. J'oserais presque dire qu'elle tombe victime du roman, car selon la nature elle pouvait être sauvée. Pour elle couleront toujours des larmes amères, tandis qu'en présence des trois autres, on se détourne volontiers de l'individu vers l'idée de l'ensemble.

L'égarement sentimental de Wilhelm pour Thérèse est une conception excellente, bien motivée, bien conduite et utilisée mieux encore. Tel ou tel s'en effraiera d'abord, car je promets peu de partisans à Thérèse ; mais l'art avec lequel vous arrachez le lecteur à son inquiétude n'en est que plus beau. Je ne sache pas qu'il fût possible de dénouer cette fausse liaison avec plus de délicatesse, de tact et de dignité. Comme les Richardson et tant d'autres se seraient complu à en faire une scène, et eussent été indélicats à force d'étaler des sentiments de délicatesse ! Voici pourtant une légère objection : l'opposition courageuse et résolue que Thérèse fait au parti qui lui doit ravir son fiancé est un trait excellent, et tout à fait conforme à la nature, même en admettant pour elle la possibilité de reconquérir Lothar; je trouve aussi bien naturel que Wilhelm exhale ses plaintes et son dépit contre les jeux cruels des hommes et de la destinée; il me semble seulement qu'il devrait moins déplorer la perte d'un bonheur, qui déjà avait commencé de n'en être plus un pour lui. Dans le voisinage de Nathalie, je pense, sa liberté reconquise devrait être un bien plus grand qu'il ne le fait voir. Je sens bien la complexité de cette situation et ce que la délicatesse exigeait ; mais d'un autre côté la délicatesse envers Nathalie est blessée que Wilhelm soit encore en état de regretter vis-à-vis d'elle la perte d'une Thérèse.

J'admire aussi tout particulièrement, dans la suite des événements, le grand parti que vous avez su tirer de cet attachement factice de Wilhelm pour Thérèse, afin de hâter le dénoûment vrai et souhaité, l'union de Wilhelm et de Nathalie. Aucune autre voie ne pouvait conduire aussi bien et aussi naturellement à ce but, que celle que vous avez prise, et qui menaçait d'en détourner. Maintenant on peut dire avec la plus haute innocence et pureté que Wilhelm et Nathalie sont créés l'un pour l'autre, vérité si bien préparée par les lettres de Thérèse à Nathalie. De telles inventions sont des beautés de premier ordre ; car elles réunissent tout ce qu'on peut désirer, ce qui paraissait même inconciliable ; elles embrouillent et contiennent déjà en soi le dénoûment, elles inquiètent et ramènent le calme, elles conduisent au but, tandis qu'elles semblent devoir en éloigner avec violence.

La mort de Mignon, si préparée qu'elle soit, produit une vive et profonde émotion, si profonde que bien des lecteurs penseront que vous vous en détournez trop vite. A la première lecture, c'était mon impression fortement caractérisée, à la seconde, où la surprise n'existait plus, je l'ai éprouvée à un moindre degré ; tout en craignant encore qu'ici vous ne soyez allé trop loin de l'épaisseur d'un cheveu. C'est immédiatement avant cette catastrophe que Mignon avait commencé à paraître plus féminine, plus sensible, donc à intéresser davantage par elle-même ; l'étrangeté choquante de cette nature avait diminué ; sa force, en fléchissant, avait fait perdre quelque chose à cette violence qui éloignait d'elle. La dernière chanson surtout pénétrait le cœur de la plus tendre et la plus profonde émotion. Aussi est-on surpris quand, immédiatement après la scène touchante de sa mort, le médecin vient faire des études sur son cadavre, et oublie si vite cet être vivant, la personne, qui n'est plus pour lui qu'un instrument de recherche scientifique. On n'est pas moins surpris que Wilhelm, qui est la cause de sa mort et qui le sait, ait dans le moment des yeux pour la trousse de chirurgien, et puisse se perdre dans la réminiscence de scènes passées, quand le présent devrait l'absorber tout entier.

Lors même que vous auriez ici raison devant la nature, je doute que vous ayez raison devant les exigences *sentimentales* des lecteurs ; c'est pourquoi je voudrais que vous prissiez cela en considération, afin que rien ne vînt troubler l'accueil fait par le lecteur à une scène en soi si admirablement préparée et exécutée. Autrement je trouve très-beau tout ce que vous faites de Mignon vivante ou morte. Cette créature pure et poétique est bien faite pour ces poétiques funérailles. Par son extérieur unique, sa mystérieuse existence, sa candeur et son innocence, elle personnifie, dans toute sa pureté, le degré de l'âge où elle est parvenue ; elle peut exciter au plus haut degré la mélancolie, un deuil vraiment humain, parce qu'elle représente l'humanité. Ce qui chez tout autre individu serait inconvenant, révoltant même dans une certaine acception, devient ici noble et sublime.

J'aurais aimé voir l'apparition du marquis au milieu de la famille, motivée par autre chose encore que par son goût pour les arts. Il est absolument indispensable au développement de l'action, et le lecteur pourrait être plus frappé du besoin qu'on a qu'il intervienne, que de la véritable nécessité de cette intervention. Par la belle disposition du reste de l'œuvre vous avez vous-même gâté vos lecteurs, vous les avez autorisés à être plus sévères qu'on ne l'est d'ordinaire quand il s'agit de romans. Ne pourrait-on pas faire de ce marquis une vieille connaissance de Lothario ou de l'oncle, et mieux fondre son arrivée même dans l'ensemble?

La catastrophe, ainsi que toute l'histoire du joueur de harpe, excite le plus vif intérêt. J'ai déjà mentionné plus haut combien je trouve juste d'avoir rattaché ces destinées énormes à des momeries de dévotion. L'idée du confesseur qui traite une faute légère de monstruosité, pour faire expier ainsi un crime pesant qu'il veut taire par humanité, est dans son genre une idée divine, un digne échantillon de cette manière de penser en général. Peut-être abrégerez-vous un peu l'histoire de Sperate, placée vers la fin, alors qu'on a hâte d'arriver au but.

Que le joueur de harpe soit le père de Mignon, vous ne le dites pas virtuellement, vous ne le suggérez même pas au lecteur, et par là l'effet produit n'en est que plus saisissant. On fait cette réflexion de soi-même, on se rappelle l'intimité dans laquelle vivaient ces deux natures mystérieuses, et nos regards plongent dans les profondeurs insondables du destin.

Mais voilà assez pour aujourd'hui. Ma femme ajoute encore un billet pour vous dire ses impressions à la lecture du huitième livre.

Portez-vous bien, mon cher et honoré ami. Combien je suis ému en pensant que j'ai en vous, si près de moi, ce que nous cherchons d'ordinaire, ce que nous trouvons à peine dans l'immense lointain d'une antiquité privilégiée! Ne vous étonnez plus s'il en est si peu qui soient capables et dignes de vous comprendre. Le naturel merveilleux, la vérité et la facilité de vos peintures empêchent le vulgaire des critiques de songer à la difficulté, à la grandeur de l'art; ceux qui seraient en état de suivre l'artiste, et qui ont conscience des moyens dont il se sert pour produire ses effets, ceux-là, frappés de la toute-puissance du génie, en éprouvent tant de jalousie et de confusion, leur pauvre moi en est tellement inquiété qu'ils le repoussent avec violence; mais au fond du cœur et seulement *de mauvaise grâce*, ce sont eux qui vous rendent les hommages les plus vifs.

SCHILLER.

46.

Iéna, le 8 juillet 1796.

J'ai maintenant pesé mûrement, dans tout son ensemble, la conduite de Wilhelm quand il perd

Thérèse, et je retire toutes mes objections précédentes. Tel que cela est, tel cela doit être. Vous y faites preuve de la plus haute délicatesse, sans froisser le moins du monde la véritable sensibilité.

Il faut admirer la beauté et la vérité que vous mettez à nuancer les caractères de la chanoinesse, de Nathalie et de Thérèse. Les deux premières sont des saintes, les deux autres sont des natures vraies et humaines; mais par cela même que Nathalie est en même temps sainte et humaine, elle apparaît comme un ange, tandis que l'abbesse n'est qu'une sainte; Thérèse est une femme parfaitement terrestre. Nathalie et Thérèse sont toutes deux des réalistes; mais chez Thérèse on aperçoit les limites étroites du réalisme, chez Nathalie on n'en voit que la valeur. Je souhaiterais que la chanoinesse ne lui eût pas retiré la qualification de belle âme, car à proprement parler, Nathalie seule est une nature purement esthétique. Combien il est beau qu'elle ne connaisse pas du tout l'amour comme passion, comme quelque chose d'exclusif et de particulier! c'est que l'amour est sa nature, son caractère permanent. La chanoinesse non plus ne connaît pas, à vrai dire, l'amour, mais par une raison toute différente. Si je vous ai bien compris, ce n'est pas sans intention que vous faites entrer Nathalie dans la salle du passé, immédiatement après sa conversation sur l'amour, et sur l ignorance où elle est de cette passion. C'est précisément la disposition produite par cette salle qui élève au-dessus de toute passion; le calme de la beauté s'empare de l'âme, et c'est l'âme qui explique le mieux la nature de Nathalie, à la fois si libre et si pleine d'amour.

Cette salle du passé mêle d'une manière admirable le monde esthétique, l'empire des ombres, dans le sens idéal, au monde vivant et réel ; mais en vous servant des œuvres d'art vous savez toujours les lier étroitement à l'ensemble de votre travail. Elles guident nos pas libres et heureux hors des limites étroites du présent, et finissent pourtant par y ramener doucement. La transition du sarcophage du milieu à Mignon et à l'histoire vraie est d'un très-grand effet. L'inscription : *Souviens-toi de vivre!* est excellente, d'autant plus qu'elle rappelle le maudit *Memento mori* dont il triomphe avec tant de bonheur.

L'oncle avec ses répugnances pour certains corps de la nature, est bien intéressant. Précisément ces natures-là ont une individualité aussi déterminée et une dose de conception aussi forte, que doit en posséder l'oncle pour être ce qu'il est. Ses remarques sur la musique, laquelle ne doit s'adresser qu'à l'oreille seule, sont aussi pleines de vérité. On ne saurait s'y tromper, c'est dans ce caractère que vous avez mis le plus de votre propre nature. Parmi les caractères principaux, Lothario est celui qui a le moins de relief, mais par des raisons entièrement objectives. Un caractère comme le sien ne saurait jamais paraître tout entier à travers le *medium* par lequel le poète agit. Ni les actes ni les discours isolés ne sauraient le dépeindre ; il faut le voir, l'entendre lui-même, vivre avec lui. Aussi suffit-il que ceux qui vivent avec lui soient unanimes à lui accorder leur confiance et leur estime ; qu'il soit aimé de toutes les femmes, qui jugent toujours d'après l'impression générale, et qu'on nous rende la huitaine qui va suivre, ma femme vous prierait de le lui prêter; moi-même je désirerais le relire.

Ayez aussi la bonté de me dire ce que vous avez déboursé pour mon papier peint, et d'y ajouter deux écus que vous avez à payer à monsieur Facius pour le sceau des *Heures*. Le caviar que Humboldt vous envoie, et que j'ai réglé avec lui, se monte à huit thalers; c'est assez cher pour un mets consommé.

48.

Merci de tout cœur pour votre lettre fortifiante, et pour tout ce que vous me dites des sentiments et des pensées que mon roman vous a inspirés, surtout le huitième livre. Si ce dernier est selon votre idée, vous ne manquerez pas d'y reconnaître votre propre influence; sans votre amitié j'eusse à peine pu édifier toute l'œuvre, du moins pas de cette manière. Cent fois dans mes entretiens avec vous sur la théorie et la pratique, j'imaginais les situations qui se déroulent maintenant devant vous; je les jugeais en silence d'après les principes sur lesquels nous tombions d'accord. Maintenant encore vos avis dictés par l'amitié me mettent en garde contre quelques défauts qui sautent aux yeux; à quelques-unes de vos observations j'ai trouvé le remède sur-le-champ, et j'en ferai usage dans ma nouvelle rédaction.

Qu'il est rare de trouver une personne qui porte l'intérêt voulu aux actes et aux affaires de notre vie journalière! Dans un cas esthétique par excellence comme celui-ci, on ose à peine l'espérer; car combien est-il d'hommes qui examinent une œuvre d'art en elle-même, combien sont capables de l'embrasser d'un coup d'œil ! Au reste, l'affection seule peut voir tout ce qu'elle contient, et l'affection parfaite ce qui lui manque. Et que de choses il y aurait encore à ajouter pour exprimer seulement le cas où je me trouve vis-à-vis de vous !

J'en étais arrivé là au moment de recevoir votre première lettre; des obstacles extérieurs et intérieurs m'empêchèrent de continuer; je sens d'ailleurs qu'il ne me serait pas possible, fussé-je tout à fait libre, de vous rendre considérations pour considérations. Ce que vous me dites a besoin de prendre corps chez moi, en gros et en détail, afin que le huitième livre tire bon profit de l'intérêt que vous y prenez. Continuez à m'initier à ma propre œuvre; déjà j'ai travaillé en pensée dans le sens de vos observations; mercredi prochain je tâcherai de vous communiquer sommairement le cadre de ce que je me propose de faire. Je voudrais ravoir le manuscrit samedi 16; le même jour *Cellini* aura l'honneur de se présenter. Dès que les Xénies seront copiées, je vous renverrai votre exemplaire, en continuant toujours à grossir le mien.

J'avais donné l'idylle à Knébel pour la faire circuler; quelques remarques qu'il m'apporte chez moi, ainsi que celles que vous communiquez, me prouvent de nouveau que nos auditeurs et nos lecteurs n'accordent pas à une œuvre, où tout se tient et s'enchaîne, l'attention qu'elle réclame. Ce qu'ils comprennent sur-le-champ, est bien accueilli; mais ils se hâtent trop de juger tout ce qui *choque* leur *manière* de voir, sans considérer ce qui suit ou précède, sans examiner l'idée de l'ensemble, sans songer qu'il faudrait, à vrai dire, apprendre du poète pourquoi il a fait telle et telle chose de cette façon et non autrement. N'est-il pas dit assez clairement :

« La mère soigneuse tendit un paquet préparé après coup. »

Il ne s'agit donc aucunement de la totalité des bagages, qui doivent être embarqués depuis longtemps ; la bonne vieille, en mère et en femme, s'occupe de toutes les minuties ; le père embrasse tout le voyage dans sa bénédiction. Le domestique étant déjà reparti, le fils emporte le paquet lui-même pour reconnaître la bonté de sa tendre mère, et aussi pour donner une image de la simplicité de l'âge d'or, où l'homme sait aussi se servir lui-même. Parait à son tour la jeune fille riche en cadeaux, en amour, en bénédictions et au delà. Le serviteur revient, presse ; il est là pour porter, Alexis pouvant à peine se porter lui-même jusqu'au navire. Mais pourquoi dire cela ? Pourquoi le dire à vous ? D'autre part, quand les hommes montrent un peu de bonne volonté pour une œuvre, on devrait peut-être en mettre à les initier à nos principes d'esthétique. Cependant on finit par s'apercevoir que l'ensemble n'a jamais d'action sur les lecteurs qui restent toujours attachés aux détails. Alors les bras vous tombent, et on les abandonne à eux-mêmes et à la grâce de Dieu. Portez-vous bien ; mes compliments à votre femme, et merci pour son billet ; je désire avoir bientôt de vos nouvelles.

Jeudi, 7 juillet.

GOETHE.

49.

Iéna, le 18 juillet 1796.

Comme vous pouvez me laisser le huitième livre encore une semaine, je bornerai pour le moment mes remarques particulièrement à ce seul livre; quand l'œuvre tout entière aura passé de vos mains dans le grand public, le moment sera venu de reprendre nos entretiens sur la forme de l'ensemble; alors à votre tour vous me rendrez le service de rectifier mes jugements.

Il est deux points principaux sur lesquels je voudrais encore appeler votre attention avant l'achèvement du livre.

Ce roman, tel qu'il est constitué, a certaines affinités avec l'épopée; celle-ci, par exemple : il a des machines, qui, dans un certain sens, remplacent les dieux ou la puissance du destin. Le sujet le voulait ainsi.

Les années d'apprentissage de Meister ne sont pas un simple effet de l'aveugle nature, c'est une sorte d'expérimentation. Une intelligence supérieure, agissant en secret, les puissances de la tour, suivent votre héros d'un œil vigilant, et sans déranger la marche indépendante de la nature, elles le guident de loin et vers un but, dont il n'a ni ne doit avoir aucun pressentiment. Si lâche, si peu sensible que soit cette influence extérieure, elle existe virtuellement; elle était indispensable au but poétique.

Les années d'apprentissage sont une idée relative;

elles exigent une corrélation : la maîtrise ; bien plus, l'idée de celle-ci doit venir expliquer et établir l'idée de celle-là. Or, l'idée de maîtrise, résultat d'une pleine et entière expérience, ne saurait guider le héros du roman ; elle ne peut ni ne doit lui apparaître comme son but, comme sa dernière étape : car dès qu'il verrait le but vers lequel il tend, il l'aurait atteint *eo ipso* ; elle doit donc le conduire en se tenant derrière lui. De cette façon on imprime à l'ensemble une tendance salutaire, sans que le héros lui-même ait un but marqué ; ainsi la raison voit son œuvre accomplie, pendant que l'imagination garde toute sa liberté.

Mais cette œuvre, ce but, le seul qu'on avoue ouvertement à travers tout le roman, cette direction invisible donnée à Wilhelm par Jarno et l'abbé, n'engendrent rien de grave ni de sévère ; vous aimez mieux tirer vos motifs d'un caprice, d'une faiblesse humaine, que d'une source morale ; voilà encore une des beautés qui n'appartiennent qu'à vous seul. Ainsi disparaît l'idée de machine, l'effet n'en reste pas moins ; tout enfin, quant à la forme, demeure dans les limites de la nature ; le résultat seul dépasse ce qu'aurait pu fournir la nature abandonnée à elle seule.

Malgré tout cela, j'eusse souhaité voir le lecteur initié davantage à la signification de ces machines, à leur relation nécessaire avec l'essence de l'œuvre. Le lecteur devrait toujours pénétrer clairement l'économie de l'ensemble, quoique celle-ci doive rester cachée aux personnages en scène. Plus d'un, je le crains, s'imaginera ne trouver dans cette influence mystérieuse qu'un jeu de théâtre, un simple artifice, destiné à embrouiller l'action, à faire naître des surprises et ainsi de suite. Le huitième livre, il est vrai, donne l'explication historique de tous les événements opérés par ces machines scéniques; mais il ne donne pas d'une manière assez satisfaisante la solution esthétique touchant le sens intime, la nécessité poétique de ces interventions merveilleuses; moi-même je n'ai pu m'en convaincre qu'à la seconde ou troisième lecture.

S'il me reste encore à faire une réserve sur l'ensemble, ce sera la suivante : à côté de la grandeur, de la haute gravité qui règnent dans chacune des parties et qui produisent une si profonde impression, l'imagination se joue avec trop de sans gêne de l'ensemble. Je crains que vous n'ayez ici poussé la grâce indépendante et la mobilité un peu plus loin que ne le comporte la gravité poétique, et que par horreur du lourd, du méthodique et du roide, vous ne vous soyez rapproché de l'autre extrême. Je crois remarquer qu'une certaine condescendance pour le côté faible du public vous a induit à rechercher un but plus théâtral, par des voies plus théâtrales, que cela n'est juste et nécessaire, quand il s'agit d'un roman.

Si jamais récit poétique a pu se passer du secours du merveilleux et du surprenant, c'est votre roman, et ce qui ne profite pas à une telle œuvre pourrait bien lui nuire.

Il peut arriver que l'attention s'attache plus aux incidents fortuits, et que l'intérêt du lecteur se consume à déchiffrer des énigmes, au lieu de rester concentré sur le fond même de l'œuvre. Cela peut arriver, dis-je, et ne savons-nous pas tous deux que cela est déjà arrivé?

Reste à savoir si ce défaut, si défaut il y a, ne pourrait pas être encore corrigé dans le huitième livre. Il ne concerne d'ailleurs que l'exposition seule, l'idée elle-même ne laissant rien à désirer. Il serait donc uniquement nécessaire de rendre un peu plus significatif pour le lecteur ce que jusque-là il a regardé comme trop frivole; de légitimer devant la raison ces incidents théâtraux, regardés par lui comme un caprice de l'imagination, en prouvant qu'ils se rattachent à la haute gravité du poème; cela a été fait *implicite*, mais non *explicite*. L'abbé me semble très-propre à remplir cette mission; il trouvera par là l'occasion de se mieux recommander lui-même. Peut-être ne serait-il pas non plus superflu de mentionner encore une fois, dans le huitième livre, la véritable cause pour laquelle l'abbé choisit Wilhelm comme sujet de ses méthodes pédagogiques. Par là ces méthodes auraient une meilleure raison d'être, et Wilhelm gagnerait en importance aux yeux de la noble compagnie.

Vous avez, dans le huitième livre, indiqué par ci, par là, ce que vous voulez qu'on entende par années d'apprentissage et de maîtrise. Les idées contenues dans une œuvre poétique sont l'objet d'une attention particulière, surtout de la part d'un public comme le nôtre; c'est souvent la seule chose dont on se souvienne dans la suite. Il est très-important que vous soyez ici parfaitement compris. Vos indications sont fort belles, mais elles ne me semblent pas suffisantes. Vous aimez mieux que le lecteur trouve par lui-même que de l'instruire directement ; mais comme vous dites quelque chose, on croit que c'est là tout ; vous avez ainsi bien plus rétréci votre idée que si vous aviez abandonné au lecteur le soin de la découvrir tout entière.

S'il me fallait exprimer par une formule aride le but où Wilhelm est arrivé après une longue série d'erreurs, je dirais : « Il sort d'un idéal vide et indéterminé pour entrer dans une vie active et déterminée sans que ce passage lui fasse perdre sa faculté d'idéaliser. » Les deux voies opposées qui détournent de cette condition fortunée sont indiquées dans le roman; elles le sont avec toutes leurs nuances et gradations. A partir de cette malheureuse expédition, où il veut représenter un drame sans avoir réfléchi au contenu, jusqu'au moment où il songe à épouser Thérèse, il a en quelque sorte parcouru tout le cercle de l'humanité considérée d'un seul côté; ces deux extrêmes sont les deux contrastes les plus frappants que puisse offrir un caractère comme le sien; c'est de là maintenant que va sortir l'harmonie. Guidé désormais par la belle et riante nature (par Félix), il passe de l'idéal au réel, d'une aspiration fébrile à l'action et à l'intelligence de l'existence positive, sans que cette transformation lui enlève le côté réel de ses aspirations antérieures; il acquiert la conviction sans perdre le beau don de se laisser convaincre; il apprend à se borner, mais, dans ces bornes mêmes, il trouve, grâce à la forme, le passage vers l'infini, etc. ; voilà ce que j'appelle la crise de sa vie, le terme de ses années d'apprentissage ; toutes les combinaisons du roman convergent.

à mon sens, vers ce but. La belle relation qui l'attache à son enfant, son union avec Nathalie, cette âme féminine si noble, garantissent pour toujours cette forte santé intellectuelle, et, au moment de nous séparer de lui, nous le voyons sur un chemin qui conduit à une perfection infinie.

La manière dont vous expliquez l'idée d'*apprentissage* et de *maîtrise* semble rétrécir les limites de l'une et de l'autre. Vous entendez par apprentissage l'erreur qui consiste à chercher en dehors de soi ce que l'intérieur seul doit enfanter, par maîtrise vous entendez la conviction que cette recherche était une erreur, que produire soi-même est une nécessité, et ainsi de suite. Mais la vie entière de Wilhelm, telle qu'elle se déroule dans le roman, peut-elle être complètement comprise, épuisée par ce raisonnement? Cette formule rend-elle tout intelligible? Et ne pouvons-nous l'absoudre seulement parce que le cœur paternel se réveille chez lui, comme cela a lieu à la fin du septième livre? Or, voici la remarque que je fais à ce sujet : je désirerais que le rapport de tous les membres isolés du roman avec cette idée philosophique fût rendu un peu plus clair; je dirais volontiers que la fable est parfaitement vraie ainsi que la morale de la fable; mais le rapport de l'une à l'autre ne saute pas encore assez distinctement aux yeux.

Je ne sais pas si je suis parvenu à rendre bien intelligibles les observations que je viens de faire ; l'objection portant sur l'ensemble, il est difficile de l'exposer convenablement à propos d'un point particulier. Mais ici une simple indication suffit déjà.

Avant de m'envoyer l'exemplaire des Xénies, je

vous prie d'avoir la bonté de biffer sans façon ce que vous en voulez rejeter, et de souligner ce que vous voulez voir modifié. Il me sera alors plus aisé de prendre mes mesures pour ce qu'il y aura encore à faire.

Puissiez-vous trouver et la disposition et le temps pour les jolis petits poëmes que vous destinez encore à l'Almanach, et pour le poëme de Mignon *in petto*. La gloire de l'Almanach ne repose, à vrai dire, que sur ce que vous y mettez. Je vis et m'agite au sein de la critique afin de me faire une idée bien nette du *Meister*, et je ne puis plus faire grand chose pour l'Almanach. Puis viendront les couches de ma femme, peu propices aux inspirations poétiques. Elle vous envoie ses cordiales amitiés. Portez-vous bien. Dimanche soir j'espère avoir encore une fois quelque chose à vous dire.

SCHILLER.

Voudriez-vous avoir l'obligeance de me procurer le cinquième volume de la grande collection muratorienne? Autre chose encore! Je voudrais mettre votre portrait à la tête du nouvel Almanach des Muses, et j'ai écrit aujourd'hui à Bolt de Berlin, pour lui demander s'il peut encore se charger de ce travail; mais j'aimerais mieux le voir exécuté d'après un portrait peint que d'après la gravure de Lipse; je viens donc vous demander si vous pourriez vous résoudre à prêter pour ce but votre portrait peint par Meyer?

Si vous n'aimiez pas le laisser sortir de chez vous, vous me permettriez peut-être de le faire copier, dans le cas où l'on trouverait à Weimar un peintre capable d'un pareil travail

50.

Weimar, le 9 juillet 1796.

Je vous indique sur une feuille à part les divers passages que je me propose de changer ou d'ajouter d'après vos remarques; je vous remercie en même temps très-vivement pour votre lettre d'aujourd'hui; les observations qu'elle renferme, m'obligent à veiller à rendre l'ensemble aussi parfait que possible. Ne cessez pas, je vous prie, de me rejeter, si j'ose le dire, hors de mes propres confins. Le défaut que vous notez avec raison vient du fond de ma nature, d'un certain *tic* réaliste, qui fait que je trouve commode de dérober aux yeux des hommes mon existence, mes actions et mes écrits. Ainsi j'aimerai toujours voyager incognito, je préférerai à un vêtement plus simple un moins simple; en causant avec des étrangers ou des demi-connaissances je préférerai aux sujets plus relevés des sujets moins relevés, ou du moins l'expression moins relevée; je serai plus frivole en apparence qu'en réalité, et je dirais presque que je me place entre moi-même et mon fantôme. Vous savez fort bien ce qu'il en est et comment les choses s'enchaînent.

Après cette confession générale, je passe volontiers à une particielle : sans votre excitation, sans votre impulsion, je me serais abandonné, en dépit de ma science et de ma conscience, à cette même singularité dans la composition de mon roman; et c'eût été impardonnable après les sacrifices qu'il a coûtés, et lorsqu'il était si facile soit de comprendre, soit de réaliser tous les vœux.

Ainsi en exprimant nettement l'attention que l'abbé, dès le début, porte sur Wilhelm, on répand sur le tout une lumière toute particulière, une lueur intellectuelle, et pourtant j'ai omis de le faire; à peine ai-je pu me décider à mettre dans la bouche de Werner quelques mots en faveur de son extérieur.

J'ai arrêté brusquement la lettre didactique du septième livre; on n'y lit jusqu'à présent qu'un petit nombre d'aphorismes sur l'art et sur la manière de le comprendre. La seconde moitié devait contenir de graves paroles sur la vie et la signification de la vie; j'avais par là l'occasion la plus belle d'expliquer et de légitimer par un commentaire mis dans la bouche de l'abbé les événements en général, mais surtout ceux qui sont amenés par les puissances de la tour; de cette manière je sauvais les machines théatrales du soupçon de n'être là que comme un froid artifice de romancier; je leur donnais leur valeur esthétique, ou plutôt je mettais cette valeur esthétique en évidence. Vous voyez que je suis parfaitement d'accord avec vos observations.

Il est hors de doute que les résultats apparents et signalés par moi ont des bornes beaucoup plus étroites que le contenu de l'ouvrage; je m'imagine ressembler à un homme qui a placé les uns sous les autres beaucoup de gros nombres et qui, par je ne sais quel caprice, s'amuse finalement à faire des fautes d'addition pour diminuer la somme totale.

Comme pour tant d'autres choses, je vous dois aussi la plus vive reconnaissance pour avoir en temps opportun encore, et d'une manière si décisive mis en discussion ce procédé si funeste; je viendrai certainement, autant qu'il me sera possible, au devant de vos légitimes désirs. Je n'ai qu'à distribuer aux endroits voulus le contenu de votre lettre, et le remède sera déjà trouvé. Si toutefois, car les travers humains sont des obstacles insurmontables, si je ne parvenais pas à faire sortir les derniers mots de ma poitrine, je vous prierai d'ajouter de votre main par quelques hardis coups de pinceau, ce que moi-même, arrêté par la fatalité la plus singulière, je n'aurais pas pu exprimer. Continuez cette semaine à m'avertir et à m'animer encore, moi je m'occuperai en attendant de *Cellini* et, si possible, de l'Almanach.

GOETHE.

51.

Iéna, le 9 juillet 1796.

Il m'est bien doux d'apprendre que j'ai réussi à vous expliquer clairement mes pensées sur ces deux points, et que vous consentez à les prendre en considération. Elles ne demandent pas que vous vous dépouilliez de ce que vous appelez votre tic réaliste. C'est aussi un des traits de votre individualité poétique, et il ne faut pas que vous sortiez de cette sphère; toute beauté dans cette œuvre doit être une beauté à *vous*. Il s'agit simplement de tirer de cette qualité subjective un profit objectif pour le roman, ce qui réussira dès que vous le voudrez.

Quant au fond il faut que l'ouvrage renferme tout ce qui sert à l'expliquer, et quant à la forme il faut que cela s'y trouve nécessairement comme résultat de l'enchaînement intérieur; mais c'est à votre nature à décider du degré de cohésion de cet enchaînement. Le lecteur trouverait sans doute fort commode de vous voir lui compter en monnaie sonnante les faits qu'il s'agit de relever, et de ne lui laisser que la peine de les recueillir ; mais il s'attachera plus fortement au livre, il y reviendra plus souvent, s'il est obligé de s'aider lui-même. Quand vous aurez fait en sorte qu'il veuille bien ouvrir les yeux pour chercher, gardez-vous de lui épargner la peine de chercher. Le résultat d'un tel ensemble doit toujours être produit par le lecteur lui-même, mais non d'une manière arbitraire ; ce sera une sorte de récompense accordée aux plus dignes et refusée aux indignes.

Pour ne pas l'oublier, j'ajouterai encore quelques remarques sur lesquelles j'appelle votre attention ; elles ont trait aux mystérieuses machines. 1º On voudra savoir dans quelle intention l'abbé ou son complice joue le spectre du vieux Hamlet. 2º Le voile avec le billet « fuis, fuis, etc. » est mentionné deux fois, et l'on s'attend à ce que cette invention serve à un but d'importance. Pourquoi, serait-on tenté de demander, pourquoi d'un côté vouloir éloigner Wilhelm du théâtre, de l'autre côté l'aider à débuter et à représenter sa pièce favorite ? On voudrait à ces deux questions une réponse plus spéciale que celle donnée par Jarno jusqu'à présent. 3º On voudrait bien aussi apprendre si l'abbé et ses amis ont déjà su, avant l'apparition de Werner au château, qu'en achetant le domaine, ils avaient affaire à un ami, à un parent si méticuleux ? Leur conduite pourrait le faire croire, c'est pourquoi l'on s'étonne d'autre part qu'ils en aient fait un mystère à Wilhelm. 4° Il serait certes à désirer que l'on connût les sources où l'abbé puise ses renseignements sur l'origine de Thérèse ; d'autant plus qu'il semble un peu étrange que cette grave circonstance ait pu, jusqu'au moment où le poëte en a besoin, rester un secret pour des personnes qui y sont si intéressées, et qui d'ailleurs sont toujours renseignées à merveille.

C'est sans doute par hasard que la seconde partie de la lettre didactique a été omise ; mais savoir profiter du hasard c'est produire souvent les choses les plus excellentes, dans l'art aussi bien que dans la vie. Il me semble que cette seconde partie pourrait être insérée dans le huitième livre à une place bien plus importante, avec bien plus de succès. Les événements cependant ont marché ; Wilhelm est devenu plus homme. Lui et le lecteur sont beaucoup mieux préparés aux résultats pratiques de la vie et à l'usage qu'on en doit faire ; la salle du passé et la connaissance plus étroite avec Nathalie ont pu amener des dispositions plus favorables. Je serais donc d'avis de ne pas omettre cette seconde partie de la lettre didactique, je serais même d'avis d'y déposer plus ou moins ouvertement l'esprit philosophique de l'œuvre.

D'ailleurs, vis-à-vis d'un public, tel que le public allemand, on ne saurait jamais se donner trop de peine pour justifier une intention ; ajoutez qu'il s'agit ici de justifier, en même temps, le titre du livre, qui exprime clairement cette intention

A ma bien grande satisfaction, j'ai aussi trouvé dans le huitième livre quelques lignes faisant front à la métaphysique, et se rapportant au besoin spéculatif inné à l'homme. Seulement l'aumône que vous offrez à la pauvre déesse se trouve être un peu maigre, et je ne sais pas si ce don parcimonieux suffira à vous libérer. Vous devinez bien le passage auquel je fais allusion, car je crois comprendre en le lisant qu'il a été introduit après mûre réflexion.

J'avoue que c'est un peu hardi d'écrire, à notre époque spéculative, un roman de cette teneur et de cette vaste étendue, dans lequel « la seule chose importante » soit expédiée si légèrement; je veux dire laisser un caractère aussi sentimental que l'est toujours celui de Wilhelm terminer ses années d'apprentissage sans le secours de cette digne conductrice. Le pire de l'affaire est qu'il les achève en effet, et d'une manière très-sérieuse, circonstance qui ne donne pas précisément une très-haute opinion de l'importance de cette conductrice.

Mais à parler sérieusement, d'où peut venir que vous ayez pu faire l'éducation complète d'un homme, sans vous heurter à des besoins auxquels la philosophie seule peut satisfaire? Je suis convaincu qu'il faut l'attribuer à la *direction esthétique* imprimée à tout votre roman. Dans la sphère de l'esthétique, on ne sent pas naître le besoin de ces motifs de consolation puisés aux sources de la spéculation; elle possède en elle et l'indépendance et l'infini; c'est seulement quand il y a en nous lutte entre le monde moral et sensuel, qu'il faut demander secours à la raison pure. La belle et saine nature, comme vous le dites vous-même, n'a besoin ni de morale, ni de droit naturel, ni de métaphysique. Vous auriez pu tout aussi bien ajouter que, pour se soutenir et se maintenir, elle peut même se passer de divinité ou d'immortalité. Ces trois points, qui forment finalement le pivot de toute spéculation, fournissent bien la matière d'un tournoi poétique à un caractère formé à l'école objective ; mais ils ne sauraient jamais devenir des intérêts ou des besoins sérieux.

Il y aurait peut-être à soulever aussi cette objection : Notre ami ne possède pas encore cette liberté esthétique qui l'assure de ne jamais tomber dans certains troubles, de n'avoir jamais besoin de certains remèdes (de la spéculation). Il n'est pas sans avoir ce penchant philosophique, qui est le propre de toutes les natures sentimentales ; or, s'il entrait jamais dans le domaine de la spéculation, cette absence de base philosophique pourrait avoir pour lui quelque danger ; car la philosophie seule peut guérir de la philosophie ; sans elle on arrive inévitablement au mysticisme. L'abbesse elle-même en est une preuve. Un certain manque d'esthétique lui fit un besoin de la spéculation, et elle tomba dans les erreurs du hernutisme, parce que la philosophie n'est pas venue à son secours ; comme homme elle aurait peut-être traversé tout le labyrinthe de la métaphysique.

Or maintenant on exige de vous (et partout vous satisfaites pleinement à toutes les exigences) que vous armiez votre élève d'indépendance, de sûreté, de liberté, que vous lui donniez une solidité pour ainsi dire monumentale, qui le maintienne debout éternellement, sans aucun appui extérieur ; on veut donc que sa maturité esthétique le mette au-dessus de la culture philosophique qu'il ne s'est pas donnée. La question est de savoir s'il est assez réaliste pour n'avoir jamais besoin de s'attacher à la raison pure. S'il ne l'est pas, n'aurait-on pas dû un peu plus se soucier des besoins de l'idéaliste?

Vous penserez peut-être que je ne fais que prendre un détour habile pour vous pousser malgré tout à la philosophie; mais la lacune que je crois remarquer encore pourrait assurément être comblée par vos propres procédés. Mon désir se borne à ce que vous n'éludiez pas la matière *quaestionis*, mais que vous en donniez la solution à votre manière.

Ce qui chez vous remplace toute science spéculative, ce qui fait que vous n'en sentez nul besoin, suffira aussi pleinement à Wilhelm. Vous avez déjà fait dire beaucoup à l'oncle, et Wilhelm lui-même touche à ce point avec bonheur; il resterait donc bien peu à faire. Que ne puis-je revêtir de votre façon de penser ce que j'ai exprimé, à ma façon à moi, dans l'empire des ombres et dans mes lettres esthétiques! nous serions bien vite d'accord.

Ce que vous avez mis dans la bouche de Werner sur l'extérieur de Wilhelm est d'un effet extraordinaire sur l'ensemble. Il m'est venu à l'esprit que vous pourriez peut-être employer le comte, qui paraît à la fin du huitième livre, à mettre le comble aux honneurs accordés à Wilhelm. Le comte, en maître de cérémonies du roman, ne pourrait-il pas, par des égards respectueux, par une certaine façon de le traiter, que je n'ai pas besoin de vous indiquer de plus près, l'élever tout d'un coup de sa condition à une condition supérieure, lui faire obtenir par ce moyen les titres de noblesse qui lui manquent encore? Certes, si le comte lui-même venait à le traiter avec distinction, tout serait dit.

Il me reste encore une observation à faire sur la conduite de Wilhelm dans la salle du passé, alors qu'il y pénètre pour la première fois avec Nathalie. Pour moi c'est encore trop l'ancien Wilhelm, qui dans la maison de son grand-père aime surtout à s'arrêter devant le prince malade, et qui, dans le premier livre, se trouve dans une si fausse voie aux yeux de l'étranger. A présent encore il s'arrête presque exclusivement au seul sujet des œuvres d'art et en fait trop, selon moi, l'objet de dissertations poétiques. N'était-ce pas ici le lieu d'indiquer le commencement d'une crise salutaire, de le représenter, non pas comme un connaisseur, cela est impossible; mais comme un observateur plus objectif, tel qu'un homme comme notre ami Meyer pût en concevoir quelque espérance.

Dans le septième livre, vous avez déjà fait servir à ce but Jarno, avec beaucoup de bonheur; par sa manière dure et sèche il lance une vérité, qui fait faire instantanément un grand pas au héros et au lecteur : je veux dire l'endroit où il refuse carrément à Wilhelm le talent d'acteur. Maintenant je me suis demandé s'il ne pourrait pas, quant à Thérèse et à Nathalie, lui rendre le même service, avec le même avantage pour l'ensemble. Jarno semble fait pour dire à Wilhelm que Thérèse ne saurait le rendre heureux, pour lui faire comprendre quel caractère de femme lui convient.

Ces mots brefs, dits d'un ton sec au moment voulu, délivrent tout d'un coup le lecteur d'un poids pesant, et produisent l'effet d'un éclair qui illumine toute la scène.

Lundi, 11 juillet, le matin.

Une visite m'a empêché d'expédier cette lettre hier. Aujourd'hui je ne puis rien y ajouter, parce qu'il y a un peu d'agitation chez moi. Ma femme est sur le point d'accoucher ; Starke croyait que ce serait pour aujourd'hui. Nous vous remercions cordialement pour votre offre amicale de prendre chez vous le petit Karl. Il ne nous gêne pas, car nous avons un peu augmenté notre personnel servant, et on a distribué les chambres de façon qu'il ne dérangera pas. Merci mille fois pour Vieilleville et Muratori. Schlegel est de retour ici avec son épouse ; la petite Paulus est partie à la hâte pour la Souabe, afin d'aller voir sa mère malade.

Adieu. Mercredi j'espère pouvoir vous donner de mes nouvelles le cœur plus léger.

Schiller.

52.

Jeudi soir, 12 juillet.

Tout mon petit monde va encore aussi bien qu'on peut le désirer. Ma femme a le courage de nourrir elle-même, et j'en suis ravi.

C'est jeudi qu'aura lieu le baptême. Si mon entourage reste aussi calme qu'il l'est aujourd'hui, j'aurai la sérénité d'esprit nécessaire pour repasser encore une fois, à tête reposée, le huitième livre du roman avant de vous le renvoyer. Il n'y a pas d'inconvénient à ce que la prochaine livraison de *Cellini* soit un peu moins forte. J'ai toutes sortes de choses, non sans valeur, pour remplir le numéro du mois.

Vous n'avez pas encore écrit où en sont le dessin et la gravure destinés à l'article de Hirt.

Je regrette de ne pas pouvoir obtenir votre portrait pour l'Almanach de cette année. Il nous faut un ornement, et c'eût été le plus raisonnable. Ne voulant le portrait d'aucun autre poète vivant, je vais tâcher d'avoir celui d'Uz qui vient de mourir. Accorder un tel honneur à l'un de nos anciens, c'est faire preuve d'équité et de convenance. Peut-être pourrez-vous me le faire avoir par Knebel. Je paierai volontiers ce que pourra coûter ou un dessin, ou un portrait colorié.

Portez-vous aussi bien que possible. Ma femme envoie ses meilleures amitiés. Madame Charlotte tiendra l'enfant sur les fonts; c'est pour elle une grosse affaire, et elle est étonnée de ne pas l'accomplir en votre compagnie, surtout parce que *Wilhelm* est un des prénoms de son filleul. Portez-vous bien.

SCHILLER.

53.

Le 18 juillet 1796.

Je vous félicite de la bonne marche que prend tout ce qui se rapporte à la nouvelle existence. Mes compliments à votre chère femme, et à la marraine. Je serais venu au baptême même sans invitation, si ces cérémonies n'avaient pas le don de me mettre toujours mal à mon aise. Pour me dédommager je viendrai samedi, et nous passerons quelques bonnes journées ensemble.

GOETHE.

54.

Dans la compagnie du conseiller Loder je suis revenu ici hier très-vite. La mise au net du roman avance rapidement. Ce matin, en prenant mon Pyrmont, j'ai conçu le plan d'une dissertation destinée à rendre compte d'abord à vous et à moi de ma méthode d'étudier la nature. Plus tard ce travail pourra servir d'avant-propos à mes ouvrages d'histoire naturelle. Voici un produit de la nature qui, dans cette saison, demande à ê're consommé sans retard ; je désire que vous le trouviez bon.

Weimar, le 20 juillet 1796.

GOETHE.

55.

Deux lignes seulement pour vous saluer, et nos remerciments pour le poisson. Nous, c'est-à-dire ma belle-mère, moi et les Schlegel que j'avais invités, nous l'avons trouvé excellent.

Une dépêche à Cotta et toutes sortes de petites obligations m'ont épuisé et fatigué à tel point que je ne peux ni ne veux plus rien écrire aujourd'hui. Les événements de Francfort, comme je l'espère, ne vous auront atteint, ni ne vous atteindront trop gravement, vous et votre mère. Si vous appreniez sur ces événements quelque chose que les journaux ne donnent pas, faites-m'en part aussi. Portez-vous bien.

A 10 heures du soir.

SCHILLER.

Le bruit courait ici que le coadjuteur était fait prisonnier.

56.

Après avoir longtemps oscillé à droite et à gauche, chaque chose finit par prendre sa position verticale. La première idée des Xénies n'était qu'une plaisanterie amusante, une farce passagère ; ce n'était déjà pas mal comme cela. Puis se fit sentir une certaine abondance, et la poussée brisa son enveloppe. Mais maintenant, après avoir laissé passer plusieurs nuits sur la chose, j'ai trouvé l'expédient le plus naturel du monde pour satisfaire à la fois vos désirs et les convenances de l'Almanach.

La prétention à une certaine universalité qui m'embarrassa fort comme rédacteur, est née des Xénies philosophiques et poétiques, en un mot des innocentes, c'est-à-dire de celles-là mêmes qui n'existaient pas dans la première conception. Si nous mettons ces dernières en tête de l'Almanach avec les poésies sérieuses ; et si nous rattachons sous le nom de *Xénies* à la première partie, le groupe le plus amusant, ainsi que nous l'avons fait l'année dernière pour les épigrammes, le remède sera trouvé. Réunies en bloc sans mélange de Xénies sérieuses, elles perdront une bonne dose de leur amertume; le ton humoristique dominant partout servira d'excuse aux plaisanteries partielles, ainsi que vous en fîtes déjà la remarque naguère; en même temps le groupe formera un certain ensemble. Il faudrait aussi disséminer dans le tas les coups portés à Reichardt et non pas les laisser en tête, comme cela avait lieu d'abord. Par cette distinction nous lui faisions d'un côté trop d'honneur, et de l'autre une trop grande insulte. De cette façon les Xénies (si, comme je pense, vous approuvez mon idée) seraient revenues à leur destination primitive; et nous n'aurions cependant pas sujet de regretter de nous en être écartés, cet écart nous ayant fait trouver plus d'une belle et bonne chose.

Mais, d'après notre nouveau plan, les Xénies politiques qui sont de vous, et ne contiennent que des sentences sans blesser personne, se trouvent séparées des satiriques; c'est pourquoi j'ai mis votre nom sous les premières. Il doit s'y trouver, parce que ces confessions se rattachent aux épigrammes de l'an passé, et même au *Meister*; la forme et le fond portent d'ailleurs votre cachet à ne pas s'y tromper.

Je n'ai pas encore reçu aujourd'hui de nouvelles de la Souabe; il paraît que nous sommes tout à fait coupés. M. Funck, de qui j'ai reçu une lettre aujourd'hui, a dû passer d'Artern, son quartier habituel, dans les environs de Langensalza. Cependant on ne doit pas y être fort alarmé, puisqu'il regarde cette occupation comme inutile.

Iéna, le 1ᵉʳ août 1796.

SCHILLER.

57.

Mon cher ami, ces jours-ci je ferai bien des fois encore appel à votre patience; car maintenant, à l'approche du moment où je devais me mettre en route, je ne sens que trop ce que je perds en voyant différé un espoir si prochain; différé à mon âge signifie à peu près perdu. La culture intellectuelle qui me manque encore, ne pouvait être obtenue que par cette voie; ce que je possède, je ne pouvais utilement le mettre en œuvre qu'en voyageant; j'avais la certitude de rapporter dans notre cercle intime un grand trésor, qui nous eût dans la suite fait jouir doublement du temps que j'aurais passé loin de vous. Les observations de notre bon Meyer me peinent; il n'en jouit qu'à moitié, si elles doivent rester pour moi à l'état de mots; enfin, n'avoir pas en ce moment un travail capable de m'animer et de me relever m'est un autre sujet de mécontentement. Un long voyage avec une foule d'objets se pressant de toutes parts m'eût été plus nécessaire que jamais; mais de quelque façon que je considère les choses, il serait insensé de se mettre en route présentement, et il faut nous résigner.

J'espère aller vous voir bientôt, et je suis bien aise que vous ayez découvert un moyen de sauver notre farce des Xénies. Je crois que vous êtes dans le vrai; l'Almanach gardera son ancienne forme et se distinguera de tous les autres par un prologue et un épilogue; il ne sera pas bariolé de genres hétérogènes de poésie, en offrant néanmoins toute la variété possible. Qui sait les idées qui pourront nous venir pour intéresser de la même manière l'année prochaine.

De tout le reste je ne dirai rien aujourd'hui. Adieu ; saluez de ma part votre femme. J'espère vous trouver bien portants et bien dispos, vous et les vôtres.

Weimar, le 2 août 1796.

GOETHE.

58.

Les *ci-devant* Xénies, rassemblées comme elles le sont maintenant, se présentent fort bien, et cette grave compagnie sera sûrement accueillie avec faveur. Si vous pouviez encore trouver les quelques titres qui manquent, ce serait fort beau ; mon esprit n'a rien trouvé dans ces courts instants. La semaine prochaine je serai chez vous, et j'espère que notre réunion ne sera pas stérile ; nous terminerons bien des choses, et nous nous déciderons à en commencer bien d'autres. J'aurai à vous entretenir de plusieurs faits concernant l'histoire naturelle.

J'ai découvert ces jours-ci le plus beau phénomène que je connaisse dans la nature organique (ce qui veut beaucoup dire) : je me hâte de vous le décrire. Je ne sais s'il est déjà connu ; si oui, les naturalistes méritent un blâme de ne pas prêcher sur les toits un phénomène si important, au lieu de torturer de mille détails ceux qui désirent s'instruire. N'en dites rien à personne. Je n'ai pu observer qu'une seule espèce, mais il en est probablement de même de toutes, ce qui sera vérifié encore cet automne. Comme le changement s'opère très-rapidement, et que le mouvement ne s'aperçoit pas à cause de la petitesse de l'espace, on croit à un conte quand on regarde les petits êtres ; car croître en douze minutes d'un pouce en longueur et proportionnellement en largeur, et se développer de même en superficie, cela veut dire quelque chose. Et les ailes tout d'un coup ! Je verrai s'il n'est pas possible de mettre ce phénomène sous vos yeux.

Adieu ! Entre nous, j'espère pouvoir vous apporter la paix pour la Thuringe et la Haute-Saxe.

Weimar, le 6 août 1796.

GOETHE.

Post-Scriptum.

Il va de soi qu'il ne faut pas se représenter cette croissance, comme si les parties solides des ailes grandissaient d'autant en un si court délai ; je me représente les ailes, composées de la plus fine *tela cellulosa*, déjà entièrement formées, et se développant, avec cette grande rapidité, sous l'influence de quelque fluide élastique produit par l'air, par la vapeur ou l'humidité. Je suis convaincu qu'on pourra faire des observations semblables sur le développement des fleurs.

59.

Iéna, le 9 octobre 1796.

J'ai envoyé ce matin par mon beau-frère cent Terpsichores et cent titres ; mais, d'après mon calcul, les uns et les autres ont déjà depuis longtemps été livrés à Weimar ; les exemplaires envoyés aujourd'hui ont été enlevés aux exemplaires en feuilles de l'Almanach. Donc tous deux ont été perdus, à moins qu'ils ne se trouvent chez vous ou chez le relieur. Dans ma lettre du 5 est noté, ce me semble, le nombre de Terpsichores envoyées par moi mercredi soir. Il en est de même des titres. Il faut que je fasse tirer à nouveau une centaine de ces derniers ; c'est de l'argent perdu, et me voilà puni d'avance pour le mal que nous avons infligé aux mauvais auteurs. Je ne puis vous décrire les mille détails maudits dont je suis accablé ces jours-ci à cause de l'Almanach ; déjà l'envoi tardif des mélodies me force à faire soixante-trois nouveaux paquets. Ni le temps ni l'occasion ne me permettent de les faire relier ; elles passeront comme cela ; personne d'ailleurs ne nous saurait gré de la dépense ni de la peine.

Le relieur d'ici attend avec impatience de nouvelles couvertures. Si mon beau-frère ne devait rien m'apporter aujourd'hui, je vous prierais instamment de m'envoyer demain le plus tôt possible tout ce qui sera fait jusque-là. Je ne comprends pas pourquoi l'imprimeur ne nous a rien expédié du tout pendant six jours.

Ici les Almanachs sont toujours demandés ; mais seulement les beaux exemplaires, ce qui ne m'arrange pas le moins du monde. Je crains que nous n'écoulions pas les mauvais. Comme il n'y en a que cinq cents bons, il arrivera que les almanachs manqueront aux acheteurs et les acheteurs aux almanachs. La musique vous satisfait-elle ? Ce que j'en ai entendu m'a beaucoup plu, quoique l'exécution fût fort imparfaite. *Mignon* est touchante et gracieuse ; mon poème la *Visite* a aussi une expression agréable. Ci-joint sept exemplaires des mélodies ; voulez-vous avoir la bonté d'en faire remettre six à Herder, et un au conseiller intime Voigt?

J'ajoute une lettre de Koerner, parce qu'elle renferme quelques lignes concernant l'Almanach. Nous devrions enregistrer soigneusement tous les jugements écrits et imprimés touchant cette publication, afin de pouvoir un jour, si la chose en vaut la peine, en tirer quelque avantage.

Je n'ai pas pris note du nombre d'exemplaires qui sont chez le relieur de Weimar. A calculer d'après ceux qui se trouvent encore chez moi ou chez le relieur d'ici, il faudrait qu'il y en eût encore environ cent quatre-vingts à Weimar. Voulez-vous prier Geist de vérifier?

Tout le monde ici se porte assez bien, et vous envoie les meilleurs compliments.

SCHILLER.

60.

Iéna, le 16 octobre 1796.

Voici enfin deux numéros des *Heures*. Je les ai reçus hier de Leipzig. Le libraire Boehme à qui j'ai expédié les almanachs, m'annonce en même temps la réception des deux premiers ballots, il ajoute que tous les exemplaires que j'avais mis en dépôt chez lui (il y en avait environ quarante-quatre, sans compter les mauvais) sont vendus. C'est beaucoup, car on a expédié en même temps une quantité considérable d'exemplaires à plus de quinze libraires de Leipzig, et ce nombre, paraît-il, n'a pas suffi. Il faut qu'on se les arrache, et il s'agira sans doute de songer à une deuxième édition.

Boehme a depuis reçu un troisième ballot avec deux cent ving-cinq exemplaires brochés plus un certain nombre d'exemplaires en feuilles. Dès qu'il m'écrira que les deux tiers de cet envoi sont vendus, je ferai prendre les dispositions nécessaires pour une nouvelle édition. La poste a si malmené le second ballot que l'humidité a, dit-on, gâté plusieurs douzaines d'exemplaires. C'est le colis emballé par Gabler; le mien est arrivé en bon état.

Il faut que vous lisiez la nouvelle pièce du journal l'*Allemagne*. L'insecte n'a pas pu s'empêcher encore une fois de piquer. En vérité nous devrions le harceler à mort; autrement il ne nous laissera pas en repos. Il a exercé sa malveillance contre le *Cellini*; pour vous vexer il s'est mis à louer, et même à citer en partie, les passages que vous avez supprimés, etc. Il parle avec un très-grand dédain de l'article de madame de Staël.

Avant-hier je vous ai inutilement effrayé avec Lavater. C'est son frère qui a été ici.

Reichardt est aussi à Leipzig, dit-on; mais Niethammer et Paulus ne l'ont pas vu. Schlegel est encore à Leipzig, où ces cœurs s'épancheront probablement l'un dans l'autre. Portez-vous bien.

SCHILLER.

Post-Scriptum.

Je reçois de Koerner à l'instant même une fort belle lettre sur l'Almanach. Vous l'aurez demain avec six *Heures* que j'ai aussi à vous envoyer.

61.

Mes remercîments pour la lettre de Koerner. Juger avec une amitié si vraie, et motiver pourtant si bien ses jugements au point de vue de la critique est un phénomène rare. Je garderai encore quelques jours ces pages, afin d'en profiter pour jeter un coup d'œil sur différentes poésies que je n'ai même pas encore lues. Mille compliments à votre ami, remerciez-le aussi en mon nom; dites-lui un mot de mon nouveau poème et assurez-le du plaisir que j'aurai à le voir un jour entre ses mains. Il nous faut laisser un moment aboyer le roquet de Gibichenstein, jusqu'à l'heure où nous le secouerons de nouveau de la bonne façon. Mais, en général, il faut se conduire envers tous les gens d'opposition, dont le métier est de nier et de chercher à éplucher ce qui existe, comme envers ceux qui nient le mouvement : il suffit de se promener tranquillement devant leurs yeux sans s'arrêter.

Derrière les louanges qu'il donne aux passages omis dans mon *Cellini* se cache autre chose, j'en ai peur. Comme il possède l'original, il traduira les passages manquants et fera imprimer une contrefaçon de l'ouvrage entier; il est capable de tout. Ce motif m'engage à ne publier que l'année prochaine les deux dernières livraisons; elles ne peuvent d'ailleurs pas être séparées; après cela je remplirai les lacunes de mon manuscrit en annonçant une édition complète; car l'ouvrage est très-demandé et la lecture morcelée dans le journal commence déjà à impatienter tout le monde.

Quand vous écrirez à Boie, demandez-lui s'il veut me céder la traduction anglaise que j'ai de lui par l'entremise d'Eschenburg. Je paierai volontiers ce qu'elle coûte, et je promets en sus un exemplaire de ma traduction, dès qu'elle aura paru complétement.

Je me réjouis fort de l'arrivée de Humboldt. Dès qu'il sera de retour, je viendrai vous voir, quand ce ne serait que pour un seul jour.

De chacun des numéros sept et huit vous m'avez envoyé deux exemplaires, l'un sur papier bleuâtre et l'autre sur papier jaunâtre. Envoyez, je vous prie, les autres prochainement; on me tourmente pour les avoir.

Adieu; des compliments à tout le monde, et dites-moi bientôt que vous avez commencé un nouveau travail.

Weimar, le 19 octobre 1796.

GŒTHE.

Ne pourriez-vous pas me céder un exemplaire du numéro cinq des *Heures* de cette année? la qualité du papier importe peu. Mon paquet expédié mardi par la poste roulante est-il arrivé à bon port?

62.

Iéna, le 19 octobre 1796.

Par votre envoi d'aujourd'hui vous m avez fait un plaisir inespéré. Aussi me suis-je tout de suite jeté sur le huitième livre du *Meister*, et de nouveau j'ai senti toute la portée de cette œuvre. C'est merveille de voir comment la partie poétique y succède à la partie philosophique et réciproquement. Ce qui entre dans le cadre compose un beau tout, et ce qui en sort se rattache à l'infini, à l'art et à la vie. En réalité on peut dire de ce roman qu'il n'a d'autres bornes que sa forme esthétique, et, là où la forme cesse, il touche à l'infini. Je le compare volontiers à une belle île située entre deux mers.

Vos changements me paraissent suffisants; ils répondent parfaitement à l'esprit et au sens de l'ensemble. Si toutes les parties étaient nées en même temps, vous eussiez peut-être rendu par un seul trait ce qui en demande plusieurs à présent; mais cela ne sera sensible pour aucun des lecteurs qui lisent pour la première fois le roman dans sa constitution actuelle. En ne tenant pas compte de ma manie, qui voudrait voir l'idée capitale plus fortement accusée, je ne saurais vraiment plus découvrir aucune lacune. Si le titre ne portait pas : Années d'apprentissage, j'estimerais que la partie didactique tient trop de place dans ce huitième livre. Plusieurs pensées philosophiques sont maintenant devenues plus claires et plus intelligibles.

Dans la scène qui suit immédiatement la mort de Mignon, il ne manque non plus rien de ce que le cœur peut réclamer dans ce moment-là; j'aurais seulement désiré que la transition à un nouvel intérêt fût indiquée par un nouveau chapitre.

Le marquis est actuellement introduit d'une manière très-satisfaisante. Le comte fait un effet excellent; Jarno et Lothario sont aussi devenus plus intéressants, grâce aux nouvelles additions.

Recevez mes félicitations pour la solution de cette grande crise, et voyons à cette occasion quel est le public que nous avons.

Je vous remercie des comptes que vous m'avez envoyés. — Je disposerai de l'argent selon votre désir. D'ailleurs il vous est dû pour votre part à l'Almanach 24 louis d'or, et plus encore si nous arrivons à une deuxième édition. Mes meilleurs remerciments aussi pour le *Cellini*. — Le vaisseau peut encore une fois être remis à flot. A l'instant m'arrive un article historique de Funk.

Je connais le major Rœsch, et mon beau-frère le connaît encore mieux. En dehors des mathématiques, de la tactique et de l'architecture, où il excelle, c'est un esprit borné et sans culture. Il est assez vulgaire et pédantesque, et autant il est capable comme professeur, autant ses manières et ses goûts le rendent peu apte à se produire dans un cercle où l'on exige du savoir-vivre. C'est d'ailleurs un homme digne et fort doux, facile à vivre, dont les faiblesses sont plus amusantes que gênantes.

SCHILLER.

63.

Iéna, le 23 octobre 1796.

Je vous remercie de tout cœur pour le *Meister*, qui souvent encore sera pour moi une source de plaisir et d'émulation. J'ai remis à leur destination les quatre autres exemplaires ; vous parlez de six et je n'en ai reçu que cinq ; l'exemplaire destiné à Humboldt manque encore.

Notre Almanach a été une grande surprise pour Humboldt qui en fait ses délices ; les Xénies ont aussi fait sur lui l'impression aimable que nous désirons. J'ai encore une fois constaté avec plaisir que l'ensemble produit sur tout esprit libéral une impression agréable et riante. A Berlin, écrit-il, on se les arrache ; il n'a cependant pas entendu dire sur l'œuvre un seul mot soit intéressant, soit amusant. La plupart, dit-il, viennent étaler des lieux communs de morale, ou se mettent à rire de l'ensemble comme d'une chasse littéraire. Parmi vos poésies qu'il ne connaissait pas encore, il a surtout été charmé de l'Hiver et des Muses dans la Marche, et parmi les miennes, des Générations et de la Visite ; les *Tabulæ votivæ* lui inspirent à lui et à Genz un grand respect. Mais démêler ce qui appartient à chacun de nous dans cette œuvre commune lui semble très-difficile. Les Xénies, dit-il, sont en totalité mises sur votre compte ; cette supposition est encore confirmée par Hufeland, qui prétend les avoir toutes lues écrites de votre main.

Je n'ai pas entendu autre chose touchant l'Almanach dans ces derniers temps, et je pense que nous n'apprendrons que trop tôt, combien peu on peut compter aujourd'hui sur un goût général chez le public.

Humboldt espère être ici dans huit jours. Je me réjouis de vivre de nouveau quelque temps avec lui. Il écrit qu'il n'a pas trouvé Stolberg à Eutin, celui-ci étant justement à Copenhague ; qu'il ne savait absolument que dire de Claudius, que c'était une nullité complète.

Vos Lettres suisses intéressent quiconque les lit, et j'éprouve une véritable joie d'avoir pu vous les arracher. Il est vrai aussi qu'elles donnent une image vivante de l'époque d'où elles découlent, et sans être une œuvre d'art, elles forment un groupe aussi naturel qu'ingénieux. La conclusion de *Meister* a fort ému ma belle-sœur, et cela confirme une fois de plus mon opinion sur les points qui produisent le principal effet. C'est toujours le pathétique qui s'empare d'abord de l'âme, plus tard seulement le sentiment et le pathétique se confondent dans la jouissance du beau; à une première, et même à une seconde lecture, Mignon laissera toujours derrière elle le sillon le plus profond, et pourtant je crois que vous avez atteint le but que vous vous proposiez : transformer cette émotion pathétique en celle du beau.

Que je suis aise de ce que vous voulez bientôt revenir pour quelques jours. Maintenant que j'ai secoué la besogne de l'Almanach, il me faut pour me ranimer quelque occupation nouvelle et intéressante. J'ai entrepris, il est vrai, le Wallenstein, mais je ne fais encore que tourner tout autour; j'attends qu'une main puissante vienne m'y plonger.

La saison me pèse comme à vous, et souvent je m'imagine qu'un doux rayon de soleil ferait tout bien marcher.

Portez-vous le mieux du monde. Il me reste à vous prier de faire faire séparément au graveur et au relieur leurs comptes concernant l'Almanach; j'enverrai mercredi prochain le compte total, et je désire avoir une à une toutes les pièces justificatives. Hirt aura bien l'obligeance de faire une note spéciale de ce qui est dû pour son article, et de mettre, lui et le relieur, l'acquit sur les deux pièces. Portez-vous bien. Des compliments de tout le monde.

SCHILLER.

Rien pour aujourd'hui, excepté un compliment pour accompagner les biscuits que ma femme vous envoie. Nous espérons que la belle journée qu'il a fait vous a ranimé comme nous-mêmes.

Je vous envoie ci-joint la fin de l'article de Hirt; peut-être trouverez-vous un moment de loisir pour y jeter un coup d'œil. Vous voudrez bien me le retourner samedi par la messagère.

Voici venir le moment de chercher quelque chose pour terminer brillamment la seconde année des *Heures;* car c'est du succès de l'abonnement prochain que dépendra le futur destin de notre revue. Je ne vois encore rien apparaître, et dans les deux dernières années il est tombé si peu du ciel que je ne me fie plus trop aux dons de la fortune. En vérité, il faudra compenser par quelque chose l'effroyable lourdeur de l'article de Hirt.

Ah! si vous pouviez trouver un paquet de lettres semblables à celles de Suisse, je vous déchargerais volontiers de tout le travail de la rédaction.

De nouvelles je n'en ai point à vous communiquer. Schlegel raconte que le duc de Gotha est irrité contre les Xénies, à cause de Schlichtegroll qu'il a en haute estime. J'entends dire aussi que Schutz ne sait pas non plus comment s'y prendre pour faire le compte-rendu de notre Almanach ; je n'ai pas de peine à le croire. Portez-vous bien.

Schiller.

64.

Je vous renvoie avec mes remerciments la boîte aux biscuits. J'ai mis à la place de ces friandises un numéro du journal philosophique que j'ai en double, et que je vous prie de remettre à Niethammer. Je ne trouve pas l'article de Hirt ; il suivra.

J'ai déjà songé au dernier numéro des *Heures* de cette année, ainsi qu'au premier de l'année prochaine ; malheureusement je n'ai pas encore trouvé de solution. Les vieilleries que j'ai n'ont pas de consistance ; c'est, à vrai dire, de la marchandise défraîchie. Le journal de mon voyage de Weimar à Rome, mes lettres de cette ville, et tous mes papiers y ayant rapport, ne pourraient être mis en ordre que par moi. Au reste, tout ce que j'ai écrit à cette époque porte l'empreinte d'un homme qui échappe à une servitude, non d'un homme en possession de sa liberté, de quelqu'un qui s'agite, et ne s'aperçoit que peu à peu qu'il n'est pas à la hauteur des sujets dont il veut se rendre maître, qui sent seulement à la fin de sa carrière, qu'il est arrivé au moment où il serait capable de la commencer. Remaniés dans le but d'en faire un livre, ces documents auraient bien leur valeur ; mais tels quels, dans toute leur simplicité primitive, ils sont par trop naïfs.

En somme je suis assez content du public de Weimar à l'égard de l'Almanach; mais les choses vont toujours leur même train; les Xénies font vendre les *Tabulas votivas*, et tout ce qu'il peut y avoir d'ailleurs de bon et de sérieux dans l'opuscule.

Nous voulions, n'est-ce pas, qu'on ne soit pas content de nous en tous lieux; et il est fort bon qu'on soit en colère à Gotha. On y a bien laissé passer avec un flegme imperturbable les insultes adressées à moi et à mes amis, et comme, en littérature, la loi du talion n'est pas encore abolie, nous usons simplement de la permission de nous faire justice nous-mêmes, de décrier le bec nécrologique qui a crevé les yeux de notre pauvre Moritz au lendemain de sa mort. J'attends la première allusion à l'affaire pour dire ce que j'ai sur le cœur avec tout l'entrain et la convenance possibles.

Je souhaiterais fort d'apprendre que *Wallenstein* s'est emparé de vous; cela ferait grand bien et à vous, et au théâtre allemand.

J'ai commencé ces jours-ci à examiner de plus près les entrailles des animaux, et, si je continue à bien travailler, j'espère achever cet hiver l'étude de cette partie de la nature organique. Portez-vous bien. J'ai grand désir de vous revoir bientôt.

Weimar, le 26 octobre 1796.

GOETHE.

65.

Iéna, le 28 octobre 1796.

Voici la neuvième livraison des *Heures*; six exemplaires sont pour vous, un pour le duc et un pour Meyer. Prière de faire remettre ce qui est sous enveloppe à Herder et à Knebel.

Ce matin, Mme de Humboldt est arrivée ici avec ses enfants. Lui est encore à Halle, auprès de Wolf; il sera ici dans trois jours.

Les Humboldt étaient à Berlin ces jours derniers, au moment où notre Almanach y fit son apparition. L'effet, dit-on, a été prodigieux. Nicolaï l'appelle l'*Almanach des Furies*, Zœllner et Biester en sont, dit on, tout à fait ravis. (Vous voyez que nous avons réussi avec Biester). Ce dernier trouve que les *Xénies* sont encore écrites avec beaucoup trop de modération. Un autre pensait que le monde renfermait maintenant une plaie de plus; qu'il faudra désormais redouter chaque année l'apparition de l'Almanach. Meyer, le poète, croyait que nous nous étions déchirés mutuellement dans les *Xénies*, et que j'avais dirigé contre vous le distique « Estime à bon marché » page 221; Woltmann est venu me voir hier, il prétendait savoir que Wieland parlant des *Xénies*, aurait dit qu'il regrettait qu'on y louât Voss, puisque tant d'autres braves gens y étaient maltraités.

Woltmann est persuadé que le corbeau nécrologique qui croasse derrière Wieland ne saurait être que Boettiger.

Enfin, voici la première attaque imprimée contre les *Xénies*; si toutes ressemblent à celle-là, nous n'aurons rien à y voir. Elle se trouve dans le Moniteur de l'Empire. Schutz me l'a communiquée; c'est un distique dans lequel le pentamètre .... précède l'hexamètre. Vous ne pouvez vous figurer rien de plus pitoyable. On appelle les *Xénies* malicieuses.

Schlegel n'a pas encore deviné les *Jeunes Neveux*; il nous questionna encore aujourd'hui sur ce sujet.

Mais ce qui vous amusera, c'est un article dans le *Nouvel Intelligenzblatt* de Leipzig, qui paraît in-folio. Un brave anonyme y prend le parti des *Heures* contre Reichardt. Ni celui-ci ni la Revue ne sont nommés, mais on les désigne à ne s'y pas tromper. L'anonyme trouve fort mauvais que l'éditeur de deux journaux loue impudemment le premier dans le second, en laissant percer une honteuse envie contre un autre journal. Pour le moment, ajoute-t-il, un avertissement suffit, mais il menace l'éditeur d'un rude châtiment, si cet avertissement ne portait pas ses fruits. Contentez-vous pour aujourd'hui, de ces nouveautés. Nous nous portons tous bien. Mon travail avance lentement. Adieu.

Schiller.

J'ai vu l'Almanach de Voss. Il est *misérable*.

66.

Je suis obligé d'aller pour quelques jours à Ilmenau; je vous remercie à la hâte pour les *Heu-*

res. C'est chose plaisante d'apprendre par Humboldt le bruit que l'Almanach fait à Berlin; maintenant il pourra aussi nous raconter ce qu'il en est à Halle. Dès que je reviendrai, j'irai vous voir. Notre témérité a mis Gotha en émoi. Voici une feuille de distiques du prince Auguste, qui prend encore assez bien la chose. Ci-joint revient l'article de Hirt; j'y ajoute aussi la plaque en cuivre. Ce serait une belle fortune, si je réussissais à composer un morceau de mon poème épique à Ilmenau; la grande solitude semble pleine de promesses. Meyer a de nouveau écrit; sa copie est terminée; il va continuer maintenant la description des antiquités. Adieu. Adressez toujours vos lettres à Weimar; on les fait suivre. Mille compliments aux Humboldt et à votre chère femme. J'ai bien envie de vous revoir au plus tôt.

Weimar, le 29 octobre 1796.

GŒTHE.

67.

Iéna, le 31 octobre 1796.

Je vous salue dans votre vallée solitaire, et je souhaite que vous y rencontriez la plus gracieuse des Muses. Du moins y pourrez-vous trouver la petite ville de votre Hermann, et il y a bien aussi là-bas un apothicaire, ou une maison verte ornée de stucatures.

Kœrner m'a écrit aujourd'hui sur votre *Meister*. Je joins sa lettre qui ne vous disposera pas mal dans votre solitude.

J'ai reçu une nouvelle lettre de Leipzig ; on m'écrit que tous les exemplaires que j'y avais envoyés en dépôt ont été vendus ; et on en demande d'autres avec instance. Outre les exemplaires destinés à Cotta et à son département, il en a été expédié 900 à 1,000 à un certain nombre de librairies ; et, outre ceux-ci, j'en ai envoyé successivement 435 au commissionnaire, pour le cas où il se produirait des demandes. Ces derniers sont donc écoulés, et il est assez vraisemblable que ceux qui avaient été expédiés par paquet ne seront pas retournés. Tous les exemplaires avariés, à un seul près, ont été également vendus. Aussi ai-je ramassé tout ce que j'ai encore ici, et j'ai écrit à — de m'envoyer, si elle peut mettre la main dessus, tous ceux qui sont encore déposés chez vous sur papier d'impression. Le tout ensemble fournirait au plus 73 exemplaires, et suffirait à peine, le commissionnaire m'écrivant qu'il y a encore beaucoup de commandes. Aussi ai-je écrit à Cotta pour l'engager à faire une nouvelle édition, que je ne me soucie pas de préparer ici, à cause des chances à courir, aussi bien qu'à cause de l'embarras qui en résulte. C'est *son* affaire, qu'il s'arrange ; et dix à quinze jours de gagnés ne sont pas d'une importance majeure.

Les épigrammes de Gotha ont, il est vrai, l'air encore assez libéral ; j'avoue néanmoins que, pour moi, cette manière d'envisager notre cause est précisément la plus fatale. On y voit percer je ne sais quelle indulgence envers la nullité et la platitude ; et voici pour moi de l'impertinence au premier chef : courir après le mauvais, et puis quand quelqu'un vient à le fustiger, faire semblant de l'avoir seulement toléré ; commencer par l'opposer au bon, et ensuite avoir l'air de croire qu'il serait cruel d'établir entre eux aucune comparaison.

Le pentamètre : Notre eau rafraîchit, etc., est remarquable, et étonnamment approprié à toute la classe.

Portez-vous bien, et conservez-nous un souvenir amical. Humboldt n'est pas encore ici. Des compliments empressés de tout le monde.

SCHILLER.

68.

Iéna, le 18 novembre 1796.

A Copenhague on est furieux contre les Xénies, m'écrit aujourd'hui même madame Schimmelmann ; la sentimentalité de cette dame est à la vérité assez libérale ; si elle osait, elle ne demanderait pas mieux que d'être juste envers nous. Gardons-nous de songer qu'on appréciera le fond même de notre œuvre ; ceux qui nous veulent le plus de bien n'arrivent qu'à la tolérance.

Tous les jugements de ce genre que j'ai entendus jusqu'ici me font jouer à moi le misérable rôle du personnage séduit ; vous, vous avez du moins la consolation d'être le séducteur.

Il est bien temps, pour moi surtout, de paraître devant le public avec quelque œuvre importante et sérieuse ; mais quand je considère que vous avez produit ce qu'il y a de plus grand et de plus élevé, même pour le lecteur sentimental, que vous l'avez produit tout récemment encore dans le *Meister* et même dans l'*Almanach*, et que le public n'a pu néanmoins surmonter une susceptibilité causée par quelques distiques aggressifs, j'ose à peine espérer le ramener à plus de bienveillance en lui offrant quelque chose de bon et d'achevé de ma main. A vous on ne pardonnera jamais votre véracité, la profondeur de votre nature. Quant à moi, s'il m'est permis de parler ici de moi, ma nature si fort en opposition avec le temps et la foule ne me conciliera jamais la faveur du public. Il est bon que cela ne soit pas absolument nécessaire pour me mettre et me maintenir en haleine. Pour vous, la chose peut être complètement indifférente; maintenant surtout que, en dépit de tous les bavardages, le goût de l'élite de la nation a pris une direction qui mettra nécessairement votre mérite dans toute sa lumière.

Voici une lettre détaillée de Kœrner sur le *Meister*; elle contient beaucoup de belles et bonnes choses. Vous voudrez bien me la renvoyer tout de suite par la messagère, car je désirerais la faire copier et insérer dans le douzième numéro des *Heures*, si vous n'avez rien à objecter.

Je ne ferai tirer que cinq cents exemplaires de l'Almanach; mais tous sur bon papier. Je n'osais pas faire un tirage plus fort, la vente de Leipzig pouvant seule servir de base. Dans le reste de l'Allemagne la vente est encore problématique, parce que nous ne savons pas si des nombreux exemplaires expédiés il n'en reviendra pas une grande partie. Un débit de deux cents exemplaires de la nouvelle édition suffirait déjà à couvrir les frais ; comme tout passe maintenant par mes mains, je puis calculer cela à un pfennig près.

Je n'ai pas le courage de penser déjà à l'Almanach de l'année prochaine ; toutes mes espérances sont tournées de votre côté. Car je vois bien maintenant que *Wallenstein* me coûtera tout l'hiver et bien aussi tout l'été, parce que j'ai à traiter le sujet le plus rebelle, dont je ne tirerai quelque chose qu'à force de persévérance. Ajoutez qu'il me manque bien des moyens, même des plus ordinaires, qui vous familiarisent avec la vie et les hommes, et vous font passer de votre étroite existence sur une scène plus grande ; c'est pourquoi je suis forcé, comme un animal auquel il manque certains organes, d'apprendre à faire davantage avec ceux que je possède, de remplacer, pour ainsi dire, les mains par les pieds. Il me faut, en réalité, dépenser des forces et un temps incalculables pour franchir les barrières de la condition que le hasard m'a départie, et pour me préparer des instruments spéciaux qui me permettent de m'emparer d'un objet aussi étranger que l'est pour moi le monde vivant, et surtout le monde politique. Je suis fort impatient d'amener ma fable tragique du *Wallenstein* au point où je sois sûr de sa qualité tragique ; si je trouvais qu'il en fût autrement, je ne renoncerais pas, sans doute, à ce travail, parce que je l'ai déjà assez façonné pour en faire un digne tableau dramatique ; mais j'achèverais d'abord les *Chevaliers de Malte*, dont la constitution beaucoup plus simple, est tout à fait propre à la tragédie.

Adieu. Nous avons tous grande envie de vous voir.

Mon beau frère, me dit-on, a écrit au duc de Weimar pour la place laissée vacante par Henderich ; je souhaiterais de tout mon cœur qu'il obtînt ce qu'il désire ; mais j'en doute, quoique je sois convaincu qu'il pourrait rendre bien des services à Weimar.

Ci-joint la plaque de Bolt, plus le papier pour le tirage.

SCHILLER.

69.

La lettre de Kœrner m'a fait un très-grand plaisir, d'autant plus qu'elle m'a trouvé dans une solitude esthétique absolue. Il comprend son sujet avec une clarté, une indépendance vraiment admirables ; il plane au-dessus de l'ensemble ; il embrasse chacune des parties avec originalité et liberté ; tantôt c'est ici, tantôt c'est ailleurs, qu'il choisit une citation à l'appui de ses jugements ; il décompose l'œuvre pour la recomposer à sa manière ; il aime mieux, une première fois, écarter ce qui dérange l'unité qu'il cherche ou trouve, que de ressembler à la plupart des lecteurs qui s'y arrêtent d'abord, ou s'y attachent même outre mesure. Le passage souligné m'a surtout fait du bien, car c'est particulièrement sur ce point que j'ai porté constamment mon attention ; selon mon sentiment, c'est là le fil conducteur invisible de toutes les parties, le lien sans lequel aucun roman ne saurait avoir de valeur. Ces pages de critique prouvent aussi d'une manière frappante, qu'il faut au lecteur un rôle actif pour le déterminer à s'intéresser à une œuvre quelconque. Malheureusement les exemples les plus affligeants de l'intérêt passif viennent encore une fois de se révéler ; c'est la répétition perpétuelle du refrain : *Cela ne veut pas m'entrer dans la tête !* Sans doute la tête ne comprend une œuvre artistique qu'autant qu'elle a le cœur pour associé.

Ainsi quelqu'un m'écrivit dernièrement que l'endroit de la page 138 du second volume : « Non, s'écria-t-il, tu t'imagines, viveur usé, que tu aurais la force d'être un ami. Tout ce que tu saurais m'offrir ne vaut pas le sentiment qui m'attache à ces malheureux ! » était pour lui le centre de toute l'œuvre, qu'il en avait tiré sa sphère, mais que la dernière partie n'y trouvant pas sa place, il ne savait qu'en faire.

Un autre m'assura que mon idylle était un poème excellent, qu'il ne voyait pas encore si l'on ne ferait pas mieux de la diviser en deux ou trois poèmes.

A entendre de telles sorties, l'Hippocrène va se changer en glace, et Pégase perdre ses ailes.

Mais il y a vingt-cinq ans, alors que je débutais, il en était de même, et il en sera de même longtemps après moi. Néanmoins on ne saurait nier que certaines manières de voir, que certains principes sans lesquels on ne devrait jamais aborder une œuvre d'art, paraissent tendre peu à peu à se généraliser.

Meyer vous envoie de Florence ses cordiales salutations; il a enfin reçu l'idylle; nous ferions bien de lui envoyer un Almanach complet par l'entremise de Cotta et d'Escher.

J'espère que les habitants de Copenhague et tous les riverains de la Baltique ayant quelque instruction, tireront de nos Xénies un nouvel argument en faveur de l'existence irréfutable, évidente, du diable, et ainsi nous aurons fini par leur rendre un service essentiel. D'autre part, sans doute, il leur sera pénible de se voir gâté d'une façon si rude le droit d'être vide et absurde.

L'article de Kœrner me semble bien propre à paraître dans les *Heures*. A côté de la manière aisée et pourtant excellente dont il traite le tout, les contorsions qu'on peut attendre de la part d'autres critiques n'en paraîtront que plus singulières.

D'ailleurs je sens vivement le besoin de vous voir bientôt; nous avons tant de choses à discuter. J'ai grande envie d'apprendre le progrès de votre *Wallenstein*.

J'ai entendu parler de la demande d'emploi: mais je ne sais pas quelle est l'opinion et la disposition à ce sujet. Cependant, je ne crois pas non plus à la réussite.

Adieu. Saluez les amis.

Weimar, le 19 novembre 1796.

GOETHE.

70.

Iéna, le 28 novembre 1796.

Il ne me sera guère possible de faire usage de votre aimable invitation ; je sens dans tous les nerfs cette saison et ce temps affreux, et j'ai peine à me soutenir. En revanche j'espère vous voir bientôt ici, ne fût-ce que pour un jour, afin d'entendre vos découvertes et vos observations les plus récentes, et de vous entretenir en même temps de mon propre état.

Le *Wallenstein* n'avance toujours que très-lentement, parce que mon attention est encore presqu'exclusivement concentrée sur les matériaux, qui ne sont pas encore entièrement rassemblés; mais je me sens toujours à la hauteur de ma tâche; et la forme m'apparaît plus claire et mieux dessinée. Ce que je *veux* et *dois*, et même ce que *j'ai*, se présente assez nettement à mon esprit; il ne s'agit plus désormais que d'exécuter avec ce que j'ai en moi et devant moi, ce que je veux et dois. Quant à l'esprit dans lequel je travaille, vous serez probablement content de moi. Je réussis très-bien à maintenir mes matériaux hors de moi et à ne donner que l'objet. Je pourrais presque dire que le sujet ne m'intéresse pas du tout, et jamais je n'ai réuni en moi tant de froideur pour mon objet avec tant de chaleur pour le travail. Jusqu'alors le caractère principal, et la plupart des caractères secondaires sont traités par moi avec un pur amour d'artiste, il n'y a que le caractère du jeune Piccolomini, celui qui vient immédiatement après le caractère principal, auquel je m'intéresse par affection ; mais l'ensemble y gagnera plus qu'il n'y perdra.

Quant à l'action dramatique, c'est-à-dire l'objet principal, le sujet vraiment ingrat et anti-poétique, ne s'y prête pas encore entièrement; il y a encore des lacunes dans la marche, et certains faits refusent absolument d'entrer dans les limites étroites du cadre d'une tragédie. Le *Prôton pseudos* dans la catastrophe, qui la rend si peu propre à un dénoûment tragique, n'est pas encore entièrement vaincu. Le véritable destin a encore une trop petite, et la faute du héros une trop grande part au malheur de celui-ci. Ce qui me console dans une certaine mesure, c'est l'exemple de Macbeth ; là aussi, c'est moins le destin que l'homme qui est cause de sa propre ruine.

Mais nous parlerons de vive voix de ces difficultés et de beaucoup d'autres.

Les objections de Humboldt contre la lettre de Kœrner ne me paraissent pas sans valeur, quoique relativement au caractère de Meister, il semble aller trop loin dans le sens opposé. Kœrner a trop regardé ce caractère comme le véritable héros du roman ; il s'est laissé séduire par le titre, et par cette vieille tradition qui veut qu'il y ait un héros dans tous les romans, etc. Wilhelm Meister est, à la vérité, le personnage le plus indispensable, mais non le plus important ; et l'une des particularités de notre roman est de n'avoir pas besoin d'un personnage d'une importance saillante. — Tout se fait, à vrai dire, à propos et autour de lui, mais non pas à cause de lui : c'est précisément parce que les choses autour de lui représentent et expriment l'énergie, et lui, au contraire, l'assimilation, qu'il faut qu'il soit vis-à-vis des autres caractères tout différent du héros des autres romans.

D'un autre côté, je trouve Humboldt aussi beaucoup trop injuste envers ce caractère ; je ne comprends pas comment il peut regarder comme réellement achevée la tâche que le poète s'est imposée dans son roman, si Meister était la créature sans vocation et sans consistance qu'il proclame. — Si l'humanité dans *toute sa teneur* n'est pas évoquée et mise en jeu dans le *Meister*, le roman n'est pas achevé ; et si Meister n'est pas apte à ce rôle, vous n'auriez pas dû choisir ce caractère. C'est certes un trait délicat, sacré, que, dans la personne de Meister, le roman ne finisse ni par une individualité bien arrêtée, ni par un idéal poussé à ses dernières limites, mais par une nature qui tient le milieu entre les deux. Le caractère a son individualité, non pas d'après sa teneur, mais d'après ses limites, et il est idéal, mais seulement selon la puissance. Il nous refuse ainsi la satisfaction immédiate que nous avons demandée (la précision), et il nous en promet une plus haute, la plus haute, mais pour laquelle il nous faut lui accorder un long crédit.

C'est chose comique que toutes les disputes qui peuvent surgir quand il est question d'une telle œuvre.

Adieu. Mes compliments à la famille Humboldt.

SCHILLER.

71.

Ci-joint l'ouvrage de madame de Staël ; il vous fera sûrement plaisir. Moi aussi, j'ai déjà pensé qu'on pourrait s'en servir pour les *Heures;* on pourrait peut-être en extraire les passages les plus saillants et en former une suite. Lisez donc l'ouvrage le crayon à la main, soulignez, et priez monsieur de Humboldt d'en faire autant; vous faciliterez ainsi mon choix, et dès que vous me le renverrez, je pourrai commencer. — Un envoi de *Cellini* est prêt, si vous en avez besoin.

Vous retrouverez aussi une *Élégie* à laquelle je souhaite votre approbation. — J'y annonce mon nouveau poème, et elle ouvrira, je pense, un nouveau livre d'*Élégies*. La deuxième aura probablement pour thème le désir ardent de franchir les Alpes une troisième fois, et je continuerai de même soit chez moi, soit en voyage.

Je souhaiterais que celle-ci ouvrît la nouvelle année des *Heures*, afin que le public sût bien qu'on est posté solidement, et armé contre toutes les éventualités. Connaissant les Allemands, comme je fais, la sortie de Dyk ne m'a pas paru extraordinaire; il faut nous attendre à en lire d'autres semblables. L'Allemand ne voit que la matière; il pense qu'en donnant de la matière en échange d'un poème, il s'est placé au même niveau; pour lui l'idée de forme ne dépasse pas la versification. Mais pour être sincère, il faut avouer que le procédé de ces gens-là répond entièrement à mes vœux. On ne connaît, on ne pratique pas assez la politique qui oblige celui qui prétend à quelque gloire après sa mort, de forcer ses contemporains à mettre au grand jour tout ce qu'ils ont contre lui *in petto*. Par sa présence, par sa vie et son action, il parvient toujours à effacer cette impression. De quoi a servi à tel et tel homme modeste, méritant, prudent, à qui j'ai survécu, d'avoir conquis, de son vivant, une réputation passable à force d'indulgence, de passivité, de flatterie, de dérangement et d'arrangement? A peine est-il mort que voilà l'avocat du diable assis à côté de son corps, et l'ange qui doit tenir tête au démon fait d'ordinaire une piteuse figure.

J'espère que les *Xénies* agiront sur un monde tout entier et tiendront le mauvais esprit en haleine contre nous; continuons, en attendant, nos travaux positifs, et laissons-lui les tourments de la négation. Quand nos détracteurs seront tout à fait tranquilles, et qu'ils se croiront en sûreté, mais pas avant, il nous faudra, si nos esprits conservent leur verdeur, soulever de nouveau toutes leurs colères.

Laissez-moi aussi longtemps que possible l'honneur de passer pour l'auteur d'*Agnès*. Quel dommage que nous ne vivions pas dans des temps plus obscurs; car, s'il en était ainsi, la postérité aurait à monter une belle bibliothèque publiée sous mon nom. Récemment, quelqu'un m'assura qu'il avait perdu un pari considérable pour avoir soutenu opiniâtrement que j'étais l'auteur de *Monsieur Starke*. Moi aussi, je vois passer un jour après l'autre, non pas sans occupation, mais sans utilité. Il faut que je prenne des dispositions pour changer ma couche de place, afin de pouvoir tous les matins avant le jour dicter dans mon lit pendant quelques heures. Puissiez-vous, vous aussi, trouver un biais pour mieux employer le temps qui, à proprement parler, n'a de valeur que pour les natures d'une organisation supérieure. Adieu; mes compliments à tout ce qui vous entoure.

Weimar, le 7 décembre 1796. GOETHE.

72.

Iéna, le 9 décembre 1796.

Merci pour l'envoi d'avant-hier. L'élégie fait je ne sais quelle profonde et touchante impression, qui trouvera de l'écho dans le cœur de tout lecteur qui en a un. Son rapport intime avec une existence déterminée augmente encore l'effet qu'elle produit, et la haute et belle sérénité s'y mêle bien à la teinte passionnée du moment. Elle m'est une source de consolation, car elle montre une fois de plus avec quelle promptitude, avec quel bonheur l'esprit poétique met sous ses pieds toute la vulgaire réalité et s'arrache à ces liens, par un élan tout spontané; si bien que les âmes communes ne le suivent qu'avec désespoir et désolation.

Je vous soumets une seule réserve : le moment actuel est-il propice à la publication du poème? Dans les deux ou trois mois qui vont suivre, le public, je le crains, ne sera pas d'humeur à être juste envers les Xénies. La soi-disant offense est trop fraîche encore; nous paraissons avoir *tort*, et ce sentiment hostile endurcira les lecteurs. Mais il arrivera que nos adversaires auront encore plus tort par la violence et la grossièreté de leur défense; ils soulèveront contre eux les meilleurs esprits. C'est alors, je pense, que l'élégie complèterait la victoire.

La feuille ci-jointe, un supplément de la *Nouvelle gazette de Hambourg*, vous montrera de nouveau qu'on est encore loin d'avoir vidé son carquois contre nous. Le procédé dans cette partie sur mer ne serait pas mal conçu, si l'exécution était moins maladroite. Serait-ce peut-être Reichardt ou Baggesen qui se cache là derrière ?

Ce que vous dites dans votre dernière lettre des avantages plus ou moins lointains de pareilles querelles avec les contemporains, peut bien être vrai; mais il est vrai aussi qu'elles vous font renoncer au repos et aux encouragements venus du dehors. Chez vous c'est là un besoin intérieur, mais nullement extérieur. Votre individualité unique, énergique, se dressant isolée, réclame en quelque sorte cet exercice ; si ce n'était cela, je ne saurais personne, en vérité, ayant moins que vous besoin d'assurer son existence auprès de la postérité.

C'est seulement aujourd'hui que j'ai pu prendre en main l'écrit de madame de Staël ; mais il m'a aussitôt captivé par quelques idées excellentes. Je doute cependant que l'on puisse l'utiliser pour les *Heures*, parce que j'ai entendu annoncer, comme devant paraître très-prochainement, une traduction faite sous les auspices de l'auteur.

Je joins ici un exemplaire de la nouvelle édition de l'Almanach, plus une petite lettre de Voss.

Puisse la muse avec ses dons les plus beaux, demeurer auprès de vous et conserver bien longtemps sa jeunesse à son superbe ami. Je ne sors toujours pas de l'élégie ; quiconque a quelque affinité avec vous, peut y déchiffrer votre existence et votre individualité.

Je vous embrasse de tout cœur.

SCHILLER.

1797

73.

Iéna, le 17 janvier 1797.

Je termine à l'instant ma tâche du jour et vous dis encore le bon soir avant de déposer la plume. Votre dernière visite, si courte qu'elle fût, a remis à flot une certaine stagnation, et a relevé mon courage. Par vos descriptions vous m'avez ramené dans le monde dont je me sentais entièrement séparé.

Mais ce qui me fait surtout plaisir, c'est le vif penchant qui vous porte à une incessante activité poétique. Par là s'ouvre devant vous une vie nouvelle et plus belle ; elle se communiquera à moi, me fortifiera non-seulement par l'œuvre elle-même, mais encore par les dispositions qu'elle fait naître en vous. Je souhaiterais surtout maintenant connaître la chronologie de vos ouvrages ; je serais surpris si la manière dont vous vous êtes développé ne servait pas à découvrir une certaine marche nécessaire de la nature chez l'homme en général. Vous avez dû passer par une certaine époque assez longue, que j'appellerai volontiers votre période analytique ; vous tendiez alors vers un tout en divisant et en séparant ; votre nature était en désaccord avec elle-même, et cherchait son équilibre à force d'art et de science.

Maintenant, ce me semble, vous revenez à votre jeunesse, mûri et cultivé, et vous marierez le fruit à la fleur. Cette seconde jeunesse est la jeunesse des dieux ; comme eux, elle est immortelle.

Votre petite et votre grande élégie en sont des témoignages, de même que vos élégies et vos épigrammes anciennes ; mais je voudrais savoir l'histoire de vos premières œuvres et du *Meister* lui-même. Ce n'est point perdre son temps que de mettre par écrit ce que vous en savez. Sans cette aide, on ne peut pas vous connaître entièrement. Faites-le donc et déposez aussi une copie chez moi.

Si quelque chose de la succession de Lenz vous tombait sous la main, souvenez-vous de moi. Il nous faut ramasser pour les *Heures* tout ce que nous trouvons. Ayant changé votre plan pour l'avenir, vous pourrez peut-être faire profiter les *Heures* de vos papiers italiens. Je vous prie aussi de penser à *Cellini*, afin que je l'aie dans trois semaines environ.

Je vous prie également de ne pas oublier d'expédier l'ami Reichardt. Portez-vous bien.

SCHILLER.

74.

Le peu d'heures que j'ai passées auprès de vous dernièrement, m'ont de nouveau donné grande envie de retrouver une série de moments comme jadis. Dès que j'aurai, dans une certaine mesure, achevé différentes choses et mis en ordre quelques autres, j'irai passer un peu de temps avec vous, et j'espère que ce temps sera fécond pour nous deux sous plus d'un rapport. Profitez bien de vos meilleures heures pour avancer la tragédie, afin que nous puissions commencer à nous en entretenir ensemble.

Je reçois à l'instant même votre chère lettre, et je ne nie pas que la merveilleuse période que je commence, est remarquable pour moi-même ; je ne suis pas encore, malheureusement, rassuré sur cette métamorphose, car je traîne encore avec moi de l'époque analytique tant de restes, que je ne puis ni rejeter, ni digérer. Cependant il ne me reste qu'à diriger ma barque sur ce courant aussi bien que cela peut aller. J'ai vu pendant ces quinze derniers jours quel effet produit un voyage sur celui qui est dans ces dispositions ; mais on ne saurait prédire l'effet lointain et total ; car cette force réglée de la nature, comme les forces non réglées, ne se laisse diriger par rien au monde ; il faut qu'elle se crée elle-même, et c'est aussi par elle-même, et à sa manière, qu'elle agit. Ce phénomène nous fournira matière à bien des considérations.

L'article promis est si mûr que je pourrais le dicter en une heure ; mais il est nécessaire que j'en cause encore avec vous auparavant ; c'est une raison de plus de hâter mon voyage auprès de vous. Si un séjour un peu prolongé à Iéna n'était pas encore possible, je reviendrais bientôt pour un jour ; un tel rendez-vous, si court soit-il, est toujours très-fécond.

Je corrige en ce moment un morceau de *Cellini*. Si vous avez une copie du morceau qui doit paraître dans le prochain numéro, envoyez-la moi donc.

Je termine pour aujourd'hui en vous souhaitant bonne santé.

Weimar, le 18 janvier 1797.

GOETHE.

75.

J'ose enfin vous envoyer les trois premiers chants de mon poème épique; ayez la bonté de le lire attentivement, et communiquez-moi vos observations. Je demande le même service d'ami à M. de Humboldt. Que le manuscrit ne sorte pas de vos mains à tous deux; et tâchez qu'il me revienne bientôt. Je travaille à présent au quatrième chant, dont j'espère du moins voir bientôt la fin.

Je céderais volontiers mon pavillon à monsieur votre beau-frère jusqu'à Pâques, mais seulement jusque-là; cependant je ne fais cette offre que comme un pis-aller; car ce n'est pas sans beaucoup d'embarras qu'on pourrait le rendre habitable pour la saison actuelle; il n'y a pas de poêle, et je ne pourrai pas non plus fournir de meubles. Mais oule la maison de Germar est vide, et Mlle Germar, chez qui je viens de faire prendre des informations, consent à la louer pour six semaines en totalité ou en partie; peut-être fournirait-elle aussi des meubles.

Comme les logements sont très-recherchés ici, je ne voudrais pas garantir que cette occasion restât ouverte seulement une semaine. Il faudrait donc me faire savoir par un commissionnaire les pièces dont on a besoin, et m'indiquer la personne qui jusque-là a pris soin des intérêts de monsieur votre beau-frère, afin qu'on pût s'entendre avec elle.

Meyer me charge de ses meilleurs compliments ; il a envoyé le joli dessin ci-joint pour notre titre ; mais il faudrait qu'il fût mis entre les mains d'un bon graveur ; nous en reparlerons.

Obéron, qu'on joue aujourd'hui, m'appelle à la répétition ; la prochaine fois davantage.

Weimar, le 18 février 1797.

GŒTHE.

76.

Je suis heureux de pouvoir annoncer que le poème est en marche, et, si le fil ne casse pas, il sera probablement achevé. Ainsi les muses ne dédaignent pas l'état asthénique, où m'a mis mon mal ; peut-être cet état est-il propice à leurs influences ; attendons ainsi quelques jours.

GŒTHE.

77.

Le travail avance ; il commence déjà à former une masse. J'en suis très-heureux et je m'empresse de vous communiquer ma joie comme à un fidèle ami et voisin. Encore deux jours seulement, et le trésor sera amené à la lumière ; une fois à la surface de la terre, la polissure viendra de soi. Il est digne de remarque que vers la fin le poème incline fortement vers son origine idyllique.

Comment allez-vous ?

Iéna, le 4 mars 1797.

GOETHE.

78.

Je vous souhaite une soirée gaie comme fin d'une belle et, sans le moindre doute, d'une féconde journée. Le ciel serein de la matinée vous a sans doute animé et réjoui, mais vous avez très-bien fait de ne pas encore sortir. Votre poème ne pouvait pas ne pas finir en idylle, en prenant ce mot dans sa plus haute valeur. Toute l'action était si étroitement liée à la simple nature des champs, et les limites étroites que vous vous êtes tracées ne pouvaient devenir tout à fait poétiques que par l'idylle : Ce qu'on y appelle péripétie est déjà préparé de loin, tellement qu'il n'est plus possible de troubler la calme uniformité de ton par aucune passion violente.

Peut-être vous verrons-nous demain. Quoique nous n'ayons pas pu nous réunir, j'éprouve cependant un doux sentiment de vous savoir si près de nous, et en si bonnes mains pour le moment.

Bonne nuit.

SCHILLER.

79.

Au sortir d'une vie mondaine assez variée je suis tout d'un coup transporté dans le plus grand isolement. Après vous et Humboldt, toute la société féminine m'a également abandonné ; j'emploie ce calme à réfléchir à mes devoirs tragico-dramatiques. A côté de cela je compose un scenario détaillé de tout le *Wallenstein*, afin de pouvoir embrasser à l'aide des yeux, mécaniquement en quelque sorte, les principales situations et la suite de mon œuvre. Plus je réfléchis à ma propre besogne, et à la manière dont les Grecs traitaient la tragédie, plus je trouve que tout le *cardo rei* consiste dans l'art d'inventer une fable poétique. Le poète moderne se débat avec peine et angoisses au milieu de faits accidentels et secondaires ; à force de chercher à se rapprocher le plus possible de la réalité, il se surcharge de circonstances vides et insignifiantes, et ce faisant il court risque de perdre la vérité qui est au fond, et qui renferme à proprement dire la vraie poésie. Il aimerait à imiter parfaitement un événement réel, ne songeant pas qu'une exposition poétique, précisément parce qu'elle est vraie d'une manière absolue, ne saurait jamais coïncider avec la réalité.

J'ai lu ces jours-ci *Philoctète* et les *Trachiniennes*; ces dernières surtout m'ont beaucoup plu. Quelle excellente conception que toute la situation, les sentiments, l'existence de Déjanire! C'est bien la femme d'Hercule avec toute son individualité; toute la peinture ne convient qu'à ce cas particulier, et à côté de cela quelle profondeur! quelle humanité! quelle vérité éternelle et générale! Dans Philoctète tout est également puisé de la situation, tout ce qu'on pouvait en puiser; et, malgré ce caractère spécial, le tout repose sur le fond éternel de la nature humaine.

J'ai remarqué que les caractères de la tragédie grecque sont plus ou moins des masques idéals, et non pas des individus, tels que je les trouve chez Shakespeare et aussi dans vos drames. Ulysse, par exemple, dans *Ajax* et dans *Philoctète*, n'est évidemment que l'idéal de la prudence étroite, avisée, qui trouve bons tous les moyens; Créon, dans *Œdipe* et dans *Antigone* représente la froide dignité royale. Avec de tels caractères on se tire d'affaire à merveille : ils se font connaître plus vite, et leurs traits ont quelque chose de plus constant et de plus arrêté. La vérité n'a pas à en souffrir, parce qu'ils sont aussi opposés aux êtres purement logiques qu'aux simples individus.

Je vous envoie ci-joint, *pour la bonne bouche*, un délicieux fragment d'Aristophane, que m'a laissé Humboldt. C'est exquis, et je voudrais avoir la suite.

Ces jours-ci un superbe parchemin de Stockholm est venu me surprendre. En ouvrant le diplôme avec le grand sceau en cire, je crus qu'il en sortirait au moins une pension; finalement, ce n'était qu'un diplôme de l'Académie des sciences. Cependant c'est toujours plaisir à voir ses racines s'étendre, et son existence exercer sur d'autres une certaine influence.

J'espère recevoir bientôt de vous un nouveau morceau de *Cellini*.

Adieu, mon cher, toujours de plus en plus cher ami; les beaux génies que vous m'avez laissés ici m'environnent toujours, et j'espère me les rendre de plus en plus familiers. Adieu.

Iéna, le 4 avril 1797.

SCHILLER.

80.

L'inverse m'arrive, à moi. Au sortir du recueillement de notre vie à Iéna, je suis tombé dans la dissipation de mille petites affaires, qui me pousseront à droite et à gauche pendant quelque temps; cependant je ferai ceci ou cela qui ne réclame pas une disposition d'esprit parfaite. — Vous avez bien raison de soutenir que les figures de la poésie ancienne, de même que la sculpture, représentent une abstraction qui ne parvient à son apogée qu'au moyen de ce qu'on appelle style. Il y a aussi des abstractions provenant du maniéré, comme chez les Français. Certes, tout dépend de l'heureux choix de la fable, avec elle on est assuré d'avoir la chose essentielle; la plupart des lecteurs et des spectateurs n'emportent pas autre chose, et le poète garde tout le mérite d'une exécution animée, qui pourra être d'autant plus constante que la fable sera meilleure ; désormais nous examinerons avec plus de soin que précédemment les sujets qui nous voudrons traiter.

Voici la première partie de Vieilleville, je puis envoyer les autres peu à peu.

Mes compliments à votre chère femme que je n'ai pas pu voir, à mon grand regret, pendant son séjour ici.

Je vous félicite du diplôme ; ces sortes de phénomènes ne sont pas à dédaigner comme indications barométriques de l'opinion publique.

Adieu. Ecrivez-moi bien souvent, quoique je sois pour quelque temps un mauvais correspondant.

Weimar, le 6 avril 1797.

GŒTHE.

81.

Iéna, le 7 avril 1797.

Parmi les ouvrages sur la cabale et l'astrologie, que j'ai empruntés à notre bibliothèque, j'ai trouvé entre autres un dialogue sur l'amour traduit de l'hébreu en latin ; il ne m'a pas seulement amusé, mais il a aussi augmenté mes connaissances en astrologie. Un mélange de chimie, de mythologie et d'astronomie poussé à l'excès, semble appeler la poésie. Je fais copier pour vous quelques comparaisons fort ingénieuses des planètes avec les membres du corps humain. On ne conçoit ces idées baroques qu'après avoir consulté ces gens eux-mêmes. Cependant je ne désespère pas de revêtir de la dignité poétique ces matières d'astrologie.

Quant à la manière de traiter les caractères dont nous avons touché un mot dernièrement, je me réjouis d'élucider mes idées avec votre aide, à notre prochaine entrevue. La chose repose sur le fin fond de l'art, et les observations tirées des arts plastiques peuvent souvent servir de commentaires. En relisant aujourd'hui avec Schlegel le Jules César de Shakespeare, j'ai été frappé de la grandeur avec laquelle il traite le peuple. En représentant ici le caractère du peuple, il était forcé par le sujet lui-même d'avoir en vue une abstraction poétique plutôt qu'une individualité ; c'est pourquoi je trouve qu'en cela il se rapproche beaucoup des Grecs. Si dans la composition d'une pareille scène vous vous tourmentez à imiter timidement la réalité, le pêle-mêle de la foule impersonnelle ne sera pas pour vous un petit embarras ; mais Shakespeare n'hésite pas à tirer de cette foule quelques figures, j'allais dire quelques voix, dont il fait les représentants du peuple ; et elles le représentent en réalité, tant il a su choisir heureusement.

On rendrait un grand service aux poètes, aux artistes, si l'on parvenait à établir clairement ce que l'art doit prendre ou laisser de la réalité. Le terrain deviendrait plus clair et plus net, le petit, l'insignifiant disparaîtrait, et il y aurait place pour le grand. Déjà dans le maniement de l'histoire ce point est de la plus grande importance, et je sais les peines que m'a déjà coûtées l'idée flottante que j'en avais.

Je désire vivement recevoir quelque chose du *Cellini*, pour le numéro d'avril si c'est possible ; dans ce cas il faudrait que la copie fût en mes mains d'ici à mercredi soir.

Adieu. Ma femme envoie ses meilleurs compliments. J'ai un fort courrier aujourd'hui, sans quoi j'eussse écrit plus longuement.

SCHILLER.

82.

M. de Humboldt qui ne partira que demain matin vous envoie ses meilleurs compliments, et vous prie de faire remettre tout de suite la lettre ci-jointe.

Nous avons soumis les derniers chants à un sévère jugement prosodique, en leur donnant toute la correction possible. Les premiers sont presque entièrement copiés, et se présentent fort bien avec leur double titre. J'espère les expédier la semaine prochaine.

Vous recevrez aussi avant mercredi un morceau de *Cellini* ayant douze feuilles de manuscrit. Il en restera ensuite six pour terminer l'œuvre.

On est d'ailleurs un peu en mouvement chez moi, et d'ici à quinze jours je ne pourrai faire que bien peu de chose.

Les combinaisons astrologiques que vous m'avez communiquées sont assez drôles; j'ai envie de savoir quel usage vous ferez de ce matériel.

Je désire continuer à examiner avec vous à fond le sujet qui nous intéresse tant tous deux. Les avantages dont j'ai profité dans mon dernier poème me viennent tous de l'art plastique. Car, dans une œuvre qui se présente à nos yeux dans sa totalité matérielle, le superflu frappe beaucoup plus que dans celle qui passe successivement devant les yeux de l'intelligence. Au théâtre, ces avantages seraient très-sensibles. Ainsi je me suis dit dernièrement que sur notre scène, dès qu'on songe à des groupes, on ne pense qu'à la sensibilité ou au pathétique ; mais on peut imaginer encore cent autres genres de groupes. Ces jours derniers, quelques scènes d'Aristophane m'ont fait entièrement l'effet d'un bas-relief antique; et on les a certainement représentées dans ce sens. Pour l'ensemble, comme pour le détail, il importe surtout que tout soit bien distinct, qu'aucune situation ne ressemble à l'autre ; et les caractères mêmes doivent, sans cesser d'appartenir au même genre, se distinguer les uns des autres d'une manière significative.

Portez-vous bien, et travaillez avec zèle ; dès que j'aurai le temps de respirer, je penserai à l'Almanach.

Weimar, le 8 avril 1797.

GOETHE.

83.

J'avais déjà appris par Humboldt que votre Ernst était hors de danger, et je m'en étais réjoui en silence ; recevez maintenant mes cordiales félicitations au sujet de son rétablissement.

L'oratorium a été très-bien exécuté hier ; j'ai pu faire plus d'une remarque sur l'art historique. C'est bien dommage que nous ne fassions point ensemble ces sortes d'expériences, car nous nous fortifierions bien plus vite dans le point unique et vraiment important.

Lundi prochain partiront les quatre premières *Muses*, pendant que je m'occupe activement des cinq dernières, en profitant surtout des remarques prosodiques de notre ami Humboldt.

En même temps je n'ai pas manqué d'accompagner les enfants d'Israël dans le désert, et connaissant vos principes, je puis espérer que mon essai sur Moïse trouvera grâce devant vos yeux. Mon travail poètico-historico-critique part de ce point, que les livres existants se contredisent et se trahissent eux-mêmes, et tout ce passe-temps que je me procure aboutit à séparer ce qui est humainement probable de ce qui n'est que tendance et imagination pure, et à trouver, malgré cela, partout des citations à l'appui de mon opinion. Toutes les hypothèses de ce genre ne séduisent que par le naturel, par la pensée et la variété des phénomènes sur lesquels la pensée s'appuie. Je suis fort aise d'avoir retrouvé un travail de courte haleine auquel je m'intéresse, en me jouant dans la véritable acception du terme. La poésie telle que nous la pratiquons depuis quelque temps, est une occupation par trop sérieuse. Portez-vous bien, et jouissez de la belle saison.

Weimar, le 15 avril 1797.

GOETHE.

84.

Iena, le 18 avril 1797.

J'échappe à l'instant même la présence de plomb de M. B., qui a pesé lourdement sur moi pendant plusieurs heures. Je m'attendais du moins à trouver en lui un fat amusant, mais au lieu de cela c'est le drôle le plus plat et le plus pitoyable que j'aie rencontré depuis longtemps. Il a été à Weimar, mais il m'a dit qu'il ne vous avait pas vu, ce que je m'explique aisément. C'est affreux de voir face à face ces messieurs, qui pourtant ont un certain crédit dans le public, et qui cherchent à cacher sous une mine de connaisseur leur précoce impuissance et nullité.

Voilà notre Woltmann qui ne trouve à sa guise rien de ce que les autres écrivent, que pas un homme ne saurait satisfaire; eh bien, j'ai feuilleté son Histoire universelle qui vient de paraître. Non, c'est une horreur d'histoire ; vous ne pouvez pas vous imaginer une impuissance, une niaiserie, une insanité pareille. C'est un livre qui tourne le dos à l'histoire et à la philosophie, et il est difficile de dire avec laquelle des deux il est le plus en contradiction. Je donnerais cependant quelque chose pour que ce livre ne fût point écrit, car s'il arrive dans des mains malicieuses, le ridicule retombera sur nous tous. Mes travaux avancent toujours lentement ; l'inquiétude qui a régné chez moi, où l'on ne peut pas s'éviter, m'a bien dérangé; cependant la suppuration du petit suit son cours sans aucun accident, quoique le pauvre enfant soit couvert de boutons. D'ici à quatre jours j'espère pouvoir emménager dans le pavillon de mon jardin, puis je m'occuperai d'abord, tout autre travail cessant, à transcrire dans ses moindres détails la fable poétique de mon *Wallenstein*. C'est le seul moyen de m'assurer qu'elle forme un tout absolu, que tout y est fixé d'un bout à l'autre. Aussi longtemps qu'elle n'est que dans ma tête, il me faut craindre qu'il reste des lacunes; un récit en règle force à rendre compte. Puis cette narration détaillée vous sera soumise, et nous pourrons nous en entretenir.

Je vous félicite du départ des quatre premières Muses. En vérité c'est chose merveilleuse que la rapidité avec laquelle la nature a enfanté ce poème, et le soin et la réflexion avec lesquels l'art l'a perfectionné.

Portez-vous bien dans ces jours sereins. Combien je suis heureux de pouvoir désormais jouir aussi en plein air de chaque beau rayon de soleil! Il y a quelques jours j'osai me rendre dans mon jardin à pied, en faisant même un assez grand détour. Ma femme vous envoie ses meilleurs compliments.

SCHILLER.

85.

Je suis particulièrement heureux de vous voir délivré de toute inquiétude au sujet de votre enfant, et j'espère que sa convalescence continuera de même. Mes meilleurs compliments à votre chère femme. Je n'ai pas vu Monsieur B. et je ne suis pas peu satisfait de voir que ces messieurs me fuient; j'étudie maintenant très à la hâte l'Ancien Testament et Homère. Je lis en même temps l'introduction d'Eichorn au Testament, et les Prolégomènes d'Homère de Wolf. Ce travail allume en moi les lumières les plus merveilleuses; nous aurons à en parler souvent dans la suite.

Écrivez le plus tôt possible votre esquisse du *Wallenstein*, et communiquez-la moi ; au milieu de mes études actuelles, un tel examen sera intéressant pour moi, et tournera aussi à votre profit.

Voici sur le poème épique une pensée que je veux vous communiquer tout de suite. Le poème épique devant être écouté avec le plus grand repos et la plus grande sérénité, l'*intelligence* y est plus exigente que dans d'autres genres de poésie, et en relisant cette fois l'*Odyssée* j'ai été étonné de voir combien elle satisfait pleinement à ces exigences de l'intelligence. Si maintenant on examine de près ce que l'on raconte des efforts des anciens grammairiens et critiques, ainsi que de leur talent et de leur caractère, on voit clairement que c'étaient des hommes d'intelligence qui n'avaient de repos que lorsque ces grands tableaux venaient à être d'accord avec leur propre manière de se représenter les choses. Ainsi donc, comme Wolf s'efforce de le montrer, nous devons notre Homère actuel aux Alexandrins, ce qui certes donne à ces poèmes une tout autre physionomie.

Voici encore une remarque spéciale : Quelques vers d'Homère, qui passent pour complétement faux et interpolés, sont de même nature que certains vers que j'ai intercalés moi-même dans mon poème après que celui-ci eût été achevé, soit pour rendre le tout plus compréhensible, soit pour préparer des événements futurs. Je suis très-curieux de voir ce que, mes études actuelles une fois terminées, je serai disposé à ajouter à mon œuvre ou à en retrancher ; en attendant, livrons au public le premier jet.

Une propriété essentielle du poème épique est qu'il avance et recule sans cesse; aussi tous les motifs d'arrêt sont épiques. Mais il ne faut pas que ce soient des *obstacles*; ceux-ci sont du domaine de la tragédie.

Si cette condition de suspension, condition remplie dans toute sa plénitude par les deux poèmes d'Homère, et que renfermait aussi le plan du mien, est une condition essentielle, irrémissible, alors tout plan qui irait au but en droite ligne serait à rejeter absolument, ou passerait pour un genre historique subordonné. Le plan de mon second poème a ce défaut, si c'en est un, et je me garderai de transcrire un seul vers avant que nous ayons élucidé cette question ensemble.

L'idée me semble extraordinairement féconde; si c'est une idée juste, elle doit nous conduire très-loin, et je lui ferai volontiers tous les sacrifices. Le contraire a lieu, ce me semble, pour la tragédie; mais je reviendrai là-dessus prochainement. Adieu.

Weimar, le 19 avril 1797.

GOETHE.

86.

Iéna, le 25 avril 1797.

La nécessité des motifs d'arrêt résulte, sans aucun doute, d'une loi épique supérieure, à laquelle on pourrait peut-être satisfaire par une autre voie. Je pense aussi qu'il y a deux espèces de motifs d'arrêt : les uns tiennent à la route, et les autres à la manière de marcher ; ces derniers peuvent exister, ce me semble, même sur le chemin le plus direct, et par conséquent elles peuvent se rencontrer dans un plan comme le vôtre.

Cependant je n'exprimerais pas tout-à-fait cette loi épique supérieure, comme vous l'avez fait. En disant que le *comment* seul et non le *quoi* doit entrer en compte, etc., on donne, il me semble, une règle trop générale et applicable sans distinction à tous les genres de poésie pragmatique. S'il me fallait exprimer en peu de mots ce que j'en pense, je dirais : Le poète épique et le poète dramatique nous représentent tous deux une action, avec cette différence que l'action est le but chez le dernier, tandis qu'elle n'est, chez le premier, qu'un moyen pour arriver à un but absolument esthétique. En partant de ce principe, je puis m'expliquer très-clairement pourquoi le poète tragique doit marcher plus vite et plus directement, pourquoi le poète épique trouve mieux son compte dans une marche interrompue. Il en résulte encore, si je ne me trompe, que le poète épique fait bien de s'abstenir de tout sujet qui, par lui-même, excite déjà à un haut degré la curiosité ou l'intérêt ; et où l'action, par conséquent, captive trop comme but pour servir simplement de moyen. Ce dernier point m'inquiète un peu dans votre nouveau poème, quoique j'aie une confiance extraordinaire dans votre puissance poétique à dominer un sujet.

La manière dont vous voulez *développer* votre action me semble plus propre à la comédie qu'à l'épopée. Du moins aurez-vous beaucoup à faire pour en effacer le côté qui engendre la surprise et l'admiration, parce que ces mouvements ne sont pas tout à fait épiques.

J'attends votre plan avec une vive impatience. Ce qui me paraît mériter réflexion, c'est que Humboldt a eu la même impression que moi, quoique nous n'en eussions pas parlé ensemble avant de le lire. Il est d'avis que le plan manque d'action épique individuelle. Quand vous m'en avez parlé pour la première fois, j'attendais toujours l'action proprement dite; tout ce que vous me racontiez ne me paraissait être que l'introduction, le théâtre d'une action entre des personnages principaux isolés; et, au moment où je croyais que cette action allait commencer, vous aviez fini. Je comprends bien, à la vérité, que le genre auquel appartient votre sujet abandonne davantage l'individu et oblige de pénétrer davantage dans la masse et la totalité; car enfin c'est l'intelligence qui en est l'héroïne, héroïne beaucoup plus apte à saisir sous elle qu'en elle; d'ailleurs, quoiqu'il en soit de la qualité épique de votre nouveau poème, il sera toujours comparé à *Hermann*, d'un genre différent; si donc *Hermann* est une expression du *genre* épique, et non pas d'une *espèce* épique, il en résulterait que le nouveau poème en serait d'autant moins *épique*.

Mais vous vouliez savoir, n'est-ce pas? si *Hermann* représente seulement une espèce épique ou le genre tout entier, et nous voilà ainsi ramenés à cette question.

J'appellerais votre poème héroï-comique, à condition de faire pleinement abstraction de l'idée empirique étroite et vulgaire de la comédie et de l'épopée comique. Votre nouveau poème, j'imagine, est à la comédie ce que *Hermann* est à la tragédie, avec cette différence que celui-ci tire son analogie de la matière, et celui-là de l'exécution.

Mais j'attendrai votre plan avant d'aller plus loin.

Que dites-vous de la nouvelle de la paix de Ratisbonne ?

Si vous savez quelque chose de positif, communiquez-nous-le, je vous en prie. Adieu.

SCHILLER.

87.

Les nouvelles au sujet de la paix sont exactes. Au moment même où les Français rentraient à Francfort, et qu'ils étaient encore engagés contre les Autrichiens, arriva un courrier porteur de la nouvelle de la paix ; les hostilités furent aussitôt suspendues, et les généraux des deux armées dînèrent avec le bourgmestre à la Maison-Rouge. Les Francfortois ont eu du moins pour leur argent un coup de théâtre, comme il y en a peu dans l'histoire. Nous verrons quel bien résultera de ce changement pour chacun et pour tous.

Ce que vous dites dans votre lettre d'aujourd'hui sur la tragédie et sur l'épopée a toute mon approbation : ne suis-je pas habitué à vous entendre me raconter et m'interpréter mes rêves ? Je ne puis plus rien ajouter ; il faut que je vous envoie ou que je vous apporte moi-même mon plan. Il soulèvera des débats forts délicats, dont je ne veux pas pour le moment parler en l'air. Si le sujet n'est pas reconnu comme absolument épique, quoiqu'il soit à bien des égards grave et intéressant, il faudra savoir quelle autre forme il devrait prendre. Adieu, jouissez de votre jardin et du rétablissement de votre enfant.

J'ai passé avec Humboldt un temps agréable et utile; grâce à sa présence, mes travaux sur l'histoire naturelle sont sortis de leur sommeil hivernal, pourvu qu'ils n'aillent pas retomber dans un sommeil de printemps.

Weimar, le 28 août 1797.

GOETHE.

Je ne puis pourtant pas m'empêcher de faire encore une question relative à nos préoccupations dramatiques et épiques. Que vous semble des propositions suivantes :

Ce qui peut et doit régner et dominer dans la tragédie, c'est le destin, ou, ce qui est la même chose, la nature absolue de l'homme qui le conduit en aveugle d'un côté ou de l'autre; elle ne doit jamais le rapprocher, mais toujours l'éloigner de son but; il ne faut pas que le héros reste maître de sa raison; la raison ne doit pas entrer dans la tragédie, sinon chez les personnages secondaires, et au détriment du héros principal, etc.

Dans l'épopée, c'est le contraire; la raison seule comme dans l'*Odyssée*, — ou une passion ayant un but utile, comme dans l'*Iliade*, — sont des ingrédients épiques. L'expédition des *Argonautes*, comme aventure, n'est pas épique.

88.

Hier, en repassant dans mon esprit la fable de mon nouveau poème, que je voulais transcrire pour vous, je fus pris de nouveau d'un amour tout particulier pour cette composition, et, d'après toutes les discussions qui depuis ont eu lieu entre nous, cet amour est de bon augure. Sachant que je ne termine jamais un ouvrage, si je viens à confier ou à dévoiler à qui que ce soit le plan de mon travail, j'aime mieux différer encore cette communication.

Examinons la matière en général; vos conclusions serviront de pierre de touche à mon objet. Si cette épreuve laisse intacts mon courage et mon désir, je finirai mon travail qui, une fois achevé, donnerait plus matière à réflexion qu'à l'état d'esquisse; si je venais à en désespérer, il sera toujours temps encore de faire connaître l'idée.

Avez-vous lu l'*Essai* de Schlegel sur le poème épique, publié dans le numéro 11 du *Deutschland* de l'année dernière? Ne manquez pas de le lire! Il est surprenant qu'un esprit droit comme le sien, arrivé dans la bonne voie, ait hâte de se la barrer lui-même. Parce que le poème épique ne peut pas avoir l'*unité dramatique*, parce qu'on ne peut pas précisément relever cette unité absolue dans l'*Iliade* et l'*Odyssée*, qui, d'après les conjectures les plus récentes, passent encore pour plus morcelées qu'elles ne le sont, on veut que le poème épique ne possède ni n'exige aucune unité; c'est, à mon avis, dire qu'il doit cesser d'être un poème. Et voilà ce qu'on appelle des idées pures : l'expérience elle-même les contredit pourtant, lorsqu'on considère les faits avec attention. Car l'*Iliade* et l'*Odyssée*, eussent-elles passé par mille mains, témoignent de toute la force avec laquelle la nature poétique et critique tend vers l'unité. Finalement, tous ces nouveaux développements de Schlegel ne forment qu'un plaidoyer en faveur de l'opinion de Wolf, qui n'en a même pas besoin. Car, de ce que ces grands poèmes se sont engendrés peu à peu, sans pouvoir atteindre à une unité complète et parfaite, (quoique l'un et l'autre aient une constitution beaucoup plus parfaite qu'on ne pense), il ne s'ensuit pas encore qu'un tel poème ne puisse ni ne doive d'aucune façon arriver à une unité, à une perfection complète.

En attendant, j'ai tiré de vos lettres un petit essai sur nos discussions antérieures ; continuez à développer ces idées ; c'est maintenant ce qu'il y a de plus important pour nous deux, au point de vue de la théorie et de la pratique.

J'ai relu avec le plus grand plaisir la poétique d'Aristote ; elle fait honneur à l'intelligence dans sa plus haute manifestation. Il est très remarquable de voir Aristote s'en tenir à l'expérience seule, devenir par là, si l'on veut, un peu trop matériel, mais en revanche, se montrer presque toujours d'autant plus ferme. Aussi ai-je éprouvé une grande satisfaction à lire avec quel élan il protége les poètes contre les chercheurs de minuties ; partout il insiste sur les points essentiels ; pour tout le reste il est si indulgent, que j'en fus surpris dans plus d'un endroit. Mais aussi, sa manière de considérer la poésie en général, et en particulier la partie qu'il affectionne, est si vivifiante, que je le relirai bientôt, surtout à cause de quelques passages importants qui ne sont pas entièrement clairs, et dont je voudrais pénétrer le sens. Il est vrai que pour le poème épique, nous n'y trouvons point d'explications, du moins pas dans le sens que nous désirons.

Voici les deux dernières strophes d'un poème : *La Sensible jardinière*. Il devait être le pendant des *Muses* et *Grâces* dans la Marche ; peut-être ne sera-t-il pas bon, justement parce que c'est un pendant.

Je commence seulement à l'heure présente à me remettre des distractions du mois passé ; je règle et j'écarte différentes affaires, afin d'être libre au mois de mai. Si cela m'est possible, j'irai vous voir. En attendant, bonne santé.

Weimar, le 28 avril 1797.

GOETHE.

89

Je suis très-content d'Aristote, et non-seulement de lui, mais aussi de moi-même. On n'a pas souvent la chance de garder la paix intérieure après la lecture d'un esprit sobre, d'un froid législateur comme celui-là. Aristote est un véritable juge des enfers pour tous ceux qui sont esclaves de la forme extérieure, ou qui se mettent au-dessus de toute forme. Les premiers, il les jette forcément, par ses principes libéraux et par son intelligence, dans des contradictions perpétuelles ; car il est évident qu'il s'attache bien plus au fond qu'à la forme. Les autres doivent trembler devant la rigueur avec laquelle il fait dériver de la nature du poème en général, et de la tragédie en particulier, sa forme immuable. Je commence seulement à comprendre la triste situation à laquelle il a réduit les commentateurs, les poètes et les critiques français; aussi ont-ils toujours eu peur de lui, comme les enfants de la férule. Shakespeare, malgré ses nombreuses infractions aux lois d'Aristote, se serait bien mieux accommodé de lui que toute la tragédie française.

En attendant, je suis bien aise de ne l'avoir pas lu plus tôt, je me serais privé d'un grand plaisir, et de tous les avantages qu'il me procure maintenant. Pour le lire avec fruit, il faut déjà bien posséder les idées fondamentales de ses théories ; si l'on n'est pas familiarisé d'avance avec la question qu'il traite, il doit être dangereux de lui demander conseil.

Toutefois, il est certain qu'on n'arrive jamais à le comprendre et à l'apprécier parfaitement. Toutes ses idées sur la tragédie reposent sur un fond empirique. Il a devant les yeux une masse de tragédies qui ont été représentées, et que nous n'avons plus devant les yeux ; il raisonne d'après ces données expérimentales, tandis que tout ce qui formait la base de ses jugements nous manque en grande partie. Presque jamais il ne part de l'idée abstraite de l'art; son point de départ est toujours le factum de l'art, du poète et de la représentation ; et si ses jugements sont, quant à leur essence, de véritables lois pour l'artiste, nous le devons à un hasard heureux qui a permis qu'il y eût en ce temps-là, des œuvres concrètes qui réalisaient une idée, ou qui, dans un cas particulier, représentaient le genre auquel elles appartenaient.

Qu'on ne cherche pas chez lui une philosophie de la poésie, telle qu'on serait en droit de la demander à l'esthétique moderne : car on sera non-seulement déçu dans son attente, mais on ne pourra même pas s'empêcher de rire de son exposition rhapsodique, et de cet étrange pêle-mêle des règles générales et des règles les plus particulières, des propositions de logique, de prosodie, de rhétorique et de poésie, etc. ; par exemple, quand il remonte jusqu'aux voyelles et aux consonnes. Mais si l'on songe qu'il avait sous les yeux une tragédie spéciale, et qu'il cherchait à s'expliquer toutes les situations qui s'y rencontrent, tout se comprend sans peine, et l'on est bien aise de récapituler, à ce propos, tous les éléments dont se compose une œuvre poétique.

Je ne m'étonne nullement de ce qu'il préfère la tragédie au poème épique; car, dans sa pensée, bien qu'il ne s'exprime pas sans quelque équivoque, la valeur réelle, la valeur objective et poétique de l'épopée, n'en est pas diminuée. Comme juge et comme critique, il doit surtout aimer un genre dont la forme est arrêtée, et sur lequel on peut porter un jugement définitif. Or, tel est évidemment le cas de la tragédie, de celle dont les modèles étaient devant lui ; car la tâche plus simple et mieux déterminée du poète dramatique, est bien plus facile à comprendre et à indiquer ; elle offre à la raison une technique plus parfaite, précisément parce qu'elle exige moins d'étude, et qu'elle a moins d'ampleur. De plus, on voit clairement que sa prédilection pour la tragédie vient de ce qu'il la connaît mieux, de ce qu'il ne connaît, à proprement dire, de l'épopée, que les lois poétiques générales qui lui sont communes avec la tragédie, et qu'il ignore les lois particulières qui la mettent en opposition avec la poésie tragique. Voilà pourquoi il pouvait dire que l'épopée est *contenue* dans la tragédie, et que celui qui sait juger l'une peut aussi prononcer sur l'autre; car il est vrai que la tragédie contient, en général, la partie poétique, pragmatique de l'épopée.

Il y a dans ce traité, beaucoup de contradictions apparentes ; mais, à mes yeux, elles ne font que rehausser le prix de l'œuvre, car elles me prouvent que le tout ne se compose que d'aperçus isolés, et qu'il n'y a pas de théories préconçues en jeu ; sans doute, il y a aussi bien des choses à mettre sur le compte du traducteur.

Je me réjouis d'examiner plus à fond ce traité avec vous, alors que vous serez ici.

Quand Aristote dit que le nœud des événements est le grand point dans une tragédie, il tombe on ne peut plus juste.

J'aime à le voir comparer la poésie et l'histoire, et reconnaître à la première plus de vérité qu'à la seconde; cet aveu d'un penseur comme lui, m'a fait grand plaisir.

A propos de ce qu'il dit des opinions, il remarque très-finement que les anciens mettent dans la bouche de leur personnage plus de *politique*, les modernes plus de *rhétorique*.

Ce qu'il dit en faveur des noms vrais et historiques chez les personnages tragiques, n'est pas moins judicieux.

Il est très-partial pour Euripide, dit-on ; ce reproche ne m'a paru nullement fondé. En général, je trouve, après avoir lu moi-même cette *Poétique*, qu'on s'est grossièrement mépris sur sa pensée.

Ci-joint une lettre de Voss, que je viens de recevoir sous enveloppe. Elle était accompagnée d'une traduction en vers hexamètres du *Phaéton* d'Ovide pour les *Heures*, et, vu ma grande détresse, elle vient fort à propos. Quant à lui, il ne visitera ni Weimar ni Iéna, pendant son voyage.

Pour ce qui est de la carte qui doit accompagner votre *Moïse*, nous la paierons, si vous le trouvez bon, avec le produit de l'article de Lenz que je fais insérer dans le cinquième numéro des *Heures*. J'ai promis à Cotta qu'aucune feuille ne lui coûterait plus de quatre louis ; autrement, il lui eût été difficile de continuer les *Heures*. Mais, de cette manière, tout ira très-bien. Tâchez seulement que nous puissions bientôt faire tirer le *Moïse*, ainsi que la gravure.

L'Aristote est-il à vous ? Sinon, je me le ferai venir tout de suite, car je ne voudrais pas m'en séparer de sitôt.

Voici de nouvelles *Heures*. Je vous renvoie aussi le *Don Juan* avec mes remercîments. Je crois que ce sujet se prêtera parfaitement à la ballade.

Adieu. Je suis déjà tout fait à mon nouveau régime ; malgré le vent et la pluie, je me promène dans le jardin pendant des heures entières, et je m'en trouve fort bien.

Iéna, le 5 mai 1797.

SCHILLER.

90.

Je suis enchanté que nous ayons ouvert Aristote à l'heure voulue. On ne découvre réellement un livre que lorsqu'on le comprend. Je me rappelle fort bien avoir lu cette traduction il y a trente ans, sans avoir pourtant rien compris à l'esprit de l'ouvrage. J'espère pouvoir bientôt vous entretenir plus longuement de ce sujet. L'exemplaire n'est pas à moi.

Voss m'a écrit une lettre très-aimable; il m'annonce ses travaux sur la géographie ancienne, que je suis bien impatient de connaître.

La lettre aussi bien que l'enveloppe promettent quelques cartes relatives au temps d'Homère, mais je ne les trouve point. Peut-être viendront-elles avec les Métamorphoses d'Ovide.

Ces jours derniers, je me suis encore une fois beaucoup servi de sa traduction d'Homère, dont il m'a fallu de nouveau admirer et respecter la grande valeur. Je me suis avisé d'un moyen de lui faire rendre dignement justice, et d'irriter du même coup ses ineptes contradicteurs. Nous discuterons cela de vive voix.

L'idée d'appliquer le produit de la momie de Lenz à la carte de Palestine me convient parfaitement. Toutefois je veux encore attendre un moment pour voir si je puis réellement finir mon *Moïse*. Jusqu'ici j'avais à peu près abandonné le projet d'un voyage en Italie ; maintenant que mon espérance se ranime, je vois combien il est nécessaire de revenir à mes extraits, de les classer et de les collationner.

Je pense vous revoir le 15 de ce mois, et passer quelque temps avec vous ; aujourd'hui, après une semaine fort dissipée, je ne suis pas encore dans mon assiette. Adieu, jouissez bien du grand air et de la solitude.

Weimar, le 6 mai 1797.

GOETHE.

91.

Par le temps de pluie d'aujourd'hui, votre castel doit avoir l'air bien solitaire ; mais un vaste horizon, où la terre et le ciel offrent tant d'aspects variés, a plus de prix qu'on ne croit, quand on en jouit tous les jours. Je souhaite que vos travaux avancent bien dans cet isolement du monde extérieur.

Le *Gant* est un sujet très-heureux ; l'exécution en est fort bonne. Hâtons-nous désormais de mettre en œuvre les sujets de ce genre qui nous viendront à l'esprit. Ici l'on voit l'*action toute simple* sans aucun but, ou plutôt allant à l'encontre du but ; et c'est ce qui plaît tant.

Ces jours-ci, j'ai entrepris bien des choses sans rien achever. J'ai corrigé et complété mon esquisse de l'histoire de l'église de Saint-Pierre, et ce travail, aussi bien que le *Moïse* et d'autres, finira bien par mûrir peu à peu. En attendant que je retrouve l'unité dans le travail, il faut que j'emploie tant bien que mal le temps présent : dans l'incertitude où je flotte, mon attention est trop dispersée.

Je ne trouve pas le chœur de Prométhée, et je ne puis me rappeler si Humboldt me l'a rendu ; aussi croyais-je que ce poëme était déjà entre vos mains. En tout cas Mme de Humboldt l'a copié ; il sera donc facile de le recevoir de Dresde.

Avant-hier je suis allé voir Wieland, qui habite une maison charmante, à la fois spacieuse et commode, dans la plus triste contrée de la terre ; ajoutez que le chemin qui y mène est presque toujours détestable. C'est un bonheur qu'il suffise à chacun d'être satisfait de son sort ; je souhaite que le bon vieux ne se dégoûte jamais du sien. Suivant mon sentiment, le pis est en vérité que, par la pluie et les journées courtes, il est impossible d'avoir aucune communication avec ses semblables.

Je balance entre le voisinage et l'éloignement, entre une grande et une petite expédition ; cet état n'a rien de bien agréable, et il me faudra patienter de la sorte quelques semaines encore. Si pour la Saint-Michel je puis faire revenir le bon Meyer, notre vie d'hiver deviendra très-supportable. Pendant ce dernier mois, nous avons fait encore de sensibles progrès dans la théorie et dans la pratique, et, si mon influence a pour résultat de vous faire rentrer dans le fini, je vous dois, en revanche, l'avantage d'être, à mon tour, entraîné parfois au delà de mes confins, ou du moins, de ne pas tourner trop longtemps dans un cercle étroit. Si le vieux maître nous rejoint, lui qui me livre les trésors d'un art étranger, les heureuses influences ne manqueront pas. Je vous renvoie le *Gant*; c'est vraiment une jolie suite, un beau pendant au *Plongeur*; et par sa propre valeur, il rehausse d'autant plus la valeur de l'autre poème. Adieu; donnez-moi bientôt de vos nouvelles.

Weimar, le 21 juin 1797.

GOETHE.

92.

Comme il faut absolument que, dans l'état d'agitation où je suis, je m'impose une occupation, j'ai résolu de me remettre à mon *Faust* : je veux, sinon l'achever, du moins l'avancer d'un bon bout, fondre ce qui est déjà imprimé avec ce qui est fini ou esquissé, pour faire du tout une masse imposante; je préparerai ainsi l'exécution prochaine de mon plan qui, à vrai dire, n'est qu'une idée. C'est cette idée et la manière de l'exposer que je viens de reprendre, et je suis assez d'accord avec moi-même. Seulement je désirerais que vous fussiez assez bon pour méditer une fois la chose pendant une nuit d'insomnie, afin de m'indiquer ce que vous exigeriez de l'ensemble, de me raconter et de m'expliquer ainsi mes propres rêves, en véritable prophète.

Au point de vue de la disposition d'esprit, les différentes parties de ce poème peuvent être traitées différemment, pourvu qu'elles se subordonnent au ton et à l'esprit de l'ensemble : toute l'œuvre étant d'ailleurs subjective, je puis y travailler à bâtons rompus, et je suis en état de produire quelque chose même en ce moment.

Ce sont nos études sur la ballade qui m'ont ramené sur cette route vaporeuse et nébuleuse, et les circonstances me conseillent, pour plus d'une raison, d'y errer pendant quelque temps.

La partie intéressante de mon nouveau plan épique surgira peut-être aussi au milieu de ces nuages de rimes et de strophes; laissons-lui le temps de prendre un peu plus de consistance. Pour aujourd'hui, adieu. Hier, malgré le mauvais temps, Charles s'est bien amusé dans mon jardin. Si votre chère femme était restée ici, j'aurais été bien heureux de la voir passer la soirée chez moi avec les vôtres. Et vous, ne vous déciderez-vous donc plus à arpenter la chaussée d'Iéna? Je vous souhaiterais sans doute un temps plus favorable pour une pareille expédition.

Weimar, le 22 juin 1797.

Goethe.

93.

Iéna, le 23 juin 1797.

Votre résolution de reprendre *Faust* en main me surprend fort, surtout au moment où vous faites vos paquets pour un voyage en Italie. Mais j'ai renoncé une fois pour toutes à vous mesurer d'après la vulgaire logique; aussi je suis persuadé d'avance que votre bon génie se tirera parfaitement d'affaire.

Il n'est pas aisé de répondre à votre appel, de vous communiquer mon attente et mes désirs ; cependant je ferai de mon mieux pour démêler le fil de vos idées, et, si je n'y réussis point, je me figurerai avoir trouvé par hasard les fragments de *Faust*, et devoir en composer un poème. Pour le moment, je me borne à remarquer que Faust, à savoir la tragédie, malgré toute son individualité poétique, ne peut se dérober entièrement à la nécessité d'exprimer une pensée symbolique ; c'est probablement aussi votre idée à vous-même. La double face de la nature humaine, et la vaine tentative de réunir dans l'homme le divin au terrestre restent toujours devant nos yeux. D'autre part, comme la fable se perd, et doit se perdre dans l'horreur et l'immensité, on ne veut pas s'arrêter au sujet, mais être conduit par lui dans le monde des idées. En un mot, ce qu'on peut exiger de *Faust*, c'est qu'il soit à la fois philosophique et poétique ; vous aurez beau faire, la nature du sujet vous obligera à le traiter philosophiquement ; et l'imagination sera forcée de se mettre au service d'une idée abstraite.

Je ne crois pas vous dire quelque chose de nouveau ; car, dans ce que vous avez déjà fait, vous avez su très-bien remplir cette condition.

S'il est bien vrai qu'à cette heure vous repreniez le *Faust*, je ne doute pas que vous ne le terminiez entièrement, et cette perspective m'est très-agréable.

Ma femme, qui m'apporte votre lettre, et qui rentre à l'instant de son petit voyage avec monsieur Charles, m'empêche d'écrire davantage aujourd'hui.

Je pense vous envoyer lundi prochain une nouvelle ballade; ce temps-ci est très-favorable aux productions poétiques. Adieu.

SCHILLER.

94.

Merci pour vos premières lignes sur la résurrection de *Faust*. Nous ne changerons sans doute pas nos idées sur cet ouvrage; mais on se sent tout de suite plus d'entrain quand on voit que ses pensées et ses projets ont éveillé des échos au dehors. La part que vous prenez à mes travaux est féconde en plus d'un sens.

Avoir repris cet ouvrage en ce moment est, à vrai dire, un acte de prudence : comme la santé chancelante de Meyer me fait toujours prévoir un hiver passé dans le Nord, je ne veux pas qu'un dépit, venu d'espérances déçues, me mette à charge de mes amis et de moi-même. Aussi je me ménage avec plaisir, avec amour, une retraite dans ce monde symbolique, idéal et nébuleux.

Tout d'abord, je tâcherai de mettre la dernière main aux grandes masses que j'ai déjà trouvées et élaborées, et de les fondre avec ce qui est déjà imprimé; je me livrerai à cet exercice jusqu'à ce que le cercle s'épuise de lui-même.

Adieu, continuez de me dire votre avis sur le sujet et sur la manière de le traiter; surtout n'oubliez pas de m'envoyer la ballade.

Weimar, le 24 juin 1797.

GOETHE.

95.

Iéna, le 26 juin 1797.

Si je vous ai bien compris dernièrement, vous avez le projet d'écrire votre nouveau poème épique, *La Chasse*, en strophes rimées. J'ai oublié l'autre jour d'en dire un mot ; mais cette idée me sourit ; je crois même que ce nouveau poème ne pourra tenir son rang à côté de *Hermann et Dorothée* qu'à cette condition-là. Outre que l'idée même de l'œuvre répond à l'art moderne, et, par conséquent, se prête à l'emploi de la strophe aimée du lecteur, la nouvelle forme métrique suffira pour exclure toute idée de concurrence et de comparaison ; elle excitera chez le lecteur, aussi bien que chez le poète, des sentiments tout autres : c'est un concert sur un tout autre instrument. L'ouvrage profitera aussi de certains priviléges du poème romantique, sans précisément appartenir à ce genre ; il pourra facilement donner place, sinon au merveilleux, du moins à l'étrange et au surprenant, et l'histoire du lion et du tigre, qui m'avait toujours paru extraordinaire, n'offusquera plus personne. Pour passer des grands personnages et des chasseurs princiers aux nobles figures de la chevalerie, il n'y a aussi qu'un petit pas à faire ; la noblesse que vous avez à représenter dans ce poème se rattache, en général, à la féodalité du nord. Le monde grec, que l'hexamètre ne manque pas de rappeler, convient moins à ce sujet ; le moyen âge et le monde moderne, par conséquent aussi la poésie moderne, peuvent le revendiquer à bon droit.

Je viens de relire *Faust* ; le dénoûment me donne en quelque sorte le vertige. Rien n'est plus naturel cependant ; car toute l'œuvre repose sur une intuition qu'il faut avoir ; jusque-là une matière même moins riche embarrasse nécessairement l'esprit. Ce qui m'inquiète ici, c'est que le *Faust*, tel qu'il est constitué, me semble exiger aussi que ses matériaux forment un tout, pour qu'à la fin l'idée apparaisse dans sa perfection ; et je ne trouve pas de lien poétique pour contenir une masse dont les vagues s'élèvent si haut. Allons, vous saurez bien vous tirer d'affaire.

A mon avis, il conviendrait, par exemple, de jeter Faust dans la vie active ; or, quelle que soit la partie de cette masse que vous choisissiez, elle réclamera toujours, selon moi, trop de détails et d'ampleur.

Quant à l'exécution, je trouve que la grande difficulté consiste à naviguer sans encombre entre le le comique et le sérieux. L'esprit et la raison me paraissent se livrer dans ce sujet un combat à outrance. Cela se sent très-bien dans l'état fragmentaire où est *Faust* ; mais notre attente est suspendue jusqu'au développement de l'ensemble. Grâce à son réalisme, le diable a raison devant l'esprit, si Faust a raison devant le cœur. Mais parfois ils semblent intervertir leurs rôles ; c'est alors le diable qui défend la raison contre Faust.

Une autre difficulté, d'après moi, c'est que, par son caractère, qui est réaliste, le diable renonce à son existence, qui est idéaliste. La raison seule peut croire en lui, l'esprit seul peut l'accepter et le comprendre tel qu'il est.

En somme, je suis très-curieux de voir comment la fable populaire s'adaptera à la partie philosophique du poème.

Je vous envoie ma ballade; c'est un pendant pour vos *Grues*. Mandez-moi l'état du baromètre; je voudrais bien savoir si nous pouvons enfin compter sur le beau fixe. Adieu.

SCHILLER.

96.

L'*Anneau de Polycrate* est un très-beau tableau. Le royal ami devant lequel, comme devant l'auditeur, se passe toute la scène, la fin qui laisse le dénoûment indécis, tout est très-bon. Je souhaite que mon pendant réussisse aussi bien. Vos remarques sur Faust m'ont fait grand plaisir ; elles coïncident très-bien, comme cela devait être, avec mes projets et mes plans ; seulement, en travaillant à cette composition barbare, je me mets plus à mon aise, et je songe plutôt à effleurer qu'à résoudre les problèmes les plus élevés. C'est ainsi que l'esprit et la raison, pareils à deux bretteurs, s'escrimeront avec rage et, le soir venu, se reposeront, en amis, l'un à côté de l'autre. Je veillerai à ce que les différentes parties soient agréables et intéressantes, et fassent un peu réfléchir. Pour l'ensemble, qui ne sera jamais qu'un fragment, la nouvelle théorie du poème épique pourrait ne pas m'être inutile.

Le baromètre est très-capricieux : nous ne pouvons pas nous promettre dans cette saison un temps stable. Cet inconvénient n'est sensible que lorsqu'on prétend vivre exclusivement au grand air, l'automne est toujours notre meilleure saison.

Adieu, travaillez toujours à enrichir votre Almanach. Comme mon Faust m'assujettit au métier de rimeur, je vous fournirai certainement quelque chose. Il me paraît démontré maintenant que mes tigres et mes lions sont du domaine de la poésie ; seulement j'ai peur que la partie réellement intéressante du sujet ne finisse par se résoudre en ballade. Attendons pour voir vers quel rivage le génie poussera la nacelle.

Mercredi je vous enverrai *l'Anneau* par les messagères.

Weimar, le 27 juin 1797.

GOETHE.

97.

Iéna, le 7 juillet 1797

L'heure ne serait-elle pas venue de mettre en lumière et d'étudier les œuvres d'art grecques au point de vue de leur caractère spécial ? Partout règnent encore les idées de Winckelmann et de Lessing, et nos critiques les plus récents, qu'ils parlent de poésie ou d'arts plastiques, se mettent à la torture pour affranchir la beauté de l'art grec de tout ce qui s'appelle caractère, et pour faire du caractère le signe distinctif de l'art moderne. A mon avis, les analyses contemporaines, à force de vouloir dégager l'idée du beau et la présenter sous une forme abstraite, ont fini par la rendre presque creuse et par en faire un son vide ; on est allé beaucoup trop loin en opposant le beau au juste et au convenable : on a entendu d'une façon beaucoup trop grossière un dégagement que fait le seul philosophe, et qui n'a qu'un côté de vrai.

En revanche, je trouve que beaucoup d'autres pèchent dans un sens opposé en rapportant l'idée du beau au fond bien plus qu'à la forme des œuvres d'art ; aussi doivent-ils être embarrassés pour réunir dans la même catégorie, d'une part l'*Apollon* du Vatican et d'autres œuvres de ce genre, qui sont belles par leur fond ; et d'autre part le *Laocoon*, un faune, ou d'autres figures d'un aspect pénible ou repoussant.

Il en est de même, vous le savez, de la poésie. Quel mal on s'est donné de tout temps, quel mal on se donne encore, pour arriver à concilier la nature grossière, souvent même basse et laide, dans Homère et dans les tragiques, avec l'idée qu'on s'est formé de la beauté grecque. Qu'on ose donc une bonne fois retirer de la circulation l'idée de beauté et le mot lui-même, auquel toutes ces notions fausses sont liées d'une façon indissoluble. Qu'on ose mettre à la place, comme il est juste, la vérité dans son acception la plus complète.

J'aimerais bien voir dans les *Heures* l'article de Hirt. Une fois le chemin frayé, vous et Meyer pourriez saisir plus commodément le fil ; vous trouveriez aussi le public mieux préparé ; Moi aussi, j'y trouverais mon compte, si l'on discutait une fois sérieusement cette question du caractère et de la passion dans les œuvres grecques, car je prévois que les recherches sur la tragédie antique, que je me suis réservé de faire, me mèneront au même point. J'attends votre travail avec impatience.

Réflexion faite, je crois que la partie musicale de l'Almanach doit être terminée avant tout le reste; autrement le compositeur n'en finira jamais. Aussi me suis-je mis à mon poëme du *Fondeur de cloches*. Depuis hier j'étudie l'Encyclopédie de Krünitz, non sans profit notable. Le poëme me tient beaucoup à cœur, mais il me coûtera plusieurs semaines; car il faut puiser à bien des sources d'inspiration, et mettre en œuvre bien des matériaux divers. Si vous approuvez mon idée, j'aimerais bien aussi composer quatre ou cinq chansons Nadowesiennes, pour faire suite à mon premier essai; je voudrais montrer plusieurs faces de cette nature où je me suis aventuré.

Mon projet de voyage à Weimar n'a pu se réaliser cette semaine; mais je compte l'exécuter la semaine qui va venir. Le Prologue est encore par voies et par chemins; dès qu'il sera rentré, je vous l'enverrai, ou l'apporterai moi-même.

Adieu; ma femme vous envoie ses meilleures amitiés.

SCHILLER.

98.

Le plus charmant, le plus utile cadeau d'adieu que vous puissiez me faire, c'était votre présence ici pendant ces huit derniers jours. Je ne crois pas me tromper en regardant encore une fois cette réunion comme très-féconde. Nous avons développé tant de choses pour le présent, et tant pré-

paré pour l'avenir, que je pars plus content ; car
'espère bien employer mon temps pendant le
voyage, et retrouver votre sympathie à mon retour. Si nous continuons à produire simultanément
divers ouvrages, si tout en travaillant sans hâte
aux œuvres considérables, nous prenons plaisir à
nous exercer à des productions de moindre étendue, nous arriverons encore à bien des résultats.

Je vous renvoie *Polycrate* en souhaitant que les
Grues me suivent bientôt. Samedi vous aurez des
nouvelles positives au sujet de mon départ. Adieu ;
mes compliments à votre chère femme. J'ai écrit
aujourd'hui à Schlegel.

Weimar, le 19 juillet 1797.

GOETHE.

99.

Iéna, le 21 juillet 1797.

Jamais je ne me sépare de vous sans emporter
un germe précieux, et je suis heureux de pouvoir,
en échange de tout ce que vous me donnez, stimuler votre ardeur, et appeler au grand jour vos
trésors cachés. Des rapports fondés, comme les
nôtres, sur une perfectibilité réciproque, sont destinés à garder toujours plus de fraîcheur et de
vie ; ils doivent gagner en variété à mesure que
l'harmonie devient plus complète, à mesure que
s'effacent les contrastes, qui seuls, chez tant
d'autres, empêchent la monotonie. J'ose espérer
qu'à la longue nous nous entendrons sur toutes les

questions dont on peut se rendre compte; dans celles qui sont de nature à n'être pas comprises, le sentiment nous rapprochera.

Pour moi, la plus heureuse et la plus féconde manière d'utiliser nos communications mutuelles et de me les approprier est celle-ci : je les applique immédiatement à l'œuvre du moment, je les fais servir aussitôt à un but pratique. Dans votre introduction au *Laocoon*, vous dites que l'art tout entier réside dans une seule œuvre. Si votre idée est réellement juste, je crois qu'il faut qu'une œuvre particulière reproduise, à son tour, les caractères généraux de l'art. Aussi j'espère que mon *Wallenstein*, et tout ce que j'écrirai d'important à l'avenir, présentera et contiendra, sous une forme concrète, toute la partie de votre système que j'ai pu m'assimiler grâce à nos relations.

Le désir de reprendre ce grand travail se réveille en moi plus vif que jamais; c'est que je suis en face d'un objet bien précis qui assigne aux facultés de l'esprit le rôle qu'elles doivent jouer; chaque pas qu'on fait dans cette voie a son importance, tandis que dans une matière naïve et brute, je suis forcé de marcher en tâtonnant. Je vais tâcher de finir d'abord mes chansons pour l'Almanach des Muses, car les compositeurs me pressent fort; puis je m'aventurerai à traiter le sujet des Grues, pour revenir à la tragédie au mois de septembre.

Vos lettres formeront une diversion féconde à l'existence uniforme à laquelle je suis réduit maintenant. Sans compter les éléments nouveaux que je vous devrai, elles feront revivre en moi nos discussions antérieures.

Adieu donc, pensez à moi chez notre ami commun, de même que vous serez toujours présent au milieu de nous.

Ma femme vous envoie son cordial adieu.

N'oubliez pas, je vous prie, le chœur de Prométhée.

Schiller.

100.

A M. le professeur Meyer, à Stæfa.

Iéna, le 21 juillet 1797.

Cher ami, soyez mille fois le bienvenu sur la terre allemande. Nous avons été souvent inquiets sur votre compte et nous nous réjouissons de tout cœur de vous savoir revenu à la santé.

Je suis tout honteux de vous adresser ma première ligne au moment de votre retour parmi nous ; j'aurais eu bien des choses à vous dire de vive voix, mais rien ne valait la peine d'être envoyé par delà les Alpes. Notre ami vous a mis au courant de nos travaux et de notre manière de vivre, il vous aura dit aussi combien vous étiez présent à notre souvenir. C'est avec un vif intérêt que j'ai appris de sa bouche tout ce qui vous concerne, comme vous avez bien employé votre temps, et quels trésors vous avez amassés pour nous tous.

Pendant ce temps-là nous n'étions pas inactifs non plus, comme vous le savez. Notre ami surtout a été d'une fécondité rare, et dans ces dernières années il s'est véritablement surpassé lui-même.

Vous avez lu son poëme épique ; vous avouerez que c'est l'apogée de son talent et de tout notre art moderne en général. Je l'ai vu naître, et l'enfantement a été presque aussi étonnant pour moi que l'œuvre elle-même. Pendant que nous autres nous sommes obligés d'amasser péniblement, de tâtonner, pour produire lentement quelque chose de supportable, lui n'a qu'à secouer légèrement l'arbre pour en faire tomber les plus beaux fruits pleins de sève et de maturité. C'est quelque chose d'incroyable que la facilité avec laquelle il récolte aujourd'hui les fruits d'une vie bien employée, et d'une culture intellectuelle poursuivie sans relâche, comme à présent tous ses pas sont significatifs et sûrs, comme la parfaite connaissance de lui-même et des objets, le préserve et des stériles efforts et des vains tâtonnements. Mais à l'heure qu'il est vous le possédez lui-même, et vous pouvez vous convaincre par vos propres yeux de tout ce que je dis. Vous reconnaîtrez aussi avec moi qu'au point culminant où il est aujourd'hui placé, il doit plus songer à représenter la beauté qu'il est arrivé à concevoir, qu'à courir après de nouveaux matériaux, en un mot, qu'il doit désormais vivre exclusivement pour la poésie. Quand un homme, entre mille et mille qui poursuivent le même but, réussit à faire de lui-même un tout accompli, il ne saurait, à mon sens, agir mieux qu'en cherchant toutes les formes possibles pour s'exprimer ; quelque belle carrière qu'il puisse fournir encore, il ne produira rien de plus élevé. Aussi vous avouerai-je que tout ce qu'un plus long séjour en Italie pourrait lui faire gagner à certains égards, me semblerait toujours perdu pour son but direct et suprême. Ainsi, cher ami, faites valoir, entre autres, cette raison, pour l'engager à revenir bientôt, et à ne pas chercher au loin ce qu'il trouve chez lui.

J'ai le doux espoir de vous retrouver tous deux cet hiver dans mon voisinage, et de continuer les bonnes relations de notre vie d'autrefois. Ma santé ne s'est pas, il est vrai, beaucoup améliorée; mais elle n'est pas non plus devenue plus mauvaise. C'est là un bon signe; j'ai gardé mon courage et mon ardeur, et le passage de la vie spéculative à la vie productive m'a fortifié et rajeuni.

Pendant votre absence, j'ai appris à connaître votre élève, et j'ai été charmé de son talent et de son aimable abord. Elle garde de vous le meilleur souvenir, et j'espère que le talent poétique, qui depuis s'est si bien développé chez elle, n'aura pas nui à son talent d'artiste.

Adieu, cher ami, j'attends avec impatience que Goethe m'écrive des nouvelles détaillées de vous. Ma femme vous envoie ses compliments affectueux; la famille s'est augmentée dans l'intervalle, comme vous le savez peut-être déjà; vous trouverez que Charles est un bon et gentil enfant.

SCHILLER.

101.

Me voici arrivé à Francfort sans encombre, content et bien portant; installé dans une demeure paisible et riante, je songe, à ce que c'est que de courir le monde à mon âge. Dans la jeunesse les objets nous imposent et nous dissipent davantage, parce que nous recueillons seulement ce qui se trouve sur notre chemin, sans guère regarder à droite ni à gauche. Plus tard, nous connaissons mieux les choses ; il y en a un grand nombre qui nous intéresse, et nous serions bien mal à l'aise si, dans ces cas, le calme et la méthode ne venaient à notre secours. Je vais mettre en ordre aussi bien que possible tous les souvenirs de ces huit derniers jours ; j'essaierai d'appliquer mes vues et mes plans à Francfort même, ville considérable ; puis je m'apprêterai à continuer mon voyage.

J'ai été très-frappé de la manière d'être du public d'une grande ville. Il vit dans une fièvre perpétuelle de gain et de dépense ; ce que nous appelons inspiration ne peut ni se produire, ni se communiquer dans un pareil milieu. Tous les plaisirs, même le théâtre, ne doivent servir qu'à distraire ; c'est de là précisément que vient le goût prononcé du public pour la lecture des journaux et des romans ; car les uns et les autres sont le plus souvent une distraction dans la distraction. Je crois même avoir remarqué une sorte de répugnance pour les œuvres poétiques, ou du moins en tant qu'elles sont poétiques ; je me l'explique très-bien par les mêmes raisons. La poésie veut, ou plutôt commande le recueillement ; elle isole l'homme malgré lui, elle s'impose sans relâche, et, dans le monde de la foule (pour ne pas dire dans le grand monde), elle est aussi importune qu'une maîtresse fidèle. Je prends l'habitude de tout noter, la manière dont m'apparaissent les objets et les réflexions qu'ils me suggèrent, sans m'astreindre à des observations trop rigides et à des jugements mûris, sans songer non plus à faire jamais usage de ces notes. Quand une fois on est au bout de la route on voit mieux les matériaux amassés, et il est toujours temps de les mettre en œuvre.

J'ai été quelquefois au spectacle; pour la critique théâtrale je me suis aussi tracé une marche méthodique. En tâchant de combler peu à peu les lacunes qui existent dans mes souvenirs, j'ai été plus que jamais frappé de cette vérité, que pour faire un récit de voyage passable, il faut décrire des pays étrangers, où l'on n'a point de relations. Nul n'oserait parler de sa résidence habituelle, à moins qu'il ne s'agisse d'une simple énumération, d'une nomenclature des objets; il en est de même de tout ce qui nous touche d'un peu près; on sent que ce serait impie de porter un jugement public sur de telles choses; ce jugement fût-il d'ailleurs parfaitement juste et modéré. Ces considérations mènent à de jolis résultats, et me montrent la route à suivre. C'est ainsi, par exemple, que je compare en ce moment le théâtre de Francfort avec celui de Weimar; quand j'aurai encore vu celui de Stuttgard, il sera peut-être possible de dire quelque chose de général sur les trois scènes, et de prononcer un jugement que nous oserons livrer à la publicité.

Adieu, portez-vous bien, et soyez heureux dans votre pavillon. Mes compliments à votre chère femme. Si jamais je puis remettre les pieds dans le château d'Iéna, on ne m'en fera pas sortir de sitôt. Il est heureux que j'aie déjà fourni mon contingent à l'*Almanach des Muses;* car en voyage j'ai aussi peu de chance de trouver une inspiration poétique que de rencontrer le phénix. Encore une fois adieu, adieu!

Francfort-sur-le-Mein, le 9 août 1797.

GOETHE.

102.

J'ai vu Schmidt de Friedberg; sans m'être désagréable, sa vue ne m'a pas laissé une très-bonne impression. C'est, en somme, un beau jeune homme; sa petite tête est bien plantée entre deux épaules moyennes; il a la jambe et le pied très-bien faits; la mise, qui est celle du pays, est correcte, soignée, élégante. Il a les traits fins et mignons, de petits yeux noirs, des cheveux noirs coupés ras à la sansculotte. Mais autour de son front le père des dieux a forgé un bandeau d'airain. Il faisait avec la bouche des contorsions bizarres, comme s'il voulait donner à ses paroles une expression particulière. Son père est un assez riche négociant, qui voulait faire de son fils un pasteur, et c'est ce qui a complétement dévoyé ce jeune homme. Je crois que si on l'avait destiné à une sphère d'action restreinte, il aurait été parfaitement à sa place, car il paraît avoir de l'énergie et une certaine dose de vivacité; c'est dans une garde nationale qu'il figurerait le mieux, à mon avis. L'avenir montrera si j'ai tort; mais je crains qu'il n'y ait pas grand bien à attendre de lui. Supposons donc qu'il ne vive pas dans la gêne, mais que, d'après son dire, son extérieur et sa mise, il jouisse d'une honnête aisance; c'est alors un mauvais signe que cette absence d'aspirations généreuses, d'idées libérales, de sentiments affectueux et de confiance. Il s'est montré à moi sous les traits de l'égoïsme mesquin d'un ex-étudiant. Mais avec cela nulle trace de grossièreté, rien de choquant dans ses manières, excepté les contorsions de la bouche.

J'entrai en matière en disant que c'était *vous* qui me l'adressiez, et je m'étendis assez longuement là-dessus; mais rien absolument ne trouva d'écho chez lui, ni les généralités, ni les points spéciaux; ni la conversation sur Reinhold et Fichte, bien qu'il ait suivi les cours de ces deux professeurs. En résumé, je n'ai pu lui arracher rien de saillant, sauf la confidence que voici : depuis un an il s'est fait certaines idées à lui sur le monde; il se sent, par ces découvertes, attiré vers la poésie (voilà qui peut être fort bien); mais, d'autre part, il est persuadé que la véritable culture intellectuelle ne consiste que dans une certaine alliance de la philosophie et de la poésie. Je n'ai rien à objecter à cela; seulement je n'aime pas une telle déclaration dans la bouche d'un jeune homme. Du reste, il s'en alla comme il était venu, sans qu'une conversation quelconque se fût engagée à fond, et ce court instant me suffit pour me fixer sur son compte. Sa réserve me rappelait Hœlderlin, bien qu'il soit plus grand et mieux fait. Dès que j'aurai vu ce dernier, je vous tracerai un parallèle plus complet. Comme dans le cours de ma carrière, et surtout dans ma jeunesse, j'ai rencontré plusieurs natures de ce genre, et que je sais par expérience ce qu'il en est au fond, j'ajouterai encore une observation générale. Les hommes qui passent du commerce à la littérature, et surtout à la poésie, ont et gardent un tour particulier. Chez quelques-uns on peut remarquer une certaine dose de sérieux, d'entrain et de ténacité; chez d'autres une activité, une ardeur soutenue; mais ils me semblent incapables d'élévation aussi bien que de conception, ce qui, à vrai dire, est le point capital. Je fais peut-être tort à cette caste; il y a d'ailleurs, dans d'autres classes, beaucoup de gens qui en sont là aussi. Cherchez bien dans vos souvenirs, vous trouverez probablement aussi quelques exceptions.

Il advient d'ordinaire qu'on se tourmente pour ceux qui sont en mouvement, et souvent ce devrait être l'inverse. Ainsi votre bonne lettre du 7 m'apprend que votre santé n'a pas été des meilleures, pendant que je souffrais peu ou point de la température. Soir et matin l'atmosphère était rafraîchie par des orages, nous voyagions de très-bonne heure, pendant la plus forte chaleur nous fourragions, et, quand même on faisait quelques lieues au grand soleil, il y a presque toujours un courant d'air sur les hauteurs et dans les vallées traversées par des rivières. Bref, je suis arrivé à Francfort sans avoir été trop incommodé. Ici je voudrais de nouveau m'habituer à la vie des grandes villes; m'habituer, non pas seulement à voyager, mais aussi à vivre en voyage. Pourvu que la destinée ne me refuse pas tout à fait cette faveur! Car je sens fort bien que ma nature aspire au calme et au recueillement, que tout ce qui m'en écarte ne saurait me procurer aucune jouissance. S'il ne m'était pas démontré, par l'exemple d'*Hermann et Dorothée*, que les sujets modernes entendus d'une certaine façon, se prêtent à la forme épique, je ne voudrais plus entendre parler de toutes ces richesse empiriques. Au théâtre, je le vois ici une fois de plus, il y aurait dans le moment actuel beaucoup à faire; il faudrait pour cela une main légère imitant la manière de Gozzi; mais cela n'en vaut la peine dans aucun sens.

Meyer a fort bien accueilli nos ballades. J'ai déjà reçu ici plusieurs lettres de lui, parce que je lui écrivais toutes les semaines de Weimar à Stœfa; c'est une nature loyale, constamment en progrès, précieuse à tous les égards. Aussi vais-je me dépêcher de le revoir en personne, pour ne plus me séparer de lui.

Le pauvre vieux du Topfberg! je le plains sincèrement d'être condamné, Dieu sait par quelle bizarrerie de caractère, à se créer à lui et aux autres des embarras de route sur son propre terrain. J'aime mille fois mieux les banquiers, négociants, agioteurs, marchands, juifs, joueurs et entrepreneurs de Francfort, qui du moins, ramassent quelque chose pour eux-mêmes, en donnant le croc-en-jambe aux autres. — Si j'ai bonne mémoire, *Nicolas Pesce*, le héros de la légende que vous avez mise en vers, est un plongeur de profession. Mais si, en présence d'une matière mise en œuvre avec tant d'art, votre vieil ami peut encore se rappeler la chronique, où cette historiette est racontée, peut-on en vouloir au reste du public quand, à propos d'un roman, il demande si tout est bien vrai? Nous trouvons un exemple tout aussi curieux dans Diderot : avec un génie si élevé, une si profonde sensibilité, un esprit si clair, il ne put jamais arriver à comprendre que la culture par l'art doit suivre sa propre voie, qu'elle ne peut être subordonnée à aucune autre, qu'elle s'allie si aisément à tous les autres genres de culture, etc.|; ce serait cependant bien facile à reconnaître, puisque le fait est là qui tombe sous le sens.

Une apparition bien grimaçante, c'est celle du pauvre Kosegarten; après avoir toute sa vie chanté et gazouillé avec le gosier et le bec que la bonne mère nature lui avait départis, il s'évertue à étirer lui-même son individualité avec les instruments de torture des exigences de la philosophie nouvelle, et traîne après lui sa casaque en haillons, pour faire croire qu'il pourrait bien avoir dans sa garde-robe un manteau royal. J'enverrai sans tarder sa préface à Meyer. En attendant, ces gens-là qui sont capables de se figurer que le néant de notre art est tout, sont encore plus heureux que nous autres, qui sommes plus ou moins convaincus que le tout de notre art n'est rien.

Un voyageur se trouve bien d'un réalisme sceptique. Ce qu'il y a encore d'idéaliste en moi, je l'emporte dans une petite cassette bien fermée, comme mon ondine microscopique; de ce côté-là, je vous prie de patienter avec moi. Il est probable qu'en route je pourrai rédiger pour vous cette petite histoire de voyage. Du reste, je vais commencer par attendre quelques mois; car, bien que dans la pratique, presque tous ces détails m'affectent d'une manière désagréable, l'ensemble fait du bien, quand on finit par se comprendre soi-même. Adieu. Vous me connaissez ; vous saurez donc vous expliquer ce que mes paroles ont souvent de bizarre ; il me serait impossible de me rectifier moi-même, et de donner à ces chimères rhapsodiques, de la suite et de la consistance.

Mes compliments à votre chère femme ; ayez en haute estime notre Agnès et notre Amélie. On ne connaît le prix de ces natures-là, que lorsqu'on cherche leurs pareilles dans le monde. Vous, mon ami, vous possédez aussi le don de faire école, don qui m'a été refusé absolument. Ces deux élèves produiront certainement plus d'une bonne chose ; pourvu qu'elles livrent leurs idées au public, et qu'elles se pénétrent un peu mieux des règles fondamentales de l'art, en ce qui regarde la disposition de l'ensemble.

GOETHE.

103.

Il m'est venu une idée que je vais vous communiquer, parce que je pourrais en tirer grand parti pour le reste de mon voyage ; dites-moi si vous la trouvez juste, et si je ferai bien de me laisser guider par elle. En suivant ma voie calme et froide, celle d'observer ou même simplement de voir, je n'ai pas tardé à remarquer que la manière de me rendre compte de certaines choses, était empreinte d'une sorte de sentimentalité ; j'en fus frappé au point de vouloir aussitôt rechercher la raison de ce phénomène, et voici ce que j'ai découvert. Mes expériences journalières s'ajoutent très-aisément à ce qui m'est déjà connu et, je n'en suis pas fâché, car elles font nombre dans la masse de mes connaissances, et contribuent à grossir mon capital. Par contre, je ne sache encore rien qui, dans le cours de mon voyage, m'ait inspiré de la *sensibilité* ; je suis aussi calme, aussi impassible aujourd'hui, que je l'ai jamais été au milieu des circonstances et des accidents les plus ordinaires. D'où vient donc cette sentimentalité apparente ? Elle me surprend d'autant plus que depuis longtemps je n'en ai pas ressenti la moindre trace, si j'excepte l'inspiration poétique. Ne serait-ce pas de l'inspiration poétique provoquée par un objet qui n'est pas entièrement poétique, le tout ayant pour résultat un certain état intermédiaire ?

Aussi ai-je observé de près les objets qui produisent un effet pareil, et à mon grand étonnement, j'ai reconnu qu'ils étaient symboliques ; et ainsi, à peine ai-je besoin de le dire, ce sont des cas saillants qui, par leur variété caractérisque, représentent beaucoup d'autres cas, renferment en soi une certaine totalité, exigent une certaine suite, éveillent dans mon esprit des idées semblables ou différentes, et prétendent par conséquent, matériellement et moralement, à une certaine unité et à une certaine généralité. Ils sont donc ce qu'un heureux sujet est pour le *poète,* d'heureux objets pour l'*homme;* comme on ne peut, en les récapitulant en soi-même, leur donner une forme poétique, il faut du moins leur donner une forme *idéale*, une forme humaine dans le sens élevé du mot; c'est ce qu'on a aussi désigné par le mot sentimental, dont on a tant abusé. Veuillez donc ne pas rire, mais seulement sourire, si je vous découvre ici un fait qui m'étonne moi-même : c'est que, si jamais je dois écrire pour mes amis ou pour le public des relations de mes voyages, je pourrais bien risquer d'écrire un voyage sentimental. Mais, tel que vous me connaissez, je ne reculerais devant aucune expression, pas même devant le mot le plus décrié, si la manière de traiter le sujet parvenait à me justifier, si je pouvais être assez heureux pour rendre à un mot décrié sa dignité.

Je fais appel à ce que vous-même avez si bien développé, à ce qui fait le thème ordinaire de nos conversations, et je poursuis. Quand un phénomène sentimental (nous ne devons jamais dédaigner ces sortes de phénomènes, quelque *embarrassants* qu'ils puissent être) est-il insupportable ? Je réponds : Quand l'idéal se combine immédiatement avec le vulgaire. Cela ne peut arriver que lorsque l'expression est vide, sans valeur et sans forme, ainsi se perdent à la fois l'idée et l'objet, l'idée qui ne peut être qu'importante et ne s'attache qu'à ce qui est important, et l'objet qui peut fort bien être vaillant et estimable sans être important.

Jusqu'ici je n'ai trouvé que deux objets de ce genre : la place sur laquelle je demeure qui, eu égard à sa situation et à tout ce qui s'y passe, est symbolique à tous les moments, et l'espace qu'occupaient la maison, la cour et le jardin de mon grand-père. Là vivait, d'une existence modeste et patriarcale, un vieux magistrat de Francfort ; des hommes habiles et entreprenants en ont fait un entrepôt de marchandises, un marché très-utile. Par un singulier concours de circonstances, l'établissement fut ruiné lors du bombardement ; aujourd'hui ce n'est presque plus qu'un amas de décombres, et il vaut pourtant encore le double de ce que le propriétaire actuel l'a payé aux miens il y a onze ans. Or, si l'on veut bien s'imaginer que le tout soit acheté et reconstruit par un nouvel entrepreneur, on s'apercevra aisément que ce cas peut figurer ici, sous plus d'un rapport, à mes yeux surtout, comme symbole de mille et mille autres cas dans cette ville industrieuse.

Il est vrai qu'à ce cas particulier, vient s'ajouter un doux et pieux souvenir ; mais, si une fois rendu attentif, on dirigeait son attention à mesure que le voyage avance, moins sur les objets *remarquables* que sur les choses *importantes*, on finirait bien par récolter une riche moisson pour soi et pour les autres. Je continuerai à rechercher ici les objets symboliques, mais je m'exercerai surtout ailleurs dans des endroits nouveaux pour moi. Si cela réussissait, on pourrait, sans vouloir pousser l'empirisme trop loin, rapporter encore assez de butin des pays et des endroits connus ; il suffirait pour cela d'avoir soin, toujours et partout, d'approfondir les choses autant que possible.

Veuillez, à l'occasion, me dire ce que vous en pensez, étendre mon horizon, m'affermir et me fortifier à ma grande satisfaction. La chose est importante, car elle supprime la contradiction qui existait entre ma nature et l'expérience immédiate, que je n'ai jamais pu faire cesser autrefois. Je vous avoue que j'aurais mieux aimé rentrer directement chez moi pour tirer du fond de mon intérieur, toutes sortes de chimères, que de faire violence à mon esprit incapable de détailler un objet, et de me débattre toujours contre l'empirisme, cette hydre aux têtes innombrables ; car quiconque n'a à lui demander ni plaisir, ni profit, qu'il se retire à temps.

Je m'arrête ici pour aujourd'hui, quoique j'eusse encore à traiter un chapitre important de même nature ; je l'aborderai prochainement et vous demanderai votre avis. Adieu ; mes compliments aux vôtres ; ne dites mot de mes lettres à personne, je vous prie, excepté aux intimes.

Francfort, le 17 août 1797.

GŒTHE.

104.

Iéna, le 17 août 1797.

Le tableau que vous me faites de Francfort et des grandes villes, en général, n'est consolant ni pour le poète ni pour le philosophe ; mais du moins est-il frappant de vérité. Comme c'est un point arrêté qu'on n'est philosophe et poète que pour soi-même, il faut se résigner. Cela nous affermit, au contraire, dans la bonne voie que nous avons prise et coupe court à toute tentation de faire servir la poésie à quelque chose d'extérieur.

Moi aussi, avec mon peu d'expérience, j'ai reconnu que la poésie, à tout prendre, ne peut procurer nul bien aux gens, mais qu'en revanche elle peut les mettre fort mal à l'aise, et, à mon avis, quand l'un ne réussit pas, il faut essayer de l'autre. Il faut les incommoder, gâter leur quiétude, les tracasser, les frapper d'étonnement. Il faut que la poésie leur apparaisse comme un génie, ou comme un spectre; c'est le seul moyen de leur apprendre à croire à l'existence de la poésie, et de leur inspirer le respect du poète. Je n'ai jamais trouvé ce respect plus développé que chez cette classe d'hommes, mais jamais aussi je ne l'ai vu si stérile et si froid. Il y a chez tous quelque chose qui parle en faveur du poète; vous aurez beau être le plus incrédule des réalistes, il faudra bien m'accorder que cet x est le germe de l'idéalisme, qui seul empêche encore la vie réelle, avec sa banale expérience, de détruire tout sentiment poétique. Sans doute, ce penchant ne suffit pas à développer les véritables dispositions esthétiques; souvent même il les empêche de naître, de même que les tendances morales sont un obstacle à la liberté; mais c'est déjà un grand gain d'avoir une issue pour sortir de l'empirisme.

Mon protégé, M. Schmidt, ne m'a guère fait honneur, à ce que je vois; mais je veux garder bon espoir jusqu'au bout. Que voulez-vous? je suis condamné à m'intéresser à d'autres gens, à me demander s'ils ont quelque valeur, s'ils peuvent réussir; aussi ne désespérerai-je de Hœlderlin et de Schmidt qu'à la dernière extrémité.

Sans doute M. Schmidt n'est aujourd'hui que la caricature et l'extrême opposé du monde empirique de Francfort; de même que celui-ci n'a pas le temps de rentrer dans son for intérieur, de même Schmidt et ses pareils sont incapables de sortir d'eux-mêmes. Je dirais presque qu'ici nous voyons une sensibilité suffisante, mais point d'objet; là nous nous voyons l'objet nu et stérile, sans la sensibilité. Ainsi, il n'y a partout que les matériaux pour constituer l'homme tel qu'il le faut au poète ; mais ils sont disséminés, et n'ont pas pu s'agréger.

Je voudrais savoir si ces Schmidt, ces Richter, ces Hœlderlin seraient restés en toute circonstance aussi subjectifs, aussi extravagants, aussi laconiques ; est-ce chez eux un vice de nature, ou bien est-ce seulement le manque de nourriture esthétique, l'absence d'influences extérieures, et le contraste entre le monde empirique où ils vivent, et leurs tendances idéalistes, qui a produit ce triste résultat ? Je penche fort vers cette dernière hypothèse ; un heureux et puissant naturel a beau triompher de tout, il ne m'en semble pas moins que plus d'un honnête talent se perd de cette façon.

Vous faites une observation fort juste quand vous dites qu'on rencontre du sérieux et de la profondeur de sentiment chez ceux qui passent d'une certaine condition à la poésie, mais qu'il leur manque la liberté d'allure, le calme et la clarté. Le sérieux et la profondeur de sentiment sont la conséquence inévitable d'un penchant, d'une vocation contrariée, de l'isolement d'un homme réduit à lui-même. Un fils de marchand qui fait des poèmes doit donc être capable d'une bien grande profondeur de sentiment, pour être amené à s'occuper de quelque chose de cette nature. Mais il est tout aussi naturel qu'il se tourne du côté moral plutôt que du côté esthétique ; car il sent avec une violence passionnée, il est refoulé en lui-même, il est plutôt repoussé que retenu par les objets ; aussi ne peut-il jamais arriver à une vue nette et calme des choses.

En retournant la proposition, je trouve, à l'appui de votre remarque, qu'on voit, chez ceux qui quittent une condition libérale pour la poésie, une certaine liberté d'allure, de la netteté, de la facilité; mais peu de sérieux dans les idées et dans les sentiments. Chez les premiers, les traits caractéristiques ressortent fortement jusqu'à la caricature avec un mélange d'étroitesse et d'âpreté; chez les autres, on peut craindre l'absence de caractère, la platitude et presque la sécheresse. Je dirais volontiers que ceux-ci sont plus esthétiques par la forme, ceux-là par le fond. Une comparaison entre nos jeunes muses d'Iéna et de Weimar m'a suggéré des réflexions que je me réserve de vous communiquer. Notre amie, Mme Méreau, a en effet une certaine vivacité, parfois même une certaine noblesse de sentiment; je ne puis non plus lui refuser une certaine profondeur. Elle s'est formée uniquement dans une existence solitaire, loin du monde qu'elle fuyait. Amélie Imhof, au contraire, a été portée vers la poésie, non par le cœur, mais uniquement par l'imagination; aussi la poésie ne sera-t-elle pour elle toute sa vie qu'un jouet. Mais, comme, à mon sens, le beau artistique réunit le sérieux du fond à la grâce de la forme, Mme Méreau et Mme Imhof n'atteindront jamais à la vraie poésie; à l'une manquera toujours la forme, l'autre n'aura jamais le fond. Ma belle-sœur est dans des conditions particulières : elle a les qualités de ces deux dames, mais son imagination exubérante l'éloigne du point véritablement essentiel.

Je vous ai dit jadis que j'avais communiqué à

Kosegarten ma manière de voir, et que j'attendais sa réponse. Je viens de la recevoir ; il m'est très-reconnaissant de ma franchise. Mais il y a peu de chose à faire pour lui ; ainsi il m'envoie dans cette même lettre le prospectus de ses œuvres poétiques, qui ne peut avoir été écrit que par un fou. Il est certains hommes qui sont incurables ; et c'est surtout autour du front de celui-ci que Dieu a forgé un bandeau d'airain.

Enfin voici *Ibycus ;* puisse-t-il vous plaire ! J'avoue qu'en examinant le sujet de plus près, j'ai rencontré plus de difficultés que je ne m'y attendais d'abord ; cependant je crois les avoir surmontées en grande partie. Les deux points principaux à traiter m'ont semblé introduire dans le récit une continuité qui manquait à la légende primitive, et, en second lieu, préparer l'effet de l'ensemble. Je n'ai pas encore pu y mettre la dernière main, je n'ai fini ce poème qu'hier au soir, et je tiens infiniment à vous faire lire ma ballade le plus tôt possible, afin de pouvoir encore faire usage de vos observations. Je serais surtout heureux d'apprendre que je me suis rencontré avec vous dans les points essentiels.

Je vous envoie aussi deux bonnes feuilles de l'*Almanach.* J'adresserai ma première lettre pour vous directement à Cotta ; car je suppose que vous ne serez plus à Francfort vers la fin du mois.

Depuis huit jours ma santé s'est un peu améliorée ; ma famille va bien aussi. Ma femme vous envoie ses meilleures amitiés. Je n'ai encore rien appris des Humboldt depuis leur départ pour Dresde. Je reçois une œuvre posthume de *Gotter :*

c'est son opéra l'*Ile des esprits*, imité de la *Tempête* de Shakespeare. J'ai lu le premier acte qui est très-faible, et fait un maigre régal. En attendant, je remercie le Ciel d'avoir de quoi remplir quelques feuilles des *Heures*, et cela grâce à un écrivain classique qui, avant de mourir, s'est répandu en plaintes si amères sur l'attirail du génie et des *Xénies*. Ainsi nous forçons Gotter, qui de son vivant ne voulait rien avoir à démêler avec les *Heures*, à les hanter après sa mort.

Adieu; donnez-nous bientôt de vos nouvelles.

SCHILLER.

105.

Francfort, le 22 août 1797.

J'ai reçu à temps votre riche et beau paquet. Je pense partir dans quelques jours, et je puis encore vous écrire d'ici quelques mots sur cet envoi.

L'Almanach fait déjà très-bonne figure, surtout quand on sait ce qui va suivre. Les poèmes narratifs lui donnent un caractère particulier.

Je trouve vos *Grues d'Ibycus* très-bien réussies; la transition de la scène du meurtre au théâtre est fort belle, et le chœur des Euménides est bien à sa place. Ce tour une fois trouvé, la fable tout entière en dépend, et si je songeais encore à traiter ce sujet, il me faudrait pareillement admettre ce chœur.

Voici encore quelques observations : 1° les grues, comme oiseaux de passage, devraient former un essaim compacte qui s'envolerait aussi bien au-dessus d'Ibycus qu'au-dessus du théâtre. Elles viennent comme un phénomène naturel, et, à ce titre, elles sont sur la même ligne que le soleil et d'autres apparitions régulières. Par-là vous supprimez aussi le merveilleux; car il ne faut pas que ce soient précisément les mêmes; ce n'est peut-être qu'une partie de la grande armée qui émigre, et, à vrai dire, le hasard seul fait, me semble-t-il, ce qu'il y a de mystérieux et d'étrange dans cette histoire. 2° Ensuite, après la quatorzième strophe, lorsque les Furies se sont retirées, j'en ajouterais une autre pour peindre les sentiments que les paroles du chœur ont éveillés chez la foule; puis je passerais des sérieuses réflexions des honnêtes gens à l'indifférence distraite des scélérats; enfin, on ferait pousser, à haute voix, au meurtrier surpris son exclamation maladroite et brutale, qui pourtant ne peut être entendue que de ses voisins immédiats. Il en résulterait un débat entre l'assassin et les plus proches spectateurs, la foule deviendrait attentive, etc. Cette façon de procéder, jointe au *passage* des Grues, rendrait toute la scène parfaitement naturelle, et en augmenterait l'effet, si je ne me trompe; car, dans l'état actuel du poème, la quinzième strophe débute d'une manière trop brusque et trop solennelle, et l'on s'attend presque à autre chose. Si vous retouchez encore quelques rimes, le reste ne sera plus rien; recevez donc aussi mes félicitations pour ce travail mené à bonne fin.

J'ai expérimenté par moi-même l'état où se trouve un voyageur attentif, et reconnu en quoi consiste le défaut de la plupart des récits de voyages. Qu'on s'y prenne comme on voudra, en voyage, on ne voit qu'une face des objets, et l'on juge beaucoup trop vite ; mais, par contre, cette face vous apparaît dans toute sa lumière, et le jugement que nous portons est juste dans un certain sens. Aussi me suis-je préparé des calepins où je fais réunir tous les papiers publics qui me tombent sous la main, journaux, feuilles hebdomadaires, extraits de sermons, arrêtés, programmes de théâtre, prix courants ; j'y insère ce que je vois, ce que j'observe, ainsi que mes jugements instantanés. Puis je parle de ces choses en société, j'émets mon opinion, et je ne tarde pas à voir jusqu'à quel point je suis bien informé, et si mes jugements concordent avec ceux des gens bien informés. J'ajoute ensuite à mes documents cette nouvelle expérience, ces nouveaux renseignements ; de cette manière j'amasse des matériaux qui seront dans la suite assez intéressants pour moi, comme histoire des impressions extérieures et intérieures. Si, avec mes connaissances préliminaires et mon expérience, je continue quelque temps à prendre goût à ce métier, j'aurai bientôt réuni de grandes masses.

J'ai déjà entrevu quelques sujets poétiques ; je les garderai dans le fond de mon cœur. Il est impossible d'ailleurs de dire dans le premier moment ce qui pourra plus tard se dégager de vraiment précieux d'un objet vu en passant.

Avec tout cela j'avoue que je soupire plus d'une fois après la vallée de la Saale ; si j'y étais transporté aujourd'hui, je pourrais, sans même jeter un regard en arrière, attaquer mon *Faust* ou tout autre poème.

A cette heure vous pensez sans doute peu ou point à *Wallenstein*, puisqu'il faut s'occuper de l'Almanach. Si votre besogne avance, veuillez m'en dire un mot.

Dans un sens, le théâtre d'ici n'est pas mauvais, mais la troupe est bien faible. Il est vrai qu'il a essuyé un rude coup il y a un an. Je ne sais vraiment pas quelle pièce sérieuse et digne on pourrait jouer ici maintenant d'une façon tolérable.

GOETHE.

106.

Le 23 août 1797.

Pour plus de clarté, il faut que je complète mes observations d'hier. Comme le milieu de votre ballade est si bien réussi, j'aimerais vous voir consacrer encore quelques strophes à l'exposition ; le poème n'étant d'ailleurs pas long. *Meo voto* Ibycus apercevrait les grues au début de sa route ; il se comparerait comme voyageur aux oiseaux voyageurs, comme hôte aux hôtes ailés ; il en tirerait un heureux présage, et, sous les coups des meurtriers, il prendrait à témoin les grues déjà connues, les compagnes de son voyage. Même, si cette idée paraissait avantageuse, Ibycus pourrait avoir déjà vu les bandes pendant la traversée. J'en reviens, vous le voyez, à ce que je disais hier : je voudrais faire de ces grues un phénomène immense, qui se relierait bien, selon moi, au lacet prolongé des Furies. Quant à la conclusion, je vous ai déjà dit hier ce que j'en pense. Au reste, je n'avais pas dans mon plan d'autres idées dont vous puissiez tirer parti dans votre poème.

Hier j'ai vu Hœlderlin chez moi; il a l'air un peu abattu, un peu maladif; mais il est réellement aimable, il a une certaine franchise discrète, même un peu timorée. Il a abordé différents sujets d'une manière qui trahissait votre école; il s'était fort bien approprié certaines idées principales, ce qui lui a permis de s'assimiler bien d'autres choses. Je lui ai surtout conseillé de faire de petits poèmes, et de choisir chaque fois un sujet intéressant au point de vue humain. Il semblait avoir encore pour le moyen âge un certain penchant que je ne pouvais pas encourager. Je ne verrai probablement pas le capitaine Steigentesch; il va et vient, mon invitation l'a manqué plusieurs fois, et le billet qu'en dernier lieu j'ai laissé pour lui ne lui parviendra peut-être qu'après mon départ. Mes compliments à votre chère femme et à vos amies poètes. J'ai espéré jusqu'au dernier moment pouvoir vous envoyer quelque chose pour l'Almanach des Muses; peut-être l'air de la Souabe sera-t-il plus fécond. A vrai dire, c'est d'ici seulement que je partirai pour la terre étrangère; aussi j'attends avec d'autant plus d'impatience une lettre de vous chez Cotta.

GŒTHE.

107.

Iéna, le 7 septembre 1797.

Reçue à Stæfa le 22 septembre

Enfin, je commence à renaître et à me retrouver moi-même. Après le départ de ma dernière lettre pour vous mon mal avait encore empiré ; il y a longtemps que je ne m'étais senti si malade ; enfin un vomitif m'a remis. Pendant ce temps tous mes travaux étaient suspendus, et les quelques moments supportables que j'avais étaient réclamés par l'Almanach. Une occupation de ce genre a, par son refrain continu et impitoyable, quelque chose de salutaire, car elle interdit tout caprice, et se présente avec l'inexorable régularité des heures du jour. On rassemble ses forces, parce qu'il le faut, et, quand l'on exige de soi une somme de travail déterminée, les choses n'en vont pas plus mal. Pour l'impression de l'Almanach, nous serons bientôt en règle, et, si nous ne sommes pas arrêtés par les accessoires, la couverture, le frontispice et la musique, notre petit ouvrage pourra être expédié encore avant la Saint-Michel.

D'après votre conseil, j'ai fait des changements considérables dans l'Ibycus ; l'exposition n'est plus si maigre, le héros de la ballade intéresse davantage, les grues frappent aussi plus l'imagination, et s'emparent assez de l'attention pour qu'à leur dernière apparition ce qui précède ne les ait pas fait oublier.

Quant à votre manière d'entendre le dénoûment

il m'a été impossible de déférer entièrement à votre avis. En laissant l'exclamation du meurtrier arriver seulement aux oreilles des plus proches spectateurs, provoquer parmi eux une agitation qui se communiquera à la foule avec la cause qui l'a produite, je m'imposerai des détails qui, au moment où l'attente et l'impatience vont en croissant, m'embarrasseront fort, affaibliront l'ensemble et diviseront l'attention, etc. Mon œuvre cependant ne doit pas entrer dans le domaine du merveilleux ; je n'y songeais point dans ma première rédaction ; seulement je n'avais pas assez précisé ce point. C'est au simple hasard à expliquer naturellement la catastrophe. C'est ce hasard qui fait passer les grues au-dessus de l'amphithéâtre ; le meurtrier se trouve parmi les spectateurs ; la pièce, à vrai dire, ne l'a ni ému, ni accablé de remords, ce n'est pas là ma pensée ; mais elle lui a *rappelé* son forfait et les circonstances qui l'ont accompagné, son esprit en est frappé : il faut donc qu'à cet instant l'apparition des grues le surprenne ; c'est un sot et grossier personnage sur lequel l'impression du moment est toute-puissante ; dès lors l'exclamation qu'il pousse est toute naturelle.

Comme je le suppose au milieu du bas peuple, assis sur les gradins les plus élevés, il peut d'abord voir les grues de plus loin, avant qu'elles planent au-dessus du milieu du théâtre ; l'avantage de ce procédé est que l'exclamation peut précéder l'apparition réelle des grues, chose très-importante, et que cette apparition réelle devient un fait plus considérable. L'autre avantage est que l'exclamation qu'il profère dans les derniers rangs a plus de chance d'être entendue ; dès ce moment il n'est pas invraisemblable que tout le peuple l'entende crier, quoique tous ne comprennent pas ses paroles.

Quant à l'effet produit par son exclamation, j'y ai consacré encore une strophe ; mais c'est à dessein que j'ai exposé si brièvement la découverte même du crime comme conséquence de ce cri imprudent. Dès que le moyen de mettre la main sur le meurtrier est indiqué (et ce moyen est fourni d'abord par l'exclamation du coupable, ensuite par son embarras et par sa terreur), la ballade est finie ; le reste n'est plus rien pour le poète.

J'ai envoyé la ballade ainsi remaniée à Bœttiger ; je veux qu'il me dise si tout y est bien conforme aux coutumes de l'ancienne Grèce. Dès qu'il me la retournera, j'y mettrai la dernière main pour l'envoyer aussitôt à l'impression. J'espère vous l'adresser tout imprimée dans ma prochaine lettre, ainsi que tout le reste de l'Almanach. Schlegel vient de m'envoyer aussi une ballade où il traite l'histoire d'Arion avec le dauphin. L'idée est excellente, mais la manière dont il l'a rendue me paraît froide, sèche et peu intéressante. Il voulait aussi mettre en ballade Sakountala. Singulière entreprise pour lui ; puisse son bon ange l'en préserver !

J'ai reçu bien plus tard que je ne devais votre avant-dernière lettre du 17 août, à cause de l'absence de Bœttiger, qui était chargé de me la faire tenir. Le phénomène sentimental qui se produit en vous ne me surprend point, il me semble que vous vous l'êtes suffisamment expliqué vous-même. C'est un besoin des natures poétiques, pour ne pas dire du cœur humain, de supporter autour de soi aussi peu de vide que possible, de s'assimiler par le sentiment tout ce qu'il peut dérober au monde extérieur, d'approfondir tous les phénomènes, de chercher partout l'humanité dans son ensemble. Si l'objet considéré comme individu est insignifiant, et, par suite, sans valeur pour le poète, la force imaginative s'y appliquera afin d'en saisir le côté symbolique, et en fera ainsi une langue pour l'humanité. Mais le sentimental (dans le bon sens) est toujours l'effet d'une aspiration poétique qui, pour des raisons tenant à l'objet ou au cœur même, n'est pas complètement satisfaite. Vous semblez avoir eu une aspiration de ce genre, sans véritable enthousiasme et sans objet poétique; ce que vous avez éprouvé par suite n'est que l'histoire commune des impressions sentimentales; cela confirme toutes les théories que nous avons établies là-dessus.

Je n'ai plus qu'un mot à ajouter. Vous vous exprimez comme si l'objet jouait le rôle dominant : c'est ce que je ne puis concéder. Sans doute il faut que l'objet *signifie* quelque chose, de même que l'objet poétique doit *être* quelque chose ; mais, en fin de compte, c'est le sentiment qui prononce sur l'importance d'un objet ; aussi le plus ou moins de valeur de l'objet me semble-t-il dépendre du sujet plutôt que de l'objet. C'est le sentiment qui fixe ici la limite ; à mon sens, la vulgarité ou la distinction se trouve, ici comme partout, non dans le choix du sujet, mais dans la façon de le traiter. Ce qu'ont été pour vous les deux endroits indiqués, vous l'auriez peut-être trouvé, en d'autres circonstances, aux heures où le sentiment poétique est très-vif, dans chaque *rue*, chaque *pont*, chaque *bateau*, dans une *charrue* ou dans n'importe quel autre instrument mécanique.

Mais n'allez pas chasser ces impressions sentimentales ; donnez-leur une expression aussi souvent que vous pourrez. Après la poésie, rien n'épure mieux le sentiment, rien ne purifie mieux le cœur de tout ce qui est vide et banal, que cette manière d'envisager les choses ; elle fait voir tout un monde dans un seul objet, et donne aux faits superficiels une portée infinie. Si ce n'est pas poétique, c'est du moins humain, pour me servir du mot que vous employez. Or l'élément humain est toujours le commencement de la poésie, qui n'en est que la plus haute expression.

Aujourd'hui 8 septembre, je reçois une lettre de Cotta, qui m'apprend que vous êtes à Stuttgard depuis le 30 août. Je ne puis me figurer votre présence à Stuttgard sans avoir, moi aussi, un accès de sentimentalité. Que n'aurais-je pas donné il y a seize ans pour me rencontrer avec vous sur ce sol ! Quelle émotion étrange je ressens, quand je compare à nos relations actuelles la vie et les impressions que me rappellent ces lieux !

Il me tarde bien de savoir combien de temps vous avez eu l'envie et l'occasion de vous arrêter dans ces parages. Ma lettre du 30 vous y a encore trouvé ; celle-ci ne vous parviendra sans doute qu'à Zürich, chez notre ami, à qui j'envoie mes cordiales salutations.

Écrivez-moi, je vous prie, dans votre prochaine lettre, comment il faut disposer des exemplaires de l'Almanach qui vous sont destinés, ou bien à qui il faut les envoyer.

Je suis enchanté de voir que vous avez pensé aux *Heures*, et que vous me faites espérer quelque chose pour le mois d'octobre. Armé comme vous l'étiez pour accaparer des trésors de faits positifs, vous devez disposer d'une mine inépuisable.

J'ai appris avec plaisir qu'Hœlderlin est encore venu chez vous ; il ne m'avait pas écrit qu'il voulût le faire, il faut qu'il ait pris tout à coup cette grande résolution. Voilà encore un génie poétique à la façon de Schlegel. Vous le trouverez dans l'Almanach. Il a imité le Pygmalion de Schlegel, et a produit un Phaéton symbolique dans le même goût. C'est une œuvre assez extravagante, mais la versification et quelques idées heureuses ne laissent pas de lui donner une certaine valeur.

Adieu ; continuez comme jusqu'à ce jour à me faire suivre votre esprit. Ma femme vous envoie ses meilleures amitiés. J'apprends que votre petit garçon est complétement rétabli.

Schiller.

108.

Iéna, 14 septembre 1797.

Je suis heureux d'apprendre par votre lettre de Stuttgard que vous vous plaisez sur ma terre natale, et que les personnes que je vous avais recommandées ne m'ont pas démenti. Je ne doute pas que les huit jours que vous y avez passés avec plaisir et avec fruit pour vous-même ne fassent époque dans la vie de Dannecker et de Rapp, et ne soient féconds en heureux résultats. Le premier surtout est très-susceptible de culture ; il ne lui manque jusqu'ici qu'une heureuse impulsion qui eût donné à sa riche nature la direction convenable. Je ne puis m'expliquer ses erreurs artistiques que par une certaine exubérance ; d'ordinaire il a la main si sûre, en certains points essentiels il va si droit au fait : il me semble qu'il n'y a là qu'une confusion de son imagination de poète avec celle de l'artiste, qui ne lui fait nullement défaut.

A ce propos, je vous demanderai d'une manière générale, si le penchant qu'ont tant d'artistes distingués de nos jours à *poétiser les objets dans l'art* ne trouve pas son explication dans le fait suivant :

une époque comme la nôtre, il faut absolument passer par la poésie pour arriver à la beauté esthétique ; par conséquent tous les artistes qui ont des prétentions à l'esprit, n'ayant eu d'autre stimulant qu'une sensibilité poétique, ne peuvent déployer dans la représentation plastique des objets qu'une imagination de poète. Il n'y aurait que demi-mal, si malheureusement, de nos jours, l'esprit poétique n'avait un caractère si défavorable à l'art. Mais comme la poésie elle-même s'est tant écartée de ses principes génériques, qui seuls forment son point de contact avec les arts d'imitation, elle ne saurait être un bon guide pour l'artiste ; elle peut tout au plus avoir sur lui une influence négative (en l'élevant au-dessus du commun), mais jamais une influence positive et active (par la détermination de l'objet).

Cette erreur de l'art plastique moderne trouve,

à mes yeux, une explication suffisante dans nos idées sur la poésie réaliste et la poésie idéaliste ; elle atteste une fois de plus l'exactitude de nos théories. Voici comment je conçois la chose.

Deux conditions s'imposent au poète et à l'artiste : il doit s'élever au-dessus de la réalité, et rester dans les limites du monde matériel. Quand il les réunit toutes deux, il produit des œuvres esthétiques. Mais, dans une nature défavorable et incorporelle, il n'abandonne que trop facilement le terrain de la réalité en même temps que le monde des sens, et tombe dans l'idéalisme ; s'il n'a pas l'esprit solide, il va jusqu'au fantastique. D'autre part, si, obéissant à sa nature, il veut et doit rester dans le monde des sens, il s'arrête volontiers à la réalité, et devient réaliste dans le sens étroit du mot ; s'il est complètement dépourvu d'imagination, il tombe dans la servilité et dans la vulgarité. Il n'est donc esthétique dans aucun des deux cas.

L'opération vraiment difficile, c'est la réduction des formes empiriques en formes esthétiques. Ici, c'est ordinairement le corps ou l'esprit, la vérité ou la liberté qui fera défaut. Les modèles de l'antiquité, dans la poésie comme dans les arts plastiques, me semblent offrir un grand avantage : ils présentent une nature empirique déjà réduite en nature esthétique ; de plus, ils peuvent, après une étude approfondie, renseigner sur ce travail de réduction lui-même.

Désespérant de pouvoir réduire la nature empirique qui l'entoure en esthétique, l'artiste moderne, qui a l'esprit vif et fécond, préfère s'en détacher tout à fait, et demande à l'imagination de le soutenir contre l'expérience, contre la réalité. Il dépose une valeur poétique dans son œuvre qui, sans cela, serait vide et pauvre, parce qu'il lui manque la valeur qu'il faut tirer des entrailles du sujet.

SCHILLER.

109.

Le 15 septembre 1797.

Vous devriez bien développer avec Meyer vos idées sur le choix des sujets pour la poésie et pour les arts plastiques. Cette matière se rattache à ce que l'art a de plus intime; en même temps, par son application immédiate et facile à des œuvres réelles, elle serait très-utile et très-attrayante. Pour ma part, je tâcherai aussi d'exposer clairement mes idées sur cette question.

Tout d'abord il me semble qu'il y aurait grand avantage à prendre pour point de départ la *précision absolue du sujet*. On verrait notamment que le défaut de toutes les œuvres d'art dont le sujet était mal choisi, provient de cette absence de précision, et de la fantaisie déréglée qui en est la suite.

C'est ainsi que l'idée de ce qu'on appelle un motif *fécond* me semble s'expliquer parfaitement par ce fait qu'il se prête à une exposition toujours précise. Parmi toutes les œuvres poétiques, je ne connais pas d'exemple plus frappant que votre *Hermann*. Ici l'on pourrait peut-être prouver par une sorte d'induction que, si vous aviez choisi toute autre action, il y aurait eu des points indéterminés.

Si maintenant à cette proposition on relie cette autre, à savoir : que la détermination du sujet doit toujours se faire par les moyens propres à chaque genre d'art, qu'elle doit s'effectuer dans les limites particulières de chaque espèce, on aurait, il me semble, un critérium suffisant pour ne pas être induit en erreur dans le choix des sujets.

Sans doute, même en admettant la justesse de cette idée, l'application de la règle n'en est pas moins difficile : ce serait toujours une affaire de sentiment et d'intuition plutôt que de certitude positive.

Je suis très-curieux de connaître le nouveau genre poétique dont vous voulez bientôt m'envoyer un échantillon. La richesse et la variété de votre imagination m'étonnent et me ravissent : lors même que je ne puis marcher après vous, il y a déjà pour moi profit à vous suivre du regard. Ce nouveau genre nous promet quelque chose de très-gracieux ; je devine combien il doit être propre à donner une vie poétique, un essor sublime aux sujets les plus vulgaires.

J'ai reçu aujourd'hui des lettres de notre ami Humboldt. Il ne se plaît plus du tout à Vienne ; quant à son voyage en Italie, il y a renoncé ou peu s'en faut. Par contre, il est presque décidé à aller à Paris. Après les derniers événements qui viennent de s'y passer, il est néanmoins probable qu'il n'exécutera pas son projet. Selon ce qu'il écrit, il vous donnera de ses nouvelles un de ces jours.

Je souffre encore beaucoup de ma toux ; en revanche, mon ancien mal me laisse du répit, ce qui toutefois ne profite guère à l'inspiration poétique, ni à mon travail ; car mon nouveau mal me fatigue bien plus la tête que le *malum domesticum*, de crampes. Quoi qu'il en soit, j'espère en avoir fini dans huit ou dix jours avec le tracas que me donne l'Almanach, et pouvoir me remettre sérieusement à mon *Wallenstein*. Dans mon état de souffrance, je n'ai pu ni voulu m'occuper du poème de la *Cloche*. Cependant j'ai encore trouvé pour l'Almanach toutes sortes de bagatelles qui répandront un peu de variété dans mes articles et rendront assez considérable la part que j'ai prise à cette livraison.

Bœttiger a été très-content de mes *Grues* ; il n'a rien trouvé à redire à la couleur locale, au sujet de laquelle je l'avais consulté. A ce propos, il m'a confessé qu'il n'avait jamais bien compris comment on pouvait faire quelque chose d'Ibycus. Cet aveu m'a fort amusé ; il peint si bien l'homme !

Vous avez sans doute reçu de Cotta les feuilles I et K de l'Almanach ; peut-être pourrai-je en expédier encore une aujourd'hui. L'Almanach sera plus volumineux que l'année dernière, sans que j'aie eu besoin d'être plus facile pour le choix des articles.

Chez moi tout va bien ; hier nous avons fêté joyeusement le jour de naissance de Charles. Aujourd'hui nous avons vu chez nous Vent, de Weimar, qui me plaît beaucoup ; ma société ne s'est enrichie d'aucune autre figure nouvelle. Ma femme vous envoie ses meilleurs souvenirs ; mon beau-frère et ma belle-sœur vous présentent leurs hommages.

Adieu, saluez Meyer, et pensez à moi dans votre

cercle. Vos lettres sont pour nous des vaisseaux chargés de trésors ; c'est la joie et le bonheur de ma vie.

Schiller.

Regardez donc la feuille qui me sert d'enveloppe.

110.

Iéna, le 22 septembre 1797.

Votre lettre, avec son appendice, nous a fait grand plaisir. La chanson est pleine d'enjoûment et de naturel. Je trouve que ce genre doit déjà être très-favorable au poète par cela seul qu'il le dispense de tous les accessoires fastidieux tels que, introductions, transitions, descriptions, et qu'il lui permet d'écrémer son sujet et de n'en prendre que ce qu'il renferme d'ingénieux et d'important.

Il y aurait là le levain d'un nouveau recueil, le commencement d'une série *infinie* ; car ce poème, comme toute bonne poésie, contient tout un genre, par l'impression qu'elle fait et par la forme qu'elle établit.

J'aurais bien désiré observer l'effet que votre *Hermann* a produit sur mes amis de Stuttgard. Je suis sûr qu'ils ont senti assez vivement la beauté de votre œuvre, mais il y a si peu d'hommes qui sachent jouir sans mélange de l'élément humain dans sa nudité ! En attendant, je suis bien convaincu que votre *Hermann* triomphera décidément de toutes ces natures subjectives, et cela grâce à la plus belle qualité d'une œuvre poétique, grâce à son ensemble, à sa forme pure et limpide, à l'expression parfaite de tous les sentiments humains.

Vous savez déjà par ma dernière lettre que j'ai dû renoncer à m'occuper de la *Cloche*. Je n'en suis pas trop peiné, je l'avoue, puisque cela devait être. Si je rumine et couve ce sujet pendant toute une année, il faudra bien que mon poème, qui n'est pas une petite entreprise, arrive à sa pleine maturité. Et puis, nous sommes dans l'année des ballades ; l'année prochaine s'annonce assez comme devant être l'année lyrique, et la *Cloche* appartient à ce genre.

Quoi qu'il en soit, les huit derniers jours n'ont pas été perdus pour l'Almanach. Le hasard m'a fourni un très-joli thème pour une ballade qui est en grande partie achevée et finira dignement l'Almanach, si je ne me trompe. Elle se compose de 24 strophes de huit vers, et a pour titre : *Le Message à la forge*. Vous voyez que je revendique aussi l'élément igné après avoir parcouru l'eau et l'air. Le prochain courrier vous apportera cette ballade tout imprimée, ainsi que l'Almanach complet.

Je désire vivement que les *Grues* transformées comme vous les voyez, obtiennent votre suffrage. Il est incontestable qu'elles ont gagné par l'idée que vous m'avez donnée pour l'exposition. Je crois aussi que la nouvelle strophe, que je viens de consacrer aux furies pour mieux les caractériser, manquait à mon premier travail.

J'ai lu aussi le petit traité de Kant ; bien qu'il ne contienne rien de bien nouveau, les excellentes idées qu'il renferme m'ont fait plaisir. Le vieux philosophe a gardé quelque chose de tout à fait juvénile, on serait tenté de dire quelque chose d'esthétique; mais on est dérouté par son style un peu barbare, qu'on appellerait volontiers le style de chancellerie de la philosophie. Il peut en être de Schlosser ce que vous croyez; en attendant, son attitude vis-à-vis des philosophes critiques est tellement grave que son caractère ne peut pas ne pas être en jeu. Il est vrai qu'à mon avis on peut, dans toutes les discussions où des têtes pensantes défendent le mysticisme contre la raison, attaquer la bonne foi de ses adversaires; l'expérience l'a prouvé depuis bien longtemps, et cela se comprend du reste tout seul.

Nous avons ici des journées d'automne charmantes, tandis que vous jouissez sans doute encore des restes de la belle saison. Dans mon jardin on fait déjà de grands travaux en vue des améliorations futures. Nous avons eu une assez bonne récolte de fruits, pendant laquelle Charles nous a bien amusés.

L'incertitude où l'on est au sujet de la guerre ou de la paix nous fait toujours douter de l'exécution prochaine de vos projets de voyage en Italie : aussi nous laissons-nous aller parfois à l'espérance de vous revoir plus tôt que nous ne pouvions nous y attendre.

Adieu; nos meilleures salutations à Meyer. Nous vous félicitons sincèrement de vous retrouver ensemble. Ma femme vous envoie ses meilleurs compliments.

SCHILLER.

111.

Stæfa, le 25 septembre 1797.

J'ai reçu avant-hier ici votre bonne lettre du 7 septembre. Comme elle se faisait attendre, j'ai dû craindre que votre mal n'eût empiré, et vos lignes m'ont fait voir que malheureusement j'avais raison. Que n'avez-vous, dans votre repos, la bonne santé dont je jouis dans mon existence agitée! La fille que je vous envoie ci-jointe vous dira mes faits et gestes depuis Tubingue. Meyer, que j'ai retrouvé à notre grande joie à tous deux, se porte aussi bien que jamais; nous avons déjà bravement causé ensemble. Il a rapporté d'incomparables richesses artistiques et des trésors d'observations fines et justes. Nous allons examiner sous quelles formes nous utiliserons une partie de ces précieux matériaux, et pour quel but nous garderons le reste.

Dans quelques jours nous nous dirigerons vers le *lac des Quatre-Cantons*. Nous en sommes si près qu'il faut que mes yeux et mon cœur refassent connaissance avec le merveilleux paysage qui l'encadre; je ne m'éloignerai pas sans avoir noté dans mon journal ces rochers gigantesques. J'ai déjà quelques fascicules de notes très-respectables, où se trouve inscrit ou consigné tout ce que j'ai observé, tout ce que j'ai vu; jusqu'ici c'est encore l'amalgame le plus bizarre du monde; je n'en pourrais même rien détacher pour les *Heures* comme je l'avais d'abord espéré.

Je compte augmenter encore considérablement cette collection de souvenirs de voyage ; j'ai ainsi l'occasion de m'essayer moi-même à mille objets divers. Quand on sent qu'on peut acumuler tant de matériaux, on finit toujours par jouir des fruits des travaux pénibles, et d'abord stériles en apparence, qu'on s'était imposés.

Comme l'Italie et la France sont plus ou moins fermées aux étrangers, l'une par ses troubles passés, l'autre par ses troubles récents, nous reviendrons sans doute du sommet des Alpes en suivant le cours de l'eau ; nous descendrons le long du Rhin pour regagner le Nord, avant la mauvaise saison. Il est probable que cet hiver nous aurons la joie de demeurer ensemble au pied de la Tour du Renard ; je présume même que Humboldt nous tiendra compagnie. Selon sa lettre, que j'ai trouvée à Zürich, toute la caravane a également renoncé au voyage en Italie : ils viendront tous en Suisse. Le cadet a l'intention d'étudier ce pays, si intéressant pour lui à plus d'un titre ; quant à l'aîné, il faudra probablement que, vu les circonstances actuelles, il renonce à son projet de voyage en France. Ils ne partiront de Vienne que le 1er octobre ; peut-être les attendrai-je encore dans ces parages. Et maintenant ma pensée se reporte vers vous et vos travaux. L'*Almanach des Muses* a réellement fort bon air ; seulement le public se demandera où est le poivre pour faire passer ces melons. En général, ce qu'on désire le plus vivement, c'est une nouvelle cargaison de *Xénies*, et l'on sera tout marri de ne pouvoir refaire connaissance avec ces scélérats dont on a dit tant de mal. Je suis heureux de voir que, grâce à mes conseils, le commencement de votre *Ibycus* prend plus d'ampleur ; pour ce qui regarde la fin, vous avez sans doute raison. C'est l'artiste qui sait toujours le mieux dans quelle mesure il peut tirer parti des idées d'autrui. Le *Phaéton* n'est pas mal du tout ; ce vieux conte de la noble humanité toujours aspirant à connaître la source de sa précieuse existence, et toujours déçue, est assez proprement troussé. Meyer n'a pu lire *Prométhée* jusqu'au bout ; c'est mauvais signe.

Soyez assez bon pour me garder les exemplaires de l'Almanach que vous me destinez ; car il est probable que vous en enverrez un en votre nom à la duchesse régnante. J'ai bien hâte de voir réunies les différentes parties de cette petite publication.

Vous aviez sans doute vu, d'après mes lettres antérieures, que je me suis très-bien trouvé à Stuttgard, et que je m'y suis beaucoup plu ; souvent et en bien des endroits on a parlé de vous, et toujours le mieux du monde. Je crois que nous avons gagné tous deux à nous rencontrer un peu tard, à une époque où notre esprit était mûri par la culture.

Dites-moi donc dans votre prochaine lettre quels arrangements vous comptez prendre pour cet hiver ; pensez-vous habiter votre jardin, la maison de Griesbach ou Weimar ? Je désire pour vous la résidence la plus confortable, afin que vous n'ajoutiez pas à vos autres maux l'ennui d'avoir à lutter contre le mauvais temps.

Si vous m'écrivez après avoir reçu ma lettre d'aujourd'hui, ayez la bonté de m'adresser votre réponse directement à Zurich, en ajoutant simplement : *chez M. le capitaine Ost, à l'Épée.* Je puis compter que cette lettre mettra huit jours à vous parvenir, qu'il en faudra autant à peu près pour avoir la réponse, et je serai de retour à Zurich de mon voyage alpestre vers le milieu d'octobre.

Je vous rends grâce de m'avoir annoncé le rétablissement de mon petit garçon ; d'autant plus que depuis quelque temps je n'ai pas reçu de nouvelles directes de chez moi : il faut que les lettres soient allées s'enterrer quelque part. C'est le seul nuage qui ait parfois assombri mon horizon ; car tout le reste marchait à souhait.

Adieu. Mes compliments à votre chère femme ; jouissez bien avec les vôtres des derniers beaux jours d'automne, pendant que je m'apprête à voyager sur les hautes montagnes. Ma correspondance va subir un petit temps d'arrêt jusqu'à mon retour ici. GOETHE.

Récit sommaire de mon voyage de Tubingue à Stœfa.

Le 16 septembre, je partis de *Tubingue*, par *Hechingen*, *Balingen* et *Wellendingen*, pour *Tuttlingen*. C'est une longue étape ; je la fis de 4 heures du matin à 8 heures et demie du soir. Au début, l'œil aperçoit encore de jolis sites ; mais à la fin, à mesure qu'on s'élève dans le bassin du Neckar, le pays devient plus nu et moins fertile ; ce n'est que dans la nuit que j'arrivai dans la vallée ou dans la gorge qui descend vers le Danube ; le temps était couvert, mais cependant très-agréable pour voyager.

17. De Tuttlingen à Schaffhouse. Temps magnifique, vue charmante sur presque tout le parcours. Je quittai Tuttlingen à 7 heures, par un épais brouillard ; mais une fois sur la hauteur, nous trouvâmes bientôt le ciel le plus pur ; le brouillard s'étendait horizontalement sur toute la vallée du Danube. En suivant le plateau qui sépare le bassin du Rhin de celui du Danube, on a une vue imposante aussi bien derrière soi qu'à droite et à gauche ; car on domine la vallée du Danube jusqu'à *Donaueschingen*, et au delà. Mais c'est surtout devant soi qu'on a un spectacle splendide ; on voit dans le lointain le *lac de Constance* et les Grisons, plus près de soi *Hohentwiel* et quelques autres rochers basaltiques très-remarquables. On traverse des collines et des vallées boisées jusqu'à Engen ; là s'ouvre, dans la direction du sud, une belle et fertile plaine ; puis on passe devant *Hohentwiel* et les autres montagnes qu'on voyait d'abord de loin, et l'on arrive enfin sur la terre riante et bien cultivée de la Suisse. Devant Schaffhouse, la campagne n'est plus qu'un jardin. J'arrivai dans cette ville le soir, par un beau soleil.

Je consacrai toute la journée *du 18* à la chute du Rhin ; j'allai de bonne heure à *Laufen*, d'où je descendis aussitôt pour jouir de ce spectacle étonnant. J'observai le saisissant phénomène au moment où les cimes des montagnes et des collines étaient couvertes par le brouillard, avec lequel se confondait la poussière et la vapeur de la cascade. Le soleil en paraissant embellit encore la scène, montra une partie de l'arc-en-ciel et me permit de voir le phénomène dans toute sa splendeur. Je m rendis de l'autre côté au petit château de *Wœrth;* alors je contemplai l'ensemble de face et à distance, puis je revins sur mes pas et allai de Laufen à la ville. Le soir je retournai à la chute en suivant la rive droite, et, aux feux du couchant, j'admirai encore une fois dans tous ses détails ce merveilleux phénomène.

Le *19*, j'allai, par un temps superbe, à *Zürich*, en passant par *Eglisau*, ayant toujours devant moi la grande chaîne des montagnes de la Suisse ; je traversai un pays agréable, accidenté, et cultivé avec soin.

Je passai la belle matinée *du 20* sur les promenades de Zürich ; l'après-midi, le temps changea. Le professeur Meyer vint, et, comme il pleuvait et qu'il faisait un vent furieux, nous passâmes la nuit à Zürich.

Le *21*, par un temps clair, nous remontâmes le lac en bateau ; à midi, nous trouvâmes chez M. Eicher, dans sa propriété d'Herrliberg, au bord du lac, une hospitalité charmante, et le soir nous arrivâmes à Stœfa.

Le 22, temps couvert. Nous passâmes la journée à regarder les œuvres d'art exécutées par Meyer ou achetées par lui, tout en nous communiquant sans cesse nos idées et nos observations. Le soir nous fîmes une grande promenade, en remontant le bourg, qui donne une idée charmante, exquise de la culture à son plus haut point de perfection. Les maisons sont séparées les unes des autres par des vignobles, des champs, des jardins ; c'est ainsi que Stæfa s'étend le long du lac, sur un espace d'une lieue ; sa largeur est d'une demi-lieue. A l'est, elle va jusqu'à la colline, dont tout le versant est déjà conquis par la culture. A présent nous nous apprêtons à faire une petite excursion du côté d'*Einsiedel*, de *Schwitz*, et des environs du lac des Quatre-Cantons.

J'allais oublier de vous dire que la strophe du *Plongeur* : *L'onde s'agite, bouillonne, mugit, siffle*, etc., trouve une admirable confirmation dans la chute du Rhin; j'ai été frappé de voir qu'elle renferme les phases principales de cet étonnant phénomène. J'ai essayé sur-le-champ d'embrasser le tableau dans ses détails et dans son ensemble, et observé séparément les réflexions qu'il suggère et les idées qu'il fait naître. Vous pourrez constater un jour que ces quelques lignes poétiques passent comme un fil conducteur au milieu de ce labyrinthe.

Cotta m'envoie à l'instant les feuilles J. et K. de l'*Almanach;* après ma visite aux montagnes et aux lacs, j'espère trouver des lettres de vous. Adieu, Meyer écrira lui-même quelques mots. Je suis très-heureux de le voir si bien portant et si dispos; puissé-je apprendre la même chose de vous!

J'ai encore trouvé de magnifiques sujets d'idylles, d'élégies, de poèmes de la même famille, quel que soit le nom qu'on veuille leur donner; j'en ai même déjà traité quelques-uns, et je puis dire que jamais je n'ai eu autant de facilité à m'emparer des sujets étrangers et à les reproduire. Adieu; continuons à vivre comme nous faisons, fidèles à la théorie et à la pratique.

112.

Stæfa, le 14 octobre 1797.

Cher ami, la matinée est très-pluvieuse, et je reste dans mon lit pour m'entretenir avec vous et vous donner de nos nouvelles ; afin que vous nous suiviez de la pensée, comme toujours, et que de temps en temps nous recevions de vos bonnes lettres.

A peine m'étais-je retrouvé avec le bon Meyer à Zurich, à peine étions-nous arrivés à Stæfa, à peine avais-je un peu joui des trésors qu'il a rapportés, de la vue de cette charmante contrée si bien cultivée, que le voisinage des montagnes me rendit inquiet, tandis que le beau temps nourrissait en moi le désir de m'en approcher, voire même de les gravir. L'instinct qui m'y poussait était très-complexe et très-confus : je me rappelais l'effet que la vue de ces montagnes m'avait produit vingt ans auparavant ; l'impression générale s'était conservée ; mais les détails s'étaient effacés, et j'éprouvais un désir extraordinaire de renouveler et de rectifier ces impressions d'autrefois. J'étais devenu un autre homme ; les objets devaient donc m'apparaître sous un autre aspect. Meyer se portait à merveille, nous étions convaincus que de petites aventures communes, si elles facilitent les relations nouvelles, ne sont pas moins favorables aux anciennes, quand elles sont destinées à être renouvelées après un certain intervalle : ces deux raisons nous décidèrent tout à fait. Nous partîmes par le temps le plus beau, qui pendant onze jours ne cessa de nous favoriser. Dans mon supplément je vous indique au moins le chemin que nous avons fait; plus tard je vous ferai lire un journal complet, bien qu'aphoristique. En attendant, votre chère femme, qui connaît une partie de cette région, pourra peut-être compléter tel ou tel point par ses souvenirs.

Au retour j'ai trouvé vos deux bonnes lettres avec les pages supplémentaires qui les accompagnaient; celles-ci se rattachent directement à l'entretien très-animé que nous avons eu en route; tandis que la question des sujets à traiter, et la manière dont les différents arts les représentent, ont été souvent examinées par nous à tête reposée. Peut-être un opuscule vous montrera bientôt que nous sommes entièrement de votre avis; mais je serai surtout heureux de vous faire entendre et lire les descriptions de Meyer et ses critiques sur tant de chefs-d'œuvre. A ce propos, on apprend une fois de plus qu'une expérience consommée doit renfermer en soi la théorie. Nous sommes d'autant plus sûrs de nous rencontrer en un point central, que nous nous dirigeons vers notre objet par tant de côtés.

Faut-il maintenant vous parler de moi? Je puis dire que jusqu'ici j'ai tout lieu d'être content de mon voyage. Vu la facilité que j'avais d'amasser des matériaux, je suis devenu riche sans être encombré de mes richesses; la matière ne m'embarrasse pas, parce que je sais la disposer ou la mettre en œuvre aussitôt; puis je me sens plus à l'aise que jamais pour choisir des formes variées, afin de représenter pour moi et pour les autres ce que j'ai mis en œuvre. De l'aride sommet du Saint-Gothard jusqu'aux chefs-d'œuvre que Meyer a rapportés, nous nous promenons comme dans un labyrinthe à travers une suite confuse d'objets intéressants que renferme ce singulier pays. Voir de ses yeux les faits physiques, géographiques, économiques et politiques, se rapprocher du passé par la lecture d'une vieille chronique, profiter parfois du patient travail d'un auteur du pays, tout cela fait passer le temps d'une façon charmante, surtout quand on vit dans le cercle borné de l'existence des Suisses. La vue de l'ensemble et l'analyse des détails sont d'autant plus rapides et plus faciles qu'ici rien n'est étranger à Meyer, que depuis longtemps son regard sûr et pénétrant a tout scruté, et que son heureuse mémoire a tout retenu. C'est ainsi qu'en peu de temps nous avons amassé plus de richesses que je ne me le serais figuré; il est dommage que l'hiver soit d'un mois trop rapproché de nous, car un second tour de quatre semaines nous ferait très-bien connaître ce singulier pays.

Que direz-vous si je vous confesse que, parmi tant de matières prosaïques, il s'est rencontré un sujet poétique qui m'inspire grande confiance? Je suis fermement convaincu que la légende de *Tell* se prêterait à la forme épique; si je réussissais dans mon dessein, on verrait se produire ce fait bizarre d'une légende n'arrivant à l'expression de sa parfaite vérité que par la poésie, tandis que pour rendre un sujet poétique, il faut d'ordinaire transformer l'histoire en fable. Mais nous en reparlerons plus tard. J'ai gravé dans ma mémoire le théâtre troit et très-significatif où se passa l'événement;

j'ai observé le caractère, les mœurs et les usages des habitants de ces contrées aussi bien que le permet un temps si court; et maintenant il faut laisser à un hasard heureux le soin de faire aboutir notre plan.

Mais voici une question qui ne laisse pas de nous embarrasser de temps à autre : de quel côté faut-il nous diriger pour employer le plus tôt et le mieux les collections de Mayer ainsi que mon bagage ancien et nouveau? Malheureusement les logements d'ici ne sont pas disposés pour l'hiver; je ne vous cache pas que sans cela j'eusse été très-tenté de rester ici, car la solitude absolue nous aurait singulièrement avancés. Ajoutez à cela que nous aurions été admirablement placés pour attendre, et pour voir si, au printemps prochain, l'Italie ou la France attirera ou accueillera de nouveau les étrangers. Quant à vivre à Zurich même, je ne peux pas y songer; aussi est-il probable que nous retournerons tout doucement à Francfort.

En ce moment je poursuis une idée; pour la réaliser, il ne me manque plus qu'un peu d'habitude. La voici : il ne serait pas difficile, je pense, de s'arranger de manière à pouvoir travailler, même en voyage, avec plaisir et recueillement. Car si les distractions du voyage nous détournent de tel ou tel but, elles font que pour tel autre nous nous recueillons d'autant plus rapidement; l'absence de relations et de communications extérieures, l'ennui même est favorable à celui qui a de la besogne à faire. Le voyage, comme le jeu, est une alternative de gain et de pertes, qui viennent le plus souvent d'une manière inattendue; nos espérances sont toujours déçues ou dépassées; on peut impunément se laisser aller un peu ; puis on est obligé de se recueillir un moment. Pour des natures comme la mienne, qui aiment à s'établir solidement, à bien posséder les objets, un voyage est chose inappréciable ; il vivifie, redresse, instruit et forme.

Encore à l'heure qu'il est, je suis convaincu qu'on pourrait très-bien aller en Italie ; car après un tremblement de terre, un incendie, une inondation, tout dans ce monde reprend le plus vite possible son ancienne assiette. Pour moi personnellement, j'entreprendrais ce voyage sans hésiter, si je n'étais retenu par d'autres considérations. Ainsi nous nous reverrons peut-être très-prochainement ; l'espérance de partager avec vous mon butin, et de rendre notre union toujours plus intime dans la théorie et dans la pratique est une des plus belles causes qui m'attirent chez moi. Nous allons voir ce que nous trouverons encore à emporter en route. Bâle, par exemple, à cause du voisinage de la France, a pour moi un attrait tout particulier ; on y trouve d'ailleurs de belles œuvres d'art anciennes aussi bien qu'étrangères.

J'espère recevoir encore à Zürich la fin de l'*Almanach* ; Cotta est très-régulier dans ses envois.

Ibycus me paraît fort bien réussi, et je ne vois plus aucune observation à faire sur la conclusion. Il me tarde bien de voir l'ensemble. Comme ma gentille meunière a trouvé bon accueil, j'envoie une nouvelle chanson que nous devons à ses charmes. Si le nouvel almanach devient riche en ballades, ce sera très-bien, et la cloche aura un son d'autant plus beau que l'airain sera resté plus longtemps en fusion et qu'il sera purifié de toutes les scories.

GOETHE.

113.

Iéna, le 20 octobre 1797.

Il y a quelques jours Bœttiger nous a envoyé deux beaux exemplaires de votre *Hermann;* ils nous ont fait bien plaisir. Voilà donc votre poème livré au public ; nous allons voir quel effet la voix d'un rhapsode homérique produira dans notre monde politique et déclamatoire. J'ai relu votre poème avec toute la profonde impression de la première fois, et avec une émotion nouvelle ; c'est la perfection du genre. Il est pathétique, grandiose et pourtant gracieux au plus haut degré ; en un mot, c'est beau, ce qu'on appelle beau.

Je viens de relire aussi *Wilhelm Meister,* et jamais je n'ai été frappé aussi vivement de l'importance de la forme extérieure. La forme de *Wilhelm Meister,* comme du roman en général, n'est nullement poétique; elle est entièrement du domaine de la raison ; elle en subit toutes les exigences, comme elle en a toutes les limites. Mais comme c'est un esprit vraiment poétique qui s'en est servi, et qui a revêtu de cette forme les situations les plus poétiques, il en résulte je ne sais quelle étrange oscillation entre le sentiment prosaïque et poétique. Je suis tenté de dire qu'il manque au *Meister,* au roman bien entendu, une certaine hardiesse poétique ; car, en sa qualité de roman, il veut toujours satisfaire à la raison ; d'autre part, il lui manque une certaine sobriété, (que le lecteur est, jusqu'à un certain point, en droit de lui demander), parce qu'il est sorti de l'esprit d'un poète. Arrangez cela comme vous pourrez ; je ne fais que vous communiquer mon impression.

Vous êtes placé à une hauteur où vous pouvez exiger de vous ce qu'il y a de plus parfait, où l'objectif et le subjectif doivent absolument se confondre ; il est de toute nécessité que les éléments que votre esprit introduira dans une œuvre revêtent toujours la forme la plus exquise, et que rien ne s'en perde dans un milieu impur. Qui ne sent dans *Wilhelm Meister* tout ce qui fait le charme irrésistible de *Hermann?* Le premier porte l'empreinte de votre esprit ; il saisit le cœur avec toute la puissance de la poésie, il procure des jouissances toujours nouvelles ; et pourtant *Hermann*, par sa forme poétique si pure, me transporte dans le monde divin de la poésie, tandis que *Wilhelm Meister* ne me fait jamais sortir entièrement du monde réel.

Puisque je suis en train de critiquer, je ferai encore une remarque qui m'est venue à la lecture de votre livre. Il y a évidemment trop d'éléments tragiques dans *Wilhelm ;* je veux parler du mystérieux, de l'incompréhensible, du merveilleux, qui se concilient, il est vrai, avec les profondeurs obscures de la poésie, mais non pas avec la clarté qui doit régner dans un roman et qui règne si évidemment dans le vôtre. Il est gênant de rencontrer ces abîmes, quand on croit trouver partout sous ses pas un fond solide ; quand tout le reste se déroule si bien devant l'intelligence, de rencontrer des énigmes de ce genre. Bref, il me semble que vous vous êtes servi d'un moyen que l'esprit du roman ne vous autorisait pas à employer.

Du reste, je ne puis assez vous dire comme cette nouvelle lecture de *Wilhelm Meister* a été féconde, vivifiante et délicieuse pour moi ; votre livre est une source vive où je puise des aliments pour toutes les facultés de l'âme et surtout pour celle qui est la résultante de toutes les autres.

Schiller.

114.

Iéna, le 30 octobre 1797.

Dieu merci, j'ai enfin de vos nouvelles ! Ces trois semaines que vous avez passées loin de nous au milieu des montagnes, m'ont paru bien longues ; aussi, votre bonne lettre et tout ce qu'elle contient m'a fait d'autant plus de plaisir. L'idée de *Guillaume Tell* est très-heureuse ; toute réflexion faite, vous ne pourriez, après *Wilhelm Meister*, après *Hermann*, traiter avec toute l'originalité de votre esprit, toute la fraîcheur de votre inspiration, qu'un sujet de ce genre, au caractère local si prononcé. L'intérêt qu'éveillent une scène caractéristique, sévèrement circonscrite, et une certaine précision historique, est peut-être le seul que vous n'ayez pas épuisé par vos deux œuvres précédentes. Par rapport au sujet, *Hermann* et *Wilhelm* sont esthétiquement libres ; quelque limitée que la scène paraisse et soit réellement dans ces deux ouvrages, le terrain n'en est pas moins exclusivement poétique et représente tout un monde. Il en sera tout autrement du *Guillaume-Tell* ; de ce sujet si restreint et toutefois si considérable, la vie intellectuelle jaillira dans toute sa plénitude. Ici la puissance du poète nous tracera des limites très-étroites, à l'intérieur desquelles nous serons fortement occupés et profondément émus. En même temps, ce beau sujet ouvrira une vue lointaine sur l'humanité, comme entre deux hautes montagnes se dégage une perspective d'immenses horizons.

Qu'il me tarde, pour ce poème aussi, de me retrouver avec vous! Aujourd'hui vous vous habitueriez peut-être plus facilement à m'en parler, puisque l'unité et la pureté de votre *Hermann* n'ont nullement souffert des confidences que vous m'avez faites pendant que vous étiez à l'œuvre. J'avoue que je ne connais rien au monde qui ait été plus instructif pour moi que ces communications; elles m'ont fait pénétrer au cœur même de l'art.

La ballade du *Ruisseau du moulin* est charmante, et nous a fait grand plaisir. C'est un cadre délicieux qui amuse et enchante l'imagination; le choix du mètre est aussi très-heureux. Les distiques sont fort gracieux également.

Humboldt s'est enfin décidé à écrire; sa lettre est datée de Munich. Il est en train de se diriger vers Bâle, où il se résoudra à effectuer ou non son voyage à Paris. Ainsi je doute fort qu'il vous trouve encore, à moins que vous ne passiez l'hiver près de Zurich : car c'est de ce côté qu'il tournera ses pas s'il ne va pas à Paris. Il décrit très-agréablement les salines de Berchtoldsgaden, qu'il a visitées. La nation bavaroise semble lui plaire beaucoup; il fait un grand éloge d'un ministre de la guerre bavarois, *Ramdohr*, pour ses belles et philanthropiques institutions.

Nous sommes rentrés en ville, et nous nous y trouvons tous bien. Je travaille avec ardeur à mon *Wallenstein*, mais je n'avance pas vite : cette matière immense et difficile à modeler me donne bien du mal.

Vous avez reçu, j'espère, l'*Almanach* ainsi que mes lettres du 2, du 6 et du 20 octobre.

Adieu; nos meilleures amitiés à Meyer. Puisse notre bon génie vous ramener bientôt parmi nous! Ma femme vous écrira elle-même quelques lignes. Dernièrement, j'ai lu *Hermann* d'un bout à l'autre, en une seule soirée, devant une réunion d'amis; nous avons été impressionnés plus que je ne saurais dire. Cette lecture m'a rappelé si vivement les soirées où vous nous lisiez votre poème, que j'ai été doublement ému. Encore une fois, adieu.

Schiller.

115.

Iéna, le 24 novembre 1797.

Jamais la liaison étroite qui, dans une œuvre poétique, existe entre le sujet et la forme, même extérieure, ne m'a sauté aux yeux comme à propos du travail que je fais en ce moment. Depuis que je convertis ma prose en un langage poétique et rhythmé, je me trouve placé sous une tout autre juridiction qu'autrefois : même beaucoup de motifs qui en prose, paraissaient très-bien à leur place, ne peuvent plus me servir. Ils ne pouvaient convenir qu'au vulgaire bon sens, dont la prose semble être l'organe; mais le vers veut absolument parler à l'imagination, et c'est ainsi qu'il m'a fallu devenir plus poétique dans plusieurs de mes motifs. Vraiment on devrait ébaucher en vers, du moins au début, tout ce qui doit s'élever au-dessus de l'ordinaire, car la platitude n'est jamais mieux mise en lumière que lorsqu'elle s'exprime en langage métrique.

Mes travaux actuels m'ont suggéré une réflexion que vous avez peut-être faite avant moi. Il semble qu'une partie de l'intérêt poétique réside dans l'antagonisme entre le fond et la forme; si le fond est considérable au point de vue poétique, il peut fort bien s'accommoder d'une forme maigre et d'une simplicité d'expression qui va jusqu'à la vulgarité. Au contraire, un sujet commun et sans poésie, comme il en faut souvent dans une œuvre de longue haleine, reçoit, grâce à la force, à la richesse de l'expression, la consécration poétique. A mon avis, c'est aussi le cas où il faut les ornements que demande Aristote, car dans une œuvre poétique il ne doit y avoir rien de commun.

Dans un drame, le rhythme offre un autre grand avantage : en peignant tous les caractères et toutes les situations d'après une loi unique, en les présentant, malgré leurs différences intimes, sous une seule et même forme, il oblige le poète et ses lecteurs à poursuivre une idée générale, purement humaine, dans les objets qui se ressemblent le moins par leurs caractères. Tout doit se confondre dans l'idée générique du mot poésie; or, le rhythme est à la fois le représentant et l'instrument de cette loi, puisque tout doit lui obéir. Il forme ainsi l'atmosphère qu'il faut à la création poétique ; les parties grossières sont rejetées, la partie spirituelle seule peut être portée par cet élément subtil.

Schiller.

116.

Le 25 novembre 1797.

Merci mille fois pour la lettre et pour le paquet que je viens de recevoir. Je me contente de vous dire rapidement au courant de la plume, que non-seulement je partage votre opinion, mais que je vais bien plus loin encore. Tout sujet poétique devrait être traité en vers. Voilà ma conviction. Si l'on a pu introduire peu à peu une prose poétique, cela prouve seulement qu'on a complétement perdu de vue la différence entre la prose et la poésie. C'est exactement comme si quelqu'un commandait pour son parc un lac sans eau, et que le jardinier cherchât à résoudre le problème en créant un marais. Ces genres hybrides ne sont faits que pour les amateurs et les gâcheurs, comme les marais pour les amphibies.

En attendant, le mal est devenu si grand en Allemagne, que personne ne s'en aperçoit plus ; nos Allemands sont comme ce peuple de goîtreux, qui regardaient un cou bien fait comme une punition du Ciel. Toutes les œuvres dramatiques (et peut être la comédie et la farce en première ligne) devraient être écrites en vers ; ainsi l'on verrait tout de suite quels sont les gens capables. Mais aujourd'hui, le poète dramatique n'a plus, pour ainsi dire, qu'à s'accommoder au goût du temps, et, dans ce sens, on ne pourrait vous blâmer d'écrire votre *Wallenstein* en prose. Mais, si vous le regardez comme une œuvre indépendante, il faudra bien qu'il soit en vers.

En tout cas, nous sommes obligés d'oublier notre siècle, si nous voulons travailler d'après nos convictions : car on n'a encore jamais vu de principes aussi ineptes que ceux qui sont généralement admis de nos jours, et le bien que fera la nouvelle philosophie est encore à venir.

Pourtant, la poésie repose sur la représentation de l'état empirique et pathologique de l'homme ; et qui en convient aujourd'hui parmi nos parfaits connaisseurs et nos soi-disant poètes ? Un Garve, qui cependant prétendait au titre de penseur, et passait pour une espèce de philosophe, se doutait-il seulement de cet axiome ? Ne vous tient-il pas pour un grand poète, uniquement parce que vous vous êtes amusé à donner au langage de la raison une forme poétique ? chose qu'on peut bien permettre, mais qu'on ne saurait louer. Comme je pardonnerais volontiers à ces natures prosaïques leur horreur pour les sujets soi-disant immoraux, si elles étaient seulement capables de sentir et d'admirer la haute moralité poétique, qui règnent dans *Polycrate*, dans *Ibycus*, par exemple !

Meyer a rapporté d'Italie un rigorisme féroce ; aussi soyons toujours plus sévères en fait de principes, plus sûrs de nous-mêmes et plus à notre aise dans l'exécution. Ce dernier résultat, nous ne l'obtiendrons que si, pendant notre travail, nos regards ne franchissent jamais le cadre qui nous est tracé,

Voici mon élégie ; je souhaite que vous lui fassiez bon accueil.

Adieu, cher ami, mes compliments aux vôtres
GOETHE.

117.

Iéna, le 28 novembre 1797.

Votre élégie nous a fait grand plaisir. C'est la vraie poésie : par le moyen le plus simple, en se jouant du sujet, elle fait vibrer les cordes les plus secrètes de l'âme et a la plus haute portée.

Puissiez-vous avoir souvent de pareilles inspirations pour égayer ces tristes et longues journées qui, je le sais, vous pèsent autant qu'à moi ! J'ai besoin de toute mon élasticité pour trouver de l'air et de l'espace sous ce ciel pesant.

J'ai lu ces jours derniers les pièces de Shakespeare qui traitent de la guerre des deux Roses ; et après avoir achevé Richard III, je me sens confondu d'étonnement. Cette dernière pièce est une des plus sublimes tragédies que je connaisse ; en ce moment je ne saurais dire si une autre œuvre de Shakespeare pourrait lui disputer la palme. Les grandes destinées qui commencent à se dérouler dans les drames précédents s'y dénouent d'une manière vraiment grandiose, elles se placent l'une à côté de l'autre d'après la conception la plus sublime. Ce qui contribue puissamment à produire ce merveilleux effet, c'est que le sujet par lui-même exclut toute situation sentimentale, langoureuse, ou larmoyante ; tout y est énergique et grand, rien de vulgairement humain ne vient faire tort à l'émotion purement esthétique; on jouit en quelque sorte de la forme pure de la terreur tragique. Une puissante Némésis traverse la pièce, sous toutes les formes, et cette impression vous accompagne depuis le commencement jusqu'à la fin. Ce qu'il y a de prodigieux, c'est l'habileté de l'auteur à saisir toujours le côté poétique d'un sujet assez ingrat, à représenter ce qui ne peut l'être, je veux dire à trouver des symboles partout où la nature ne peut être mise sous les yeux. Nulle autre pièce de Shakespeare ne m'a autant rappelé la tragédie grecque.

Vraiment cela vaudrait la peine de refaire pour le théâtre cette suite de huit pièces avec toute la réflexion dont on est capable aujourd'hui. On pourrait ainsi inaugurer une ère nouvelle. Il faudra que nous en parlions sérieusement.

Adieu; mes compliments à l'ami Meyer. Mon Wallenstein prend tous les jours une forme plus précise, aussi je suis très-content de moi.

SCHILLER.

118.

Essai sur la poésie épique et la poésie dramatique.

Par Goethe et Schiller.

Le poète épique et le poète dramatique sont soumis aux mêmes lois générales, surtout à celle de l'unité et à celle du développement. De plus, ils traitent tous deux des sujets semblables, et peuvent se servir de toutes sortes de motifs. La différence capitale qui existe entre eux, consiste en ce que le premier présente les faits comme *tout à fait passés*, et que le second les montre comme *tout à fait présents*; si l'on voulait déduire de la nature de l'homme le détail des lois qu'ils doivent suivre, il faudrait se représenter un rhapsode et un mime, poètes tous les deux ; l'un, entouré de son auditoire paisible et attentif; l'autre, au milieu de son cercle de spectateurs impatients. Il ne serait pas difficile de démêler ce qui convient le mieux à chacun de ces deux genres de poésie, quels sujets chacun doit choisir, de quels motifs il doit se servir de préférence. Je dis de préférence, car, ainsi que je l'ai fait observer tout d'abord, aucun des deux ne peut rien revendiquer d'une manière absolue. Les sujets d'épopée et de tragédie devraient être purement humains, considérables et pathétiques ; les personnages à mettre en scène doivent avoir le degré de culture où la spontanéité est encore entière, où l'action n'est ni morale, ni politique, ni mécanique, mais personnelle. Sous ce rapport, les légendes des temps héroïques de la Grèce étaient particulièrement favorables au poète.

L'épopée représente de préférence l'activité limitée, la tragédie la souffrance limitée de l'individu. L'épopée montre l'homme *agissant au dehors de lui*; elle raconte les batailles, les voyages, toutes les entreprises qui demandent un certain espace matériel, la tragédie nous fait voir l'homme replié sur lui-même, aussi l'action de la véritable tragédie n'exige-t-elle que peu d'espace.

Quant aux motifs, j'en connais de cinq espèces :

1° Les *progressifs*, qui hâtent l'action ; ce sont ceux dont se sert surtout la tragédie.

2° Les *rétrogrades*, qui éloignent l'action de son but ; le poème épique s'en sert à peu près exclusivement.

3° Les *suspensifs*, qui en ralentissent la marche ou qui allongent le chemin ; les deux genres s'en servent avec le plus grand succès.

4° *Ceux qui reviennent sur le passé*, qui ouvrent l'accès aux événements accomplis avant l'époque où se passe l'action du poème.

5° *Ceux qui empiètent sur l'avenir*, qui anticipent sur les faits qui doivent se produire après le moment où s'arrête l'action. Le poète épique et le poète dramatique ont besoin de ces deux sortes de motifs pour compléter leur œuvre.

Les *mondes* qu'il faut présenter aux regards sont communs à tous deux :

1. Le monde *physique*, et tout d'abord celui des personnages mis en scène, celui qui les environne immédiatement. Le poète dramatique s'y arrête le plus souvent en un point unique, le poète épique se meut plus librement dans un espace plus étendu. Ensuite, le monde *plus éloigné*, qui, pour moi, comprend toute la nature. Le poète épique, qui s'adresse en général à l'imagination, le rapproche de nous par des comparaisons dont le poète dramatique est plus sobre.

2. Le monde *moral* est commun aux deux genres : la. plus heureuse manière de le représenter, c'est de le faire voir dans sa simplicité physiologique et pathologique.

3. Le monde de la *fantaisie*, des *pressentiments*,

des *apparitions*, des *hasards* et des *destinées*. Il est ouvert aux deux genres : mais il va de soi qu'il faut le rattacher au monde matériel. De là naît pour les modernes une difficulté particulière : comment remplacer ces agents précieux dont disposaient les anciens, êtres merveilleux, dieux, devins, oracles ?

En ce qui concerne l'exécution en général, le rhapsode qui raconte ce qui est tout à fait passé, apparaîtra comme un homme sage et calme qui embrasse les événements accomplis d'un regard tranquille et sûr. Sa parole tendra à calmer les spectateurs, pour qu'ils l'écoutent longtemps et avec plaisir. Il répandra l'intérêt d'une manière uniforme, parce qu'il n'est pas en état de balancer sur-le-champ une impression par trop vive ; il se portera à volonté en avant et en arrière, on le suivra partout, car il n'a affaire qu'à l'imagination, qui se crée elle-même ses images, et reste jusqu'à un certain point indifférente au genre d'images qu'elle évoque. Le rhapsode, semblable à un être supérieur, ne devrait point paraître lui-même dans son œuvre ; il y aurait pour lui grand avantage à lire son poème derrière un rideau, afin que l'auditoire oubliât sa personne et ne crût entendre que la voix seule des Muses en général.

Le mime, au contraire, se trouve dans un cas tout opposé ; il se présente comme un individu déterminé, il veut qu'on s'intéresse exclusivement à lui et à son plus proche entourage, qu'on sente avec lui les souffrances de son âme et de son corps, qu'on partage ses embarras, qu'on s'oublie soi-même à cause de lui. Lui aussi agira graduellement, il est vrai, mais il peut risquer des effets bien plus puissants, car la présence actuelle parvient à effacer une impression plus forte par une autre plus faible. A vrai dire le spectateur doit être dans un état de tension continuelle; la réflexion lui est interdite, il faut qu'il suive l'acteur avec passion; son imagination est réduite au silence, on n'y doit faire aucun appel; même les récits doivent être, pour ainsi dire, mis en action.

Vous trouverez ci-inclus mon article; veuillez l'examiner, vérifier par la pratique les idées qu'il renferme, le modifier et le développer. Ces jours derniers j'ai appliqué ces principes à la lecture de l'*Iliade* et de Sophocle, ainsi qu'à quelques sujets épiques et tragiques que j'ai essayé de motiver mentalement; ils m'ont paru pratiques, je dirai même décisifs.

A ce propos, je me suis bien aperçu pourquoi, nous autres modernes, nous sommes portés à confondre entièrement les genres, pourquoi nous sommes même incapables de les distinguer les uns des autres. Cela vient, selon moi, de ce que les artistes qui devraient produire leurs œuvres en se renfermant dans les limites de chaque genre, cèdent à ce besoin de réalité qui tourmente les spectateurs et les auditeurs. Meyer a fait cette observation qu'on a voulu élever tous les arts plastiques à la hauteur de la peinture, parce que celle-ci, par les attitudes et par les couleurs, peut représenter l'imitation comme parfaitement vraie. C'est ainsi qu'en suivant la marche de la poésie, on voit que tout tend au drame, à la représentation parfaite de la *réalité présente*. Ainsi, les romans par lettres sont tout à fait dramatiques ; aussi peut-on y insérer de véritables dialogues, comme l'a fait Richardson ; le roman épique mêlé de dialogue ne saurait au contraire être approuvé.

Vous avez sans doute entendu dire cent fois par des gens qui venaient de lire un bon roman, qu'ils voudraient bien voir le sujet transporté sur la scène. Que de méchants drames sont sortis de là ! C'est ainsi que les hommes veulent voir toute situation intéressante aussitôt reproduite par la gravure. Ils ne demandent qu'une chose, c'est que leur imagination n'ait plus rien à faire ; aussi faut-il que tout soit matériellement vrai, parfaitement présent, dramatique, et le dramatique luimême doit marcher côte à côte avec le réel. Ces tendances puériles, barbares, absurdes, l'artiste devrait y résister de toutes ses forces, séparer les genres par des cercles magiques infranchissables, et laisser à chacun son caractère propre et ses particularités. Voilà ce qu'ont fait les anciens, c'est par là qu'ils devinrent et furent de si grands artistes. Mais qui peut séparer son navire des vagues sur lesquelles il vogue ? Quand il faut lutter contre les vents et les courants, on n'avance guère.

Un bas-relief, par exemple, n'offrait chez les anciens qu'une saillie légère ; c'était la simple, mais ingénieuse, indication d'un objet sur une surface plane. Mais l'homme ne pouvait en rester là : la saillie s'accusa davantage, le relief devint la rondebosse ; on dégagea les membres, on détacha les figures, on introduisit la perspective, on représenta des rues, des nuages, des montagnes, des paysages. Comme ces innovations étaient l'œuvre de véritables artistes, les objets inadmissibles furent accueillis d'autant plus facilement qu'ils répondaient mieux au goût d'un public grossier. A ce propos, Meyer cite un joli trait dans sa dissertation : il rappelle comment à Florence, on a commencé par vernir les figurines en terre glaise pour arriver à y appliquer une couleur d'abord, puis plusieurs, et finir par l'émail.

Mais revenons à mon article. J'ai appliqué la mesure que j'y établis à *Hermann et Dorothée*. Veuillez en faire autant. Il en résulte des remarques intéressantes, celles-ci par exemple :

1° Il ne s'y trouve aucun motif exclusivement épique, c'est-à-dire aucun motif rétrograde, n'y est fait usage que des quatre autres, qui sont communs au poème épique et au drame.

2° Hermann représente, non pas des personnages agissant au dehors, mais des hommes qui se replient sur eux-mêmes, et, par là, il s'éloigne de l'épopée et se rapproche du drame.

3° Il s'abstient fort à propos des métaphores, parce que dans un sujet surtout moral, la recherche d'images tirées du monde physique n'aurait fait qu'ennuyer le lecteur.

4° Le troisième monde y exerce une influence suffisante, quoique modérée, car les grandes destinées de l'humanité s'y mêlent, tantôt effectivement, tantôt d'une manière symbolique par des personnages ; il s'y rencontre aussi des traces légères de pressentiments, de liens mystérieux qui rattachent le monde visible au monde invisible.

Tout cela réuni remplace, selon ma conviction, les figures des dieux antiques, mais ne vaut pas leur puissante et poétique intervention.

Enfin, il faut que je mentionne encore une singulière tâche que je me suis imposée, relativement à cette matière. Je me demande s'il n'y a pas, dans les événements qui séparent la mort d'Hector du départ des Grecs, l'étoffe d'une seconde épopée. Je penche vers la négative, et voici pourquoi :

1º Il n'y a plus de motif rétrograde ; au contraire, tout marche droit au dénoûment.

2º Tous les faits qui, jusqu'à un certain point, pourraient ralentir l'action, éparpillent l'intérêt sur une collection d'individus, et ressemblent aux événements d'une existence privée, bien qu'ils s'accomplissent au sein de grandes masses.

La *Mort d'Achille* me paraît un magnifique sujet de tragédie ; la mort d'Ajax, le retour de Philoctète ont été légués par les anciens. Polyphème, Hécube et d'autres sujets de cette époque, ont été pareillement traités. La prise de Troie, elle-même, comme accomplissement d'une grande destinée, n'est ni épique, ni tragique, et, dans une véritable épopée, elle ne peut être présentée que dans le lointain, comme future ou comme passée. Le récit artificiel et sentimental de Virgile ne peut pas entrer en ligne de compte ici.

Voilà, *salvo meliori*, ce que j'ai pu démêler jusqu'ici ; car, si je ne me trompe, cette matière, comme beaucoup d'autres, ne saurait se réduire en théorie. Nous voyons sans doute ce que le génie a fourni, mais qui oserait dire ce qu'il pourrait ou devrait fournir?

Le courrier va partir, je vous envoie un dernier adieu à vous et à votre chère femme. Tenez-vous bien tranquille jusqu'à ce que la mauvaise saison soit passée. De tous les côtés j'entends dire beaucoup de bien de notre *Almanach*. Je ne sais pas encore quand je pourrai venir ; les affaires de théâtre me retiendront, j'en ai peur, plus longtemps que je ne le croyais, bien qu'il me tarde fort de vous revoir. Encore une fois adieu.

Weimar, le 23 décembre 1797.

GOETHE.

119.

Le parallèle entre le rhapsode et le mime avec leurs auditoires respectifs me paraît un moyen heureusement choisi pour signaler la différence entre les deux genres de poésie. Cette méthode seule suffirait pour rendre impossible toute méprise grossière dans le choix du sujet pour le genre poétique, ou du genre poétique pour le sujet. L'expérience est là pour le confirmer : car, selon moi, rien n'est si propre à retenir, à emprisonner le poète dramatique dans les limites du genre, rien ne l'y ramène plus sûrement quand il s'en est écarté, qu'une idée bien vive de la représentation réelle sur les planches, d'une salle comble, d'un public varié. C'est pour lui le bon moyen de se rendre compte de l'impatience fiévreuse des spectateurs, et, par suite, de comprendre la loi du progrès, du mouvement rapide et continu de l'action.

Je proposerais encore un second moyen de rendre sensible cette différence. L'action dramatique se déroule devant moi, tandis que je tourne moi-même autour de l'action épique, qui paraît, pour ainsi dire, immobile. A mon sens, cette différence est importante. Si l'action se déroule devant moi, je suis étroitement enchaîné au présent, mon imagination perd toute liberté, il naît en moi une inquiétude incessante, je ne puis me détacher de l'objet que j'ai sous les yeux : tout regard en arrière m'est interdit, toute réflexion m'est défendue, parce que j'obéis à une puissance étrangère. Mais si je tourne moi-même autour de l'événement, qui ne saurait m'échapper, je peux marcher d'un pas inégal, je peux m'arrêter plus ou moins longtemps selon mes besoins subjectifs, je peux revenir sur le passé ou considérer l'avenir, etc. Tout cela s'accorde très-bien avec l'idée du *passé*, qu'on peut se figurer stationnaire, et avec l'idée de la *narration*, car le narrateur connaît la fin, au commencement et au milieu du récit. Par conséquent, tous les moments de l'action ont pour lui la même valeur; et c'est pourquoi il conserve toujours son calme et sa liberté.

Il me paraît évident que le poète épique doit représenter son aventure comme tout à fait passée, et le poète tragique la sienne comme tout à fait présente.

J'ajouterai encore qu'il en résulte un charmant contraste entre la poésie comme genre et la poésie comme espèce; contraste toujours très-ingénieux dans la nature comme dans l'art. La poésie, en tant que poésie, rend tout présent et réel : aussi oblige-t-elle le poète épique à rendre présent le passé, mais en lui défendant d'en effacer le caractère. La poésie, en tant que poésie, rend le présent passé, éloigne les objets rapprochés, grâce à l'abstraction. Elle oblige ainsi le poète dramatique d'écarter la réalité individuelle qui voudrait s'imposer à nous, et d'assurer à notre âme une liberté poétique en face du sujet. La tragédie, dans sa plus haute expression, tendra donc toujours à *s'élever à* la nature de l'épopée ce n'est que par là qu'elle devient de la poésie. De même l'épopée tendra à *descendre* vers le drame ; ce n'est qu'ainsi qu'elle remplira les conditions du genre épique : car c'est précisément par les qualités qui les rendent poétiques que les deux genres se rapprochent. Le signe particulier qui les distingue et les oppose l'un à l'autre fait qu'un des deux éléments du caractère de chaque genre est toujours compromis : dans l'épopée la *matérialité*, dans la tragédie la *liberté*. Il est donc naturel que le contrepoids qui remédie à ce défaut soit considéré comme une qualité qui forme le caractère distinctif du genre opposé. Chacune rendra donc à l'autre le service de protéger le *genre* contre l'*espèce*. Empêcher cette tendance réciproque de dégénérer en confusion des genres et des limites, c'est le véritable objet de l'art, dont le but suprême doit toujours être d'unir le caractère à la beauté, la pureté à l'abondance, l'unité à la généralité, etc.

Votre *Hermann* penche réellement un peu vers la tragédie, si on le met en face de l'idée pure et rigoureuse de l'épopée. Le cœur y est plus vivement et plus sérieusement occupé ; on y trouve plus d'intérêt pathologique que d'indifférence poétique. De plus, le théâtre resserré, le petit nombre de personnages, la rapidité de l'action, sont du domaine de la tragédie. Votre *Iphigénie*, au contraire, empiète visiblement sur le terrain épique, dès qu'on lui oppose l'idée rigoureuse de la tragédie. Quant à *Torquato Tasso*, je ne veux pas même le mettre en question. Pour une tragédie, la marche d'*Iphigénie* est trop calme, l'action trop stationnaire, sans même parler de la catastrophe, qui est en contradiction avec la tragédie. L'impression que cette pièce a faite sur moi-même ou sur les autres a toujours été foncièrement poétique, mais nullement tragique; il en sera de même chaque fois qu'une tragédie aura été manquée en empiétant sur l'épopée. Dans votre *Iphigénie* cette tendance à se rapprocher du poème épique est un défaut, selon moi; mais, dans votre *Hermann*, les tendances tragiques sont irréprochables; du moins en ce qui concerne l'effet du poème, elles sont au-dessus de toute critique. Cela vient-il par hasard de ce que la tragédie est faite pour un usage *déterminé*, tandis que l'épopée est destinée à un usage général et illimité?

En voilà assez pour aujourd'hui. Je suis toujours incapable d'un travail suivi; votre lettre et votre article ont pu seuls me faire travailler. Adieu.

SCHILLER.

120.

Tout en regrettant d'apprendre que vous n'êtes pas encore rendu à la vie active, je vois avec plaisir que ma lettre et ma dissertation vous ont un peu occupé. Merci pour la vôtre, qui jette une lumière nouvelle sur une question si importante pour nous. Malheureusement le hasard nous fait quelquefois naître poètes, nous autres modernes; nous nous évertuons alors à essayer de tous les genres, sans bien savoir où nous en sommes; car, si je ne me trompe, les vocations spéciales devraient venir du dehors, et le talent devrait être déterminé par l'occasion. Pourquoi faisons-nous si rarement des épigrammes dans le sens grec? Parce que nous voyons trop peu de choses qui en méritent une. Pourquoi réussissons-nous si rarement dans l'épopée? Parce que nous n'avons point d'auditeurs. Pourquoi cette ardeur à se porter vers le drame? Parce que chez nous le drame est le seul genre de poésie qui plaise aux sens, et dont on puisse se promettre un plaisir immédiat.

J'ai continué ces jours derniers à étudier l'*Iliade*, pour voir si entre elle et l'*Odyssée* il n'y aurait pas une troisième épopée. Mais je ne trouve que des sujets tragiques, soit qu'il n'y en ait point d'autres, soit aussi que je ne sache pas trouver le sujet épique. La mort d'Achille, avec les circonstances qui l'accompagnent, se prêterait à la forme épique et l'exigerait jusqu'à un certain point, à cause de l'ampleur des matériaux à mettre en œuvre. Mais d'abord se présenterait cette question : ferait-on bien de donner, en tout cas, la forme épique à un sujet de tragédie? On peut trouver toutes sortes de raisons pour et contre. En ce qui concerne l'effet, un moderne, travaillant pour des modernes, y aurait toujours un avantage; car, en l'absence d'intérêt pathologique, il sera bien difficile d'obtenir l'approbation des contemporains.

Je m'arrête. Meyer travaille avec ardeur à son traité sur les sujets qui conviennent aux arts plastiques ; il y agite toutes les questions qui nous intéressent, nous aussi ; et l'on voit par là quelle étroite parenté il y a entre l'artiste et le poète dramatique. Puissiez-vous bientôt vous rétablir ! puissé-je être libre d'accourir vers vous !

Le 27 décembre 1797.

GŒTHE.

121.

Iéna, le 29 décembre 1797.

Je vous envoie ci-joint une longue lettre de notre ami Humboldt. Au milieu de ce Paris nouvellement transformé, il reste fidèle à ses vieilles habitudes allemandes ; il ne semble avoir changé que son entourage extérieur. Il en est d'une certaine manière de philosopher et de sentir comme d'une certaine religion : elle coupe toute communication avec le dehors, mais elle augmente l'intensité de la vie intérieure.

Le travail auquel vous vous livrez pour séparer, pour épurer les deux genres, est, j'en conviens, d'une importance majeure ; mais vous serez convaincu avec moi que, pour exclure d'une œuvre d'art tout ce qui est étranger au genre dont elle fait partie, il faut nécessairement y introduire tout ce qui appartient à ce genre. Et voilà précisément ce que nous ne pouvons faire. Puisqu'après tout nous ne saurions réunir les conditions auxquelles chacun des deux genres est soumis, nous sommes obligés de les confondre. S'il y avait des rhapsodes et un monde pour les écouter, le poète épique n'aurait pas besoin d'emprunter des motifs à la tragédie ; si nous avions les ressources et les puissants moyens d'action de la tragédie grecque, s'il nous était permis, avec cela, de faire passer devant nos auditeurs une série de sept représentations, nous ne serions pas forcés d'élargir nos drames outre mesure. La faculté sensitive du spectateur et de l'auditeur veut être satisfaite et touchée à tous les points de sa sphère ; le diamètre de cette faculté est la mesure du poète. Comme les dispositions morales sont les plus développées, elles sont aussi les plus exigeantes, et, si nous n'en tenons pas compte, c'est à nos risques et périls.

Si, comme je n'en doute pas, le drame est réellement protégé par les fâcheuses tendances de l'époque, il faudrait commencer la réforme par le drame, et donner à l'art du jour et de l'air en proscrivant l'imitation grossière de la nature. A mon avis, la meilleure voie pour arriver à ce résultat serait d'introduire des moyens symboliques, qui remplaceraient l'objet en tout ce qui ne relève pas du véritable empire du poète, et qui, par conséquent, ne doit pas être représenté, mais simplement indiqué. Je n'ai pas encore bien pu me rendre compte de cette idée du symbolique appliqué à la poésie ; mais elle me paraît très-féconde. Si l'emploi en était bien déterminé, il en résulterait forcément l'épuration de la poésie, une puissante concentration du monde poétique, et, par suite, une intensité plus grande des effets de l'art.

Je comptais toujours un peu sur l'opéra; j'espérais que la tragédie s'en dégagerait sous une forme plus noble, comme autrefois elle était sortie des fêtes de Bacchus. En effet, dans l'opéra, le poète est dispensé de la servile imitation de la nature; l'idéal ne pourrait-il pas, à titre de simple tolérance, se glisser sur la scène par cette voie? Par la puissance de la musique, en parlant aux sens un langage harmonieux et libre, l'opéra dispose l'âme aux sentiments élevés; la passion elle-même s'y produit avec plus de laisser-aller, parce que la musique l'accompagne, et le merveilleux, qu'on y tolère, rendrait nécessairement le spectateur plus indifférent au fond du sujet.

Il me tarde bien de lire la dissertation de Meyer; elle renfermera sans doute bien des principes applicables à la poésie.

Je me remets peu à peu au travail; mais par cet horrible temps il est bien difficile de conserver son élasticité morale.

Puissiez-vous bientôt être libre, et m'apporter l'activité, le courage et la vie! Adieu.

SCHILLER.

1798

122.

Iéna, le 2 janvier 1798.

J'accepte comme un présage favorable que la première lettre que j'écris sous la nouvelle date s'adresse à vous. Que le sort vous soit aussi propice cette année que les deux années qui viennent de s'écouler, c'est le meilleur souhait que je puisse vous faire. Moi aussi je serais heureux de pouvoir, comme vous, condenser dans une œuvre poétique ce qu'il y a de plus pur et de plus noble en *moi-même*.

La faculté qui vous a été départie d'alterner entre la réflexion et la production est vraiment digne d'envie et d'admiration. Chez vous ces deux opérations sont parfaitement distinctes, et voilà précisément pourquoi toutes deux s'accomplissent si bien. Aussi longtemps que vous travaillez, vous êtes dans les ténèbres, et la lumière n'est qu'en vous ; mais dès que vous commencez à réfléchir, cette lumière intérieure se projette au dehors, et éclaire les objets pour vous et pour les autres. Chez moi les deux moments se confondent, et cela sans grand profit pour mon œuvre.

J'ai lu dernièrement, dans la *Gazette de Nüremberg*, un compte-rendu d'*Hermann et Dorothée*, qui me prouve, une fois de plus, que les Allemands ne comprennent que les généralités, que les choses de la raison et de la morale. Cette critique est pleine de bonne volonté, mais elle ne contient pas une réflexion qui atteste le moindre sentiment poétique ; l'auteur n'a aucune idée de l'économie du poème. Le brave homme ne s'attache qu'à certains passages, à ceux-là surtout qui développent longuement des idées générales et qui parlent au cœur.

SCHILLER.

123.

Je suis bien aise de nous savoir si près l'un de l'autre au début de la nouvelle année ; je souhaite seulement que nous nous revoyions bientôt pour passer ensemble une série de jours.

Je voudrais vous communiquer et vous confier bien des choses pour hâter la maturité de toute une époque de ma vie intellectuelle et poétique.

Je me réjouis fort de voir quelque chose de votre *Wallenstein;* cela me permettra de m'associer, une fois de plus, à votre existence. Je désire de tout mon cœur que vous puissiez terminer votre œuvre cette année.

Je comptais aller vous voir déjà dimanche prochain ; mais un nouvel empêchement semble s'interposer ; samedi je pourrai être plus explicite. Je vous enverrai aussi ce jour-là la copie d'un vieux dialogue entre un savant chinois et un jésuite : le premier s'y montre en idéaliste créateur, le second en véritable disciple de Reinhold. Cette trouvaille m'a énormément amusé et m'a donné bonne opinion de la sagacité des Chinois.

Si nous étions, nous autres poètes, aussi intéressés que les prestidigitateurs à cacher le secret de nos tours d'adresse, nous aurions sans doute partie gagnée. De même, tout individu qui veut se moquer du public, peut compter sur le succès, s'il suit le courant. Dans *Hermann et Dorothée*, pour ce qui regarde le sujet, j'ai servi une fois les Allemands à leur goût ; aussi, les voilà très-satisfaits. Je me demande maintenant si l'on ne pourrait pas, en suivant cette voie, écrire un drame qu'il faudrait jouer sur toutes les scènes, et que tout le monde trouverait excellent, sans que l'auteur ait besoin d'être de cet avis.

Il faut ajourner cela et tant d'autres choses jusqu'à notre réunion. Comme j'aimerais vous avoir près de nous en ce moment! Vous verriez dans la même heure, et, pour ainsi dire côte à côte, une des plus grandes monstruosités du monde organique, l'éléphant, et la plus gracieuse des créations de l'art, la Madone de Florence.

Je vous apporterai les *Idées sur la philosophie de la nature*, par Schelling ; ce livre nous fournira matière à plus d'un entretien.

Adieu. Mille compliments à votre chère femme. Frédéric Schlegel a profité de sa présence à Berlin, où s'imprime le Lycée, pour insérer dans un numéro de ce journal, à l'insu de Reichardt et à défaut d'autre copie, un article extravagant où il attaque aussi Voss ; c'est ce qui a brouillé les deux nobles amis.

GŒTHE.

Weimar, le 3 janvier 1798.

124.

Iéna, le 5 janvier 1798.

Mes propriétaires ne peuvent assez vanter l'aimable accueil qu'ils ont trouvé chez vous, ainsi que les belles choses qu'on leur a fait voir. Je suis vraiment surpris de la chaleur avec laquelle le vieux parle de ces œuvres d'art; et l'artiste a lieu d'être heureux de l'effet qu'il produit sur une nature pareille.

Je suis désolé de tous les retards que subit votre arrivée ici; une de vos précédentes lettres m'y faisait déjà compter à partir de Noël. En attendant, *Wallenstein* a fait quelques pas en avant; je suis à même aujourd'hui de vous offrir quatre fois la valeur du *Prologue*, sans qu'il y ait encore un seul vers du troisième acte.

Maintenant que j'ai devant moi mon travail proprement copié par une main étrangère, et qu'il m'est, pour ainsi dire, devenu plus étranger, j'y prends réellement plaisir. Je vois, à n'en pas douter, que je me suis élevé au-dessus de moi-même; c'est le fruit de nos relations. Mes rapports fréquents, continuels avec votre nature objective si différente de la mienne, mes efforts incessants pour arriver à sa hauteur, mon ardeur à la contempler et à la comprendre, pouvaient seuls me rendre capable de reculer aussi loin les limites de ma nature subjective. Je trouve que la clarté et la réflexion, qui sont le fruit de l'âge mûr, n'ont rien coûté à la chaleur de la jeunesse. Mais ces considérations seraient mieux placées dans votre bouche que dans la mienne.

Me voilà édifié : je ne choisirai plus désormais que des sujets historiques; ceux de pure invention seraient pour moi un écueil. C'est une toute autre opération d'idéaliser le réel que de rendre réel l'idéal ; or ceci est le cas dans les fictions. Je me sens la force d'animer un sujet donné, limité, d'y répandre la chaleur, d'en faire jaillir la poésie ; la précision objective d'un pareil sujet tient mon imagination en bride et résiste à ma fantaisie. Quand, par quelques pièces de théâtre, j'aurai réussi à capter la faveur de notre public, je voudrais bien me permettre une grosse méchanceté en exécutant un projet d'autrefois, avec Julien l'Apostat. Voilà encore un monde historique, original et précis, où je ne serais pas fâché de trouver une veine poétique à exploiter; l'intérêt terrible que renferme le sujet rendrait l'effet de l'exécution poétique d'autant plus puissant. S'il y a dans la bibliothèque de Weimar la traduction du Misopogon ou des lettres de Julien, vous me feriez grand plaisir en me l'apportant.

Mme Charlotte Kalb est, dit-on, réellement en danger de perdre la vue; elle serait bien à plaindre.

Adieu. Je joins à ma lettre quelques lignes de Kœrner sur votre *Pausias*. Ayez la bonté de me renvoyer la lettre de Humboldt; je veux y répondre pour lundi.

SCHILLER.

125.

Je vous félicite de la satisfaction que vous donne la partie achevée de votre *Wallenstein*. Vous voyez si nettement ce que vous pouvez exiger de vous-même, que je ne doute pas de la valeur parfaite de votre témoignage. L'heureuse rencontre de nos deux natures nous a déjà procuré plus d'un avantage, et j'espère que nos relations continueront oujours à produire les mêmes effets. Si j'ai été pour vous le représentant de bien des objets, par contre vous m'avez fait perdre l'habitude de trop observer les choses du monde extérieur et leurs rapports, en me ramenant à moi-même. Vous m'avez appris à considérer avec plus d'équité les diverses faces de l'homme intérieur, vous m'avez procuré une seconde jeunesse; par vous je suis redevenu poète, car j'avais cessé de l'être, ou peu s'en faut.

L'effet de mon voyage continue à se manifester d'une manière bizarre. Les matériaux que j'ai amassés en route ne me servent pas, et j'ai perdu tout à fait le goût de rien faire. Je me souviens d'avoir ressenti autrefois des influences semblables ; et, par une foule de faits et de circonstances je sais, à n'en pas douter, que mes impressions ont besoin d'agir chez moi en silence, avant de se prêter à un usage poétique. Aussi ai-je fait une halte; j'attends les fruits de mon premier séjour à Iéna.

Le jugement de Kœrner sur *Pausias* me paraît très-curieux. On n'a qu'à rendre ses ouvrages aussi bons et aussi variés que possible, pour que chacun fasse son choix et s'y intéresse à sa façon. L'observation de Kœrner ne manque pas de justesse : le groupe du poème se détache comme une peinture, quoique animé seulement par le sentiment et par le souvenir ; cela fait que la lutte entre le poète et le peintre n'en devient que plus frappante.

Du reste, les poésies du dernier Almanach des Muses m'ont prouvé, une fois de plus, que les suffrages les plus honorables ne peuvent rien nous apprendre, et que les meilleures critiques ne nous servent à rien. Tant qu'une œuvre d'art n'existe pas, personne ne se doute de la possibilité de son existence ; dès qu'elle est créée, l'éloge et le blâme sont toujours subjectifs ; tel homme, auquel on ne saurait refuser du goût, voudrait y voir des additions et des suppressions qui détruiraient peut-être tout le travail. Ainsi la valeur négative de la critique, la seule importante, ne peut pas non plus nous servir.

Je souhaite, pour bien des raisons, que votre *Wallenstein* s'achève bientôt. Pendant, aussi bien qu'après le travail, étudions à fond les exigences dramatiques. Si à l'avenir vous êtes bien fixé d'avance sur le plan et sur la disposition de votre œuvre, ce serait bien triste, si avec votre talent éprouvé et les trésors de votre génie, vous n'écriviez pas une couple de pièces par an. A mon avis, il faut que le poète dramatique se montre souvent, qu'il renouvelle toujours l'effet qu'il a produit, qu'i accumule, s'il en a le talent, succès sur succès.

Notre amie Mme Kalb va en effet très-mal. Sa vue est déjà très-compromise et il serait bien possible qu'elle la perdît tout à fait.

Je songerai à Julien.

Je vous envoie l'entretien philosophique que je vous annonçais. Le Chinois me plairait encore mieux, s'il saisissait le réchaud, et s'il le tendait à son adversaire en disant : « *Oui, je le crée,* tiens, prends-le pour ton usage. » Je voudrais savoir ce que le jésuite aurait répondu à cela.

Le livre de Schelling m'a conduit à faire différentes réflexions, dont il faudra que nous parlions en détail. Je conviendrai de bon cœur que ce n'est pas la nature que nous connaissons, mais que nous la concevons seulement d'après certaines formes, d'après certaines facultés de notre esprit. Depuis le désir qu'éprouve l'enfant d'avoir la pomme de l'arbre, jusqu'à la chute du fruit, qui, dit-on, fit naître chez Newton l'idée de sa théorie, il y a sans doute bien des degrés de perception ; il serait fort à désirer qu'on nous les fît une fois bien connaître, et en même temps, comprendre ce qu'on regarde comme le degré suprême. L'idéaliste transcendant croit être tout à fait au sommet ; mais il y a une chose qui ne me plaît pas chez lui, c'est qu'il attaque les autres manières de concevoir les objets ; car, à vrai dire, on n'en peut contester aucune. Qui dissuadera certains hommes de croire à l'utilité extérieure des natures organiques, quand l'expérience de tous les jours semble la proclamer ; quand il est si facile de se tirer d'embarras par une explication spécieuse des phénomènes les plus graves? Vous savez combien je tiens à l'idée de l'utilité intérieure des natures organiques ; pourtant on ne saurait nier une *destination extérieure* et un *rapport extérieur.* Par là on se rapproche plus ou moins de la première idée ; de même que dans le débit on ne saurait non plus s'en passer comme formule de langage. Que l'idéaliste se défende donc tant qu'il voudra contre son *moi réel*, il se heurtera avant de s'en douter au *monde extérieur* qui, à mon sens, se mettra toujours dès l'abord devant lui, comme le réchaud devant le Chinois. Je persiste à croire que si l'un des deux partis ne peut jamais atteindre l'esprit, en allant du dehors vers le dedans, l'autre risquera bien de ne jamais arriver aux corps, en suivant la voie opposée; on fera donc toujours bien de rester dans l'état de nature philosophique (Idées de Schelling, p. xvi), et d'employer cette existence indissoluble le mieux possible, en attendant que les philosophes s'accordent sur le moyen de réunir de nouveau ce qu'il leur a plu de séparer.

Je suis retombé sur certains points qu'il me faut déterminer en vue de mes opérations prochaines; et sur lesquels je vous demanderai votre avis de vive voix. Adieu. J'aime mieux retarder un peu mon arrivée, afin de pouvoir passer avec vous une série de jours aussi agréables que fructueux.

Weimar, le 12 janvier 1798

GOETHE.

126.

Iéna, le 12 janvier 1798.

Votre traité contient une exposition et une justification remarquables des procédés que vous avez suivis dans l'étude de l'histoire naturelle; il touche aux questions les plus élevées, et aux règles essentielles de tout empirisme rationnel, pendant qu'il se restreint à la théorie d'une science particulière. Je relirai attentivement cet écrit, je le méditerai, pour vous communiquer ensuite mes observations. J'ai reconnu clairement, par exemple, combien il est dangereux de vouloir prouver directement une proposition théorique par des expériences. Je trouve que votre observation concorde avec cette autre règle de logique, qu'on ne doit pas prouver ses propositions par des exemples, parce qu'il n'y a pas de proposition qui soit identique à l'exemple. La méthode opposée méconnaît entièrement la différence essentielle qui existe entre le monde physique et le monde intellectuel; elle va même jusqu'à supprimer la nature, en nous montrant toujours l'idée de la nature dans les objets, et jamais l'inverse. En général un phénomène ou fait bien *déterminé* ne peut jamais répondre parfaitement à une règle purement *déterminante*. J'aimerais bien vous voir développer les idées principales de votre traité pour elles-mêmes, indépendamment des recherches et des expériences auxquelles celui-ci sert d'introduction, vous donneriez des indications précieuses; en apprenant à séparer d'une manière plus rigoureuse et plus claire les procédés pratiques et l'application de la théorie, on serait amené à se convaincre qu'on ne peut agrandir le domaine de la science qu'aux conditions suivantes : il faut, d'une part, observer le phénomène sans prétendre tirer une loi générale d'un fait particulier, l'étudier sous toutes ses faces, et ne vouloir y découvrir que la nature dans la variété de ses manifestations;

d'autre part il faut, quand ces premiers résultats sont acquis, laisser toute liberté aux facultés perceptives, et permettre à la faculté de combiner de se donner pleine carrière, avec cette restriction, que la faculté perceptive ne doit jamais sortir de son propre domaine, et ne jamais rien constituer en ce qui touche le fait. Je trouve que jusqu'ici on a péché de deux manières opposées dans l'étude de l'histoire naturelle : tantôt on a rétréci la nature par la théorie, tantôt on a voulu trop restreindre la pensée par l'objet. Il faut rendre justice aux deux méthodes, si l'on veut qu'un empirisme rationnel soit possible; on peut rendre justice à toutes deux, si une loi critique sévère délimite leurs domaines réciproques. Dès qu'on laisse toute liberté aux théories, il se produit nécessairement un fait que l'expérience confirme tous les jours : c'est que la variété des systèmes, qui a pour conséquence de les affaiblir, et souvent de les détruire les uns par les autres, répare le mal que cause le despotisme d'un seul. C'est ainsi que, même en suivant la voie de la théorie, on est forcé de revenir à l'objet.

L'entretien métaphysique du père jésuite avec le Chinois m'a fort amusé; le vieil allemand lui donne une saveur toute particulière. Seulement, comme il arrive souvent en pareil cas, je me demande si le raisonnement du Chinois cache un grand sens ou une extrême platitude. Où avez-vous déterré ce beau morceau? Ce serait une bonne plaisanterie de le faire imprimer et d'en faire l'application discrète à nos philosophes contemporains.

La boutique esthétique de Bouterwek est vraiment curieuse. Je n'ai jamais vu pareil mélange de radotage littéraire et d'incohérence dans les idées ; jamais écrivain ne s'est permis d'afficher tant de prétentions à la science, avec un si misérable mobilier rhapsodique.

En différant jusqu'au mois prochain votre arrivée parmi nous, vous ajoutez à la longueur de ce triste mois de janvier; du moins je tirerai de cette solitude l'unique avantage qu'elle offre, en travaillant assidûment à mon *Wallestein*. Avant de vous soumettre ma tragédie, il est bon d'ailleurs que l'action soit arrivée à un certain degré de chaleur, et puisse se mouvoir, pour ainsi dire, d'elle-même, étant sur la pente descendante; car dans les deux premiers actes elle ne fait que monter.

Adieu ; mes amitiés à Meyer. Ma femme se rappelle à votre bon souvenir.

SCHILLER.

127.

Votre lettre si instructive me surprend au moment où je suis en train d'observer les couleurs, qui se montrent sur les plaques de verre superposées; c'est le phénomène qui vous intéressait vous-même si vivement; et qu'il faut à présent suivre jusqu'à ses premiers éléments, en me préparant à travailler à fond chapitre par chapitre. A propos de mon traité, mettez vos réflexions par écrit, s'il vous plaît; car c'est le moment de faire un grand pas, et le livre de Schelling me fait supposer, une fois de plus, que nous avons peu de secours à attendre des philosophes de notre temps. Ces jours derniers, en triant et en classant mes papiers, j'ai vu avec satisfaction qu'à force de marcher en avant et de faire des observations discrètes, je me suis débarrassé de mon réalisme obstiné, et de mon objectivité systématique; si bien que je pourrais signer votre lettre d'aujourd'hui comme ma propre profession de foi. Je verrai, si par mon travail, je puis exposer d'une manière pratique la conviction que j'ai.

Pendant que je revoyais cette semaine différents ouvrages de physique, j'ai été bien frappé de remarquer que pour la plupart des chercheurs, les phénomènes de la nature ne sont qu'une occasion d'employer leurs facultés individuelles, et d'exercer leur métier. On ne saurait s'imaginer comme *Newton* fait à contre-temps le géomètre dans son optique ; c'est tout comme si l'on voulait mettre ces phénomènes en musique ou en vers, sous prétexte qu'on est maître de chapelle ou poète. Le *mécanicien* fait consister la lumière en globes qui se heurtent et se poussent; la direction plus ou moins oblique qu'ils suivent, en rebondissant, est la cause nécessaire de la formation des différentes couleurs : le *chimiste* fait naître la lumière du calorique, et, particulièrement dans les derniers temps, de l'oxygène. Un homme paisible et surtout modeste, comme *Klügel*, doute et ne se prononce pas ; *Lichtenberg* plaisante, et tourne en ridicule les systèmes des autres; *Wünsch* avance une hypothèse plus extravagante qu'un chapitre de l'Apocalypse; pour l'idée la plus absurde du monde il dépense de l'activité, de l'adresse dans ses expériences, de la sagacité dans ses combinaisons ; *Gren* répète les vieilles théories, comme un homme qui récite un credo symbolique, et il assure que ce sont les bonnes : bref, chacun songe plus ou moins à concilier ses propres vues avec la question elle-même, et à y trouver son compte aussi bien que possible. Il faudra voir comment nous nous garderons de ces écueils ; aidez-moi de votre prudence.

Je vous rédigerai prochainement un aperçu de l'ensemble pour vous rendre compte de ma méthode, du but et du sens de mon travail.

Il ne me reste pour aujourd'hui qu'à réitérer mes félicitations au sujet des progrès de *Wallenstein*.

Le dialogue extravagant dont je vous ai parlé est tiré du *Miroir historique, artistique et moral poli à neuf*, d'*Erasmus Franciscus* ; c'est un livre absurde, mais qui contient bien des matériaux dont nous pouvons tirer parti.

Adieu. La messagère est devant la porte.

Weimar, le 13 janvier 1798.

GOETHE.

128.

Iéna, le 19 janvier 1798.

Ce sera un travail intéressant et instructif pour vous de revoir par *catégories* les idées exposées dans votre premier traité, et dans celui que vous venez de faire. Votre opinion sera pleinement confirmée, en même temps vous sentirez naître en vous une confiance nouvelle dans la philosophie, comme guide dans les questions empiriques. Je ne veux ici m'attacher qu'à quelques applications, qui auront pour objet immédiat votre dernier traité.

La conception de l'expérience dans les trois ordres de phénomènes sera complète, si vous la contrôlez d'après les catégories.

a.

L'empirisme commun qui ne va pas au delà du phénomène empirique, ne considère jamais (quant à la quantité) qu'un seul cas, qu'un élément d'expérience, par conséquent point d'expérience. Quant à la qualité, il n'affirme jamais qu'une existence déterminée, sans en rien distinguer ni exclure, sans rien y opposer; en un mot, sans comparer. Quant au rapport, il risque de prendre l'accident pour la substance; quant à la modalité, il est réduit à une réalité définie, sans pressentir ce qui est possible, sans pouvoir s'élever à la perception d'une idée nécessaire. A mon sens, l'empirisme ordinaire n'est jamais exposé à l'erreur, car l'erreur ne se produit que dans la science. Ce qu'il observe, il l'observe réellement, et parce qu'il ne sent pas la démangeaison d'ériger ses perceptions en lois qui régissent l'objet, ses perceptions peuvent sans le moindre danger être toujours isolées et accidentelles.

b.

Ce n'est qu'avec le *rationalisme* qu'apparaît le *phénomène scientifique*, et l'erreur. C'est sur ce terrain que les facultés intellectuelles commencent leurs ébats ; l'arbitraire se met de la partie avec toute la liberté de ces facultés, qui se substituent si volontiers à l'objet.

Quant à la quantité, le rationalisme réunit toujours *plusieurs* cas ; aussi longtemps qu'il évite de donner la pluralité pour la totalité, c'est-à-dire de faire des lois objectives, il est inoffensif, même utile, puisqu'il est le chemin de la vérité, qu'on ne rencontre qu'en sachant se détacher du fait particulier. Mais quand on en abuse, il devient pernicieux pour la science, parce que, selon votre lumineuse observation, il veut faire prévaloir l'énorme puissance d'association de l'esprit humain, aux dépens d'une certaine liberté républicaine des faits, en un mot, parce qu'il veut imposer son unité à la simple pluralité ; il donne ainsi une totalité qui n'en est pas.

Quant à la qualité, le rationalisme oppose, avec raison, les phénomènes les uns aux autres ; il distingue, il compare ; ce procédé est louable, il est bon (comme le rationalisme en général), c'est le seul chemin pour arriver à la science. Mais le despotisme des facultés intellectuelles reparaît ici, il se révèle par des *vues étroites*, par des distinctions *trop tranchées*, comme il s'est révélé plus haut par des associations *arbitraires*. Il court risque de séparer absolument ce que la nature a réuni, comme plus haut il a réuni ce que la nature sépare. Il fait des divisions, où il n'y en a point, etc.

Quant au rapport, le rationalisme tend perpétuellement à rechercher la causalité des phénomènes, à les grouper tous selon la cause et l'effet ; autre procédé très-louable, nécessaire pour arriver à la science, mais également très-pernicieux parce qu'il ne considère qu'une face des choses. J'en appelle ici à votre traité lui-même, qui relève surtout cet abus qu'engendre la détermination de la causalité des phénomènes. Ici le grand défaut du rationalisme consiste surtout à tenir simplement compte de la *longueur*, et non de la *largeur* de la nature.

Quant à la modalité, le rationalisme abandonne la réalité sans s'élever jusqu'à l'idée nécessaire. Le vaste champ qu'il exploite, c'est la *possibilité*; de là ses hypothèses sans fin. Selon moi, cette fonction de l'intelligence est également nécessaire, c'est la *conditio sine qua non* de toute science ; car, à mon avis, le possible seul ouvre un passage du réel au nécessaire. Aussi je défends de mon mieux la liberté et les droits des forces théoriques dans le domaine de la physique.

c.

L'empirisme rationnel seul peut pénétrer jusqu'au *phénomène pur* qui, d'après moi, ne fait qu'un avec la loi naturelle objective. Mais, encore une fois, l'empirisme rationnel lui-même ne peut pas avoir l'empirisme pour principe immédiat, au début ils seront toujours séparés par le rationalisme. La troisième catégorie résulte invariablement de la combinaison de la première avec la seconde, nous trouvons de même qu'il n'y a que la libre et pleine activité de la pensée, jointe à l'activité la plus pure et la plus étendue de la faculté sensitive qui puisse mener à une perception vraiment scientifique. Par conséquent, l'empirisme rationnel réalisera un double avantage, il exclura l'arbitraire et fera naître des principes libéraux : je veux parler du pouvoir arbitraire exercé par l'esprit humain vis-à-vis de l'objet, ou bien par l'aveugle hasard qui se manifeste dans l'objet, et par l'étroite individualité du phénomène particulier aux dépens de la pensée. En un mot, il rendra pleine justice à l'objet, en le dépouillant de sa violence aveugle, et assurera à l'esprit humain son entière liberté (rationnelle), en lui coupant le chemin de l'arbitraire.

Quant à la quantité, il faut que le phénomène pur comprenne la totalité des cas, car il est constant dans tous. Il rétablit ainsi, tout à fait dans le sens de la catégorie, l'unité dans la pluralité.

Quant à la qualité, l'empirisme rationnel est toujours *limitatif;* cela est démontré par l'exemple de tous les vrais naturalistes, qui se tiennent également éloignés de l'affirmation et de la négation absolues.

Quant au rapport, l'empirisme rationnel tient compte en même temps de la causalité et de l'indépendance des phénomènes; il constate dans toute la nature une activité réciproque; tout se détermine mutuellement; il se garde donc d'admettre la causalité d'après une simple *longueur* nécessairement insuffisante, il embrasse aussi la largeur.

Quant à la modalité, l'empirisme rationnel pénètre toujours jusqu'à l'idée nécessaire.

L'empirisme rationnel n'est, d'après l'idée même du mot, jamais exposé à l'abus, comme les deux méthodes précédentes; pourtant il faut se mettre en garde contre un empirisme prétendu rationnel. De même qu'une *sage limitation* constitue le véritable esprit de cet empirisme rationnel, de même le second peut être le produit *d'une limitation timide et servile*. Le fruit du premier est le *phénomène pur*, le fruit de l'autre le *phénomène vide et creux*. J'ai observé maintes fois que des esprits faibles et méticuleux, à force d'exagérer le respect des objets et de leur variété, à force d'avoir peur des facultés de l'âme, finissent par restreindre, et, pour ainsi dire, par creuser leurs assertions et leurs énonciations à tel point, que le résultat se réduit à zéro.

Il y a encore tant à dire sur cette matière et sur vos thèses, que j'attends votre arrivée pour bien approfondir le sujet; car il n'y a que la *conversation* qui me permette de saisir vite et de bien retenir les idées d'autrui. Dans le monologue épistolaire je risque toujours de ne bien entendre que moi-même. Je tiens surtout à recueillir de votre bouche une définition plus complète de ce que vous appelez l'*application indirecte* des cas particuliers aux règles.

Mon travail poétique est en stagnation depuis trois jours, malgré l'excellente disposition où j'étais. Un mal de gorge qui a fait le tour de la maison, a fini par m'atteindre à mon tour. Comme ce mal m'a surpris juste au moment où j'étais très-impressionnable par suite de mon ardeur à la besogne, j'ai eu la fièvre pendant toute la journée d'hier. Mais aujourd'hui j'ai déjà la tête bien plus libre, et j'espère être débarrassé dans quelques jours de cet hôte fâcheux.

Je vous félicite de vos nouvelles *Xénies*. Nous allons les mettre *ad acta*.

Les cabrioles extravagantes auxquelles M. Posselt se livre devant le public, ne feront pas de tort à l'éditeur.

Ici l'on est fort curieux de savoir si vous ne donnerez pas à Weimar l'opéra de Gotter, l'*Ile aux Esprits*.

Maintenant que M. Hirt vous devance en quelque sorte à propos de votre écrit sur Laocoon, n'auriez-vous pas envie de nous donner votre travail pour les *Heures*?

Adieu. Ma femme envoie ses amitiés.

Schiller.

129.

Hier nous avons entendu un nouvel opéra; Cimarosa déploie dans cette composition le talent d'un maître accompli. Le texte est dans le goût italien; j'ai fait à ce propos des réflexions sur la possibilité de marier si heureusement des sottises, des absurdités même aux beautés les plus sublimes de l'art musical. C'est l'*humour* seul qui amène un pareil résultat; car l'*humour*, même sans être poétique, est une sorte de poésie, et nous élève par sa nature au-dessus du sujet. L'Allemand est rarement sensible à ce charme, parce que ses goûts de philistin ne lui permettent d'estimer que les sottises, qui se cachent sous un air de sensibilité ou de bon sens.

Weimar, le 31 janvier 1798.

Goethe.

130.

Iéna, le 2 février 1798.

Votre réflexion sur l'opéra m'a rappelé les idées sur lesquelles je me suis étendu si longuement dans mes *Lettres esthétiques*. Il est certain que l'esthétique, tout incompatible qu'elle est avec la nullité, est moins en contradiction avec le frivole qu'avec le sérieux; et, comme l'Allemand est beaucoup plus porté à s'occuper et à se déterminer, qu'à conquérir son indépendance, on lui procure déjà une jouissance esthétique en lui faisant grâce des difficultés du sujet; car sa nature empêchera bien sa liberté d'être tout à fait sans force et sans vertu. Aussi j'aime bien mieux voir les gens d'affaires et les philistins, en général, dans cette humeur demi-sérieuse, que les oisifs du monde; car chez ces derniers les impressions sont toujours faibles et stériles. On devrait pouvoir servir chacun à son goût; si c'était possible, j'enverrais les uns à l'opéra, et les autres à la tragédie.

SCHILLER.

131.

Iéna, le 13 février 1798.

J'ai cherché à me consoler de votre absence prolongée par mon ardeur au travail, et par la perspective d'achever pour votre arrivée une plus grande partie de mon poëme; mais l'hiver et le mauvais temps me sont contraires et m'empêchent d'avancer ; malgré mon ardeur et mes bonnes dispositions, je reste stationnaire. Depuis près de huit jours ma tête souffre d'un nouvel accident catarrhal, et mon ancien mal revient aussi me tourmenter. Pour me maintenir dispos, je ne puis pas même songer à ma besogne actuelle, je m'occupe en pensée d'un travail futur, et d'idées générales.

Comme j'ai lu cet hiver beaucoup de relations de voyages, je n'ai pu m'empêcher d'examiner quel parti le poëte pourrait bien tirer de pareilles matières, et, à ce propos, j'ai été de nouveau frappé de la différence qui existe entre la forme épique et la forme dramatique.

Il est hors de doute qu'un explorateur, ou un grand navigateur, comme Cook, pourrait devenir lui-même le sujet, ou au moins l'occasion d'une belle épopée. A mes yeux, il réunit toutes les conditions du poëme épique, sur lesquelles nous sommes d'accord ; ce qui favoriserait encore le poëte, c'est que le moyen aurait par lui-même toute la dignité, toute l'importance du but ; je dirai plus, le but lui-même serait subordonné au moyen. On pourrait, dans un pareil sujet, épuiser un certain cycle de l'humanité, ce qui, dans une épopée, me parait essentiel, et le monde physique uni au monde moral produirait un ensemble harmonieux.

Mais quand je me figure ce même sujet transformé en drame, je vois tout d'un coup la grande différence entre les deux genres de poésie. Ici l'ampleur de la matière me gêne, autant qu'elle me souriait dans l'épopée ; les éléments syphiques n'apparaissent plus que comme un moyen d'amener les éléments moraux ; ils deviennent gênants par leur importance et par leurs prétentions ; en un mot, toute cette riche matière n'est plus qu'un moyen de faire naître certaines situations qui mettent l'homme intérieur en jeu.

Je suis vraiment surpris qu'un pareil sujet ne vous ait pas encore tenté ; car ici vous trouvez presque tout fait ; ce qui est si nécessaire et pourtant si difficile, savoir l'activité personnelle et physique de l'homme tel que la nature l'a fait, jointe à une certaine valeur que l'art seul pouvait lui donner. Levaillant, dans ses *Voyages en Afrique*, est vraiment un caractère poétique et un homme puissant, parce qu'à toute la force du corps et aux ressources empruntées directement à la nature, il réunit les avantages que la civilisation seule peut procurer.

Adieu pour aujourd'hui. Il est déjà huit heures, et l'on m'appelle à table. Ma femme vous envoie ses meilleures amitiés.

SCHILLER.

132.

Voici un envoi auquel vous ne vous attendez sans doute pas : ce sont les *Phénomènes*, et mes propositions hypothétiques sur la théorie des couleurs, rangées par catégories. Bien que ce travail ne me fasse pas grand honneur, vous rendrez, je pense, justice à ma bonne intention : j'ai voulu vous faciliter la besogne, et vous intéresser encore davantage à cette question ; car aujourd'hui le grand point est de présenter l'ensemble de la manière la plus nette possible. Sous vos mains cette feuille ne tardera pas à prendre une meilleure forme.

J'ai mis en tête une explication de la terminologie de ma division des couleurs en trois classes, et j'ai placé quelques observations à la suite.

Agréez ce que je vous envoie, en attendant que je vienne et qu'une causerie animée fasse franchir quelques degrés à la question. Je tâche maintenant d'arriver à ce que dans toute l'histoire littéraire de cette branche il n'y ait plus pour moi aucun nom qui ne soit qu'un nom ; quand j'en serai là, le caractère moral sera tout à fait inséparable du résultat scientifique. On ne saurait croire combien la science a été retardée parce qu'on a toujours pris pour point de départ des besoins particuliers, pratiques, que, pour les satisfaire, on s'est trop longtemps arrêté à des points de détail, et que, dans les questions générales, on s'est trop hâté de tout réduire en hypothèses et en théories. Pourtant on sera toujours heureux de voir le bon sens revendiquer ses droits imprescriptibles à travers tous les obstacles, et s'évertuer à réaliser, autant que possible, l'accord des idées avec les objets. J'espère qu'avant d'avoir terminé mon travail j'aurai perdu toute aigreur causée par la résistance que je rencontre ; j'espère que mes sentiments et mes pensées sur ce sujet resteront libres de toute prévention.

La nouvelle réitérée de votre maladie m'afflige fort. C'est le seul nuage qui trouble en ce moment mon horizon ; j'y suis d'autant plus sensible.

Plus mon séjour à Weimar se prolonge, plus j'entrevois de liberté dans un avenir prochain ;

cela me rend la perspective de mon voyage à Iéna encore plus agréable.

Je partage entièrement votre conviction, je suis sûr qu'un *voyage*, surtout du genre que vous désignez, renferme de beaux motifs épiques. Toutefois je ne m'aventurerais jamais à traiter un sujet pareil, parce que je n'ai pas vu de mes propres yeux, et que dans cette sorte d'ouvrage, il est tout à fait indispensable pour moi d'être identifié avec le sujet, identification que des descriptions ne sauraient jamais effectuer.

De plus, on aurait à lutter contre l'*Odyssée*, qui a déjà accaparé les motifs les plus intéressants. Après Nausicaa, il faut renoncer au plus beau motif, l'émotion que fait naître l'arrivée d'un étranger dans un cœur de femme. Même dans l'antiquité, quelle distance n'y a-t-il pas entre Médée, Hélène, Didon et la fille d'Alcinoüs ! La Narine de Levaillant, ou tout autre objet semblable, ne serait jamais qu'une parodie de ces superbes figures. Cependant j'en reviens à ma première proposition : l'expérience personnelle du poète pourrait peut-être lui fournir des situations qui auraient encore assez de charme. Ce que je vais dire démontrera la nécessité de l'expérience immédiate.

Il est vrai, l'*Odyssée* nous enchante, nous autres habitants du centre; mais ce n'est que la partie morale du poème qui, à proprement parler, nous impressionne; quant à la partie descriptive, notre imagination en retrouve à grand'peine quelques traits bien pâles. Dans quel éclat m'apparut ce poème, lorsque j'en lus certains chants à Naples et en

Sicile ! Qu'on se figure un tableau embu sur lequel on passe un vernis qui lui rend à la fois sa fraîcheur et son harmonie. J'avoue que le livre d'Homère cessa pour moi d'être un poème, je crus voir la nature elle-même. Cette parfaite vérité s'imposait d'autant plus aux anciens que leurs œuvres étaient lues ou récitées en face de la nature. Combien avons-nous de poèmes qui résisteraient à une lecture sur une place publique ou en plein air ?

Adieu ; mes compliments à votre chère femme. Profitez de tout moment favorable.

Weimar, le 14 février 1798.

GŒTHE.

133

Iéna, le 20 février 1798.

Comme pendant quelque temps je n'ai presque plus entendu « le son de la voix humaine », la loquacité de l'ami qui m'a remis votre lettre hier m'a ranimé et amusé. En général, il est intéressant de voir un *lecteur*, et d'entendre reproduire ses propres idées, ou celles d'autrui sous n'importe quelle forme. Au reste on reconnait fort bien d'où celui-ci descend : n'a-t-il pas été introduit dans notre cercle par les Humboldt ? C'est une chose curieuse de voir, dans un certain état de la littérature, surgir ces parasites ou ces compilateurs, comme vous voudrez les appeler, qui se font une existence avec le produit du travail d'autrui ; sans enrichir, sans étendre le domaine de l'art ou de la science, ils facilitent le débit des œuvres intellectuelles, ils appellent à la vie des idées perdues dans les livres, et répandent la semence un peu partout, ainsi que fait le vent ou certains oiseaux. Comme agents intermédiaires entre l'écrivain et le public, il faut vraiment les respecter, mais il serait dangereux de les confondre avec le public lui-même. Du reste l'ami dont je parle a l'esprit fin; malgré son penchant à raisonner, il me paraît doué d'une sensibilité délicate, et d'une souplesse toute spéciale à comprendre, et même à s'assimiler les idées d'autrui.

L'application des catégories aux matériaux par vous accumulés ne saurait être que féconde. Ce travail est d'abord une excellente récapitulation; il vous rend les mêmes services qu'un ami d'une nature opposée à la vôtre. Il vous force, j'imagine, à des déterminations, à des délimitations rigoureuses, même à des oppositions violentes, toutes choses auxquelles vous n'êtes pas trop enclin par crainte de faire violence à la nature. Comme cette violence et cette rigueur, si dangereuses qu'elles paraissent dans les détails, sont toujours corrigées par l'ensemble du travail, l'opération vous satisfera en ramenant toujours à votre manière d'envisager les objets. C'est surtout l'idée de l'action réciproque et de la limitation qui vous rendra ce service; mais celle de la *totalité* et de la *nécessité* vous conduiront aussi au même résultat. Comme vous ne pouvez, dans votre ouvrage, éviter la polémique, l'épreuve par catégories vous donnera un avantage décisif, et je comprends à merveille, combien elle vous sera utile pour embrasser la partie historique.

Je suis plus impatient que jamais de connaître

l'esquisse même, et quand vous viendrez, nous y consacrerons bien volontiers de longues et sérieuses discussions. En mettant de côté l'ouvrage lui-même, que j'ai tant d'intérêt à connaître à fond, je trouve déjà très-intéressant de vous tenir lieu d'un bon lecteur, et d'observer comment on peut, en un seul et même tour, avoir à la fois égard à l'objet et au besoin subjectif du lecteur.

Comme je suis souvent arrêté dans mon travail, et que, par suite, je ne puis encore prévoir le moment où il sera terminé, j'ai peur des questions qu'on peut m'adresser sur *Wallenstein* ; déjà elles commencent à m'arriver du dehors. Schrœder veut le jouer en personne ; il ne me paraît pas éloigné de vouloir remplir ce rôle sur la scène de Weimar. Unger de Berlin, m'a écrit hier que le théâtre de Berlin était prêt à me payer les honoraires que je demanderais, si je consentais à lui envoyer ma pièce avant l'impression. Il faudrait qu'elle fût achevée d'abord ! Le travail recommence à marcher un peu, quoique ma tête ne soit pas encore bien dégagée.

Adieu ; ma femme ira demain à Weimar entendre la *Flûte enchantée ;* mais, comme elle repartira le soir même, je doute qu'elle puisse vous parler. Venez donc enfin ; nous soupirons après nos bonnes soirées intimes. Mille amitiés à Meyer.

Schiller.

134.

Ce matin j'ai vainement attendu une lettre de vous ; pourvu que ce retard ne soit pas un indice de mauvaise santé !

Brinkmann était enchanté d'avoir passé quelques heures à causer familièrement avec vous. L'intérêt si vif qu'il prend à tant d'objets divers mérite réellement qu'on lui fasse bon accueil; hier il a dîné avec moi; je l'avais placé entre nos deux aimables auteurs féminins, où il se trouva admirablement bien. A vrai dire, il me semble fait pour un grand milieu comme Berlin.

Dites-moi donc ce que vous pensez du mètre dans lequel est écrit le *Prométhée* de Schlegel. J'ai un sujet en tête qui me donne bien envie de faire des stances, mais comme cette coupe périodique est par trop rigoureuse et par trop régulière, j'ai songé au mètre du *Prométhée*. Cependant, quand j'y regarde de plus près, il ne me plaît plus ; car cette mesure ne permet pas le moindre repos, et ces rimes perpétuelles empêchent de rien arrêter.

J'ai longuement réfléchi pour bien approfondir, à ma manière, les conditions qui s'imposent à l'empirisme rationnel d'après la dissertation que vous m'avez envoyée, il y a quelques semaines. Il faut que je tire cela au clair avant de me remettre à lire Bacon, qui m'inspire de nouveau une grande confiance. Dans cette voie rien ne me rebutera, et je prévois déjà qu'après avoir travaillé à fond mon chapitre sur les couleurs, j'avancerai très-facilement dans bien d'autres travaux. A bientôt la suite, en attendant que nous puissions causer ensemble de vive voix.

Weimar, le 21 février 1798.

GOETHE.

135.

Iéna, le 23 février 1798.

Votre manière actuelle de travailler a pour vous deux grands avantages : elle vous assure 1° la connaissance profonde de l'objet ; 2° la connaissance exacte de l'opération de l'esprit, qui est, pour ainsi dire, une philosophie du travail. Ce dernier avantage est peut-être le plus grand ; parce que l'homme qui est bien fixé sur la valeur et la portée des organes intellectuels, et qui se rend bien compte de sa méthode, devient jusqu'à un certain point maitre de tous les objets. Je me réjouis fort de vous voir, pour bien éclaircir et bien méditer ces idées générales sur l'emploi des procédés empiriques. Peut-être vous déciderez-vous à développer largement ces idées générales en tête de votre ouvrage ; même indépendamment de son contenu particulier, votre œuvre acquerrait une valeur absolue pour tous ceux qui étudient la nature dans ses manifestations. Il serait assez logique que Bacon vous inspirât l'idée de le faire.

Je réponds à votre question sur le mètre. Presque tout dépend du sujet que vous voulez traiter. En général, cette mesure ne me plaît pas non plus, c'est une psalmodie continue, et le ton solennel me paraît en être inséparable. Ce n'est sans doute pas ce ton-là que vous vous proposez de prendre. Je préférerais donc les stances, parce que les difficultés sont certainement égales de part et d'autre, et que les stances ont infiniment plus de grâce.

J'apprends de Paris (par Humboldt) que les Schlegel veulent quitter Iéna pour Dresde. En avez-vous peut-être aussi entendu parler ?

D'après ce que m'a dit ma femme, Brinkmann a eu un grand succès à Weimar, et surtout à la cour de la duchesse douairière. C'est un homme très-agréable en société, il est assez habile pour rattacher par bouts l'esprit et la trivialité.

Humboldt me rapporte aussi le jugement que Voss a prononcé sur votre *Hermann et Dorothée* il le tient de Vieweg, qui est actuellement à Paris. « J'ai eu peur, dit Voss, qu'*Hermann* ne fît oublier ma *Louise*. Ce n'est pas le cas, il est vrai ; mais il y a dans le poème de Gœthe des passages pour lesquels je donnerais toute ma *Louise* ». Si, pour ce qui concerne l'hexamètre, vous ne pouvez soutenir la comparaison avec lui, on ne saurait vous en vouloir, attendu que c'est là sa spécialité ; il trouve pourtant que vos derniers hexamètres sont beaucoup plus parfaits. On voit que Voss ne se doute pas même de l'esprit intime de votre poème ; ni par conséquent de l'esprit de la poésie en général ; en un mot, il n'a ni la spontanéité ni l'indépendance du talent, mais simplement un instinct pareil à celui de l'oiseau qui bâtit son nid, et du castor qui construit ses maisons.

Adieu ; ma femme veut joindre quelques lignes aux miennes.

Je ne puis mettre la main sur la lettre de Humboldt ; je vous l'enverrai une autre fois.

Schiller.

136.

Le mercredi et le samedi matin, j'examine les doigts de quiconque entre dans ma chambre, pour voir si l'on ne m'apporte pas une lettre de vous. Aujourd'hui j'ai été privé de ce déjeûner si impatiemment attendu ; aussi l'enveloppe bleue que j'ai reçue ce soir m'a fait d'autant plus de plaisir.

J'ai décidé notre Suédois, que vous aviez si bien crayonné, à rester encore demain. Nos dames de Weimar ont grand besoin de ces figures étrangères ; elles ont d'habitude si peu de distractions que je ne songe pas à leur envier celle-là. Certainement on doit souhaiter qu'il y ait beaucoup de natures pareilles, parce qu'elles appartiennent au camp de l'affirmation ; et pourtant il faut toujours qu'elles supposent des talents dans le monde, si leur talent doit paraître.

Je ne puis vous dire combien j'espère voir les résultats de vos travaux, et m'entretenir avec vous sur tant de sujets. Si mes amis de Stuttgard ne m'avaient laissé sans réponse, et mis dans l'incertitude à propos de l'arrivée de Thouret, j'aurais pu venir chez vous il y a quelques jours déjà.

Je me rappelle à peine ce que j'ai écrit ce matin sur l'empirisme rationnel ; il me semble cependant que, même à son point culminant il ne saurait être que critique. Il faut qu'il laisse certains systèmes les uns à côté des autres, sans se permettre d'en exclure un ou de le faire empiéter sur le domaine des autres. Je trouve que dans toute l'histoire de la théorie des couleurs le défaut est qu'on n'a pas voulu faire les trois divisions ; on a voulu étendre les énonciations empiriques qui s'adaptaient à une série d'expériences, à la série opposée, de sorte qu'à la fin rien ne s'adaptait plus.

Je trouve qu'il en est de même des idées qu'on fait passer du monde de la pensée dans celui de l'expérience ; elles aussi ne conviennent qu'à une seule partie des phénomènes. Je dirais volontiers que la nature est impénétrable par la raison qu'un seul homme ne peut la comprendre, bien que toute l'humanité pût la comprendre. Mais comme cette chère humanité n'est jamais réunie, la nature a beau jeu pour se dérober à nos regards.

J'ai lu encore quelques pages des *Idées* de Schelling ; c'est toujours une occupation fort intéressante de s'entretenir avec lui. Pourtant je crois remarquer qu'il garde un silence prudent sur ce qui est en contradiction avec les opinions qu'il voudrait mettre en circulation ; et que faire d'une idée qui m'oblige à réduire ma provision de phénomènes ?

D'un autre côté, les mathématiciens qui ont d'énormes facilités pour serrer de près la nature, sont souvent aussi dans le cas de passer sur les faits les plus intéressants. Un vieux jardinier de cour avait l'habitude de dire : La nature se laisse bien violenter, mais non forcer ; tout ce que nous entreprenons contre elle théoriquement n'est qu'une suite d'approximations qui ne sauraient être trop discrètes. Dernièrement j'ai parcouru avec beaucoup d'intérêt la *Photométrie* de Lambert; l'aueur est charmant quand il déclare que son objet est naccessible, et qu'en même temps il se donne une peine extrême pour l'aborder.

Tout cela donnera lieu aux entretiens les plus agréables, surtout quand je pourrai vous soumettre mon travail achevé.

Voilà où j'en étais arrivé mercredi. Ce que j'ai dicté hier n'a pas de forme du tout, et pourtant aut-il que cette feuille vous parvienne sans retard. La famille ducale est allée à Gotha. J'ai passé toute cette journée de repos à faire de nouvelles installations pour la bibliothèque; jusqu'ici je n'ai obtenu d'autres résultats que ceux qui vont de soi.

Adieu. J'espère recevoir encore une de vos bonnes lettres pour mercredi.

Weimar, le 25 février 1798.

GOETHE.

137.

Iéna, le 27 février 1798.

Ce mois de février s'est donc écoulé sans vous amener chez moi, et j'aurai bientôt traversé l'hiver, sans cesse attendant et espérant. Mes regards se portent avec d'autant plus de joie sur le printemps, vers lequel j'aspire avec une ardeur toute nouvelle. Je me livre à une occupation qui me procure d'agréables moments : je fais faire des arrangements dans mon pavillon et dans mon jardin, pour y rendre mon séjour plus commode. Une de ces améliorations sera surtout salutaire et non moins agréable : c'est une jolie salle de bains fort proprette, que je fais construire dans une des cabanes du jardin. En même temps je fais élever d'un étage la cabane, qui aura alors une vue charmante sur la vallée de la Leutra. La maisonnette en face, du côté de Lambrecht, a déjà fait place l'an dernier, à une cuisine solidement bâtie en pierres. Ainsi, quand vous viendrez nous voir dans notre jardin, vous y trouverez toute sorte de changements utiles. Puissions-nous y être bientôt réunis comme jadis !

Ma tâche avance insensiblement, pas à pas, et me voici arrivé au beau milieu du tourbillon de l'action. Je suis surtout content d'être débarrassé d'une situation, où j'avais à juger le crime de Wallenstein d'après les règles de la morale vulgaire, et à traiter d'une manière poétique et raisonnable une matière triviale et prosaïque par elle-même, tout en respectant les lois morales. Je suis content de l'exécution, et j'espère que notre bon public moral ne sera pas moins satisfait, bien que je n'aie pas fait de cette thèse un sermon. A cette occasion j'ai bien senti tout ce qu'il y a de vide dans l'élément moral proprement dit, et combien le sujet a dû faire d'efforts pour maintenir l'objet à la hauteur poétique.

Dans votre dernière lettre vous exprimiez une pensée qui m'a frappé : c'est que la nature inaccessible à l'individu isolé, pourrait être accessible à la somme de tous les individus. Il me semble, en effet, qu'on peut considérer chaque individu comme un *sens* particulier qui perçoit à sa manière la nature dans son ensemble, tout comme ferait un des organes de nos sens, et qu'il serait aussi impossible de remplacer par un autre sens, que l'oreille par l'œil, etc. Je voudrais bien que la manière de sentir de chaque individu, et sa manière de se représenter les objets pût trouver son expression pure et complète; car le langage a une tendance diamétralement opposée à l'individualité. Aussi les natures qui acquièrent le don de se communiquer, en général, perdent-elles ordinairement en individualité ce qu'elles ont gagné en culture, et c'est ainsi que la finesse des sens qui aide à saisir les objets s'altère très-souvent chez elles. En somme, le rapport des idées générales et du langage auquel elles servent de base, avec les objets, les faits et les intuitions, est pour moi un abîme que je ne puis sonder sans avoir le vertige. La vie réelle montre à chaque minute la possibilité d'exprimer le particulier jusque dans ses nuances les plus délicates à l'aide d'un moyen général, tandis que la raison, en tant que raison, est presque forcée de s'en démontrer l'impossibilité.

Adieu. Je vous envoie la dernière lettre de Humboldt, avec prière de me la retourner bientôt pour que je puisse y répondre. Ma femme vous fait ses amitiés. Mes meilleures salutations à Meyer.

SCHILLER.

138.

Si mes amis de Stuttgard avaient été plus aimables, et s'ils m'avaient annoncé l'époque de l'arrivée de Thouret, je serais peut-être en ce moment près de vous ; car, excepté cette affaire, je me suis débarrassé de tout le reste. Si votre *Wallenstein* continue d'avancer à grands pas, je pourrai me consoler de cette longue privation ; néanmoins, quand certains entretiens font défaut, on s'aperçoit (Humboldt en est là aussi), combien ils peuvent vous servir.

Quand les Français se mettent à parler théorie, Humboldt doit avoir grand soin d'éluder la conversation, s'il ne veut pas se fâcher à chaque instant. Nos voisins ne peuvent comprendre qu'il y ait dans l'homme quelque chose qui n'y soit pas venu du dehors. C'est ainsi que Mounier m'assurait dernièrement que l'idéal était un assemblage de belles parties. Là-dessus je lui demandai d'où venait l'idée de ces belles parties, comment l'homme arrivait à vouloir un beau *tout*, si l'expression *assembler* n'était pas trop basse pour désigner l'opération du génie qui se sert des éléments empruntés à l'expérience ? Mais sa *langue* fournit réponse à tout ; il affirma que depuis longtemps on avait attribué au génie *une sorte de création*.

Voilà comme sont tous leurs discours : ils partent carrément d'une idée abstraite, et, quand on transporte la question dans une région plus élevée, ils montrent qu'ils ont aussi un mot pour cette relation, sans s'inquiéter de savoir si ce mot contredit ou non leur première assertion.

Vous aurez sans doute appris par madame votre belle-sœur que le même Mounier a miné la gloire de Kant, et qu'il va la faire sauter un de ces jours. Ce Français si moral a trouvé fort mauvais que

Kant déclare le mensonge, quel qu'il soit, absolument immoral. Böttiger a envoyé à Paris une dissertation contre cette proposition; elle nous reviendra incessamment dans la *Décade philosophique;* plus d'un noble cœur y trouvera la preuve consolante qu'il faut mentir de temps en temps.

Vous pouvez facilement vous figurer combien l'ami *Ubique* sera heureux, si ce principe trouve place dans la morale; car, depuis quelque temps il jure obstinément qu'il n'a pas reçu les livres qu'on lui a prêtés, quand personne n'ignore qu'il les a chez lui, et s'en sert le plus tranquillement du monde.

En ce moment, je suis en relation avec le comte et la comtesse Fouquet à propos de questions d'histoire naturelle. Ce sont des gens très-aimables, très-polis, et très-obligeants; nous nous entendons fort bien, et ils sont contents de moi. Pourtant on remarque qu'ils se réservent, au fond, le privilége de savoir mieux plus d'une chose, d'avoir sur plus d'une chose des opinions meilleures.

D'après votre lettre mon poème ne semble pas avoir produit sur Voss une impression aussi favorable que celle que le sien avait produit sur moi. Je me rappelle encore fort bien l'enthousiasme pur et sans mélange avec lequel j'accueillis le *Pasteur de Grünau,* quand il fit sa première apparition dans le *Mercure.* Que de fois l'ai-je lu en société ! Si bien que j'en sais encore une grande partie par cœur. Je n'ai pas lieu de regretter le plaisir que m'a fait sa *Louise,* car il a fini par être pour moi une source d'inspiration, il m'a entraîné à mon tour vers l'idylle, il a produit *Hermann;* qui sait ce qui en pourra encore résulter. Si Voss, par contre, jouit de mon poème *se defendendo*, tant pis pour lui ! Qu'est-ce que tout notre petit bagage poétique, s'il ne sert pas à nous animer, à nous rendre sensibles à tout ce qui se fait de grand et de beau. Plût à Dieu que j'eusse la possibilité de recommencer par le commencement, de laisser derrière moi tous mes travaux comme des souliers d'enfant usés, et de faire quelque chose de meilleur !

Je me réjouis à la pensée de composer, pendant mon prochain séjour à Iéna, des bagatelles qui ne naissent que sous l'influence bienfaisante du printemps. Nous serons étroitement unis de cœur et d'action ; j'en suis tout heureux d'avance.

Ce soir, à la suite de l'arrivée inattendue des jeunes princes de Gotha, nous avons eu un bal improvisé ; on a soupé à deux heures ; aussi ai-je perdu à dormir la plus belle partie de la matinée.

Adieu. Mes compliments à votre chère femme. Continuez d'embellir votre jardin, et ménagez-vous pour l'été des jours heureux.

Weimar, le 28 février 1798.

GOETHE.

139.

Iéna, le 2 mars 1798.

Par ce beau temps je me suis aventuré au grand air, et m'en suis fort bien trouvé. C'est vraiment dommage que vous ne puissiez être des nôtres en ce moment. Je suis sûr que la Muse ne tarderait pas à se présenter à vous;

Ce que vous me dites des Français et de ce brave Mounier, l'émigré, est parfaitement vrai. Quelque triste que soit cette vérité en elle-même, elle fait plaisir, parce qu'elle complète l'idée qu'on se fait d'une pareille existence. On devrait toujours voir les hommes tels qu'ils sont, la démonstration des systèmes n'en serait que plus facile et plus nette. C'est une chose à remarquer que le relâchement en matière d'esthétique coïncide toujours avec le relâchement des mœurs, et que, malgré les sympathies les plus libérales pour tout ce qui est du domaine de la nature, une âme pure, qui aspire ardemment à la beauté parfaite, sera toujours rigoriste en morale. Tant il est vrai que les limites qui séparent l'empire du bon sens de celui de la raison sont précises ; et ces limites se retrouvent dans toutes les voies, dans toutes les directions que l'homme peut suivre.

Mounier est à mes yeux un digne pendant de Garve, qui s'est déshonoré par des attaques semblables contre Kant.

Hier enfin, j'ai reçu pour tout de bon le diplôme de citoyen français, dont on parlait dans les journaux il y a déjà cinq ans. En ce temps-là il avait été délivré et signé par Roland. Mais comme mon nom y était défiguré, et que l'adresse ne portait aucune indication de ville, ni même de province, ce document n'a pu parvenir jusqu'à moi. Je ne sais pas comment il a fait pour se remettre à courir après moi ; bref, je l'ai, et, chose curieuse, c'est Campe de Brunswick qui me l'envoie, et qui me dit à ce propos les plus belles choses du monde.

Je crois que je ne ferai pas mal d'en donner avis

au duc, et je vous prie de me rendre ce service, si toutefois cela ne vous dérange pas. A cet effet je joins le diplôme à ma lettre. Vous rirez comme moi, je pense, de m'y voir traité de *publiciste* allemand κατ' ἐξοχήν.

Adieu. J'ai encore bien des choses à expédier avant que le courrier parte. Mille amitiés de ma femme.

Schiller.

140.

A l'occasion du diplôme de citoyen français, qui vous arrive de l'empire des morts, je ne puis vous féliciter que parce qu'il vous a encore rencontré parmi les vivants. Attendez encore quelque peu avant d'aller retrouver vos immortels concitoyens. M. Campe paraît être atteint de la plus dangereuse de toutes les folies, comme plus d'un de nos braves Allemands. Malheureusement contre cette maladie, pas plus que contre toute autre peste, il n'y a rien à faire et rien à dire.

Le beau temps m'avertit chaque jour d'aller vers vous; en attendant j'utilise de mon mieux mon séjour ici. Je me suis remis à mes études sur les insectes, et j'ai classé mes minéraux. Quand on amasse tant de matériaux, et qu'on tarde un peu à les ranger, on ne sait bientôt plus où l'on en est.

Les travaux de Meyer avancent; bientôt ils formeront un petit volume.

D'après les derniers événements qui se sont passés en Italie et en Suisse, je suis tout consolé de notre prompt retour; je pense d'ailleurs qu'il n'y aura pas grand mal si nos observations ne voient le jour qu'à l'état fragmentaire. Le public accueille toujours mieux ces œuvres partielles; du reste, dans le cours de l'ouvrage, on pourra toujours donner un aperçu méthodique de l'ensemble. A Iéna, mon premier soin sera probablement de faire une introduction à mon livre; je compte aussi retoucher et corriger le plan de la partie théorique, ainsi que de la partie expérimentale, qui est déjà ébauchée.

Mes considérations sur les natures organiques et sur la théorie des couleurs donneront la main à mes considérations artistiques; en outre, je joindrai une seconde édition de *Cellini*, avec quelques notes instructives, aux travaux de Meyer sur l'histoire des beaux-arts à Florence.

Je voudrais écrire mon introduction sous forme de lettres adressées à vous, mon très-cher ami; vous seriez bien aimable de nous envoyer un mot, pour nous faire entrevoir que, dans la suite, vos travaux pourraient bien se rencontrer avec les nôtres. Car, comme le siècle fait mine de vouloir embarrasser notre chemin de bien des obstacles extérieurs, il est d'autant plus urgent pour nous d'être invariablement unis de cœur, de pensée et d'action.

Adieu. Mes compliments à votre chère femme.

Weimar, le 3 mars 1798.

GOETHE.

141.

Iéna, le 6 mars 1798.

Les projets que vous venez de me confier me font conclure que vous vous arrêterez encore assez longtemps sur le terrain de la science; j'en suis fâché pour la poésie, bien que je sois pénétré de l'utilité et de la nécessité de cette sorte de travaux. Il faut que vos expériences et vos réflexions si nombreuses, si fécondes sur l'art, sur la nature et sur le troisième idéal qui, en somme, les réunit tous deux, soient exposées, classées et fixées ; autrement elles ne seraient que d'inutiles fardeaux qui encombreraient votre route. Mais ce sera une entreprise de longue haleine ; et le travail enfantera le travail. Jusqu'ici je n'ai pas encore une idée nette des limites que vous donnerez à votre ouvrage, sans l'empêcher toutefois de former un tout bien complet; car la nature de votre esprit vous porte à faire une œuvre d'ensemble, quand même le sujet ne vous le commanderait pas. Aussi j'attends votre plan avec une vive impatience. Il m'indiquera d'avance l'endroit où je pourrai introduire mes idées sans qu'il y ait de dissonance. Je serai heureux de me charger de la partie que vous m'assignez dans votre travail, et, comme après tout c'est un ouvrage fait en commun, il n'y aura pas de mal à ce qu'un tiers intervienne. Même le rigorisme qui y règnera sera mieux accueilli, s'il est tempéré par une plus grande variété de vues et de formes. Mais le livre n'en sera pas moins en opposition marquée avec les idées du siècle ; et, comme il n'y a pas à songer à un arrangement à l'amiable, il faudrait se demander s'il ne vaudrait pas mieux déclarer franchement la guerre, et rendre l'ouvrage plus piquant en l'armant de la rigueur de la loi et de la justice. Mais nous en reparlerons de vive voix, quand je serai mieux édifié sur le plan.

Après avoir assez longtemps pratiqué la poésie, ce qui m'a donné lieu de faire beaucoup d'expériences nouvelles, j'espère, moi aussi, revenir avec succès au raisonnement.

Ma femme se promet de causer aujourd'hui avec vous ; je lui envie bien ce bonheur, car je puis dire qu'il me tarde extrêmement de vous revoir.

La pièce qui me donne le titre de professeur ordinaire est enfin venue de Cobourg. C'est ainsi que je me vois conférer coup sur coup des dignités auxquelles je ne demanderais qu'une chose, ce serait de me tenir un peu plus chaud.

Adieu. Mes amitiés à Meyer. Écrivez-moi bientôt que je puis compter sur vous.

SCHILLER.

142.

Iéna, le 27 avril 1798.

Je vous envoie la réponse de Cotta à la question que je lui avais adressée relativement à vos essais qu'il doit éditer. Comme vous voyez, il est trop intéressé à publier un ouvrage de votre main, pour dire franchement ce qu'il veut, ce qu'il désire dans cette circonstance. Mais on devine que ce livre, où il est surtout question d'art et de science, lui fait craindre un trop maigre débit, et que, par suite, il voudrait un sujet plus général. En me plaçant au point de vue commercial, je ne puis lui donner tort ; mais comme, d'un autre côté, on ne peut rien sacrifier du plan, je proposerais ceci : faites-lui espérer la publication de votre premier ouvrage poétique, de *Faust*, par exemple, ou plutôt traitez tout de suite avec lui. Si j'avais voix au chapître, je vous conseillerais de demander quatre louis d'or par feuille pour les Essais théoriques, avec une impression comme celle des *Années d'apprentissage de Wilhelm Meister*, et huit louis d'or par feuille pour *Faust*. Mais si vous pensez qu'Unger ou Vieweg paient mieux, Cotta aussi le pourra, et je n'attends que vos offres pour en faire part immédiatement à Cotta, qui est en ce moment à Leipzig.

J'apprends qu'Iffland joue aujourd'hui Pygmalion. Il connaît bien son public, je n'en ai jamais douté. Son jeu sera expressif et intelligent comme toujours ; mais je n'en persiste pas moins dans mon opinion, et le résultat ne me contredira pas.

Ma santé s'améliore de jour en jour ; cependant je n'ai pas encore pu me remettre au travail. Pour me dédommager, je relis en ce moment Homère avec un plaisir tout nouveau, et les indications que vous m'avez communiquées y sont pour une bonne part. On croit nager dans un océan de poésie ; jamais un moment de désillusion, car tout est idéal, quoique tout soit frappant de réalité. D'ailleurs, quand on a lu quelques chants, quand le poème s'est bien emparé de vous, on doit forcément trouver barbare l'idée d'un assemblage rhapsodique et de l'intervention de différents auteurs; car la suite et la réciprocité admirables qui règnent dans le tout et dans ses parties sont un des charmes les plus puissants du livre.

Dans la lettre de Humbolt, que je vous renvoie, se trouve un passage souligné. Je suppose que l'auteur lui-même ne l'a déjà pas trouvé bien clair; dès lors l'ensemble paraît exprimer une manière de voir plutôt qu'une idée nette et précise. Voici ce qu'il veut dire, selon moi : ce qu'il y a de commun, par conséquent de rationnel chez les Français, soit dans leurs manières habituelles, soit dans leurs qualités et dans leurs erreurs, est le produit de la raison et des facultés congénères, à savoir de l'esprit, de l'observation, etc. sans qu'il y ait coopération proportionnée de la faculté de penser; c'est un peuple qui est plus susceptible d'impressions physiques que d'émotions morales. Ils valent mieux comme réalistes que comme idéalistes, cela ne fait point de doute; j'en tire un argument victorieux pour prouver que le réalisme ne peut pas former de poète.

Adieu pour aujourd'hui. Puissiez-vous bien vous divertir dans cette foule qui maintenant vous entoure si souvent.

SCHILLER.

143.

Pour me servir des expressions du lieutenant Wallen, je suis, *pour ainsi dire*, désespéré de voir que vous ne pouvez prendre part à nos aventures dramatiques : vous êtes privé par le fait d'une jouissance bien délicate, et puis, c'est une occasion de mettre sur le tapis tout ce qui nous intéresse dans le domaine dramatique ; car il n'est guère possible de s'entretenir là-dessus qu'avec celui qui a tout vu de ses propres yeux.

Hier, par exemple, il y avait une représentation extrêmement intéressante. Pygmalion prétendait à la dignité et à l'ampleur théâtrales au plus haut degré. Wallen, interprété par Iffland, personnifie la vanité mondaine bourrée et attifée d'une sottise humoristique. Le talent avec lequel il a rendu ces deux rôles est au-dessus de toute expression ; attendons toutefois ce que l'ami Böttiger en dira. Il est plus facile de s'expliquer là-dessus de vive voix.

Lundi on donnera *Benjowski* ; mercredi l'*Apothicaire sourd* ; j'ignore encore ce qu'on jouera jeudi pour la clôture. Dès qu'Iffland sera parti, je me hâterai de mettre tout en ordre chez moi, pour accourir près de vous.

Merci de m'avoir communiqué la réponse de Cotta. Je crois cependant qu'il vaut mieux, avant de prendre une détermination, avoir quelques volumes de manuscrit tout prêts. Pour ce qui est d'une matière un peu plus variée, j'y ai songé déjà : je me suis dit que ce serait une occasion de placer bien des choses dont on ne sait que faire ; du reste, ce qui est avantageux pour le libraire, l'est nécessairement aussi pour l'auteur ; un auteur bien payé est un auteur beaucoup lu, deux perspectives également agréables.

De même je veux terminer mon *Faust* qui, vu sa nature septentrionale, a besoin d'un vaste public septentrional. Je pense que l'ami Meyer ne croira pas profaner l'art en faisant des dessins pour cette production barbare. Nous avons le projet de faire imprimer les esquisses, de les faire laver ensuite à l'encre de Chine et d'en faire ressortir les saillies à coups de pinceau, opération qu'on ne ferait peut-être nulle part aussi bien et à aussi bon marché qu'ici. On verra bientôt quelques essais de ce genre.

Je vais aussi répondre à l'ami Humboldt, et surtout le prier de tenir avec Brinkmann un congrès prosodique sur *Hermann et Dorothée*, d'autant plus que je compte leur soumettre d'autres questions générales de même nature.

Vous n'avez eu qu'à parler de l'*Iliade* pour faire renaître en moi un désir immense de me mettre au travail dont nous avons déjà tant parlé. Je réussirai, je pense, à faire encore quelques chants cette année; en attendant il faut prononcer contre tous les chorizontes l'anathème de l'évêque Ernulphe; il faut, comme les Français, soutenir et défendre à outrance l'unité et l'indivisibilité de la valeur poétique de l'*Iliade*. Adieu. Il faut que j'aille m'habiller pour assister tout à l'heure à une matinée musicale. Le beau temps est très-favorable à ces sortes de fêtes, car la société peut en même temps jouir du jardin, ma maison étant presque trop petite pour contenir l'affluence.

Mes amitiés à votre chère femme. Envoyez-nous la au moins lundi.

Du reste, il m'est bien permis de constater avec un certain orgueil que mes calculs d'impresario ont été justes. Quoiqu'on eût augmenté le prix des places, la salle a été encore plus remplie que la fois précédente ; aussi, pour peu que cela continue, les sept représentations qu'on donnera nous rapporteront presque autant que les quatorze précédentes. Si Schröder venait, on pourrait aller jusqu'au double; si même Iffland devait revenir, j'augmenterais encore le prix des places, car l'argent deviendra encore moins cher. Encore une fois adieu. Jouissez, en paix, des beaux jours, pendant que j'ai à traverser encore huit jours d'agitation. En attendant, la vallée de la Saale se pare de verdure ; nous y reprendrons bientôt notre vie d'autrefois.

Weimar, le 29 avril 1798.

GOETHE.

144.

Iéna, le 1er mai 1798.

J'espère que le délicieux mois de mai, dans lequel nous entrons, me rendra de nouveau les Muses favorables et que je trouverai dans mon jardin ce dont je suis privé depuis si longtemps. Je compte m'y installer à la fin de cette semaine, si le temps reste au beau.

Sans doute je regrette fort de n'avoir pu cette fois profiter des représentations d'Iffland ; mais, comme j'ai perdu tant de temps cet hiver et ce printemps, et que je veux avoir terminé mon poème à époque fixe, il faut que je me replie sur moi-même, et que je fuie comme une distraction dangereuse toute occupation extérieure. Cette pensée me console de la perte d'un plaisir, dont l'attrait aurait été irrésistible pour moi, si j'avais été bien portant.

Je ne m'explique pas encore le triomphe qu'Iffland a remporté dans son Pygmalion ; il a trompé mon attente et mes prédictions. J'ai même de la peine à ajouter foi à votre propre assertion, de peur d'ébranler mes convictions et mes idées les plus arrêtées. En attendant il n'y a plus rien à dire là-dessus, puisqu'à mes arguments à priori, vous opposez le fait, contre lequel je n'ai pas d'objection à faire, ne pouvant le contrôler. Du reste, votre jugement est seul en cause ; car l'opinion de la masse ne prouve rien ici. Il ne s'agit en ce moment que de conditions objectives ; or, le reste du monde est déjà content dès qu'il est captivé.

Je voudrais bien savoir s'il est probable que Schröder vienne encore cet automne, afin de me consulter moi-même, et de décider s'il faut que, pour cette époque-là, *Wallenstein* soit prêt à être joué. Dites-moi donc, je vous prie, si vous avez fait une démarche auprès de Schröder. Sinon, je doute fort qu'il vienne cet automne.

Cotta viendra probablement ici dans une dizaine de jours. Peut-être pourrez-vous vous arranger de manière à être alors déjà parmi nous ; ce serait une bonne chose de l'entendre au moins et de vous faire faire des propositions par lui. Il a la meilleure volonté du monde, et dispose des moyens nécessaires pour entreprendre quelque chose de considérable.

Ces jours derniers j'ai été frappé d'un passage de l'*Odyssée* qui fait conclure à l'existence d'un poème perdu maintenant, dont le thème est antérieur à celui de l'*Iliade*. Il se trouve dans le huitième livre de l'*Odyssée*, et commence au vers 72. Peut-être savez-vous ce qu'il en est.

Il me tarde de vous voir revivre dans votre monde homérique! Je ne doute nullement que cet été et cet automne ne fassent éclore encore quelques chants.

Adieu. Jeudi prochain ma femme ira à *Weimar*, pour jouir de la dernière représentation d'Iffland. Elle vous envoie ses meilleures amitiés.

SCHILLER.

145.

Iffland continue d'être parfait ; il déploie tout le talent d'un véritable artiste. Ce qu'il faut louer en lui, c'est cette vive imagination qui lui fait découvrir toutes les exigences de son rôle, c'est ensuite le don de tout imiter qui le rend capable de représenter ce qu'il a découvert et en quelque sorte créé, c'est enfin l'*humour* avec lequel il soutient et anime le personnage d'un bout à l'autre. Il sait admirablement faire ressortir la diversité des rôles par le costume, le geste et le langage, distinguer les différentes situations les unes des autres et les nuancer jusque dans les moindres parties. Je ne dirai rien du reste, dont nous connaissons déjà le détail.

Pendant qu'il vit sous les yeux du spectateur comme une véritable création de la nature et de l'art, les autres acteurs, tout en se tirant assez bien d'affaire, ont l'air de rapporteurs qui lisent les pièces d'une affaire qui ne les touche point; il est vrai que l'on apprend par eux ce qui se passe et ce qui s'est passé ; mais, à part cela, on ne peut prendre à leur jeu aucun intérêt.

Une observation très-importante pour moi, c'est qu'il trouve à volonté l'inspiration la plus pure et le ton le plus convenable ; c'est presque la perfection absolue, qui ne peut résulter que de la réunion du génie, de l'art et du métier.

Le nombre des spectateurs ne varie pas sensiblement. Jusqu'ici il a flotté entre 380 et 430, et l'on peut prévoir que nous n'atteindrons pas un chiffre aussi élevé et que nous ne descendrons pas non plus à un chiffre aussi bas que la fois précédente. L'augmentation du prix des places a restreint le public à une certaine classe de spectateurs. Nous pouvons être satisfaits de la recette, et je me réjouis d'avoir triomphé de l'incrédulité du conseiller des finances.

L'impression générale a été excellente ; mais en dehors de ce fait, je n'ai pas entendu de jugement particulier qui m'ait satisfait. Qu'il y a peu de gens capables de rien trouver qui profite à l'artiste ! Par contre j'ai recueilli par ci par là des critiques négatives passablement ineptes. Demain on nous donnera encore l'*Apothicaire sourd*, et puis je serai heureux de retrouver le repos, tout en reconnaissant que cette fois-ci plus que l'autre le jeu d'Iffland a été pour moi un véritable besoin. L'impression qu'il m'a laissée est bonne à tous les égards, et j'espère qu'une fois à Iéna, près de vous, mai et juin produiront de bons fruits.

Je n'ai pas reçu de lettre de vous aujourd'hui ; je souhaite que votre silence ne vienne pas d'une indisposition.

L'ami Böttiger rumine, à ce que je vois, une étude sur Pygmalion. Ce sera probablement encore de la belle besogne.

Il faut que je vous raconte sans désemparer l'événement le plus amusant de l'époque. Un tribunal démocratique secret vient de défendre à Wieland de faire imprimer dans le *Mercure* la suite de ses *Causeries*; le prochain numéro montrera si le bon vieux est disposé à obéir.

Le pauvre auteur du *Miroir d'or* et d'*Agathon*, à quoi n'est-il pas réduit, lui qui, en son temps, a dit aux rois et aux seigneurs les plus fortes vérités, lui qui s'entendait si bien en constitution alors qu'il n'y en avait pas encore, lui, le noble précurseur du nouvel empire ! En ces temps de liberté où M. P. se montre tous les jours impudemment à la fenêtre, où M. G. déploie l'insistance la plus libérale pour arracher à un nouveau roi la liberté illimitée de la presse, il faut qu'il dissimule les Benjamins de sa vieillesse, les fruits d'une noce d'argent, comme s'ils étaient issus d'une passion coupable.

Il y a quinze jours environ il vint à Weimar pour récolter quelques compliments à propos de ces élucubrations ; il les lut à tous les étages de notre bureau de bon goût et dans tous les salons ; mais elles furent accueillies avec assez d'indifférence ; si bien que de dépit il s'empressa de retourner à la campagne. En attendant l'on tient conseil, et je viens d'apprendre qu'on lui a signifié d'étrangler sur-le-champ ces métis nés d'une alliance aristo-démocratique, et de les enterrer dans la cave ; car il ne doit même pas les exposer.

Weimar, 2 mai 1798.

GOETHE.

146.

J'avais écrit ce qui précède, lorsque je reçus votre bonne lettre. Puisse le beau temps vous attirer bientôt dans votre jardin et vous accorder là-bas toutes ses faveurs.

Nous allons procéder méthodiquement dans la critique de Pygmalion ; car, quand on est bien d'accord sur les principes, et qu'on diffère une fois par hasard dans l'appréciation d'une œuvre, on ne saurait manquer d'arriver à de beaux résultats, si l'on parvient à s'entendre.

Je crois que l'accord sera bientôt fait entre nous ; car on ne peut parler de ce monodrame qu'à la condition d'admettre la manière de la tragédie française, et l'amplification d'un sujet tragique, ou d'un sujet sentimental comme celui-ci. La condamner absolument, c'est condamner du même coup Pygmalion ; l'accepter avec sa valeur ou sa non valeur, c'est autoriser l'éloge ou la critique. On peut louer tout maniériste et analyser son mérite ; seulement il ne faut pas que je le compare à la nature et au style classique. Ce serait à peu près là mon point de départ. Je vous raconterai ce que j'ai vu les deux fois ; mais je désire surtout que vous entendiez Meyer s'exprimer là-dessus. Toutefois cet examen ne pourra être terminé que lorsque la *Didascalie* aura paru.

Je ne puis rien vous dire de précis au sujet de Schröder. Il s'est conduit dans cette affaire avec une espèce de coquetterie ; il a fait une offre spontanée, et, quand on a voulu le prendre au mot, il s'est dédit. Je ne lui en veux pas ; car chaque métier a ses procédés particuliers ; seulement je ne puis plus faire un pas de plus.

Dans dix jours je me retrouverai probablement près de vous; je ne serais pas fâché de revoir Cotta.

Le passage de l'*Odyssée* semble se rapporter à une des innombrables rhapsodies que dans la suite on a réunies si heureusement pour en faire les deux poèmes qui nous restent. Ces rhapsodies se sont perdues sans doute par la raison que l'*Iliade* et l'*Odyssée* ont formé chacune un tout. C'est ainsi que nous avons perdu des épigrammes sans nombre, parce qu'on a fait un recueil d'épigrammes ; c'est ainsi que les œuvres des jurisconsultes de l'antiquité ont péri, parce que les *Pandectes* les ont absorbées, etc. Pardonnez-moi cette opinion qui sent un peu le chorizonte; pourtant, je comprends tous les jours mieux comment on a pu, avec un talent inférieur, même au moyen du simple bon sens, composer les deux chefs-d'œuvres qui nous restent, en se servant des trésors rhapsodiques créés par le génie. Je dirai plus : qui nous empêche d'admettre que cette contiguité, que cette continuité étaient déjà on ne peut mieux préparées par le fait que l'esprit de l'auditeur les réclamait du rhapsode ? Je veux même admettre qu'on n'ait pas fait entrer dans l'*Iliade* et dans l'*Odyssée* tout ce qui y aurait figuré avec avantage, qu'on n'y ait pas ajouté, mais qu'on en ait retranché plutôt.

Ce sont là des opinions touchant un sujet sur lequel toute certitude est à jamais perdue; l'idée que j'émets est favorable à mon travail actuel, il me faut fondre l'*Iliade* et l'*Odyssée*, dans l'immense océan de poésie où je veux puiser.

Encore un mot sur Schröder : d'après mes convictions, il y a une telle corrélation entre votre *Wallestein* et son arrivée ici, qu'on pourrait dire plutôt : si vous faites votre tragédie, il viendra, que : s'il vient, vous la terminerez.

Là-dessus, adieu. Nous allons avoir une nouvelle matinée musicale demain ; la dernière aura lieu chez moi. J'y invite votre chère femme, si elle arrive à temps.

La traduction en anglais de ma *Dorothée*, que M. Mellish a entreprise, est achevée, à ce qu'il m'a dit hier ; il veut me montrer les quatre premiers chants qu'il a ici. Moi-même je suis absolument incapable de juger un pareil travail, je vais tâcher que Schlegel le voie : il a mieux étudié le rapport qui existe entre les deux langues. Je termine, quoique j'aie encore bien des choses à dire.

Weimar, le 2 mai 1798.

GOETHE.

147.

Iffland a joué hier pour la clôture, le rôle du *Bailli* dans *La dot*. Dans le cours de ses représentations, il m'a amené à faire bien des réflexions qui, en somme, concordent avec votre manière de voir. Nous aurons longuement à causer là-dessus.

Quant à *Wallenstein*, je ne sais que vous conseiller ; cependant, en tenant compte de votre ma nière de travailler, de la pièce telle que je la connais, et des circonstances extérieures, je crois que le projet dont vous me faites part pourrait bien être le meilleur. On ne peut pas servir deux maîtres à la fois, et, de tous les maîtres, le public qui trône au théâtre allemand, est celui que je choisirais en dernier lieu. A cette occasion, j'ai encore une fois appris à le mieux connaître.

Je ne songe guère qu'à me familiariser davantage avec les chants d'Homère, dès que je serai près de vous ; une lecture faite en commun sera la meilleure introduction.

Mon *Faust* a fait quelques pas rapides. Le vieux manuscrit encore existant était un vrai pêle-mêle formant un véritable chaos : il est recopié maintenant ; les parties se suivent par cahiers, d'après les numéros d'une table détaillée. A présent, je puis utiliser chaque moment d'inspiration, pour développer telle ou telle partie, et réunir tôt ou tard le tout.

A ce propos, il se produit un fait très-curieux : j'avais écrit quelques scènes tragiques en prose ; elles jurent avec le reste à force de réalisme et d'énergie.

Je tâche donc de les mettre en vers ; l'idée apparaîtra comme à travers un voile, et l'impression immédiate que fait naître ce formidable sujet sera amortie.

Adieu. Les indications des bons baromètres ne se rapportent jamais qu'à un avenir très-prochain ; sans doute, on devrait croire que nous allons entrer dans une période de pluie, mais qui oserait le prédire ?

Weimar, le 5 mai 1798.

GŒTHE.

148.

Comme vous le désirez, votre lettre m'a surpris lisant l'*Iliade*; j'y reviens toujours avec plus de plaisir, car on est enlevé comme dans une montgolfière, au-dessus de tout ce qui est terrestre, et transporté dans cette région intermédiaire où planaient les dieux. Je continue à esquisser et à examiner, et crois avoir encore une fois conquis quelques points principaux en vue de mon entreprise future. L'exécution serait tout à fait impossible, si elle ne se faisait pas toute seule; de même qu'on ne peut pas planter un champ de froment, quoi qu'on puisse bien l'ensemencer. Je m'occupe maintenant de trouver la meilleure semence, le sol sera bien préparé à la recevoir; le reste dépendra des hasards de la température.

Le grand point dans mes études actuelles, c'est d'éloigner de mes recherches tout ce qui est subjectif et pathologique. Si je dois composer un poème qui se rattache jusqu'à un certain point à l'*Iliade*, il faut que je suive les anciens jusque dans leurs défauts; il faut même que je m'assimile des éléments qui me sont antipathiques. Ce n'est qu'à cette condition que je serai à peu près sûr de ne pas être tout à fait à côté de l'esprit et du ton de l'œuvre. Quant aux deux points importants, l'intervention des dieux et l'emploi des comparaisons, je crois être en règle; je vous ai déjà parlé de cette dernière question. Mon plan s'élargit par suite d'un travail intérieur, et, à mesure que je connais mieux mon sujet, il devient plus antique. Seulement il faut que je prenne note de tout, afin que la distraction ne me fasse rien perdre.

Mon prochain séjour auprès de vous fera tout avancer, et j'achèverai certaines parties, celles dont je crois être le plus sûr.

Je viens de me livrer à un travail assez intéressant; je me suis occupé pendant quelques jours de la *Flûte enchantée*, j'ai repris et repétri ce sujet que j'avais abordé il y a trois ans. Comme chez moi l'action est inséparable de la pensée, j'ai fait à ce propos de très jolies expériences qui se rapportent à mon sujet aussi bien qu'au drame en général, à l'opéra en particulier, et surtout à la pièce en question. Il ne peut y avoir de mal à traiter parfois cette matière en dehors des moments de grande inspiration.

Le duc n'est pas encore de retour de Leipzig.

Thouret n'est pas encore arrivé, mon absence se prolongera donc encore quelques jours. Mais je ne tarderai guère : car, comme il faut que je sois rentré à Weimar pour la Saint-Jean, et que je veux cette fois passer au moins un mois près de vous, je ne puis pas perdre de temps.

Krüger est un affreux charlatan. On dit que son ballet n'est pas mal. Je doute qu'il obtienne la permission de jouer à Weimar, à moins qu'on ne l'autorise à donner quelques représentations seulement.

Le *Seigneur*, de Retzer, est un phénomène qu'il faut avoir vu de ses propres yeux pour y croire. Vous a-t-il aussi présenté son poème à Gleim?

Unger m'a envoyé l'épreuve de caractères d'imprimerie ci-jointe ; il veut que je lui donne quelque chose à imprimer dans ce petit format. Je n'ai absolument rien dans ce moment ; du reste, ce qui presse le plus, c'est et ce sera toujours l'*Almanach*.

Adieu. Mes compliments à votre chère femme.

Puissiez-vous trouver aussi le courage de reprendre vos travaux et de marcher en avant? En attendant, je vais tâcher d'utiliser le mieux possible les quelques jours qui me séparent de mon voyage.

Weimar, le 12 mai 1798.

Goethe.

149.

Votre lettre me surprend encore devant l'*Iliade*. L'étude de ce poëme me fait passer sans cesse par le cercle de ravissement, d'espérance, de lumière et de désespoir.

Je suis plus que jamais convaincu de l'unité et de l'indivisibilité de cette œuvre. Du reste il n'y a plus, il n'y aura plus jamais un homme capable de la juger. Moi, du moins, je me trouve à chaque instant ramené à un jugement subjectif ; c'est ce qui est arrivé à d'autres avant nous, et arrivera à d'autres après nous. En attendant, mon premier aperçu d'une *Achilléide* était juste ; si je veux, si je dois faire quelque chose de pareil, il faudra que je m'y tienne.

L'*Iliade*, quoi qu'on puisse dire, me semble un tout si achevé, qu'on ne saurait rien y ajouter, ni rien en retrancher. En composant le nouveau poème, il faudrait nécessairement lui donner une existence isolée, quand même par rapport au temps il se rattacherait directement à l'*Iliade*.

L'*Achilléide* est un sujet tragique, dont l'ampleur ne se refuse pas entièrement à la forme épique. Il est absolument sentimental ; et, grâce à cette double qualité, il conviendrait à un travail moderne, et une exécution toute réaliste établirait l'équilibre entre ces deux caractères essentiels. D'autre part, l'*Achilléide* ne contient qu'un intérêt personnel et privé, tandis que l'*Iliade* embrasse l'intérêt des peuples, des parties du monde, de la terre et du ciel.

Prenez toutes ces considérations à cœur. Si vous croyez qu'un sujet qui réunit ces qualités, doive m'enhardir à composer un vaste poème et à entreprendre un long travail, je puis commencer à toute heure, car je suis presque entièrement d'accord avec moi-même sur le *mode* d'exécution. Mais, suivant ma vieille habitude, je garderai mon secret pour moi jusqu'à ce que je puisse vous lire les passages terminés.

J'ai beau deviner, je n'ai aucune idée de l'agréable surprise, elle n'en sera pas moins la bienvenue. Mon existence ne m'a pas habitué à trouver sous mes pas de ces bonnes fortunes soudaines et gratuites. Malheureusement je ne pourrai pas venir avant dimanche.

Mes meilleures salutations à Cotta. Remerciez-le encore pour l'obligeance dont il m'a donné tant de preuves. Je suis encore un peu son débiteur, mais nous trouverons sans doute prochainement l'occasion de régler.

Quant à nos essais théoriques et empiriques, je compte suivre la marche que j'indiquais dernièrement ; dès qu'un alphabet sera sous nos yeux bien recopié, on tombera facilement d'accord.

Dorénavant je veux, autant que possible, ne promettre aucun manuscrit qui ne soit prêt à être livré à l'impression ; ce dernier surtout réunit tant de choses diverses!

Schlegel est sûr d'obtenir le titre de professeur ; le duc est bien disposé pour lui à cause de sa traduction de Shakespeare ; aussi a-t-on déjà envoyé un avis favorable à Gotha.

Adieu. Je désire de tout mon cœur vous revoir et commencer un travail sérieux. Il y aura bientôt un an que je n'ai rien fait ; je n'en reviens pas moi-même. Mes compliments à votre chère femme ; jouissez bien du beau temps et du grand air.

Weimar, le 16 mai 1798.

GOETHE.

150.

Iéna, le 18 mai 1798.

Il est certain qu'une seconde *Iliade* n'est plus possible, quand même il y aurait un nouvel *Homère* et une *Grèce* nouvelle ; aussi le meilleur vœu que je crois pouvoir former pour vous c'est que vous ne compariez votre *Achilléide*, telle qu'elle existe dans votre imagination, qu'à elle même ; et que vous ne demandiez à Homère que l'inspiration, sans précisément comparer votre travail au sien. Vous saurez, j'en suis sûr, façonner votre matière en sorte qu'elle réponde à la forme que vous concevez ; et, réciproquement, vous ne manquerez pas de trouver la forme qui convient à la matière. Votre nature, vos lumières, votre expérience m'en répondent. Le caractère subjectif de votre génie poétique balancera nécessairement ce qu'il y a de tragique et de sentimental dans le sujet. De plus, c'est plutôt une qualité qu'un défaut du sujet d'aller au-devant des exigences de notre temps ; car la tâche du poète devient impossible autant qu'ingrate s'il quitte tout à fait le sol de son pays et s'il se met en opposition formelle avec les tendances de son époque. Votre belle mission est d'être le contemporain et le citoyen des deux mondes poétiques, et c'est précisément à cause de ce glorieux privilège que vous n'appartiendrez exclusivement ni à l'un ni à l'autre.

Du reste, nous aurons bientôt occasion de nous entretenir longuement sur ce sujet ; car la surprise dont je vous parlais dernièrement, et que je ne veux pas trop vous faire attendre, est un ouvrage écrit par Humboldt sur votre *Hermann*; l'auteur vient de me l'envoyer en manuscrit. Je l'appelle un ouvrage, car cela formera un gros volume, c'est un traité complet, une étude approfondie du sujet. Nous lirons ce livre ensemble, si vous le voulez bien ; ce sera pour nous une occasion de parler de tous les principes positifs et de toutes les conjectures auxquelles on peut arriver par le raisonnement en ce qui touche les différents genres de poésie. Le beau témoignage que vous rend un esprit sérieux et un cœur sensible vous fera sans doute plaisir ; cet éloge éclatant, cette critique savante aidera à fixer le jugement encore indécis de notre public allemand ; en démontrant par le raisonnement l'excellence de votre poème, le livre de Humboldt assurera, hâtera le triomphe complet de votre muse.

Je vous parlerai de vive voix de ce que m'a dit Cotta. J'ai été surtout heureux d'apprendre de sa bouche que votre poème a fait le tour de l'Allemagne avec une rapidité extraordinaire. Vous aviez bien raison de croire que ce sujet était on ne peut mieux choisi pour le public allemand ; en effet, il a ravi les lecteurs d'Allemagne sur leur propre terrain, sans dépasser le cercle de leurs facultés et leurs intérêts ; et pourtant ce ravissement était réel, ce qui prouve que votre succès tient, non pas au sujet, mais à la vie poétique que vous lui avez donnée. Cotta est d'avis que Vieweg aurait dû faire aussitôt une édition ordinaire à bon marché ; il est sûr, m'a-t-il dit, que, dans la Souabe seulement, on aurait vendu quelques milliers d'exemplaires.

Mais nous parlerons de tout cela plus au long après votre arrivée. Je vous attends pour après-demain. Adieu. Ma femme vous envoie ses meilleures amitiés.

SCHILLER.

151.

Je ne puis que dire amen à la première feuille de votre bonne lettre ; car elle contient la quintessence de ce que je me suis dit et répété à moi-même pour me consoler et me soutenir. Mes scrupules naissent surtout de la crainte que j'ai de me tromper dans le choix du sujet, qui peut-être ne devrait pas être traité du tout, ou du moins pas comme je veux le faire. Mais, pour cette fois nous allons mettre de côté toute inquiétude, et commencer bientôt avec courage.

Vraiment je ne m'attendais pas au livre de Humboldt : je me réjouis d'autant plus de le lire que je craignais que son absence ne nous privât, au moins pour un temps, du secours de ses lumières. C'est un précieux avantage pour moi de pouvoir, du moins dans la dernière partie de ma carrière de poète, me mettre d'accord avec la critique.

Je n'ajouterai rien ce matin ; car mes derniers moments sont bien occupés. Demain soir je serai près de vous ; je calcule d'avance ce que nous produirons pendant ces quatre semaines. Adieu ; mes compliments à votre chère femme.

Weimar, le 19 mai 1798.

GŒTHE.

152.

Iéna, le 20 juillet 1798.

Le beau temps me rend la santé et l'ardeur au travail ; il me semble même que je vais retrouver peu à peu l'inspiration lyrique. J'ai remarqué que cette inspiration-là est la plus capricieuse de toutes, car elle est pour ainsi dire subjective ; n'ayant pas de point d'appui matériel, elle tient exclusivement à l'âme. Dans les derniers temps, je me suis senti plutôt de l'antipathie que du goût pour la poésie lyrique, aussi, dans mon dépit, ai-je repris *Wallenstein* pour quelques jours, mais je le quitte de nouveau.

Serait-il convenable, à votre avis, de faire un hymne en distiques ? ou de donner le nom d'hymne à un poème en distiques qui aurait un certain élan lyrique?

Vous ne vous laisserez pas dérouter dans la construction de votre théâtre par les faiseurs d'objections. Si je vous en parle, c'est uniquement parce qu'on m'a dit que Thouret s'était exprimé dans ce sens.

Ma construction ne va pas aussi vite. Ici la moisson a déjà commencé ; et à cette époque il est très-difficile de trouver les ouvriers dont j'ai besoin pour me faire un toit de chaume et pour garnir de traverses les pans de charpente. Aujourd'hui j'ai enfin la consolation de voir mettre ma maisonnette sous toit. Tous ces travaux m'arrachent à ma tâche plus souvent qu'il ne faudrait.

L'*Almanach* est chez l'imprimeur ; je pense qu'à votre arrivée votre *Euphrosyne* vous souhaitera la bienvenue ; elle ouvre dignement le cortége. Espérons que Guttenberg ne nous fera pas attendre plus que de raison. L'impression de l'*Almanach* sera terminée dans la première semaine de septembre ; pour cette époque il me faudrait donc aussi la couverture et les vignettes de frontispice.

J'ai lu ces jours derniers les récits de Mme de Staël ; ils caractérisent bien cette nature exaltée, raisonneuse, mais tout à fait anti-poétique, ou plutôt cette absence de nature chez un esprit aussi remarquable. Cette lecture rend tout maussade ; elle m'a fait éprouver ce que vous ressentez en lisant des écrits de ce genre : on partage les dispositions d'esprit de l'auteur, et l'on s'en trouve on ne peut plus mal. Il manque à cette dame les belles qualités de son sexe ; par contre, les défauts de son livre sont essentiellement féminins. Cependant j'ai rencontré çà et là dans ce petit ouvrage de charmantes réflexions comme elle sait en faire, de ces pensées qui trahissent la profonde connaissance qu'elle a de la vie.

Adieu. Je viens d'être interrompu par l'arrivée de deux uniformes prussiens ; ce sont les deux frères de mon beau-frère, qui vont passer leur congé à Weimar.

Ma femme et ma belle-mère se rappellent à votre bon souvenir.

Schiller.

153.

Je souhaite de tout mon cœur que l'inspiration poétique vous revienne au plus tôt. Malheureusement le séjour de votre jardin vous fait autant de mal que de bien, surtout depuis que vous vous êtes mis à bâtir. Je connais trop bien, par ma propre expérience, cette singulière distraction ; elle m'a fait perdre jadis un temps incroyable. Le travail des ouvriers, la création méthodique d'un objet nouveau, est un agréable passe-temps, qui réduit notre activité à zéro. Il en est à peu près de cela comme de fumer. Pour bien faire, il faudrait nous traiter, nous autres poètes, comme les ducs de Saxe ont traité Luther : on devrait nous enlever sur la grand'route et nous enfermer dans un château fort. Je voudrais bien qu'on en fît l'expérience immédiate sur moi ; à la Saint-Michel mon *Guillaume Tell* serait achevé.

Le mètre élégiaque pouvant se mouvoir dans tous les sens, je ne doute pas un instant que la forme lyrique ne réussisse très-bien. Je me souviens d'avoir eu jadis une intention semblable.

Vous verrez par la feuille ci-jointe que notre premier essai anaglyptique n'a pas trop mal réussi. Ce n'est qu'une copie faite à la main ; l'endroit marqué d'une croix est le mieux réussi. Il vous sera facile de voir qu'on peut donner beaucoup de relief à ce travail. L'idée me paraît très-originale. Facius est juste l'homme qu'il faut pour un ouvrage de ce genre ; quant à notre ami Meyer, il sait jusqu'où l'on peut aller avec des moyens aussi restreints, et il prêtera à notre entreprise le secours de son talent. Nous tâcherons de donner à notre *Almanach* une couverture semblable, mais bien plus riche : elle sera imprimée sur papier teinté et enluminée de couleurs bien fondues. Tout cela ne reviendra pas plus cher qu'une gravure en taille-douce à l'encre noire, qui formerait la couverture. Je suis convaincu qu'une fois la chose en train, ce système de couvertures de luxe se propagera au loin, surtout aujourd'hui qu'on publie tant de livres brochés.

Je me suis occupé d'ailleurs de la rédaction de mes propres essais et de ceux de Meyer. Dans huit jours, le premier manuscrit sera livré à l'impression ;

pendant que j'y suis, je terminerai le suivant, et je vois de ce côté beaucoup d'espace devant moi.

Ces jours derniers, j'ai passé plusieurs heures avec M. de Marum. C'est une nature bien remarquable, à la fois bonne et intelligente. Il s'est beaucoup occupé d'électricité ; je voudrais qu'il pût s'arrêter plus longtemps ici, ce serait le moyen de s'initier promptement à cette partie de la physique. Il m'a recommandé la troisième partie de ses écrits, celle où il a consigné les résultats les plus nouveaux de cet important chapitre des sciences naturelles.

Je ne nierai pas une chose, c'est que la rédaction des essais de Meyer me rend tout malheureux. Cette manière lucide de décrire et d'imposer, ce jugement si sûr et si bien senti fait naître chez le lecteur le désir irrésistible de voir lui-même les objets. Ces jours derniers, pendant que je parcourais l'essai sur les Niobides, j'aurais voulu faire atteler et partir pour Florence.

Je connais les romans de Mme de Staël ; ce sont des productions bizarres et conçues avec passion.

J'ai eu ces jours-ci avec Meyer un petit différend qui n'est pas encore tout à fait vidé. Il soutenait que même *la naïveté du génie* pouvait, dans un certain sens, se transmettre du maître au disciple. Il peut bien avoir raison, si l'on se borne à motiver l'expression de la manière suivante : c'est que l'attention de l'artiste peut et doit être dirigée de bonne heure sur la valeur de ce genre de naïveté dans les arts plastiques. Il paraît étrange sans doute que de nos jours l'idée même en soit complétement perdue ; c'est là un fait qui ressort du projet de bas-relief présenté dernièrement par Dannecker, et qui nous a de nouveau si vivement frappés dans les conversations de Thouret ; ce dernier est le représentant d'une grande masse, parce qu'il figure à la fois les artistes et le public. On ne peut pas changer son siècle, mais on peut lui résister et préparer pour l'avenir d'heureux résultats. Un de mes prochains traités portera le titre suivant : Des obstacles qui empêchent l'artiste moderne d'arriver à la forme en partant de l'idée. — Il me reste juste la place pour vous dire adieu.

Weimar, le 21 juillet 1798.

GOETHE.

154.

Iéna, le 23 juillet 1798.

Votre premier essai anaglyptique permet d'espérer que cette entreprise portera de bons fruits. D'abord j'ai été arrêté par un léger doute : je me demandais si l'ensemble n'aurait pas trop l'air d'une marqueterie, comme les notes de musique imprimées. Mais peut-être n'ai-je pas tout à fait saisi votre idée ; et le tout semblera peut-être fait d'une seule pièce.

Comme l'impression de l'Almanach est commencée, j'ai dû baptiser votre poème sur le Parnasse Allemand. Je n'ai pas trouvé de titre plus convenable que celui de : « Dignité des poètes » ; il cache l'ironie, et pourtant exprime l'idée satirique pour tout bon entendeur. En désirez-vous, ou bien en connaissez-vous un meilleur ? En ce cas, veuillez me le dire demain, parce que je voudrais livrer bientôt le poème à l'impression.

Dans votre discussion avec Meyer, ce dernier me paraît avoir tout à fait raison. Quoique le beau naïf ne puisse pas se réduire en formule, ni, par conséquent, se transmettre sous forme de règle positive, il est, d'après son essence, naturel à l'homme ; au contraire, la sentimentalité, qui en est l'opposé, ne lui est pas naturelle, c'est une aberration. L'école, en repoussant celle-ci ou en la corrigeant, et en veillant à ce qu'on ne s'écarte pas du naturel, ce qui est facile à concevoir, doit donc pouvoir entretenir et propager l'esprit naïf. Dans chaque individu la nature produira et entretiendra le naïf à dose inégale, sans doute ; pourvu qu'on écarte tout ce qui la trouble. Mais si la sentimentalité existe déjà, l'école sera à peu près impuissante. Ma conviction est que la naïveté, qui est le caractère commun de toutes les œuvres d'art d'une certaine période de l'antiquité, est le résultat, et, par conséquent aussi, la preuve de l'efficacité de la tradition par la doctrine et par les modèles.

Mais maintenant il s'agirait de savoir ce que, dans un temps comme le nôtre, on pourrait attendre d'une *école* en faveur de l'art. Les écoles des anciens étaient des établissements d'éducation pour des élèves ; les modernes seraient nécessairement des maisons de correction pour des coupables ; ajoutez que la pénurie de génies productifs rendrait ces écoles plus critiques que créatrices. En attendant, ce serait déjà un grand avantage s'il se trouvait ou s'établissait quelque part un point fixe autour duquel se grouperaient les idées similaires ;

si dans ce centre commun on déterminait ce qui peut être admis comme canonique et ce qui doit être rejeté; enfin, si certaines vérités qui servent de règle à l'artiste étaient exprimées et transmises en formules nettes et précises. Ainsi naîtraient certains livres symboliques, précieux pour le poète et pour l'artiste, dont il faudrait suivre les doctrines; du reste, je ne vois pas pourquoi l'esprit de secte qui est si prompt à se déclarer pour le mal, ne pourrait pas être sollicité en faveur du bien. Il me semble du moins qu'on pourrait produire autant d'arguments pour une confession et une communauté *esthétiques*, que contre une confession et une communauté philosophiques.

L'ouvrage de Ritter sur le galvanisme m'est tombé sous la main aujourd'hui ; il renferme beaucoup de bonnes choses; cependant je n'ai pas été satisfait de l'exposition, qui est lourde et embarrassée. Aussi suis-je d'autant plus impatient de m'entretenir avec vous sur cette matière.

Que dites-vous du nouvel Athénée des frères Schlegel, et surtout des Fragments? Cette manière outrecuidante, doctorale, tranchante et étroite, m'agace les nerfs. Adieu. Venez bientôt nous voir. Ma femme et ma belle-mère se rappellent à votre bon souvenir.

SCHILLER.

155.

Je suis enchanté de votre manière de trancher le différend qui existe entre Meyer et moi. Vous me permettrez à l'occasion de me servir discrètement de vos paroles, si je viens à aborder ce sujet.

Aujourd'hui part enfin le premier envoi à Cotta. J'aurais bien aimé vous renvoyer encore une fois le manuscrit ; en attendant, je l'ai encore une fois relu avec Meyer, comme si vous aviez été présent. Samedi vous recevrez probablement le peu qu'il est possible de dire sur les restes de l'art plastique et de l'architecture des Étrusques. Toute la première partie sera réunie sous peu ; les autres suivront de près ; car les parties achevées exercent une influence productive sur la suite du travail.

Les matériaux déjà mis en œuvre forment une masse considérable ; ceux qui restent à employer sont immenses.

Le titre de « Dignité des poètes » est parfait, et dépasse toutes mes espérances. Puissé-je voir bientôt ce beau poème imprimé ! Je n'en ai parlé à personne.

Il est vrai, Ritter est obscur et peu agréable pour celui qui veut étudier la question. Il se trouve actuellement à Belvédère chez Scherer. J'ai maintenant une double raison de surveiller toute la série de mes *Essais*, puisque je dois avoir pour but de vous en rendre la connaissance plus commode.

Après tout, les ingrédients de Schlegel dans toute leur individualité ne me semblent pas à dédaigner dans l'*olla podrida* de notre journalisme allemand. Cette nullité universelle, cette partialité pour le dernier médiocre, cette plate complaisance, ces courbettes, ce néant et cette impuissance au milieu desquels se perdent les quelques bonnes productions qui paraissent, trouveront un terrible adversaire dans un guêpier tel que les Fragments. Aussi l'ami *Ubique*, qui a reçu le premier exemplaire, l'a-t-il colporté partout pour discréditer l'ensemble par la lecture de certains passages détachés. Malgré tout ce qui vous déplait à bon droit dans cet ouvrage, on ne saurait refuser aux auteurs une certaine gravité, une certaine profondeur, et avec tout cela du libéralisme. Une douzaine de morceaux pareils montrera ce qu'il y a chez eux de ressources et de perfectibilité.

Guillaume m'envoie pour l'Almanach le poème ci-joint; je ne veux ni le recommander, ni même le défendre. La légende elle-même est déjà bien peu de chose : un sultan qui donne comme cadeau une jeune fille, qu'est-ce que cela signifie? De plus, l'auteur n'a pas même su trouver les jolis motifs qu'on pouvait tirer du sujet. L'exposition n'est pas claire et nette, sans parler des autres défauts qu'on pourrait reprocher à ce travail. Vu de près, c'est un second *Pygmalion;* on y retrouve cette fausse tendance à revêtir des couleurs de la poésie les sujets de l'art plastique. Je vais adresser à Schlegel quelques critiques bienveillantes et lui conseiller de retoucher l'ouvrage; c'est du moins une manière de gagner du temps.

Malheureusement il a fait aussi imprimer un poème sur l'Hommage au roi. C'est une œuvre malheureuse qui m'a pourtant donné hier occasion de me livrer à une conversation humoristique, où je le défendis contre le parti qui avait été griffé par le chat botté.

Les essais anaglyptiques marchent très-bien. L'ami Meyer dessinera d'après nature une chatte assise sur une lyre, destinée à illustrer le revers de l'Almanach; cet emblème sera reproduit avec soin, afin de montrer ce qu'on peut attendre dans ce genre de notre nouvelle manière.

Adieu. Rappelez-moi au souvenir des vôtres. Tous les jours je suis près de succomber à la tentation de revenir près de vous; mais chaque fois je suis arrêté par le courant de nos petites entreprises. Dans quinze jours la charpente intérieure de notre nouveau théâtre sera debout; il est convenu que les colonnes cannelées doivent être livrées et mises en place le sept août; je ne parle pas des petits détails. Thouret et Heidlof ont peint le rideau. C'est à vous maintenant à nous fournir le *Wallenstein;* encore une fois, adieu.

Weimar, le 25 juillet 1798.

GOETHE.

156.

Iéna, le 24 août 1798.

Le retour de notre duc va probablement ajourner encore votre arrivée parmi nous; je tâcherai, pendant ce temps, d'en finir avec le travail et les soucis que me donne l'Almanach. Quand vous viendrez, quand recommenceront nos entretiens, je veux pouvoir franchir le pas le plus difficile qui me reste à faire pour achever *Wallenstein*. Puisque vous avez envie de vous initier à l'économie de ce drame, je vais à l'occasion mettre en ordre mon plan, qui se trouve épars dans mes notes ; cela vous permettra d'embrasser l'ensemble, avant que l'ouvrage soit entièrement fini.

Il me tarde de connaître vos nouvelles idées sur la tragédie et sur l'épopée. Au milieu d'une composition dramatique on voit la prodigieuse distance qui sépare les deux genres. Moi-même j'en ai été frappé pendant que je travaillais à mon cinquième acte ; il m'a complètement isolé de toutes les émotions paisibles du cœur humain ; car il s'agissait ici de fixer un moment qui doit nécessairement être passager. Ce contraste violent entre la disposition morale où j'étais, et toutes les autres situations où l'homme garde plus de liberté, me fit craindre de m'être engagé dans une voie trop pathologique, parce que j'attribuais à ma nature ce qui était la conséquence forcée de mon travail. C'est pour moi une preuve de plus que la tragédie choisit certains moments extraordinaires de l'humanité, tandis que l'épopée, qui ne comporte guère cet état passif dont j'ai parlé, peint ce qui dure et représente l'ensemble dans sa marche tranquille et constante. Voilà pourquoi elle plaît à l'homme, quelles que soient les dispositions où il se trouve.

Je fais beaucoup parler mes personnages, et les laisse s'exprimer avec une certaine ampleur. Vous ne m'avez rien dit là-dessus, et vous ne semblez pas m'en faire un reproche. Vous-même en faites autant dans le drame, aussi bien que dans l'épopée ;

votre exemple est ma justification. Il est positif que, pour nouer et dénouer une action tragique, on pourrait aboutir avec moins de mots ; ce serait peut-être même plus conforme au caractère des personnages agissants. Mais l'exemple des anciens, qui ont procédé de la même manière, et qui n'ont guère été laconiques dans ce qu'Aristote appelle les sentiments et les opinions, semble annoncer l'existence d'une loi poétique supérieure qui veut qu'en ce cas on s'écarte de la réalité. Il n'y a rien à dire contre cet usage, dès qu'on se rappelle que tous les personnages du poème sont des êtres symboliques, qu'à titre de figures poétiques, ils doivent toujours reproduire et exprimer les caractères généraux de l'humanité ; dès qu'on songe que le poète, ainsi que l'artiste en général doit franchement et loyalement s'éloigner de la réalité, et indiquer qu'il le fait. Je trouve, en outre, qu'une exécution moins large serait beaucoup trop pauvre et trop sèche ; elle serait d'un réalisme trop dur ; et, dans les situations violentes, on ne la supporterait pas. Par contre une forme plus ample, une exécution plus complète, produit toujours un certain repos, une certaine placidité, même dans les peintures les plus passionnées.

Ces jours derniers Richter était ici ; mais il s'est fait annoncer chez moi à une heure tellement indue que je n'ai pas pu le recevoir. Matthisson, que j'ai complimenté il y a quelques semaines sur le nombre et la qualité de ses travaux, vient de m'envoyer un nouveau poème ; ainsi l'Almanach arrive insensiblement à une grosseur raisonnable. J'ai reçu aussi de Gries quelques bagatelles qui peuvent servir. Göpfert en est encore à la seconde feuille.

Adieu. Peut-être viendrai-je la semaine prochaine passer un jour avec vous; ce serait une occasion de voir votre nouveau théâtre. Quand vous reviendrez nous voir, vous trouverez ma petite maison tout arrangée; nous allons l'inaugurer demain. Ce sera pour moi le commencement d'une vie plus tranquille.

Ma femme vous envoie ses meilleures amitiés. Elle a eu du plaisir l'autre jour à vous voir pendant quelques minutes.

SCHILLER.

157.

Iéna, le 28 août 1798.

Je comptais aller moi-même vous souhaiter aujourd'hui une bonne fête; mais m'étant levé trop tard, et ne me sentant pas bien non plus, je n'ai pu donner suite à ma bonne intention. Mais nous avons pensé à vous de cœur, surtout nous nous sommes longuement rappelé tout le bien qui a été fondé chez nous grâce à vous.

Ces jours-ci j'ai été surpris par une visite à laquelle je ne m'attendais guère. Fichte est venu me voir et il s'est montré très-aimable. Puisqu'il a fait le premier pas, je ne puis pas, moi, jouer le difficile; nos relations ne seront guère fécondes ni agréables, vu que nos deux natures ne sympathisent pas; je tâcherai qu'elles restent du moins aimables et bienveillantes.

Le plaisir que vous prenez d'ordinaire aux proverbes grecs, je le trouve dans le recueil des fables d'Hygin, que je lis en ce moment. C'est délicieux de se promener au milieu de ces figures fantastiques auxquelles l'esprit du poète a donné la vie ; on se trouve en pays de connaissance, et l'on se sent charmé de cette richesse inouïe de formes. Aussi je ne voudrais pas qu'on touchât à ce livre pour corriger la négligence avec laquelle l'auteur en a disposé les parties ; il faut lire ces contes brusquement, l'un après l'autre, comme ils se présentent, pour sentir tout ce qu'il y a de gracieux et d'exubérant dans l'imagination grecque. Le poète tragique y trouverait les plus beaux sujets. Mais la figure qui domine toutes les autres, c'est Médée ; seulement il faudrait embrasser toute l'histoire de la magicienne, et en faire un cycle. La fable de Thyeste et de Pélopia est encore un sujet très-heureux. Dans le voyage des Argonautes je trouve plusieurs motifs qui ne se voient ni dans l'Odyssée ni dans l'Iliade, et je serais porté à croire qu'il y a là le germe d'un poème épique.

C'est une chose curieuse que tout ce cercle mystique que je parcours en ce moment n'est qu'un tissu d'aventures galantes, ou, pour parler le langage réservé d'Hygin, de compressus qui sont l'origine et la base de toutes ces grandes et terribles actions.

Il m'est venu une idée. Ne serait-ce pas un travail éminemment utile de reprendre l'idée qu'Hygin a réalisée d'une manière grossière et pour un âge différent du nôtre, de la développer avec esprit et en tenant compte des exigences de l'imagination moderne ? Un recueil de fables grecques fait dans ces conditions réveillerait le sentiment poétique et serait aussi utile au poète qu'au lecteur.

Vous recevez ci-joint deux bonnes feuilles de l'Almanach. A bientôt la troisième.

Ma femme vous envoie ses meilleures amitiés. Adieu.

SCHILLER.

158.

Merci de tout mon cœur d'avoir pensé à l'anniversaire de ma naissance ; et d'avoir eu l'intention de venir me voir. Ce jour s'est passé pour moi au milieu de stériles distractions ; j'espère pouvoir bientôt me recueillir près de vous. Hygin, chaque fois que je l'ai ouvert, m'a aussi fait plaisir ; je serais heureux de le relire une fois en entier avec vous. J'ai toujours eu confiance dans les Argonautes, et, d'après la nouvelle théorie, qui ne soumet pas le poème épique à la loi de l'unité, ce sujet serait, vu sa nature rhapsodique, on ne peut plus commode. Il contient de magnifiques motifs, et certainement on pourrait en tirer encore plus d'une idée heureuse.

Vendredi j'expédierai les derniers cahiers du manuscrit. L'introduction a subi plusieurs changements qui n'y gâteront rien, je l'espère ; je l'éplucherais encore davantage, s'il ne fallait pas l'expédier. Maintenant les choses se présentent sous un aspect tout nouveau ; déjà dans les bonnes feuilles mon travail a une tout autre forme que dans le manuscrit. J'espère que les quatre premières parties formeront une composition ayant déjà un certain caractère d'ensemble. Si seulement vous pouviez encore nous envoyer quelque chose, ce serait comme une promesse pour l'avenir. L'impression de l'Almanach est très-jolie ; il est vrai que ces petits caractères demandent beaucoup de soin et du papier bien lisse.

Je suis heureux d'apprendre que MM. Conz et Bürde deviennent un peu mauvais sujets et s'amusent aux amours défendues ; si jamais je voyais Matthisson en faire autant, j'en rirais encore plus. C'est une chose curieuse comme les gens ne peuvent échapper à l'influence de certains souvenirs. C'est ainsi que dans la vieille Baguette magique on retrouve quelques échos du vieux sorcier.

Peut-être finirez-vous pourtant par recevoir encore quelque chose de moi.

La couverture est achevée ; nous allons montrer ce qu'on pourra faire pour relever et enjoliver les ornements. Vous en aurez un petit échantillon au premier jour. Adieu. Travaillez bien pendant que je tâche de m'arracher d'ici. Je voudrais bien passer avec vous la première moitié du mois de septembre.

Utilisez de votre mieux les relations que Fichte vient de renouer avec vous, et tâchez qu'elles tournent en même temps à son profit. Quant à une amitié intime, il n'y faut pas songer ; mais il est toujours intéressant d'être lié avec un homme comme lui.

Weimar, le 29 août 1798.

GOETHE.

159.

Iéna, le 4 octobre 1798.

Voici le Prologue ; puissiez-vous en être content ! Faites-moi savoir par retour du courrier si vous désirez encore quelque changement. Je crois qu'il vaut mieux supprimer à la représentation ce que j'ai mis entre parenthèses. Il y a bien des choses qui ne peuvent pas se dire, et qui se lisent fort bien ; de plus, les circonstances qui accompagnent la déclamation d'un prologue, et, la solennité qui en est inséparable, entrainent certaines restrictions qu'il est difficile de calculer dans le silence du cabinet.

Ayez la bonté de me faire envoyer dare dare tout ce qu'il y a de prêt en couvertures et en vignettes du frontispice. Parmi ces dernières je n'en trouve pas une qui soit imprimée en brun ; si cela ne fait pas de difficultés, faites-en faire, je vous prie, environ cinq cents de cette couleur.

Je suis bien impatient d'apprendre comment vos acteurs s'y prendront pour jouer le Prologue.

Adieu. Ma femme vous envoie ses meilleures salutations.

SCHILLER.

160.

Le Prologue est bien réussi tel que vous l'aviez disposé ; il me fait grand plaisir et je vous en remercie mille fois. Je ne l'ai encore lu que deux ou trois fois pour bien me pénétrer de l'ensemble ; je ne puis donc vous dire exactement ce qu'on pourrait peut-être supprimer, et si un coup de pinceau par-ci par-là ne serait pas nécessaire dans l'intérêt de l'effet théatral.

Demain soir les messagères vous apporteront mon édition, si vous pouvez attendre encore avant de remettre le manuscrit à l'imprimeur, ce sera très-bien ; nous aurons au moins un texte uniforme. Lundi il ira sans retard à Stuttgard.

Je regrette de ne pouvoir le dire moi-même ; mais si Voss se conduit aussi bien que nos autres acteurs dans le *Camp*, nous aurons lieu d'être satisfaits. Leiszring, Weyrauch et Haide débitent les vers rimés, comme s'ils n'avaient jamais fait autre chose. Haide surtout a déclamé quelques périodes de la fin, comme je n'ai jamais entendu rien dire sur la scène allemande.

Après cette bonne nouvelle, j'ai le regret de vous annoncer qu'il m'a été impossible de contribuer, même par une seule ligne, au succès de notre projet, mais je vous envoie par contre un volume du père Abraham, où vous puiserez aussitôt, j'en suis sûr, l'inspiration nécessaire pour écrire e sermon du capucin. C'est ainsi, par exemple, que le mot de *charogne*, comme bouquet, serait peut-être très-édifiant dans la bouche de Genast. Voir la page 77, que j'ai marquée. Du reste, tout le livre est un inépuisable trésor d'inspiration.

Je ne puis non plus venir à bout de la chanson du commencement, mais j'ai quelque chose de convenable à y substituer. Tout cela peut être ajouté après les représentations suivantes, en général la pièce elle-même demande qu'on y voie toujours du nouveau, des changements inattendus, afin que les spectateurs soient complètement déroutés les fois suivantes. Adieu en attendant ; je vous ferai bientôt savoir le jour pour lequel je désire votre présence. Jusqu'ici nous sommes encore tout sens dessus dessous. Mes compliments à votre chère femme.

Weimar, le 5 octobre 1798.

GOETHE.

161.

Iéna, le 5 octobre 1798.

Je suis enchanté d'apprendre que vous êtes content du Prologue, et que ces trois messieurs promettent de jouer si bien leur rôle dans le *Camp*. Je ne puis différer jusqu'à demain soir l'impression du Prologue ; pourtant je ne pense pas qu'une légère différence entre le poème récité et le poème écrit puisse tirer à conséquence. Pourvu que l'exemplaire que vous avez envoyé à Posselt concorde avec celui qui figure dans l'Almanach, c'est tout ce qu'il faut.

Je vais donc me mettre au sermon du capucin ; le révérend Abraham m'inspire bonne confiance. Je n'ai pas encore pu le lire, parce que Schelling a passé toute l'après-midi avec moi. Il faut aussi que je vous prévienne qu'il y a encore quelques autres changements dans le corps de l'ouvrage ; je compte vous envoyer tout cela pour lundi soir, ainsi que le sermon du capucin. Comme ces remaniements ne portent pas sur l'ensemble, les acteurs pourront fort bien tout apprendre dans une demi-journée.

Vous m'approuverez aussi, j'espère, d'avoir remplacé le constable par un personnage véritablement dramatique. Je lui ai substitué un soldat avec une jambe de bois, qui me fournit un bon pendant au conscrit. Cet invalide arrive avec une gazette, et c'est ainsi qu'on apprend directement par la feuille publique la prise de Ratisbonne, et les événements les plus récents de cette période. C'est une occasion de bien placer quelques compliments à l'adresse du duc Bernard, etc. Enfin, il y aura bien moyen, je pense, de trouver un sujet pour remplir le rôle de la jambe de bois.

Si l'inspiration et le temps me le permettaient, je composerai encore la chanson de Magdebourg sur une vieille mélodie, afin de ne pas occasionner de retard. Du reste, si je suis trop pressé je me console par la pensée que vous pourrez y substituer autre chose.

Si vous pouviez renvoyer par la messagère mon exemplaire du *Camp*, cela me rendrait grand service pour les changements que j'ai en tête. Je ne demande que les huit ou dix premiers feuillets; car au milieu et à la fin je n'aurai rien à remanier.

Schelling est revenu avec un réel plaisir; il m'a rendu visite dès la première heure de son arrivée, et il me témoigne une amitié très-vive. A ce qu'il m'a dit, il a beaucoup lu dans les derniers temps sur la théorie des couleurs, afin de pouvoir soutenir une conversation avec vous sur ce sujet ; il dit avoir beaucoup de questions à vous faire. Après la représentation du *Camp*, il se présentera chez vous, car je lui ai dit que vous étiez trop occupé en ce moment pour le recevoir. Ce serait une bonne chose, si vous pouviez lui montrer vos expériences avant votre arrivée ici.

Ces jours-ci j'ai appris à connaître un singulier original, un illuminé en morale et en politique, que Wieland et Herder se sont dépêchés d'expédier chez la grande nation. C'est un étudiant d'Iéna, natif de Kempten, jeune homme plein de bonne volonté, très-heureusement doué, d'une énergie physique extraordinaire. Il m'a valu une expérience toute nouvelle.

Adieu. Je pense que ces jours-ci nous lancerons encore plus d'un messager sur la route de Weimar à Iéna.

Ma femme vous envoie ses meilleures salutations.

SCHILLER.

Si, au reçu de ma lettre, vous êtes fixé sur les changements que vous voulez introduire dans le *Prologue*, et que vous ayez un exprès sous la main, soyez assez bon pour m'envoyer aussitôt l'exemplaire.

162.

Je vous renvoie le Prologue ; j'ai vu avec plaisir les changements que vous avez faits, car ils sont bien à leur place. Par contre je désirerais que vous pussiez remplacer le passage que j'ai effacé par celui que vous trouverez dans le manuscrit. Je voulais par là : 1° qu'il fût un peu plus question de nos acteurs, 2° un peu moins d'Iffland, 3° qu'il y eût quelques vers qui pussent s'appliquer à Schröder.

Soyez assez bon pour m'envoyer lundi, de bonne heure, quelques exemplaires imprimés du *Prologue* ; aussitôt j'en expédierai un à Schröder avec quelques mots aimables, et un autre à Stuttgard.

Vous pourriez à tout hasard me retourner l'épreuve par l'exprès que voici, si vous n'en avez plus besoin ; bornez-vous à me dire si vous acceptez ma variante. En ce cas je ferai copier aussitôt les deux exemplaires qui doivent partir.

Voici une partie du *Camp* ; continuez à retoucher votre travail, bien que je ne puisse vous promettre de tenir compte de vos changements dès la première représentation. La rime, le rhythme, les mots piquants, tout est si bien soigné, si bien à sa place que je n'ose y toucher par crainte des temps d'arrêt. Adieu. Nous sommes en ce moment dans un tel désarroi que la seule espérance qui me soutienne, c'est de voir bientôt arriver la nuit qui mettra fin à tout.

Weimar, le 6 octobre 1798.

GOETHE.

63.

Iéna, le 6 octobre 1798.

J'accepte avec plaisir les changements que vous avez faits dans le Prologue ; les trois arguments que vous produisez sont sans réplique.

Je veux faire tirer environ six exemplaires spéciaux du Prologue, afin d'économiser des frais de copiste. Si vous voulez m'envoyer lundi matin une copie pour Schröder et une autre pour Cotta, elles pourront être expédiées d'ici directement à leur adresse, en même temps que le *Prologue* imprimé. En tout cas je vous retournerai le Prologue.

Si la première représentation ne peut profiter des petites variantes du *Camp*, je le regretterai. Le motif tiré de la gazette amènerait heureusement une exposition complète du moment de l'action, et de l'histoire de la guerre. Permettez au moins qu'au numéro 5 le canonnier entre en scène avec un journal, à la place du vers : Mais il est arrivé un courrier... laissez-moi mettre celui-ci : Mais le *Journal de Prague* vient d'arriver. Ce sera une manière d'introduire la gazette dans la pièce, si nous voulons nous en servir une autre fois.

Dernièrement vous avez fait naître un autre doute dans mon esprit, c'est à propos des *perruques*. Si nous remplaçons le passage en question par celui-ci :

N° 3

LE MARÉCHAL-DES-LOGIS.

Et ces rumeurs sourdes, et cet espionnage, et ces cachotteries et ces courriers sans fin.

LE TROMPETTE.

Oui, oui ! cela signifie quelque chose.

LE MARÉCHAL-DES-LOGIS.

Et avec sa raideur espagnole, qu'on..., etc.

Le courrier va partir, il faut que je m'arrête. Peut-être me ferez-vous savoir par la messagère quel est le délai fixé pour la représentation ; je ne serais pas fâché d'avoir quelques jours à moi pour faire le sermon du capucin. Adieu.

SCHILLER.

P.-S. Je vous envoie ci-joint, une épreuve du Prologue tel qu'il sera inséré dans l'Almanach ; car, comme j'ai écrit de mémoire la copie que je vous ai adressée, j'ai improvisé par-ci par-là, et il s'y trouve des variantes que j'ai indiquées au moyen d'un N. B. Si vous pouvez m'envoyer demain, avant 2 heures de l'après-midi par un exprès les changements que vous avez faits dans ce travail, je pourrai encore en tenir compte dans l'impression. Si ce n'est pas possible, soyez assez bon pour expédier à Posselt l'exemplaire imprimée du *Prologue* qui se trouve ci-joint, et non le manuscrit, afin que les deux exemplaires imprimés soient pareils.

164.

Je veux profiter du courrier du soir pour vous dire en deux mots où nous en sommes à peu près.

Je fais faire deux copies du *Prologue;* elles seront conformes à votre exemplaire imprimé. La période que j'ai changée, et que vous avez acceptée sous sa forme nouvelle y figurera.

Pour la récitation, j'ai commandé une édition à part, où j'ai supprimé *les mimes* et *les ères;* par contre j'y ai plusieurs fois nommé *Wallenstein*, que le public devine à peu près ce que nous voulons. Quelle distance il y a d'un travail fait entre amis, où l'on va jusqu'aux plus fines nuances, où l'on descend aux moindres détails, à un ouvrage fait pour la foule, à laquelle il faut présenter les idées les plus générales! Vous n'êtes pas encore au bout, et vous verrez à cette occasion, vous entendrez de singulières choses.

Du reste, jusqu'ici tout marche à souhait. La salle est charmante, presque tout le monde en est enchanté; aussi les critiques isolées n'ont-elles pas beau jeu à se produire.

Le *Camp* va très-bien. On l'a répété aujourd'hui sur la scène; mais il faut que nous renoncions à toute espèce de changements. Vu la difficulté de se tirer avec honneur d'une tâche si nouvelle, si extraordinaire, chacun des acteurs se cramponne à son rôle comme le naufragé à sa planche; si bien qu'on le rendrait malheureux si on la faisait vaciller.

Je travaille uniquement à ce que chaque détail ressorte et se rattache à l'ensemble.

Voici la chanson des soldats, qui doit ouvrir la pièce. La musique sera prête demain matin, et j'espère que bientôt tout sera en ordre.

Je ne veux pas vous faire venir à Weimar plus tôt qu'il ne faudra; car il n'est pas même probable que nous jouions mercredi. Mais dès que les acteurs auront étudié le *Prologue* et le *Camp* assez bien pour que vous puissiez avoir du plaisir à les entendre, je vous enverrai un exprès. Tenez-vous donc prêt à partir.

N'oubliez pas de m'envoyer le sermon du capucin, dès qu'il sera fini. J'ai soigné tout le reste ; les copies dont je vous ai parlé au commencement de ma lettre, seront expédiées demain soir à Schrœder et à Posselt.

J'ai ébauché d'avance un compte-rendu de la représentation, et de l'effet que la pièce a produit, il ne me faudra que quelques heures pour le terminer. Puisque me voilà lancé sur l'élément de l'effronterie, nous allons voir qui pourra nous tenir tête.

En attendant, ne bougez pas avant l'arrivée de mon exprès. Si demain il était démontré que nous ne jouerons pas mercredi, vous l'apprendrez la veille par un messager.

Du reste, je puis vous assurer que le but principal sera atteint. Les quelques personnes qui ont entendu le *Prologue*, croient, ainsi que les acteurs eux-mêmes, avoir une idée assez juste de ce que c'était que cette époque-là.

Adieu. Travaillez toujours autant que possible.

Meyer soignera la gravure de son mieux; malheureusement il y a comme une malédiction sur ces choses-là : il faut toujours les faire au galop. Mes compliments à votre chère femme.

Weimar, le 6 octobre 1798.

GŒTHE.

165.

Voici le sermon du capucin, tel que j'ai pu le faire au milieu des distractions de ces derniers jours, où j'ai été accablé de visites. Comme il ne doit être débité que deux ou trois fois à Weimar, et que je prendrai mon temps pour en faire une seconde édition, qui sera définitive, je n'ai pas hésité à traduire simplement mon digne modèle en maint endroit, et à le copier dans d'autres. Je crois avoir assez saisi l'esprit de l'original.

Voici maintenant une question majeure. Quand vous aurez lu le sermon, vous reconnaîtrez vous-même qu'il faut absolument le reculer de quelques scènes; il importe de faire connaître d'abord les soldats par eux-mêmes, et de laisser la parole aux deux chasseurs et aux autres personnages. Si le capucin parlait avant eux, les scènes suivantes perdraient leur intérêt; ce serait de plus une faute contre la loi de la gradation. Il est bon aussi que le sermon soit immédiatement suivi d'une scène animée, *en action;* je propose donc de le placer aussitôt avant l'entrée du conscrit, ou, ce que j'aimerais encore mieux, aussitôt avant le moment où le paysan est surpris en flagrant délit, et avant l'attroupement dans la tente.

L'économie du reste de la pièce n'en sera pas dérangée, comme vous le verrez facilement; il n'y a qu'un bon mot à changer. Les quelques propos que je fais dire aux soldats pourront être appris par cœur en quelques minutes.

Il m'a fallu introduire dans le *Camp* le musicien et la danse, pour varier, pour animer la scène au moment de l'entrée du capucin; vous en reconnaîtrez comme moi, je pense, la nécessité.

Mes remercîments pour la chanson du début, je la trouve parfaite. Peut-être aurai-je le temps d'y coudre encore quelques strophes, car il se pourrait qu'elle fût un peu courte.

A partir de demain je veux être prêt à me mettre en route à toute heure. Adieu.

SCHILLER.

166.

Iéna, le 9 octobre 1798.

Merci pour les couvertures et les tailles-douces que vous m'avez envoyées et dont nous avions grand besoin, surtout pour les bonnes nouvelles que vous me donnez de la marche de notre affaire théâtrale. La remise de la représentation m'arrange parfaitement; j'espère pouvoir être à Weimar jeudi de bonne heure. La vivacité avec laquelle cela est conduit fait surgir dans mon esprit toutes sortes d'idées dont *Wallenstein* pourra encore profiter. Je compte relier davantage le *Camp* à la pièce principale, et j'ai tout prêts plusieurs traits significatifs qui viendront l'enrichir. Par là j'augmenterai mon travail, tout en le hâtant.

Si j'avais osé attendre jusqu'à demain matin pour vous envoyer le sermon du capucin, il aurait eu un peu meilleur air. Au fond j'ai grande envie de retoucher cette figure grotesque ; car ce bon père Abraham est un magnifique modèle, devant lequel il faut s'incliner ; c'est une tâche intéressante et nullement facile de l'imiter ou même de le surpasser en extravagance et en sagesse. En attendant, je ferai mon possible.

J'ai augmenté la chanson des soldats de quelques strophes, que je vous envoie. Je crois qu'il sera bon d'accorder un peu de temps au spectateur, pour qu'il puisse voir le groupe en mouvement, et aux figurants, pour qu'ils puissent prendre leurs dispositions. Vous vous arrangez sans doute de manière à ce qu'il y ait plusieurs voix pour chanter les couplets, et un chœur pour répéter chaque fois les derniers vers. Vous vous êtes montré fort clément dans les changements que vous avez fait subir à mon texte. Il y en a quelques-uns dont je ne me rends pas bien compte, mais nous en reparlerons. Des bagatelles de ce genre conduisent souvent à des remarques précieuses.

Adieu. Je suis heureux de voir que les mille tracas que vous suscitent tous les détails matériels ne vous font perdre ni votre ardeur ni votre entrain.

Ma femme vous envoie ses meilleures salutations.

SCHILLER.

Si demain vous aviez encore quelque chose à me communiquer par l'entremise de la messagère, recommandez-lui bien de me remettre votre lettre à temps; autrement je ne la recevrais que jeudi.

167.

Iéna, le 9 novembre 1798.

Hier enfin j'ai abordé la partie de Wallenstein qui est la plus importante au point de vue poétique, et que j'avais remise jusqu'à ce moment; c'est celle qui est consacrée à l'amour; par la nature franchement humaine, elle se sépare tout à fait des complications de l'action politique; moralement, elle s'y oppose même. Après avoir donné à l'élément politique la forme qu'il était si difficile de trouver, je me sens délivré d'un poids énorme, et mon esprit peut s'ouvrir à une inspiration d'un genre tout différent. Il me faudra quelque temps pour oublier cette grave préoccupation. Ce que j'ai surtout à craindre maintenant, c'est que l'intérêt humain qui prédomine dans ce grand épisode ne dérange un peu l'action, qui a déjà son cadre et ses limites. Car, d'après sa nature, cet épisode mérite le premier rang, aussi, plus je réussirais dans l'exécution, plus le reste de l'action en souffrirait. En effet, il est bien plus difficile de sacrifier un intérêt de sentiment qu'un intérêt de raison.

Je dois tout d'abord m'assurer tous les motifs qui, dans l'ensemble de ma pièce, conviennent à cet épisode, et tous ceux qu'il renferme lui-même; ainsi ferai-je peu à peu mûrir en moi la disposition d'esprit convenable. Je crois être déjà sur la bonne voie; aussi j'espère que mes frais ne seront pas perdus.

Mais il faut que je dise tout de suite, c'est que *Piccolomini* ne peut ni ne doit passer de mes mains dans celles des acteurs avant que la troisième pièce soit entièrement sortie de ma plume, abstraction faite des dernières corrections. Et maintenant, puisse Apollon m'être favorable, et me conduire dans six semaines au bout de la carrière que j'ai à fournir !

Je vous envoie sans tarder ce que j'ai fait jusqu'ici, pour ne l'avoir plus sous les yeux. Il n'y est resté que deux petites lacunes : l'une concerne les rapports secrets et magiques entre Octavio et Wallenstein, l'autre la présentation de Questemberg aux généraux. Cette scène, sous sa première forme, manquait de naturel; je n'avais pas encore trouvé la vraie tournure à lui donner. A part cela, les deux premiers et les deux derniers actes sont finis, comme vous voyez, et j'ai déjà recopié le commencement du troisième.

Peut-être aurais-je pu me dispenser de vous envoyer le manuscrit à Weimar, puisque d'après votre dernière lettre, je puis m'attendre tous les jours à votre visite.

Je vous félicite bien sincèrement de vos expériences sur les couleurs; car vous pourrez vous estimer très-heureux quand vous serez débarrassé de ce fardeau. Puisque l'hiver n'est pas favorable à votre muse, vous ne sauriez mieux l'employer qu'en le consacrant à ce travail et en vous occupant des Propylées.

Je vous prie de m'envoyer par la messagère tout ce qu'il y a de prêt en fait de couvertures et de tailles-douces. Il me faudrait 115 gravures de moins qu'on n'en avait commandé; par hasard nous en avions encore un pareil nombre en réserve. Je prie Meyer de les décommander s'il en est encore temps.

Le silence d'Iffland m'inquiète; il ne me répond pas après m'avoir tant pressé. Pourtant il est de son intérêt d'avoir bientôt ma pièce, s'il veut sérieusement la jouer.

Adieu. Jusqu'ici je me suis fort bien trouvé de mon séjour à la ville. Amitiés de ma femme.

Schiller.

168.

Voici des exemplaires, autant qu'on a pu en tirer, je ne sais pas combien il y en a.

Demain soir je serai près de vous, et pour quelque temps, j'espère. Puissent mes vœux ne pas être déçus!

Merci pour l'envoi de *Wallenstein*; ce matin j'ai lu les deux premiers actes avec grand plaisir. Le premier, que je connais à fond maintenant, me paraît, tel qu'il est, fort théâtral. Les scènes de familles sont très-heureuses; ce genre-là me touche on ne peut plus. Dans la scène de l'audience il serait peut-être bon de s'exprimer plus clairement sur certains points historiques; c'est ainsi que dans mon édition du Prologue j'ai nommé deux fois *Wallenstein*. On ne se figure pas combien la clarté est nécessaire. Mais bientôt nous causerons de tout cela en détail ; j'en suis heureux d'avance. Adieu, je ne vous en dis pas davantage.

Weimar, le 10 novembre 1798.

GOETHE.

169.

Iéna, le 30 novembre 1798.

Je me suis tellement habitué pendant ces quelques jours à m'entretenir avec vous tous les soirs, et à vous voir remonter et régler l'horloge de mes pensées, que je suis tout étonné et tout triste de me retrouver seul avec moi-même quand j'ai fini ma tâche. Je voudrais surtout que nous n'eussions pas attendu jusqu'au dernier jour, pour songer à commencer notre cours de chromatique ; car ces études toutes pratiques formeraient une heureuse diversion au travail poétique qui m'absorbe en ce moment ; j'y trouverais une récréation salutaire, et, en votre absence, j'aurais tâché de le continuer à ma manière. J'ai remarqué pourtant qu'un point essentiel de la méthode à suivre sera d'établir une ligne de démarcation bien précise entre la partie purement expérimentale et la partie polémique, d'une part, et la partie hypothétique, de l'autre. Il ne faut pas que l'évidence du fait et celle de l'erreur de Newton aille se perdre dans des explications problématiques ; il ne faut pas que la première ait l'air de s'imposer, comme fait la seconde. Il est vrai que vous êtes déjà porté par la nature de votre esprit à séparer l'objet de l'idée ; malgré cela il est difficile de ne pas mettre parfois un système qui a cours à la place des objets eux-mêmes, et de ne pas se laisser entraîner à transformer un simple instrument de la pensée en cause effective.

Vos longues et sérieuses études sur les couleurs doivent être couronnées d'un succès éclatant. Puisque vous le pouvez, il faut que votre livre devienne un modèle d'investigation scientifique, et qu'il soit aussi instructif par la forme que par le fond.

Quand on réfléchit que le sort des œuvres poétiques est lié à celui de la langue, qui change et qui passe, on reconnaît tout le prix d'un nom immortel dans la science.

Aujourd'hui enfin j'ai donné l'essor à *Wallenstein;* je viens de l'envoyer à Iffland. Vous aurez, j'espère, la bonté de lui faire expédier bientôt les costumes, parce qu'il pourrait en avoir besoin au premier jour. Je lui en ai donné avis au préalable.

Mes meilleures salutations à Meyer. Je le prie de me retourner la note acquittée.

Adieu, bonne santé au milieu de vos distractions. Que je serais heureux si, pour mon travail actuel, vous pouviez me prêter votre muse, dont vous n'avez que faire en ce moment!

Ma femme vous envoie ses meilleures salutations. Adieu.

SCHILLER.

170.

Iéna, le 4 décembre 1798.

Il faut que je vous ennuie aujourd'hui d'une question astrologique, et que je fasse appel à votre bon goût et à vos lumières à propos d'un sujet bien embrouillé.

En donnant plus d'extension aux Piccolomini, je me vois forcé de me prononcer sur le choix du motif astrologique qui doit amener la défection de Wallenstein, et lui inspirer une robuste confiance dans le succès de son entreprise. D'après ma première idée ce résultat devait être produit par les apparences favorables de la constellation, et le *speculum astrologicum* devait fonctionner dans le cabinet que vous savez, sous les yeux des spectateurs. Mais tout cela est sans intérêt dramatique; c'est vide, sec, inintelligible pour la foule à cause des termes techniques. Une scène pareille ne parlerait pas à l'imagination, et ne serait, en fin de compte, qu'une fade bouffonnerie. J'ai donc essayé d'un autre moyen, et je me suis mis à l'œuvre aussitôt, comme vous le verrez par l'inclus.

D'après ma nouvelle division, cette scène ouvrirait le quatrième acte des Piccolomini, et précéderait immédiatement celle où Wallenstein apprend l'arrestation de Sésina, qui est elle-même suivie du grand monologue. Il s'agissait de savoir si l'on ne pourrait pas renoncer tout à fait à la chambre astrologique, puisqu'elle ne sert à aucune opération mystérieuse.

Trouvez-vous qu'en suivant la voie que j'ai choisie, j'atteigne réellement mon but, qui est de donner un élan momentané à *Wallenstein* par le secours du merveilleux ? La bouffonnerie dont je me sers a-t-elle une certaine valeur tragique qui la sauve du ridicule ? La question est très-grave ; qu'on s'y prenne comme on voudra, le mélange de l'extravagant et de l'absurde avec le sérieux et le sensé sera choquant malgré tout. D'un autre côté, je ne pouvais m'écarter du caractère de l'élément astrologique ; il fallait rester fidèle à l'esprit de l'époque, auquel le motif que j'ai choisi répond parfaitement.

Peut-être développerai-je encore les réflexions que Wallenstein fait sur ce sujet, et, pourvu que la chose en elle-même ne soit pas en contradiction avec l'essence du poème tragique, et qu'elle ne soit pas inconciliable avec le sérieux, j'espère lui donner du relief par ces réflexions.

Soyez assez bon pour m'en dire votre avis.

L'horrible temps qu'il fait me tourmente cruellement, les crampes et les insomnies viennent de me coûter encore plusieurs jours de travail.

Ma femme se rappelle à votre bon souvenir. Nous vous remercions bien pour votre délicieux rôti ; il a été le bienvenu.

Adieu. Je serais heureux d'apprendre que vous avancez un peu dans vos schèmes.

SCHILLER.

171.

Combien je désirerais m'entretenir avec vous sur la question actuelle! car elle est bien plus importante que celle de savoir dans quel ordre les opérations doivent avoir lieu. Je serai très-bref et j'omettrai les points sur lesquels nous sommes d'accord.

Tout bien considéré, le motif astrologique me paraît préférable à celui que vous venez d'imaginer.

La superstition astrologique repose sur le sentiment obscur d'un tout cosmogonique immense. L'expérience apprend que les astres les plus rapprochés de nous exercent une influence marquée sur la température, la végétation, etc. Qu'on poursuive en s'élevant toujours davantage, il n'est pas possible de dire où cessera cette influence. L'astronome n'observe-t-il pas tous les jours dans les corps célestes des perturbations causées par d'autres corps? Le philosophe n'est-il pas porté, n'est-il pas obligé à reconnaître les influences les plus lointaines? Dès lors l'homme, guidé par le pressentiment de sa propre destinée, n'a plus qu'un pas à faire pour étendre cette influence au monde moral, au bonheur et au malheur. Je ne voudrais pas même donner le nom de superstition à cette illusion et à celles du même genre; car elles tiennent à notre nature, elles sont aussi admissibles et aussi excusables que n'importe quelle croyance.

On les voit apparaître plus souvent qu'on ne le

croirait, non-seulement dans certains siècles, mais aussi à certaines époques de la vie et chez certaines natures. Le défunt roi de Prusse n'attendait impatiemment le *Wallenstein*, que parce qu'il espérait y voir la question de l'astrologie traitée sérieusement.

La foi superstitieuse des modernes aux prédictions est en plus d'un point favorable à la poésie ; seulement le genre que vous avez choisi ne me paraît pas précisément le meilleur. Il appartient aux anagrammes, aux chronodistiques, aux formules d'évocation du diable, qu'on peut lire de gauche à droite ou de droite à gauche ; il sort donc d'une amille absurde et pédantesque, que rappelle l'incurable sécheresse de la matière. La façon dont vous avez traité cette scène m'a séduit tout d'abord au point de laisser inaperçues ces particularités : mais un peu de réflexion me les a fait découvrir. Du reste j'ai beau tourner, retourner la question, mon expérience des choses du théâtre me dit que ce système des lettres cabalistiques ne saurait être rendu sensible à la scène. Il faut que les chiffres soient entrelacés comme les M de Mathias. Quant aux F, il faudrait les disposer en cercle ; mais on aura beau les faire aussi grands qu'on voudra, jamais on ne les reconnaîtra de loin.

Voilà mes scrupules ; je n'en dirai pas davantage là-dessus. J'ai débattu la question avec Meyer, il est aussi de mon avis. Prenez dans tout cela ce qu'il y a de meilleur. Mon plus vif désir est que votre travail avance.

Mon temps sera très-morcelé d'ici au nouvel an ; je tâcherai cependant de l'utiliser de mon mieux.

La seconde livraison des *Propylées* est finie et déjà livrée à l'impression. J'ai de la copie en réserve pour la troisième ; il n'y a guère que la moitié à rédiger, je ferai mon possible pour l'achever en trois semaines.

Pour le quatrième numéro, j'ai une idée particulière que je vous communiquerai. En général je compte m'arranger de manière à garder le printemps pour un travail plus considérable. Bientôt, j'espère, grâce à votre concours, avancer dans mes schèmes chromatiques.

Ainsi s'écoule la vie, mélange de folies et de peines, comme dans les contes des *Mille et une Nuits*, où les histoires s'emboîtent les unes dans les autres.

Adieu. Mes compliments à votre chère femme.

Weimar, le 8 décembre 1798.

GOETHE.

172.

Iéna, le 11 décembre 1798.

C'est un vrai présent du ciel qu'un ami sage et dévoué ; vous me l'avez prouvé une fois de plus dans cette circonstance. Vos observations sont parfaitement justes, et vos arguments décisifs. Je ne sais pas quel mauvais génie m'empêchait de prendre au sérieux le motif astrologique dans *Wallenstein ;* je suis cependant porté par ma nature à prendre les choses du côté sérieux plutôt que du côté léger. Il faut que les particularités de cette matière m'aient rebuté d'abord. Mais à présent je reconnais fort bien qu'il faut en faire ressortir l'importance ; je réussirai, j'espère, malgré le surcroît de travail que cela va me donner.

Malheureusement la nécessité pressante de terminer mon drame coïncide avec une époque de l'année bien peu favorable. Habituellement je ne dors qu'une nuit sur deux; il faut que je dépense beaucoup d'énergie pour garder la lucidité d'esprit nécessaire, et rester dans les dispositions voulues. Si je n'avais pas, en pareil cas, une force de volonté plus grande que d'autres, je serais obligé d'enrayer.

Quoi qu'il en soit, j'espère pouvoir vous envoyer les *Piccolomini* pour votre cadeau de Noël.

Puissiez-vous, de votre côté, passer gaîment ces quelques mauvaises semaines que nous allons traverser, et nous revenir léger et dispos en janvier pour vaquer aux affaires qui vous attendent ici.

Je suis curieux d'apprendre ce que vous avez imaginé pour le quatrième numéro des *Propylées*.

Adieu. Je reçois ce soir une visite de mon propriétaire qui m'empêche de vous en dire plus long.

Ma femme vous salue cordialement. Bien des compliments à Meyer.

SCHILLER.

173.

Iéna, le 22 décembre 1798.

Je suis très-désireux de lire l'*Anthropologie* de Kant. Le côté pathologique de l'homme qu'il fait toujours ressortir, et qui peut être à sa place dans une anthropologie, vous poursuit dans presque tout ce qu'il écrit ; c'est lui qui donne à sa philosophie pratique un aspect si morose. C'est une chose à la fois curieuse et triste de voir que cet esprit gai et enjoué n'a pas su dégager tout à fait ses ailes de la boue terrestre, que même il reste toujours sous l'influence de quelques mauvais souvenirs de jeunesse, etc. Il a gardé quelque chose de monacal, comme Luther ; celui-ci a brisé les portes de son couvent, il est vrai, mais il n'a jamais pu effacer complétement les traces de son premier état.

Je comprends fort bien que les aristocrates n'entendent pas raillerie sur un écrit comme celui de Boufflers. Ils accepteraient bien plus de vérités de la bouche et de la plume d'un écrivain roturier. Mais le monde a toujours été ainsi ; dans l'Église l'hérésie d'un chrétien a toujours paru plus odieuse que l'incrédulité d'un athée ou d'un gentil.

N'avez-vous pas, ces jours-ci, ajouté quelques pages à votre *Schème chromatique?* Ce travail est une autre raison de me réjouir de mon séjour à Weimar ; près de vous, je ferai de nouveaux progrès. Je n'ai vu Schelling qu'une fois par semaine, et c'était, soit dit à la honte de la philosophie, pour jouer le plus souvent à l'hombre avec lui. Il est vrai que cette distraction, la seule absolument que j'aie en ce moment, m'est devenue presque indispensable ; mais il n'en est pas moins triste de n'avoir pas à s'occuper d'une manière plus intelligente. Cependant, dès que je reviendrai un peu sur l'eau, je passerai plus utilement mes loisirs avec lui. Il est toujours aussi peu communicatif, aussi énigmatique que par le passé.

Voilà longtemps que je n'ai plus eu de nouvelles de nos amis absents. J'espère que Humboldt ne se sera pas trouvé parmi les étrangers qu'on a arrêtés à Paris.

Je voulais vous prier de demander pour moi au duc la permission d'occuper l'appartement de Thouret pendant les trois ou quatre semaines que je vais passer à Weimar. En ce moment il est difficile à ma belle-sœur de recevoir ma femme et mes enfants, et pourtant je ne voudrais pas être séparé si longtemps de ma famille, ni vous être à charge pendant tout ce temps. Sans doute nos communications en souffriraient; mais il ne s'agirait que de nous arranger, et tout irait bien. Veuillez m'en donner votre avis. Je pense venir à Weimar dans une douzaine de jours.

C'est à peine si je puis constater un léger progrès dans mon travail; car en corrigeant les derniers actes au point de vue de la scène, j'ai rencontré beaucoup plus de difficultés que je ne m'y attendais, et cette besogne est extraordinairement longue et pénible.

Quoi qu'il en soit, je vous félicite d'avoir derrière vous le jour le plus court, qui jusqu'à un certain point, fait d'ordinaire époque dans votre existence.

Adieu. Recevez nos salutations bien cordiales.

Schiller.

174.

La nouvelle de votre arrivée prochaine me fait grand plaisir; c'est la plus douce espérance que m'apporte le soleil qui nous revient. Je n'ai pu donner un seul instant à la *Théorie des couleurs;* ces jours-ci je ferai différentes esquisses, et me taillerai de la besogne pour l'année prochaine, afin d'être complétement libre quand vous viendrez.

C'est un cas infiniment rare de trouver deux hommes qui se forment ensemble et l'un par l'autre ; aussi je ne m'étonne plus de voir avorter vos espérances d'intimité intellectuelle avec Schelling. Cependant nous pouvons toujours nous estimer heureux de ce voisinage, car au moins verrons-nous un peu ce qu'il produira. Peut-être aussi tout s'arrangera-t-il avec le temps.

Bonne chance à l'hombre. Vous trouverez dans l'*Anthropologie* même l'apologie du jeu, et, quoique personnellement je n'aie aucune idée de la distraction ou du plaisir qu'on peut y trouver, les nombreux exemples que j'ai vus m'attestent la puissance de cet attrait. Dans des moments pareils je trouve une compensation dans mille jeux scientifiques, tels que la minéralogie et d'autres. Il est vrai qu'à présent les soirées sont longues et stériles.

Si je suis bien informé, l'appartement qu'occupait Thouret est complétement libre ; il est propre, et n'aurait besoin que d'être meublé ; je m'en occuperai. Il y a deux pièces qui se chauffent et quelques cabinets.

Je me résignerai difficilement à vous savoir loin de chez moi ; mais l'appartement que je puis vous offrir n'est pas commode, surtout en hiver. Il faudra nous arranger, autrement nous perdrons du temps et des occasions.

Mercredi je vous en dirai plus long sur le logement de Thouret.

Si vous pouviez m'envoyer tout de suite le rôle de la femme de Wallenstein, je l'adresserais à notre nouvelle actrice, à Ratisbonne. Elle aurait le temps de l'étudier pendant le voyage, et, comme elle arrive le 14, elle serait là juste à temps pour que la pièce pût être jouée le 30.

Adieu. Dans l'espérance de vous revoir bientôt, je vais encore travailler à écarter maint obstacle qui pourrait nous gêner ou nous entraver.

Weimar, le 22 décembre 1798.

GOETHE.

175.

Iéna, le 24 décembre 1798.

Je prends la plume, le cœur allégé, pour vous écrire que je viens d'envoyer *les Piccolomini* à Iffland. Il m'a tant pressé et tant tourmenté dans sa lettre qu'aujourd'hui j'ai ramassé toute ma force de volonté. J'ai fait travailler trois copistes à la fois, et, sauf la seule scène dans la chambre astrologique, et que j'enverrai incessamment, mon drame a été réellement achevé. Grâce à une heureuse disposition d'esprit et à une nuit de bon sommeil, j'ai pu tout finir, et je crois pouvoir dire que le travail n'a pas souffert de cette précipitation. Aussi je suis sûr qu'à trente milles à la ronde personne n'a passé une veille de Noël aussi fiévreuse, tant j'étais talonné par la peur de ne pas arriver à la fin. Iffland m'a dépeint l'embarras où il serait si dans les deux premiers mois de la vraie saison théâtrale il n'avait rien pour remplacer les opéras qui feront relâche. Comptant sur mon drame comme il faisait, il n'avait pas songé à autre chose. Il évaluait à 4,000 thalers la perte qu'entraînerait pour lui ce retard.

J'emploierai cette semaine à faire copier l'exemplaire destiné au théâtre de Weimar, et à méditer la scène astrologique. Puis, la semaine prochaine, vers le 2, je vous rejoindrai si le temps et ma santé ne s'y opposent pas.

Comme je ne sais pas si une somme d'argent, sur laquelle je compte, rentrera en temps utile, je ne veux pas m'attarder à l'attendre, et, dans l'espérance de pouvoir vous emprunter quelque chose à vous, en cas de besoin, je vais faire mes paquets.

Merci mille fois d'avoir bien voulu m'assurer un logement. Mon beau-frère pourra me prêter des meubles en bois, mais point de lits; si vous voulez mettre un peu de literie à mon service, j'aurai d'autant moins à emporter.

Quant à nos communications, une voiture fera l'affaire.

Adieu pour aujourd'hui. J'avais besoin d'alléger mon cœur et de vous annoncer la grande nouvelle du jour. Ma femme vous envoie ses meilleures salutations.

SCHILLER.

176.

Je vous félicite vivement d'avoir achevé, même malgré vous, ce long travail. Je ne vous cacherai pas que dans les derniers temps je commençais à perdre tout espoir. A voir la manière dont vous meniez *Wallenstein* depuis quelques années, on ne pouvait plus imaginer un seul motif sérieux de croire que vous le finiriez jamais : ainsi la cire n'arrive pas à se figer, tant qu'elle est sur le feu. Vous-même vous ne vous rendrez compte du pas immense que vous avez fait qu'une fois l'œuvre terminée. Pour moi, c'est quelque chose d'infini.

Votre logement au château sera installé avec soin; il n'y manquera rien, je pense; vous trouverez de plus à votre disposition tout ce dont vous pourriez avoir besoin. Ne vous laissez arrêter par aucun empêchement; décidez-vous une bonne fois à venir le 2; car nous aurons de l'ouvrage jusque par-dessus la tête si nous voulons être prêts pour le 30. Dans tout cela le pire est que le terme ne peut plus être reculé. Adieu. Mes compliments à votre chère femme ; soyez d'avance le bienvenu parmi nous.

Weimar, le 25 décembre 1798.

GŒTHE.

177.

Iéna, le 31 décembre 1798.

Hier, je vous ai envoyé par Wolzogen le rôle de la duchesse. Voici *les Piccolomini* en entier ; mais, comme vous voyez, tout criblés de ratures. Je croyais y avoir déjà fait assez de coupures mais avant-hier, en relisant pour la première fois toute la pièce d'un bout à l'autre, je vis avec épouvante que la troisième heure allait être écoulée, avant que je fusse à la fin du troisième acte. Je me remis donc hier à biffer environ 400 iambes. Telle qu'elle est maintenant, la pièce sera encore fort longue, toutefois la représentation ne durera pas plus de quatre heures. Si l'on commence à cinq heures et demie précises, les spectateurs pourront être rentrés chez eux avant dix heures du soir.

Je vous envoie le deuxième acte en double ; ayez la bonté de le lire dans ces deux éditions. Il contient les scènes nouvelles de Thécla ; vous qui les lisez pour la première fois, vous éprouveriez de la fatigue si vos yeux venaient à vous rappeler les mutilations, et vous auriez de la peine à démêler le texte sous toutes ces ratures.

Le courrier d'aujourd'hui va porter à Iffland ma pièce ainsi rognée, car la longueur du drame doit le mettre dans un cruel embarras.

J'ai supprimé le jugement porté par Wallenstein sur Buttler (acte IV, scène 3) ; ce morceau si important pourra figurer avec avantage dans la troisième pièce.

Pour la distribution des rôles, j'ai compté que Mme Jagemann jouerait le personnage de Théola, et je lui ai donné quelques strophes à chanter. Ainsi le rôle de la comtesse resterait à Mme Slanzowski, à moins que vous ne trouviez plus convenable de le donner à la mère dont on attend l'arrivée. En effet, la comtesse est une figure importante; même dans les nouvelles scènes du troisième acte, elle a, comme vous le verrez, des choses graves à dire. Comme on peut la supposer plus âgée que la duchesse elle-même, puisque seize ans auparavant, elle a aidé à élever le roi de Bohême sur le trône, Mme Slanzowski ne pourra pas se plaindre.

Pour le personnage de Wrangel, j'ai compté sur Hunnius.

Et maintenant, je remets cette tragédie entre vos mains. A cette heure, je ne suis plus en état de la juger, parfois même, je me tourmente à la pensée qu'elle ne convient point à la scène. Puisse-t-elle vous produire un autre effet! puissiez-vous me donner du courage et de l'espérance, car j'en ai besoin.

Adieu. Le messager partira à trois heures.

SCHILLER.

1799

178.

Iéna, le 1ᵉʳ janvier 1799.

Voici, pour vous distraire, quelques feuillets de Koerner, sur l'*Almanach des Muses*.

Mon œuvre est entre vos mains, et, pendant que je vous écris, vous en avez déjà tiré l'horoscope. En attendant, j'ai déjà commencé à diriger mes pensées vers la troisième pièce, afin de pouvoir y travailler aussitôt après mon arrivée à Weimar. Sans doute il y a encore beaucoup à faire, mais ce dernier travail ira plus vite, parce que l'action est bien déterminée, et qu'il y règne des passions très-vives.

Il faut que je me fasse saigner demain, précaution que je n'ai jamais négligée depuis les deux cardites aiguës que j'ai eues en 91 et en 92. Cette opération me retiendra encore ici demain, peut-être même après-demain. Je me sens très-bien du reste, mais, pour ne pas perdre l'habitude de souffrir, je me suis piqué dernièrement à la main droite, sous l'ongle du doigt du milieu. Cette blessure devient très-douloureuse, et me gêne beaucoup pour écrire.

Vous avez eu la bonté de me faire demander par le conseiller de la Chambre des comptes, la liste des objets dont j'aurai besoin à Weimar. Je l'ai remise il y a quelques jours à mon beau-frère ; supposant que j'agirais selon vos désirs, j'y ai compris tout ce qu'il me faudra.

J'espère apprendre demain, par un mot de vous, si je puis venir après-demain.

Adieu. Nous nous réjouissons fort tous deux de vous revoir.

SCHILLER.

179.

Comme le point capital est réglé, et que je suis convaincu que vous n'avez pu arrêter l'action plus tôt, il faudra bien que le reste marche.

Les scènes d'amour sont on ne peut mieux réussies ; la manière dont vous y avez introduit l'élément astrologique est très-heureuse.

Je ne vous en dirai pas davantage, parce que je suis pressé par l'heure, et que j'espère vous voir bientôt. Ne tardez pas, je vous prie, car nous avons cent questions à discuter. J'espère que vous trouverez votre logement installé d'une manière supportable. Mes compliments à votre chère femme.

Weimar, le 2 janvier 1799.

GOETHE.

180.

Iéna, le 1er mars 1799.

Après huit semaines d'arrêt vont recommencer nos relations par l'entremise de la messagère. Ce passé si récent me paraît bien plus lointain qu'il ne l'est en effet. La vie de théâtre, les rapports fréquents avec le monde, notre existence en commun, tout cela a modifié sensiblement ma manière d'être ; aussi, quand j'en aurai fini avec l'œuvre colossale de *Wallenstein*, je me sentirai un tout autre homme.

Koerner m'a écrit ; ci-joint sa lettre.

L'ouvrage de Humboldt semble n'avoir pas non plus grand succès auprès de lui ; il est réellement nécessaire d'en faire un extrait convenable à présenter au public, afin de répandre ce qu'il y a de bon et de solide dans ses idées.

Aujourd'hui, j'ai reçu de Mme Schimmelmann une lettre qui me fournit une occasion excellente d'entamer l'affaire en question. Cette lettre m'apprend aussi, à mon grand étonnement, que le *Camp de Wallenstein* est à Copenhague : il a été lu dans la famille Schimmelmann ; il a même été joué par des amis le jour anniversaire de la naissance de Monsieur. L'indiscrétion ne peut venir que de Weimar, et j'ai peur que l'ami *Ubique* n'y ait trempé. Ayez donc la bonté d'examiner cette affaire ; surtout, je vous en prie, ne laissez pas sortir les *Piccolomini* de chez vous ; ce serait désolant si ma pièce courait ainsi le monde. Je ne puis soupçonner Iffland. Dans ces derniers temps, *Ubique* a fait son petit trafic à Copenhague, et l'on peut tout attendre de son indiscrétion.

Je ne puis vous en dire davantage aujourd'hui, l'heure du courrier me presse, et il faut aussi que j'expédie l'ami *Ubique*.

Adieu. Bien des compliments à Meyer. Ma femme

se rappelle à votre bon souvenir; hier elle a assisté à la comédie de Loder, et s'y est très-bien amusée.

SCHILLER.

181

Votre lettre m'est arrivée hier fort tard ; je vous réponds immédiatement afin de remettre notre correspondance en train.

Je suis heureux qu'en somme cet hiver vous ait été favorable, lui qui s'est si mal comporté envers moi. Il est hors de doute que tous deux nous avons fait des progrès sous plus d'un rapport, et j'espère que, la belle saison aidant, nous le prouverons par des actes.

La lettre de Kœrner me paraît singulière; mais tout ce qui est individuel a un cachet de singularité. Personne ne sait s'accommoder de soi-même ni des autres; aussi chacun est-il obligé d'ourdir sa toile d'araignée, son centre d'action. Tout cela me ramène toujours davantage à la poésie. Elle est le meilleur moyen de se satisfaire soi-même, et le lien le plus agréable qui nous rattache aux autres.

Je vais faire procéder à une enquête rigoureuse relativement au *Camp de Wallenstein*. Votre supposition ne me paraît que trop fondée. Dans ces temps glorieux où la raison étend son sublime empire, on peut s'attendre journellement, de la part des hommes les plus respectables, à une infamie ou à une absurdité.

Je suis en train de régler mes affaires et mes intérêts d'ici de manière à avoir bientôt mes coudées franches. Du reste, je suis d'une humeur détestable, qui durera, je le crains, jusqu'à ce que j'aie réussi à exécuter quelque travail de conséquence.

Adieu. Mes compliments à votre chère femme; travaillez avec ardeur. Quant à moi, je prévois que je n'aurai pas une heure de contentement avant de me retrouver près de vous pour y être actif comme je l'entends. Il faut que pour cet été j'invente une occupation, n'importe laquelle, afin de recouvrer une certaine sérénité d'humeur qui m'a entièrement fait défaut pendant la mauvaise saison.

Weimar, le 6 mars 1799.

GOETHE.

182.

Iéna, le 5 mars 1799.

J'ai souffert plus d'une fois cet hiver de vous voir moins gai, moins vaillant que d'habitude; aussi j'aurais voulu moi-même avoir l'esprit un peu plus libre, afin d'être plus à vous. Il faut bien l'avouer, le ciel vous a créé pour produire; tout autre état, pour peu qu'il se prolonge, est en contradiction avec votre nature. Il ne faut pas que la poésie ait à vous reprocher une seconde pause aussi longue que celle que vous venez de faire; il faut que vous fassiez acte d'autorité et que vous disiez sérieusement : Je veux. C'est déjà cette raison qui m'a fait applaudir à votre idée de composer un poème épique; une occupatio de ce genre rattache la science à la poésie, elle vous facilitera le passage de l'une à l'autre, seule chose qui semble vous manquer en ce moment.

Du reste, quand je songe à la masse d'idées et de formes que vous avez à dépenser dans des poèmes nouveaux, et qui existent à l'état vivant dans votre imagination, prêtes à surgir d'une simple conversation, je ne comprends plus que votre activité puisse s'arrêter un instant. Un seul de ces plans suffirait à alimenter l'activité de la moitié de l'existence d'un autre homme. Mais ici reparaît votre réalisme : Quand nous autres nous entretenons des idées, et que, par ce seul fait, nous croyons faire preuve d'activité, vous n'êtes satisfait qu'après avoir vivifié vos idées.

Le printemps et l'été remettront tout en ordre. Après cette longue pause, votre génie sera d'autant plus fécond, surtout si vous abordez immédiatement le premier chant de l'*Achilléide*, par lequel vous mettiez tout un monde en mouvement. J'ai toujours présent à la mémoire et le court entretien où vous me racontiez le sujet de ce chant, et cette flamme pure, cette jeunesse qui rayonnait alors dans tout votre être.

Voici une nouvelle lettre d'*Ubique*. Cet homme ne peut rester un moment sans se mêler des affaires d'autrui. Et que dire de son épouvantable radotage sur *Wallenstein* et sur les figures de femmes qui s'y trouvent ? Je n'irai pas donner ma pièce pour que Schrœder décharge sa colère sur les acteurs de Hambourg.

Opitz veut avoir mes drames pour le théâtre de

Leipzig. Soyez donc assez bon pour m'envoyer par la messagère les *Piccolomini,* dont on n'a pas besoin à Weimar pour le moment. Il faut que je les fasse recopier.

Je n'ai pas encore de nouvelles d'Iffland ; mais j'ai appris indirectement qu'il a donné *la première* représentation *des Piccolomini* d'après l'exemplaire non abrégé, que la séance a duré jusqu'à dix heures et demie, et que la seconde fois il a été obligé de jouer la pièce raccourcie et de l'annoncer sur l'affiche. Je suis très-fâché de ce contretemps ; du reste, comme il pouvait fort bien juger de la longueur de mon drame d'après les répétitions, il a commis une véritable maladresse. D'après la lettre de Bœttiger, il aurait joué le rôle d'Octavio, et Mme Fleck celui de Thécla. Je ne sais rien encore du succès qu'ont eu *les Piccolomini;* la nouvelle que Gries m'a communiquée venait probablement de chez les Schlegel.

Vendredi je vous enverrai les deux premiers actes de *Wallenstein.* Iffland n'aura rien qu'il ne m'ait donné signe de vie.

Adieu. Chassez l'humeur noire malgré le retour de l'hiver, qui donne à Iéna un bien triste aspect. Nous vous envoyons tous deux nos salutations bien cordiales.

SCHILLER.

183.

D'après votre conseil, il faut me considérer comme un oignon enseveli sous deux pieds de terre et de neige, et espérer dans quelques semaines des feuilles et des fleurs.

L'impression des *Propylées* est en train, et, selon mon habitude, je me débarrasse de maint autre travail, afin de me procurer au plus tôt quelques semaines de liberté, que je compte employer le mieux possible. C'est une chose très-singulière que la contradiction qui existe entre ma situation, on ne peut plus favorable en somme, et ma nature. Nous verrons jusqu'où j'irai à force de *volonté*.

Vous recevrez *les Piccolomini* en même temps que ma lettre. Vous aviez raison ; c'est bien la main de l'ami Passe-partout qui a trempé dans la soustraction du *Camp de Wallenstein*. Il ne vit que d'ignobles petits trafics ; vous ferez bien de le tenir à distance. Qui couche avec les chiens se lève avec les puces. Il n'y a rien qui vous paralyse comme des relations quelconques avec des coquins de cette espèce, qui osent se permettre d'appeler Octavio un misérable.

Pour charmer les ennuis de l'hiver qui recommence, *Palmire* est une vraie fortune. Je puis à peine attendre une seconde représentation, et bien des personnes sont dans le même cas.

Adieu. Pardonnez-moi la sécheresse de cette seconde lettre ; je tâche de la corriger par l'envoi d'une portion de raves.

Mes compliments à votre chère femme. Continuez à m'assister, dans les bonnes comme dans les mauvaises heures, de toute la force de votre esprit et de votre cœur.

Weimar, le 6 mars 1799.

GOETHE.

184.

Iéna, le 17 mars 1799.

Voici mon œuvre telle que les circonstances actuelles m'ont permis de la finir. Certaines parties demanderaient peut-être à être finies plus complétement ; mais au point de vue de la scène elle me semble suffisamment achevée. Si à vos yeux *Wallenstein* est une véritable tragédie, s'il satisfait aux principales exigences du sentiment, de la raison et de la curiosité, si les destinées des personnages se dénouent bien, et si l'unité d'impression est respectée, je n'en demanderai pas davantage.

C'est vous qui déciderez si le quatrième acte doit se terminer par le monologue de Thécla, ce que je préférerais pour ma part, ou s'il faut garder les deux petites scènes qui suivent, pour que cet épisode soit complet. Ayez la bonté d'expédier le manuscrit à temps, de manière à ce qu'il me revienne au plus tard demain lundi, à sept heures du soir, et faites marquer sur l'enveloppe l'heure à laquelle l'exprès sera parti.

Nous traiterons tout le reste de vive voix. Je vous félicite bien vivement des progrès de l'*Achilléide* ; il faut doublement s'en applaudir, puisqu'ils sont pour vous la preuve palpable de ce que peut votre volonté sur votre disposition d'esprit.

Ma femme vous envoie ses meilleures amitiés. Nous attendons avec impatience les jours de fête qui doivent vous ramener parmi nous.

Dimanche soir.

SCHILLER.

185.

18 mars 1799.

Je vous félicite de tout cœur d'avoir achevé votre *Wallenstein* ; j'ai été très-satisfait de votre travail, bien que je n'aie pu en jouir qu'à la volée par suite des distractions qui m'ont gâté ma matinée. Elle a tout ce qu'il faut pour réussir à la scène ; les nouveaux motifs, que je ne connaissais pas encore, sont aussi beaux que bien trouvés.

Si plus tard vous pouvez diminuer un peu l'étendue des *Piccolomini*, les deux pièces seront pour la scène allemande un trésor inestimable, et il faudra les jouer pendant de longues années.

Sans doute le grand avantage de la dernière pièce est que l'action y cesse d'être politique pour devenir exclusivement humaine ; l'histoire même n'y est plus qu'un voile léger à travers lequel on ne voit percer que l'élément humain. L'impression morale n'en est ni troublée ni affaiblie.

Dans tous les cas, je terminerais l'acte par le monologue de la princesse. C'est à l'imagination du spectateur de trouver la manière dont elle sort du camp. Peut-être serait-il bon pour la suite du drame de faire apparaître l'écuyer déjà dans la première pièce.

La conclusion amenée par l'adresse de la lettre excite une véritable terreur, qui vient tout à coup succéder à l'attendrissement. C'est un tour de force unique de finir par la terreur, après avoir épuisé tous les moyens de faire naître la crainte et la pitié.

Je n'ajouterai plus rien ; il me tarde bien de jouir de cet ouvrage avec vous. J'espère pouvoir partir jeudi prochain. Mercredi soir vous saurez à quoi vous en tenir ; nous lirons la pièce ensemble, et je savourerai votre poème à loisir.

Adieu. Remettez-vous bien de vos fatigues, et profitons de ces jours de fête pour commencer tous deux une vie nouvelle. Présentez mes amitiés à votre chère femme et ne m'oubliez pas.

Je ne veux pas trop tôt chanter victoire au sujet des vers que j'ai extorqués aux Muses ; la grande question est encore de savoir s'ils valent quelque chose ; en tout cas ils me serviront de préparation.

GOETHE.

186.

Iéna, le 19 mars 1799.

Depuis longtemps je redoutais le moment tant désiré où j'en aurais fini avec *Wallenstein*, et en effet je me trouve plus mal de ma liberté actuelle que de ma servitude passée. La masse qui m'attirait et me retenait jusqu'ici a disparu tout-à-coup ; et je me fais l'effet d'être suspendu et perdu dans le vide. En même temps il me semble qu'il me serait absolument impossible de rien désormais produire. Je ne me retrouverai moi-même que lorsque ma pensée s'arrêtera avec confiance, avec amour, sur un nouveau sujet bien déterminé. Dès que j'aurai mon but, je serai délivré de cet état d'inquiétude, qui m'éloigne, en ce moment, même de travaux moins considérables. Quand vous serez parmi nous, je vous soumettrai quelques fables tragiques de mon cru : je ne veux pas débuter par un pas de clerc et me tromper dans le choix du sujet. J'éprouve le désir et le besoin de quitter le terrain de l'histoire pour un monde de fantaisie, de faire parler uniquement la passion et le cœur humain, car je suis plus que rassasié de soldats, de héros et de potentats.

Comme je vous envie l'activité féconde que vous allez déployer ! Vous voilà sur le sol poétique le plus pur et le plus élevé, dans un monde ravissant, peuplé de figures bien arrêtées, où tout est à refaire, bien que tout ait été déjà fait. Vous habitez, pour ainsi dire, le temple de la poésie, et vous y êtes servi par des dieux. Ces jours-ci j'ai repris Homère, et j'ai relu avec un plaisir infini la visite de Thétis à Vulcain. Dans cette gracieuse peinture d'une visite sans façon, comme on peut en recevoir tous les jours, dans cette description d'un travail mécanique, il y a des trésors infinis comme fond et comme forme, et la naïveté prend les proportions du sublime et du divin.

Vous espérez, dites-vous, terminer l'*Achilléide* déjà pour l'automne, du moins vous croyez à la possibilité de ce tour de force. Sans doute vous êtes expéditif, je le sais, je l'ai vu de mes yeux ; votre confiance n'en est pas moins inconcevable pour moi, surtout si vous ne voulez vous mettre à l'œuvre qu'après le mois d'avril. Je regrette sérieusement que ce mois doive être perdu pour la poésie ; mais peut-être la muse épique ne voudra-t-elle pas vous quitter, et, dans ce cas, vous ne vous laisserez pas déranger de votre travail par les soins du théâtre. En ce qui concerne la représentation de *Wallenstein*, je me ferai un plaisir de vous alléger le fardeau.

Ces jours derniers, Mlle Imhof m'a envoyé les deux derniers chants de son poème ; ils m'ont fait grand plaisir. Le tout est d'une exécution très-fine et très-sûre ; les développements sont simples et gracieux au possible. Nous en causerons ensemble quand vous viendrez.

Voici les *Piccolomini* que je vous renvoie ; je vous demanderai en retour le *Camp de Wallenstein*, que je veux faire recopier pour envoyer enfin les trois pièces.

La caisse de gruau a été réclamée en votre nom par un M. Meyer, et lui a été remise. L'avez-vous reçue ?

Adieu. Ma femme vous envoie ses meilleures salutations. Demain j'espère apprendre que nous pouvons compter sur vous pour jeudi.

SCHILLER.

187.

Iéna, le 26 avril 1799.

Je suis toujours sous l'influence des distractions au milieu desquelles j'ai vécu à Weimar, et ne puis encore me retrouver moi-même. En attendant je me suis mis à lire une histoire du règne d'Elisabeth, et j'ai commencé à étudier le procès de Marie Stuart. J'y ai découvert aussitôt quelques motifs tragiques d'une grande portée ; ils m'ont inspiré beaucoup de confiance dans ce sujet, qui certainement a bien des côtés heureux. Il semble surtout se prêter à la manière d'Euripide, qui consiste à représenter de la façon la plus complète la situation des personnages; car j'entrevois la possibilité d'écarter toute la procédure en même temps que tous les détails politiques, et de commencer la tragédie par la condamnation. Mais nous en causerons de vive voix, lorsque mes idées seront mieux arrêtées.

Nous n'avons pas trouvé le printemps plus avancé à Iéna qu'à Weimar ; les groseilliers seuls nous ont montré un peu de verdure à notre entrée dans le Mühlthal.

Auriez-vous la bonté de prendre pour moi dans la bibliothèque, contre les reçus ci-joints, les livres qui s'y trouvent inscrits, et de me les envoyer par la messagère? J'ai déjà emporté Camden, mais j'ai oublié de laisser le reçu. Si vous pouviez me trouver, parmi les livres du duc, le *Calendrier historique* de Genz, qui renferme la vie de Marie Stuart, vous m'obligeriez infiniment

Pardonnez-moi de vous donner cette peine.

Encore une fois merci pour tous les agréments que j'ai trouvés à Weimar près de vous et par vous. N'oubliez pas de venir le 1er mai ; j'ai déjà prévenu Cotta de votre arrivée.

Ma femme vous envoie ses meilleures salutations. Adieu. Bien des amitiés à Meyer.

SCHILLER.

186.

Iéna, le 29 mai 1799.

Depuis deux jours que vous nous avez quittés, je me suis remis avec ardeur à mon travail, et j'espère que le beau temps, s'il se soutient, sera favorable aux efforts de ma muse. En récapitulant les résultats de votre dernier séjour ici, je trouve que, tout en n'ayant rien produit, nous nous sommes occupés d'une manière très-utile. Surtout cette idée, qu'il faut tenir l'art et la nature éloignés l'un de l'autre, me paraît toujours plus grande et plus féconde, chaque fois que nous revenons sur ce sujet, et je vous conseille de bien vous étendre là-dessus dans votre essai sur le dilettantisme.

J'espère recevoir bientôt l'esquisse de ce petit traité; cette seconde édition sera, j'espère, enrichie de remarques nouvelles ; le voisinage d'*Aurore* et d'*Hespérus* vous fournira sans doute des lumières précieuses.

Le hasard m'a fait tomber hier sur la vie de Christian Thomasius, qui m'a fort intéressé. On y voit les efforts d'un homme énergique et intelligent qui veut s'arracher au pédantisme de son époque, et, quoique la manière dont il s'y prend soit encore très-pédantesque, on peut, en l'opposant à ses contemporains, l'appeler un esprit philosophique, et même un bel esprit. Il choisit le moyen que vous aussi vous regardez comme le plus efficace pour harceler ses adversaires par des coups sans trève et sans merci : il écrivit le premier journal sous le titre de *Conversations mensuelles*. Chaque article était précédé d'une gravure satirique, et l'auteur n'y ménageait pas les coups de fouet aux théologiens et aux philosophes de l'école d'Aristote, ses adversaires. Le premier il osa écrire en allemand des opuscules académiques; un de ces écrits traite du savoir-vivre et des qualités que les Allemands devraient emprunter aux Français. Je serais curieux de le lire, et je tâcherai de me le procurer.

Auriez-vous appris quelque chose de Mlle Imhof et de son poème ? Voulez-vous lui insinuer ce dont vous parliez dernièrement?

Ma femme vous salue de cœur. Vous nous manquez bien, et je m'habitue difficilement à passer les soirées sans causer avec vous. Bien des amitiés à Meyer. Adieu.

SCHILLER.

189.

Chaque fois notre séparation me laisse autant de chagrin qu'à vous, et chaque fois j'envie votre sort. Car vous ne sortez pas de votre sphère, vous continuez votre chemin, vous avancez d'un pas sûr, tandis que dans ma situation les progrès sont toujours très-problématiques. Le soir je sais bien qu'il a été fait quelque chose, mais je sais aussi que cela aurait bien pu se faire sans moi, et peut-être même d'une tout autre manière.

Je vais tâcher seulement de faire ici, le mieux qu'il me sera possible, mon devoir en général, et veiller à ce que mon séjour à Weimar ne soit pas perdu pour nos desseins particuliers.

Notre amie m'a envoyé le premier chant de son poème ; malheureusement les griefs dont je vous avais déjà parlé subsistent dans toute leur force. On ne trouve dans cette œuvre aucune trace de la lenteur épique ; aussi tout se presse et s'entasse, et l'on reconnaît, à la lecture, qu'il manque absolument à ce poème le calme et la clarté. Dans tout le chant il n'y a pas une seule division qui soit indiquée, et, en effet, les différents points se suivent sans se distinguer l'un de l'autre. Ces périodes interminables embrouillent l'exposition plutôt qu'elles ne la rendent agréable par un certain fini. Les parenthèses obscures et les allusions vagues abondent, ainsi que les inversions arbitraires, et l'emploi des participes n'est pas toujours heureux. Je vais tâcher de faire mon possible, d'autant plus que les heures que je dépense à Weimar n'ont pas grand prix à mes yeux.

En somme, nos travaux sur le dilettantisme, nous mettront dans une situation singulière, je le prévois ; car on ne saurait voir de près les excès et les travers qu'il engendre sans impatience ni sans un peu d'aigreur. Pourrai-je vous envoyer ou vous apporter mon esquisse presque terminée ? C'est encore une grande question.

Ce que j'ai appris à connaître de Christian Thomasius m'a toujours intéressé. Sa nature vive et spirituelle est très-sympathique. Je m'informerai des écrits dont vous me parlez.

Adieu. Mes compliments à votre chère femme. Vous trouverez ci-joint quelques mots de Meyer.

Weimar, le 29 mai 1799.   GOETHE.

190.

Iéna, le 31 mai 1799.

Je comprends bien que le poème de notre jeune dilettante vous fasse d'autant moins de plaisir, que vous le regardez de plus près. En effet, voici en quoi le dilettantisme se montre surtout : partant d'un principe faux, il ne peut rien produire qui ne soit faux dans l'ensemble, et, par suite, il est rebelle à tout remède. Ce qui me console, c'est qu'à propos du poème en question, nous pouvons annoncer qu'il est le fruit du dilettantisme ; en l'accueillant avec tolérance, nous ferons simplement acte d'humanité, sans compromettre notre jugement. Le pire dans tout cela, c'est la peine et l'ennui que cela vous donne ; il faut que vous considériez votre travail comme une *sectionem cadaveris* faite dans l'intérêt de la science, puisque ce cas pratique coïncide assez heureusement avec l'étude théorique à laquelle vous vous livrez.

Ces jours derniers, les œuvres toutes différentes d'un maître de l'art ne m'ont guère fait plus de plaisir ; seulement, comme je n'ai pas à en répondre, je puis garder toute ma tranquillité d'âme. J'ai lu *Rodogune*, *Pompée* et *Polyeucte* de Corneille, et j'ai été étonné des imperfections vraiment énormes que l'on découvre dans ces poèmes, que j'entends louer depuis vingt ans. L'action, la disposition dramatique, les caractères, les mœurs, la langue, tout jusqu'aux vers, accuse les défauts les plus graves, et la barbarie d'un art à peine naissant est loin de suffire à les excuser. Car ce n'est pas seulement le mauvais goût qui choque dans ces œuvres, ce n'est point par là qu'elles pèchent surtout ; le mauvais goût ne se rencontre-t-il pas dans les livres les plus ingénieux, quand ils ont vu le jour à une époque encore grossière ? Leur grand défaut, c'est la pauvreté dans l'invention, la maigreur et la sécheresse dans le développement des caractères, la froideur dans la peinture des passions, la marche pénible et forcée de l'action, enfin l'absence presque totale d'intérêt. Les femmes y sont de misérables caricatures ; jusqu'ici je n'y ai trouvé que l'héroïsme qui fût traité heureusement ; encore cet élément, assez maigre par lui-même, vous apparaît-il toujours sous la même forme.

Racine est infiniment plus près de la perfection, bien qu'il soit entaché de tous les défauts de la manière française, et qu'il soit un peu faible dans l'ensemble. A présent je suis très-curieux de lire les tragédies de Voltaire ; car, d'après les critiques qu'il a faites sur Corneille, il a vu très-clair dans ses défauts.

Sans doute il est plus facile de critiquer que de créer. Cela me rappelle mon œuvre à moi, qui n'est encore qu'à l'état de grossière ébauche. Ah ! si ces connaisseurs si prompts à juger et ces dilettantes évaporés savaient ce qu'il en coûte pour produire une œuvre passable !

Ayez donc la bonté de m'envoyer par la messagère les *Piccolomini* et la *Mort de Wallenstein*. Kotzebue m'a demandé ces deux pièces, et je les lui ai promises, parce qu'il m'en coûte moins de lui faire ce plaisir que d'aller le voir ou de souper chez lui.

Bien des amitiés à Meyer. J'ai envoyé sa lettre à Boettiger.

Ma femme vous envoie ses meilleures salutations.

Adieu ; conservez votre santé et votre bonne humeur par cette pluie bienfaisante.

Schiller.

191.

Je vous félicite d'avoir commencé votre nouvelle pièce. Autant il est bon de méditer sérieusement l'ensemble, autant il est avantageux de mener de pair l'invention et l'exécution ; il y a là pour l'auteur un profit qu'il ne faut pas négliger.

Kœrner s'est rendu la tâche bien facile : au lieu d'un compte-rendu de *Wallenstein*, il m'en a envoyé un extrait. Peut-être voudrez-vous revoir un peu ce travail ; après la quatrième représentation on pourra le faire imprimer.

Il est positif que le roi et la reine n'ont pas vu jouer *Wallenstein* à Berlin. C'était, à ce qu'il paraît, par politesse pour le duc qui les avait consultés sur le choix des pièces à leur faire voir, et à qui ils avaient promis d'assister à la représentation de cette tragédie.

Quant à moi, je n'ai échappé à la mauvaise humeur que par une résignation parfaite ; car je ne puis songer en ce moment à un travail suivi. En attendant, comme chaque jour amène de la besogne, le temps se passe, et j'entrevois pour le mois de juillet des moments plus heureux.

Les *Sœurs de Lesbos* vont leur petit train. Je constate avec grand plaisir que la première conférence s'est terminée à la satisfaction des deux parties ; c'est précieux non-seulement pour le cas présent, mais encore pour l'avenir.

Mme de la Roche n'est pas encore arrivée ; s'il faut en croire les on-dit, elle remet son voyage à plus tard. Peut-être l'orage se dissipera-t-il sans que nous ayons besoin de recourir aux paratonnerres de Lobeda.

Vous serez surpris et en même temps fâché d'apprendre, par le dernier numéro du *Mercure*, avec quel incroyable aveuglement le vieux Wieland s'associe au triomphe prématuré de la *Métacritique* de Herder. Les chrétiens d'autrefois soutenaient que, dans la nuit de la naissance du Christ, tous les oracles à la fois étaient devenus muets. Aujourd'hui les apôtres et les disciples du nouvel évangile philosophique assurent qu'à l'heure de la naissance de la *Métacritique*, le vieux de Koenigsberg, assis sur son trépied, ne fut pas seulement frappé de paralysie, mais que, nouveau Dagon, il donna du nez contre terre. D'après eux, il n'y a plus une seule des idoles élevées en son honneur qui soit encore debout : un peu plus, ils trouveraient que c'est une chose nécessaire et toute naturelle d'égorger tous les partisans de Kant, comme jadis on immola les prêtres réfractaires de Baal.

Je trouve que c'est mauvais signe pour la doctrine que Herder défend d'avoir besoin d'être recommandée avec tant de violence et tant de faiblesse à la fois.

Je vous renvoie la lettre de Humboldt.

Voudriez-vous accéder à la demande que M. de Fritsh vous adresse dans la feuille ci-jointe?

Voici le catalogue imprimé. Vos livres sont marqués dans l'espace compris entre les deux traits rouges.

Prière de faire expédier ce paquet à l'adresse de Hufeland.

Je voudrais que vous pussiez assister ce soir à la représentation des *Aventures dramatiques*. Elle sera certainement excellente, parce qu'elle doit servir de répétition générale pour la soirée où le roi de Prusse viendra visiter notre théâtre. Hier et avant-hier j'ai suivi avec plaisir les études préliminaires et les répétitions, et, à ce propos, j'ai constaté une fois de plus que, pour goûter et surtout pour juger les productions d'un art quelconque, il faut avoir avec cet art des rapports réguliers, fréquents et intimes. J'ai remarqué déjà souvent qu'après une longue pause j'ai besoin de me familiariser de nouveau avec la musique ou les arts plastiques, pour y retrouver du plaisir.

Adieu. Travaillez toujours et préparez-moi, pour ma bienvenue, une belle surprise.

Weimar, le 5 juin 1799.

GOETHE.

192.

Iéna, le 18 juin 1799.

J'ai été bien heureux de revoir votre écriture après un silence plus long que d'habitude. Ici l'on nous avait dit que vous étiez retourné à Weimar pour tenir compagnie au ministre de Haugwitz, que le duc a amené. Tant mieux pour vous, si vous avez pu employer ce temps d'une manière plus utile. Sans doute je vous aurais souhaité un ciel plus clément; chez nous le temps a été si rude qu'il a fallu refaire du feu comme en hiver.

Cet été tout conspire contre mon travail. J'attends dans une huitaine de jours ma sœur et mon beau-frère Reinwald, qui est bibliothécaire à Meiningen.

Je suis loin d'envier à ma sœur ces quelques distractions; mais, quant à son mari, je ne saurai qu'en faire; je l'aurai probablement sur les bras du matin au soir pendant six mortelles journées.

Dans ces conditions, il ne me sera pas possible de finir mon premier acte avant votre arrivée, comme je l'espérais. Jusqu'ici cependant je n'ai pas cessé d'avancer, et *nulla dies sine linea*. Je commence déjà, en écrivant, à me convaincre de plus en plus de la qualité *tragique* de mon sujet. Ce qui fait surtout ressortir cet élément, c'est qu'on prévoit la catastrophe dès les premières scènes, et, pendant que l'action semble s'en éloigner, elle s'en rapproche de plus en plus. La terreur que demande Aristote ne fera donc pas défaut ; la pitié se trouvera bien aussi.

Ma *Marie* n'excitera pas l'attendrissement, ce n'est pas là mon intention ; je veux la présenter tout du long comme un être objectif, et il faudra que le pathétique résulte plutôt d'une émotion générale et profonde, que d'une sympathie purement individuelle. Elle n'éprouve et n'excite aucun tendre sentiment ; sa destinée ne consiste qu'à ressentir et à allumer des passions violentes. Sa nourrice seule a de la tendresse pour elle.

Mais j'aime mieux agir et exécuter, que de vous entretenir longuement de ce que je compte faire.

On dit ici qu'on a proposé à Vohs un engagement pour Saint-Pétersbourg, et qu'il a envie d'accepter. Ce serait dommage de le perdre, bien que l'état de sa santé ne permette pas de compter longtemps sur lui. On aurait de la peine à le remplacer immédiatement.

Adieu. Tâchez de me dire demain que vous êtes de retour à Weimar. Ma femme vous envoie ses meilleures salutations.

Je vous prie de faire toutes mes amitiés à Meyer, et de lui dire que je répondrai samedi prochain et que je renverrai les gravures. Adieu.

SCHILLER.

193.

Je suis heureux de voir que vous dites tant de bien du *Collectionneur*. Vous savez vous-même la part que vous avez au fond et à la forme de cet ouvrage. Je n'ai pas eu le temps malheureusement de l'exécuter tout à mon aise; aussi je crains que l'ensemble ne se présente pas tout à fait bien. Avec plus de loisir, on aurait pu ajouter un peu de sirop aux substances trop âcres. Quoi qu'il en soit, cette manière qui se contente d'esquisser les sujets n'en sera peut-être que plus favorable à l'ensemble. Nous-mêmes nous avons beaucoup gagné à ce travail : nous nous sommes instruits, nous

nous sommes amusés, nous faisons du bruit, et le dernier numéro des *Propylées* trouvera certainement deux fois plus de lecteurs que les numéros précédents. Mais le vrai profit pour nous ne viendra que plus tard. Le fondement est bon, et je vous prie d'examiner encore la question très-sérieusement. Meyer a accueilli avec faveur l'idée de cette publication, dont on peut se promettre des résultats très-importants. Je ne vous en dirai pas plus pour aujourd'hui.

Tous les artistes modernes rentrent dans la classe de *l'imparfait*, et tombent, par conséquent, plus ou moins sous les rubriques spéciales. C'est ainsi que, pas plus tard qu'hier, Meyer a découvert à sa grande satisfaction que Jules Romain est de l'école des *délinéateurs*. Meyer ne pouvait arriver à préciser le caractère de cet artiste, dont il s'était cependant beaucoup occupé ; mais à présent il croit avoir résolu le problème au moyen de cette simple dénomination. Si l'on fait donc de Michel-Ange un *fantasmiste*, du Corrége un *onduliste*, de Raphaël un peintre qui *caractérise* ses figures, ces rubriques prennent une portée immense ; car, tout en considérant ces génies extraordinaires par leur côté restreint et spécial, on les élève au rang de princes de l'art ou de représentants sublimes de familles entières. Les Allemands resteront sans doute *imitateurs*, et l'art des temps passés ne compte pas un *nébuliste* ; par contre, Oeser pourra bien être cité comme un modèle de ce genre. Qui nous empêchera de rédiger une suite du *Collectionneur*, quand nous aurons bien approfondi cette matière ? Ce travail aura toujours de l'attrait pour nous, puisqu'il répond aux exigences de l'art, en réunissant de bonne foi le sérieux et le plaisant.

Mais quels que puissent être la nature et les résultats de cette entreprise, l'essai sur le *dilettantisme* occupera une place bien plus considérable. Le sujet est de la plus haute importance; c'est aux circonstances et au hasard à décider sous quelle forme il apparaîtra en fin de compte. J'aimerai bien lui donner une forme poétique, afin d'en rendre l'effet à la fois plus général et plus agréable. Car aujourd'hui que nous avons tant médité sur cette matière et que nous avons donné un nom à l'enfant, je vois avec épouvante que les artistes, les entrepreneurs, les revendeurs, les acheteurs et les amateurs dans chaque genre se sont noyés dans le dilettantisme. Revoyons à fond nos esquisses, afin de bien posséder tout notre sujet, et remettons à un hasard heureux le soin de nous faire trouver une forme convenable. Quand une fois nous lâcherons les écluses, il y aura luttes terribles, car nous inonderons sans pitié toute cette chère vallée où la médiocrité s'est établie si commodément. Or, comme le caractère principal du médiocre est l'*incorrigibilité*, et que les gâte-métier contemporains surtout sont affligés d'une vanité tout à fait bestiale, ils crieront qu'on ruine leurs établissements; puis, quand les eaux se seront retirées, ils remettront tout dans le même état, comme des fourmis après l'averse. Mais n'importe, il faut qu'ils soient châtiés. Ayons soin de bien remplir nos étangs, et puis tout d'un coup nous percerons les digues. Cela fera un épouvantable déluge.

Hier nous avons vu les nouvelles planches de la

Société chalcographique. Elle aussi commence à bousiller d'une manière incroyable, et la vanité des entrepreneurs n'a d'égale que leur nullité. D'abord le choix du modèle qu'ils veulent graver est malheureux ; la manière dont il doit être rendu est fausse. Sans doute ils ignorent tout cela ; mais, quand ils ne peuvent se dissimuler leur ignorance, ils se tirent d'affaire en vantant leur économie, car les méchants modèles ne coûtent rien.

C'est ainsi que j'ai reçu dernièrement la visite d'un poète dilettante, qui m'aurait fait sortir de mes gonds si je n'avais été d'humeur à l'observer comme on observe un phénomène, et à me faire enfin de cette engeance une idée très-nette.

En voilà assez pour aujourd'hui. Il ne nous reste qu'à marcher résolument dans la voie où nous nous sommes engagés ; demeurons toujours fidèles à nos principes. J'utilise mon temps aussi bien que je peux : du moins je fais toujours avancer quelques pions sur l'échiquier. Faites de même jusqu'à ce que nous ayons la joie de nous revoir. Mes compliments à votre chère femme ; remerciez-la de l'intérêt qu'elle prend à mon dernier travail. Et maintenant je vais au-devant de ce que me réserve la fin de la journée.

Weimar, le 22 juin 1799.

GOETHE.

194.

Iéna, le 25 juin 1799.

Je crains que vous ne remarquiez, au ton de ces quelques lignes, combien je suis malheureux en ce moment.

Mon beau-frère est ici avec ma sœur. C'est un philistin laborieux, non sans valeur, âgé de 60 ans, citoyen d'une petite ville, gêné, tourmenté par les difficultés de la vie matérielle, plus accablé encore par une affection hypocondriaque, assez versé d'ailleurs dans la connaissance des langues modernes, dans la philologie allemande, et même dans certaines parties de la littérature. Vous voyez d'ici comme les sujets de conversation entre nous sont maigres ; vous vous figurez mon peu d'entrain à causer, même sur ces rares sujets. Ce qu'il y a de plus fâcheux, c'est que je trouve en lui le représentant de toute une classe de lecteurs et de critiques, classe assez nombreuse et qui n'est pas même à dédaigner ; car à Meiningen, où il est bibliothécaire, il brille sans doute au premier rang. Cette incurable étroitesse d'idées aurait de quoi vous désespérer, si l'on s'était attendu à quelque chose.

Du reste, cette visite, qui se prolongera jusqu'à dimanche, m'enlève une grande partie de mon temps et toute inspiration pour celui qui me reste ; c'est une semaine à effacer net de mon existence.

Je suis réellement curieux de voir l'effet que produira le *Collectionneur*. Puisqu'on ne peut avoir grand espoir de bâtir et de planter, qu'on inonde, qu'on démolisse, c'est au moins quelque chose. Le seul rapport avec le public dont on n'ait pas à se repentir, c'est la guerre ; je suis donc d'avis d'attaquer le dilettantisme et d'employer contre lui toutes les armes possibles. Une forme esthétique, comme celle du *Collectionneur*, vaudrait sans doute à votre travail un excellent accueil auprès d'un public de gens d'esprit ; mais il faut dire aux Allemands la vérité aussi crûment que possible. Je crois donc qu'il faut laisser le pas au sérieux, même dans la forme extérieure. Peut-être retrouverait-on dans les satires de Swift des modèles à imiter ; sinon, il faudrait marcher sur les traces de Herder, et évoquer l'ombre de Pantagruel.

Dimanche prochain je conduirai probablement moi-même mes hôtes à leur première station, à Weimar. J'y passerai sans doute les deux jours suivants, et, malgré le tumulte, j'espère vous y voir pendant quelques heures. Moi aussi je me réjouis de tout mon cœur de me retrouver avec vous à Iéna.

Ma femme vous envoie ses meilleures amitiés. Adieu, à bientôt.

SCHILLER.

195.

Iéna, le 12 juillet 1799.

Les avantages que vous m'accordez avec tant de bonne grâce vont introduire l'abondance dans mon petit ménage ; ils y seront accueillis comme la pluie qui est venue avant-hier ramener la vie et la joie dans notre vallée. Je suis heureux d'avoir trouvé le conseiller des finances si accommodant, cela me prouve qu'il n'a pas été mécontent de mes drames. Je sais aussi que la duchesse régnante me destine un beau cadeau d'argenterie. Les travaux des poètes devraient toujours être récompensés et non payés; il y a une certaine parenté entre les heureuses inspirations et les dons de la fortune : tous deux tombent du ciel.

J'ai relu attentivement les essais sur les académies et les écoles de dessin; cette lecture m'a fait tant de plaisir que je n'ai pu m'en détacher qu'à la dernière page. Outre qu'ils sont très-sensés et très-concluants au point de vue pratique, ils sont écrits dans un style charmant; à moins qu'il ne faille supposer un public insensible à tout, ils suffiraient certainement à assurer le succès des *Propylées*. Pour le moment, occupons-nous avant tout de donner à cette revue toute la publicité et tout le retentissement possible, et, pour arriver à ce résultat, il ne serait peut-être pas mauvais d'en distribuer gratis quelques douzaines d'exemplaires à qui de droit. Quand vous viendrez à Iéna, nous rédigerons aussi une demi-douzaine d'annonces pour les journaux; Cotta saura bien les faire insérer.

Mon travail n'avance pas très-vite, mais enfin il avance, et depuis quelque temps sans arrêt. L'exposition du procès et des formes de la procédure, dont je ne puis me passer, menaçait d'être trop sèche; de plus, je ne suis pas au courant de ces choses-là; j'espère cependant avoir évité l'écueil, mais au prix d'un temps considérable; car éluder la difficulté n'était pas possible. L'*histoire d'Angleterre* de Rapin Thoyras, que je lis depuis quelque temps, a pour moi l'avantage de montrer sans cesse à mon imagination le tableau vivant du lieu de la scène et des mœurs anglaises.

Puissiez-vous venir bientôt! Mon jardin lui-même, avec ses rosiers et ses lis en fleurs, vous charmerait.

Adieu. Mes amités à Meyer. Ma femme vous fait dire mille choses aimables.

SCHILLER.

196.

Iéna, le 19 juillet 1799.

Il y a quelques heures la *Lucinde* de Schlegel m'a tellement fait tourner la tête que j'en suis encore étourdi. Il faut que, par curiosité, vous fassiez connaissance avec ce produit. Il caractérise l'homme, comme toute description d'ailleurs, mieux que tout ce qu'il a publié jusqu'à ce jour ; seulement le portrait ici tourne à la caricature. On y constate cette éternelle absence de contours arrêtés et ces éternels fragments, avec un bizarre mélange d'idées *nébuleuses* et de faits *caractéristiques*, que vous n'auriez jamais cru possible. Sentant bien que la poésie lui est rebelle, il s'est composé un idéal de lui-même dont l'*amour* et le *bel esprit* forment les éléments. Il s'imagine réunir des trésors infinis d'amour et un esprit diabolique, et, après s'être donné ces beaux attributs, il se permet tout, et déclare hardiment que l'impudence est sa déesse.

Du reste, il est impossible de lire l'ouvrage jusqu'au bout, tant ce radotage est nauséabond. D'après ses rodomontades sur l'art grec, et d'après le temps que Schlegel a mis à l'étudier, je me serais attendu à retrouver quelques traces de la simplicité et de la naïveté des anciens; mais cet écrit est l'apogée de la confusion et de la boursouflure modernes. On croirait lire un mélange de Woldemar, de Sternbald et d'un roman licencieux français.

A ce que j'apprends, les messieurs et les dames de Weimar vous ont fourni hier de nouvelles données pour votre essai sur le *dilettantisme*, en ouvrant un théâtre de salon. Nous nous ferons certainement peu d'amis dans ce monde-là; mais les amateurs d'Iéna pourront se consoler par la pensée que la justice sera égale pour tous.

Vous ne trouverez pas plus d'un acte achevé de *Marie Stuart*. Cet acte m'a coûté beaucoup de temps, et va me prendre encore huit jours, parce que la poésie avait à lutter contre l'histoire, et que j'ai eu de la peine à affranchir l'imagination du joug de la réalité sans rien perdre des ressources que l'histoire m'offrait. Les actes suivants marcheront plus vite, j'espère : ils sont d'ailleurs moins étendus.

Vous n'avez donc pas besoin du paratonnerre de Lobeda? J'allais dire : Tant pis. En sentant si près de moi notre respectable amie, je me sens mal à mon aise, d'autant plus qu'en ce moment je suis très-sensible à tout ce qui gêne et restreint notre liberté.

Je vous prie de faire remettre à Vulpius le livre ci-joint.

Adieu et bonne santé. Ma femme vous envoie ses salutations. Auguste a été avec nous hier.

SCHILLER.

197.

Merci de m'avoir donné une idée exacte de la singulière production de Schlegel ; j'en ai déjà beaucoup entendu parler. Tout le monde lit ce livre, tout le monde en dit du mal, et, en somme, on ne sait pas à quoi s'en tenir. S'il me tombe une fois sous la main, je l'examinerai à mon tour.

Ces jours-ci nous avons vu se renouveler toutes les horreurs du dilettantisme ; elles sont d'autant plus effroyables, qu'une fois le bousillage admis, on voit des gens qui bousillent très-agréablement. Mais, chose incroyable, ce seul essai a suffi pour donner à nos amusements déjà si stériles, une tournure creuse, plate, égoïste ; par suite de cette reproduction frivole, tout intérêt pour l'œuvre d'art disparaît du coup.

D'ailleurs cette expérience, jointe à d'autres que j'ai faites sur des terrains différents, m'a convaincu une fois de plus que nous autres nous ne devrions que nous replier sur nous-mêmes, afin de produire l'une après l'autre des œuvres passables. Tout le reste ne vaut rien.

Aussi je vous félicite d'avoir achevé votre premier acte. Il me tarde de vous revoir, et je ne puis renoncer à l'espérance de produire, moi aussi, quelque chose avant la fin des beaux jours. Auguste a eu beaucoup de plaisir à retrouver Charles ainsi qu'Ernest ; il m'a beaucoup parlé de tous deux.

Weimar, le 20 juillet 1799.

GOETHE.

198.

Je n'ai pas reçu de lettre de vous aujourd'hui ; vous m'attendiez sans doute. Hélas ! il faut que je recommence ma vieille litanie : je suis toujours cloué à Weimar. Les affaires sont comme les polypes ; on a beau les couper en cent morceaux, chaque tronçon redevient vivant. Je me résigne à mon sort, et tâche d'utiliser aussi bien que possible les heures qui me restent. Mais toutes mes réflexions me confirment dans la résolution de ne diriger mon esprit que vers la production d'ouvrages de n'importe quel genre, et de renoncer à tout travail théorique. Mes dernières expériences m'ont prouvé une fois de plus que les hommes, au lieu de véritables connaissances théoriques, ne veulent que des formules toutes faites au moyen desquelles ils puissent arriver à quelques résultats. La visite de quelques étrangers qui sont venus voir nos collections, la présence de notre vieille amie, et surtout le théâtre d'amateurs qui vient de se constituer à Weimar, m'ont fourni de terribles exemples à l'appui de ce que j'avance ; aussi suis-je décidé à élever de quelques pieds le mur dont j'ai entouré mon existence.

Par contre, mon état intérieur est très-satisfaisant. J'ai fait quelques progrès dans toutes les branches de mes études et de mes travaux; ils montrent du moins que la vie intellectuelle ne s'est pas arrêtée, et vous me retrouverez dispos et prêt à l'action.

Je pensais aller passer une journée avec vous, mais cela ne nous avancerait guère, car il nous faut des jours et des semaines pour nous communiquer nos idées et pour produire quelque chose de sérieux.

J'apprends que vous êtes menacé pour aujourd'hui d'une visite de la postérité de Mme de la Roche. Je suis curieux de savoir comment cela va se passer. En ce qui me concerne, je ne suis guère sorti de mon assiette ces jours-ci; quant à Meyer, vous rirez d'apprendre que les derniers événements l'ont rendu l'homme le plus malheureux de la terre; ces nouveautés étranges et l'on peut bien dire monstrueuses ont produit une impression toute nouvelle et toute fraîche sur cet esprit si pur.

Pour ne pas me présenter les mains tout à fait vides, je joins à ma lettre deux productions bizarres dont l'une vous amusera probablement plus que l'autre.

Adieu. Pensez à moi, et donnez-moi des nouvelles de votre santé et de votre travail.

Weimar, le 27 juillet 1799.

GŒTHE.

199.

Iéna, le 30 juillet 1799.

Je vous ai attendu pour sûr samedi dernier ; je m'étais même fait excuser au club des philosophes, afin de pouvoir passer plus tranquillement ma première soirée avec vous. Aussi ma déception a-t-elle été d'autant plus grande, quand votre lettre est venue faire évanouir mes espérances, et les ajourner indéfiniment. Il ne me reste donc qu'à me jeter dans la production jusqu'à nouvel ordre, puisque je n'ai personne avec qui échanger mes idées. Je suis déjà plongé dans mon deuxième acte, en face de ma royale hypocrite. Le premier acte est au net, et vous attend pour votre arrivée.

Vous avez bien raison de dire qu'il vaut mieux produire que communiquer aux gens ses idées théoriques. La théorie suppose la pratique ; à ce titre, elle forme un anneau supérieur de la chaîne. Il semble aussi que, pour la comprendre, il faille une imagination plus indépendante que pour goûter une œuvre d'art réelle et présente ; car ici le poète ou l'artiste vient au secours de l'imagination trop paresseuse ou trop faible de l'auditeur ou du spectateur, et fournit la matière qui parle aux sens.

D'autre part on ne peut nier que la plupart des hommes ne sentent mieux qu'ils ne raisonnent. Ce n'est que par la réflexion que commence l'erreur. Je connais fort bien tels de nos amis dont je ne rougirais pas de mériter les suffrages, et cependant je me garderais bien de leur demander compte de leur sentiment.

S'il en était autrement, qui oserait livrer au public une œuvre dont il serait satisfait ? Et cependant le poète et l'artiste ne peuvent arriver à triompher de ce penchant.

Les deux petites filles de M⁽ᵐᵉ⁾ de la Roche viennent en effet de me rendre visite et ont trouvé ma porte ouverte pour elles. La plus jeune est charmante, malgré le défaut qu'elle a à l'œil. Elles m'ont rassuré en me disant que la peur de la Schnecke pourrait bien empêcher leur grand'mère de faire le voyage de Weimar. Elles m'ont beaucoup parlé du dîner de gala que vous leur avez donné. J'attends avec impatience le compte-rendu que Meyer doit faire de toutes ces fêtes.

Ma femme vous envoie ses meilleures salutations. Elle aussi traverse une crise de sa façon, et me devancera de quelques mois. Adieu. Puisse un bon génie nous réunir bientôt !

J'oubliais de vous parler des livres que vous m'avez envoyés récemment. Je n'ai pas encore regardé de près l'ouvrage de Jacobi ; quant au poème, il est amusant et plein de saillies charmantes.

SCHILLER.

200.

Je suis ravi de pouvoir vous féliciter doublement de votre fécondité, au moment où je prône et prêche exclusivement la production. Puisse le dénoûment être heureux dans les deux cas.

Je prévoyais que *Parny* vous ferait plaisir. Il a tiré du sujet une foule de motifs aussi jolis que spirituels; il expose aussi avec beaucoup de verve et de grâce. Seulement je trouve qu'il n'est pas heureux dans la disposition et dans la gradation des motifs; il en résulte que l'ensemble manque d'unité. Il me semble aussi que le but pratique qu'il poursuit, c'est-à-dire le désir de traîner la religion catholique dans la boue, perce plus qu'il ne convient chez un poète. Ce petit livre m'a fait l'effet d'avoir été commandé exprès par les théophilanthropes.

Il est certain que ces sujets et d'autres semblables se prêtent mieux à l'épopée comique qu'à l'épopée sérieuse. Le *Paradis perdu* de Milton, que le hasard m'a fait tomber sous la main ces jours-ci, m'a suggéré de singulières réflexions. Dans ce poème, comme dans toutes les œuvres de l'art moderne, ce qui fait naître l'intérêt, c'est l'individu qui s'y manifeste. Le sujet est horrible; il n'a que de l'apparence : au fond il est véreux, et creux. A part les quelques motifs naturels et énergiques qui s'y trouvent, tous les autres sont faibles et boiteux à vous faire mal. Mais du moins c'est un homme intéressant qui parle; on ne peut lui refuser du caractère, du sentiment, de l'intelligence, des connaissances variées, un certain talent poétique et oratoire, et bien d'autres bonnes qualités. Comme révolutionnaire naufragé, il faut mieux entrer dans le rôle du diable que dans celui de l'ange, et cette circonstance bizarre et unique a une influence capitale sur le dessin et la composition du poème, de même que la cécité de l'auteur lui donne une

attitude et un coloris particuliers. Aussi cette
œuvre restera-t-elle unique dans son genre, et,
comme je l'ai dit, autant elle pèche sous le rapport de l'art, autant la nature y trouvera son
triomphe.

Weimar, le 31 juillet 1799.

GOETHE.

201.

Iéna, le 2 août 1799.

Je vous félicite de l'emménagement dans votre
jardin ; ce changement aura, j'en suis sûr, de bons
résultats pour votre activité créatrice. Après ce
long temps d'arrêt, il ne vous faut sans doute que
la solitude et le recueillement pour rendre l'essor
à votre génie.

Pendant que vous lisiez le poème de Milton, j'ai
eu occasion de revenir sur l'époque qui l'a vu
naître et qui l'a inspiré. Toute terrible qu'elle a été,
elle a dû être vivifiante pour le génie poétique ; car
l'historien n'a pas manqué de faire figurer, parmi
les acteurs de son drame, plusieurs grands noms
de la poésie anglaise. En cela cette révolution a
été plus féconde que la révolution française, qu'elle
rappelle souvent. Ses puritains jouent à peu près
le même rôle que les jacobins ; les uns et les autres
se servent souvent des mêmes moyens, et plus
d'une fois les résultats de la lutte sont semblables.
De pareilles époques sont bien faites pour ruiner
la poésie et l'art, parce qu'elles surexcitent et enflamment l'esprit sans lui donner d'aliments. Son

inspiration est tout intérieure, et c'est ainsi que naissent les œuvres allégoriques, les mystiques, véritables avortons de la poésie.

Je ne me rappelle plus comment Milton se tire d'embarras et arrive à concilier la matière et le libre arbitre ; toujours est-il que l'explication de Kant me paraît par trop monacale ; je n'ai jamais pu m'y faire. Son argument décisif repose uniquement sur ce fait, que l'homme est porté par un *instinct positif* vers le bien, ainsi que vers le bien-être physique. S'il choisit le mal, il lui faut donc une *raison intérieure positive* qui l'y porte ; car une chose positive ne peut être détruite par une chose purement négative. Mais ici deux objets diamétralement opposés, l'instinct du bien et l'instinct du bien-être physique, se trouvent confondus, et sont considérés comme des valeurs et des quantités égales ; parce qu'on *oppose* la liberté de l'individu à ces deux instincts, et qu'on la place *entre* les deux comme une force tout à fait équivalente.

Dieu merci, nous ne sommes pas appelés à résoudre ce grave problème, et nous pouvons toujours rester dans le domaine des faits positifs. Du reste, ces points obscurs de la nature humaine ne sont pas sans valeur pour le poète, et surtout pour le poète tragique ; ils sont encore plus importants pour l'orateur, et, dans la peinture des passions, ils jouent un rôle considérable.

Dites-moi, je vous prie, dans votre prochaine lettre, pour quelle époque à peu près on attend le retour du duc à Weimar, et, par suite, quel sera le jour exact de votre arrivée à Iéna. Je désirerais le savoir, parce que de votre réponse pourrait dépendre un petit voyage de quelques jours que je compte faire avec ma femme ; le regret de perdre quelques heures de votre séjour ici diminuerait mon plaisir.

Ma femme vous remercie de tout cœur pour votre bon souvenir.

Adieu. Donnez-moi bientôt l'heureuse nouvelle que l'heure poétique a sonné pour vous.

SCHILLER.

202.

J'utilise avant tout la solitude dont je jouis dans mon jardin à réunir et à faire recopier mes petites poésies, qu'Unger m'a demandées pour le septième volume de mes œuvres. Un travail de ce genre exige du recueillement, du calme et une certaine inspiration générale. Si je pouvais ajouter quelques douzaines de poésies nouvelles à celles que j'ai déjà, pour combler certaines lacunes et grossir certaines parties un peu maigres, cela pourrait former un ensemble fort intéressant. Mais si je ne trouve pas le temps de donner au public quelque chose de plus complet, je veux du moins être assez loyal envers moi-même pour me convaincre de ce que je devrais faire, quand même il ne me serait pas donné de remplir ma tâche en ce moment. Ce sont toujours des jalons plantés pour l'avenir.

Le *Paradis perdu* de Milton, que je lis l'après-midi, me fournit matière à bien des réflexions qu'il me tarde de vous communiquer. La grande faute du poète, après le choix du sujet, c'est d'avoir introduit tous les personnages à la fois, dieux, anges, diables, hommes, comme des êtres absolus pour ainsi dire ; aussi, dans la suite, quand il veut les faire agir, est-il obligé parfois de les présenter comme des êtres relatifs. Il cherche à s'excuser de cette licence, et il le fait très-adroitement sans doute, mais avec trop d'esprit. Je n'en persiste pas moins à croire à croire que ce poète est un homme supérieur, intéressant à tous les égards, et que son esprit est capable de s'élever jusqu'au sublime. Il est à remarquer aussi que l'absurdité de son sujet est plus favorable à son essor qu'elle ne l'arrête ; je dirai même qu'elle est une perfection de plus aux yeux des lecteurs assez croyants pour avaler un pareil sujet.

J'aurais encore bien des choses à vous raconter ; mais je m'arrête, car il faut qu'on porte ma lettre en ville. J'aime mieux ne rien vous dire de l'époque de mon arrivée, parce que je ne puis pas encore vous l'indiquer exactement. Ne renoncez donc pas à votre petit voyage. Adieu. Mes compliments à votre chère femme.

Weimar, le 3 août 1799.

GOETHE.

203.

Iéna, le 6 août 1799.

Je me suis attardé dans mon travail, et n'ai plus que le temps de vous dire un bonsoir amical. Je suis heureux d'apprendre que vous travaillez à vos poésies, et qu'on en imprime le recueil en ce moment. Les *Épîtres* et les *Ballades* sont, il me semble, la seule partie qui laisse à désirer comme volume, à moins que vous ne vouliez augmenter aussi le nombre des *idylles*. Par contre, quelle richesse d'*élégies*, d'*épigrammes*, de *lieds!* Vous resterez, j'espère, fidèle à votre projet de faire entrer dans ce recueil tous ceux de vos lieds qui figurent dans les ouvrages plus considérables. Cela formera un charmant volume, quand même il ne répondrait pas tout à fait à votre ambition poétique; du reste, vous pourrez le compléter une autre fois, car l'édition d'un ouvrage de ce genre est certainement épuisée au bout de trois ou quatre ans.

J'aurais bien aimé grossir le nouvel *Almanach* de quelques bagatelles, mais je ne m'en sens pas le courage : mon drame me détourne de tout autre travail. Il va toujours son train, et si le petit voyage que je me propose de faire à Rudolstadt ne distrait pas trop le cours de mes idées, je pourrai terminer le second acte avant la fin du mois.

Adieu. Profitez bien de votre solitude. Avant-hier Auguste a fait grand plaisir à mes enfants en venant les surprendre. Ma femme vous envoie ses meilleures salutations. Je vous renvoie Parny en vous remerciant de cœur.

SCHILLER.

204.

Dans la solitude de mon jardin je poursuis mon travail avec ardeur, et le copiste avance aussi dans sa besogne. Moi-même je ne sais pas encore ce que deviendra mon recueil, car un morceau appelle l'autre. Mon séjour actuel me rappelle bien des heures d'une vie plus simple et plus sombre ; mes poésies mêmes me font repasser par les impressions et les dispositions d'esprit les plus variées. Je veux avancer toujours pas à pas, et présenter mes poésies dans leur suite naturelle.

En ce qui concerne le mètre, les épigrammes sont ce qu'il y a de plus mauvais ; mais heureusement c'est ce qu'il y a de plus facile à corriger, et les corrections tournent souvent à l'avantage de l'expression et du sens. Dans les Élégies romaines, il y avait bien des fautes contre la prosodie ; j'espère les avoir fait disparaître. Dans des œuvres passionnées, telles qu'*Alexis et Dora*, les changements sont plus difficiles ; cependant il faut voir jusqu'où l'on peut arriver, et en fin de compte, c'est vous, cher ami, qui déciderez. Quand même on ne réussit qu'à moitié dans des corrections de ce genre, on n'en prouve pas moins sa perfectibilité, ainsi que son respect pour les progrès incontestables que Voss et son école ont fait faire à notre prosodie.

En général, je voudrais qu'à plus d'un point de vue ce recueil, s'il tourne à bien, pût être considéré comme un progrès réel.

Meyer veut me faire pour ce volume une douzaine de dessins, dont quelques-uns seulement auraient un rapport direct, ou, si l'on veut, historique avec le texte ; telle serait, par exemple, la catastrophe de la *Fiancée de Corinthe*. D'autres seraient en rapport plus éloigné avec les sujets, et auraient un caractère symbolique.

Tout en rajeunissant ainsi mes poésies d'autrefois, je me dis avec bonheur que bientôt je verrai chez vous une œuvre toute nouvelle, dont je n'ai à peu près aucune idée. Travaillez avec ardeur, si les circonstances veulent bien vous le permettre, et réalisez à souhait votre projet de voyage à Rudolstadt. Auguste vous fera de nombreuses visites ; je suis sûr que vous l'accueillerez bien. Ne pouvant me dérober à Weimar pour accourir près de vous, je suis bien obligé d'envoyer les miens à Iéna ; car c'est une chose arrêtée : je ne puis rien produire sans jouir de la solitude la plus complète. Aussi le silence de mon jardin est-il inappréciable pour moi.

Encore une fois adieu. Mes compliments à votre chère femme.

Weimar, le 7 août 1799.

GOETHE.

205.

Iéna, le 9 août 1799.

Je vous félicite des corrections prosodiques que vous faites dans vos poésies. C'est là un point qui rentre incontestablement dans le dernier article de votre code, il en est le couronnement, et, sous ce rapport, l'artiste doit imiter l'exactitude du pointeur. La pureté du mètre a ceci de particulier qu'elle sert à la représentation objective de la pensée nécessairement subjective ; tandis qu'une licence métrique décèle un certain arbitraire. Considérée à ce point de vue, elle est d'une importance capitale, et touche aux lois les plus intimes de l'art.

Relativement à la liberté que s'arrogent les poètes actuels, tous les amis du bon goût verront avec plaisir que des poésies d'une valeur incontestable ne dédaignent pas de se soumettre à cette règle. C'est le meilleur moyen de combattre la médiocrité, et de réduire au silence, et le versificateur correct qui ne travaille que pour l'oreille, et l'écrivain qui se croit trop original pour donner au mètre l'attention voulue.

Mais comme les lois de la prosodie ne sont pas encore clairement établies, il y aura toujours, malgré toute la bonne volonté du poète, des points contestables dans la pratique. Vous qui avez tant réfléchi à cette question, vous ne feriez peut-être pas mal d'exposer dans une préface, ou ailleurs à l'occasion, vos principes sur ce sujet. On éviterait ainsi de regarder comme des licences ou des infractions ce qui est conforme aux principes.

L'idée d'enrichir cet ouvrage de quelques gravures est très-heureuse. On pourra bien les payer, vous pouvez donc aussi les demander très-bonnes ; mais je serais d'avis de faire une petite concession au goût général, et de ne choisir que des sujets individuels. La catastrophe de la *Fiancée* est un excellent sujet de gravure ; de même on trouverait à choisir dans *Alexis et Dora*, dans les *Élégies* romaines et dans les *Épigrammes* vénitiennes, des motifs qui conviendraient on ne peut mieux au talent de notre ami Meyer.

Je suis très impatient d'apprendre où en sera ce recueil quand vous viendrez à Iéna. Certaines questions de prosodie nous occuperont d'une manière à la fois agréable et instructive.

Il ne me tarde pas moins de vous soumettre les parties achevées de mon drame ; car je ne suis pas un juge compétent en cette matière. Tous les jours je sens mieux la nécessité de voir la scène de près ; il faudra absolument que je me décide à passer les mois d'hiver à Weimar. Je vais m'occuper incessamment des moyens pécuniaires de réaliser ce projet.

Adieu ; profitez bien de votre solitude. Je ne puis encore vous dire au juste, si et quand je ferai mon petit voyage. Ma femme vous envoie ses meilleures salutations.

SCHILLER.

206.

Iéna, le 16 août 1799.

J'ai constaté aujourd'hui que les Schlegel ont enrichi et assaisonné leur *Athénée* de pointes satiriques ; par ce moyen, qui n'est pas mal choisi, ils tâchent de maintenir leur barque à flot. Les *Xénies* ont fourni un modèle fort goûté. Dans ce moniteur officiel de la littérature il y a des traits heureux, mais ils sont noyés au milieu de saillies qui ne brillent que par l'impertinence. Dans l'article sur Bœttiger, on voit que l'aigreur a étouffé *l'humour*. La sortie contre Humboldt est un chef-d'œuvre d'insolence et d'ingratitude ; car Humboldt a toujours vécu en bons termes avec les Schlegel ; la conduite de ces messieurs prouve qu'au fond ils ne valent rien.

Quant à l'élégie qu'ils vous ont adressée, abstraction faite de sa longueur, c'est un bon travail, qui renferme de belles choses. J'ai cru même y trouver plus de chaleur qu'on n'en remarque d'ordinaire dans les ouvrages des Schlegel ; certains passages sont admirablement écrits. C'est tout ce que j'ai lu jusqu'ici dans cette livraison. Je ne doute pas que cette publication ne soit fort lue, si elle persévère dans la voie qu'elle a prise. Quant aux auteurs, ils ne se feront guère d'amis. De plus, je crains qu'ils ne soient bientôt à court de matières : n'ont-ils pas, dans les *Aphorismes*, dépensé tout leur fonds d'un seul coup, et à jamais tout leur capital.

Pourriez-vous nous aider à grossir l'Almanach? Si moi-même je puis fournir mon contingent, j'y insèrerai encore des poésies de Mathisson et de Steigentesch avec quelques autres articles ; ainsi nous donnerions à l'Almanach son format habituel. J'aimerais bien épargner à Cotta un nouveau mécompte, bien que les gravures m'inspirent pleine confiance dans le succès.

A propos de votre recueil de poésies, je me suis demandé si par hasard vous ne pourriez pas augmenter la série des poèmes didactiques, dans laquelle rentre la *Métamorphose des plantes*. Peut-être trouveriez-vous sans peine aucune l'inspiration nécessaire, puisque, dans ce genre, c'est la raison qui est la véritable muse. Quand vous viendrez à Iéna, et que nous causerons de cela, vous arriverez peut-être bien vite à produire quelque chose : le poème de la *Métamorphose* n'est-il pas sorti de votre plume en un clin d'œil? ce serait en même temps une conquête pour l'Almanach.

J'avance toujours à grands pas dans la composition de mon drame, et, s'il ne survient aucun empêchement, j'aurai terminé, j'espère, le second acte avant la fin du mois. Le brouillon est déjà achevé. Je crois que dans cette tragédie tout sera dramatique, bien que je la resserre un peu en vue de la représentation. Comme le sujet est très-riche au point de vue historique, je l'ai développé un peu plus largement sous ce rapport, et je l'ai enrichi de motifs qui plairont au lecteur sérieux et instruit, mais qui sur la scène, où l'action est matérialisée pour ainsi dire, sont inutiles, et manquent d'intérêt pour la foule qui ignore l'histoire. Du reste, je tiens compte dans mon travail de tout ce qui doit être retranché à la représentation ; nous nous épargnerons ainsi les tracas que nous a donnés *Wallenstein*.

Adieu ; donnez-nous bientôt l'espérance de vous revoir ici. Ma femme vous envoie ses salutations ; elle espère que notre transplantation à Weimar s'effectuera avant le milieu du mois de janvier. Peut-être les circonstances me permettront-elles, pour ma part, de venir plus tôt. Adieu. Mille amitiés à Meyer.

SCHILLER.

207.

A l'avenir, si je veux causer un peu longuement avec vous, il faudra que j'écrive à l'avance ; car, si je dois aller de bonne heure en ville comme je l'ai fait aujourd'hui, il m'est difficile de me retrouver moi-même.

Il faut que je vous prie de prendre une part plus active à l'Almanach; quant à moi, je ferai mon possible, je le promets, autant qu'on peut faire des promesses de ce genre. Ajoutez-y ce que pourront vous fournir Steigentesch et Mathisson, afin que l'*Almanach* se rapproche de sa forme primitive. Plus on examine les *Sœurs de Lesbos*, plus il est à craindre que ce poème ne produise qu'un effet médiocre, bien qu'il soit fort agréable pour des personnes arrivées à un certain degré de culture. Les mœurs barbares qui en forment le canevas, les sentiments tendres que le poète prend pour le fond de son œuvre, et sa manière onduliste de peindre les objets donnent à l'ensemble un caractère original et un charme tout nouveau, pour lequel il faut être façonné ou se façonner. Le pis, c'est que je suis inquiet au sujet des gravures. Mon homme n'est qu'un simple pointeur; or, une agglomération de points ne saurait jamais former un dessin. Je vous dirai prochainement quel volume fera le tout; les deux premiers chants forment trois feuilles.

Je partage tout à fait votre avis sur l'expédition de Schlegel. Il aurait dû couper son élégie et en faire plusieurs, afin de mieux faire ressortir l'intérêt et la vue de l'ensemble.

Les autres fredaines littéraires attireront sans doute beaucoup de lecteurs; elles ne manqueront pas non plus de produire de l'effet. Malheureusement ce qui fait défaut aux deux frères, c'est une certaine consistance intérieure capable de les maintenir et de les soutenir. Un défaut de jeunesse n'est aimable qu'à la condition de faire espérer qu'il ne sera plus le défaut de l'âge mûr. Il est vraiment dommage que la page consacrée à Bœttiger ne soit pas plus amusante. Il y a dans les autres articles des traits fort heureux. Du reste, même dans les rapports personnels qu'on peut avoir avec eux, il ne faut pas espérer sortir jamais de leurs mains sans y laisser des plumes. Pourtant je leur pardonnerai plus volontiers quelques injustices, que la manière scandaleuse, infâme, des maîtres du journalisme.

Bœttiger a commis la canaillerie de parler deux fois des *Propylées* sur la couverture bleue du *Mercure;* aussi bien lui fasse d'être écorché tout vif par les deux frères qui sont prêts à recommencer s'il se permet de bouger.

Ils auraient dû supprimer l'attaque impie contre Wieland. Mais, après tout il ne faut pas trop insister. Ne les a-t-on pas aussi malmenés sous son patronage?

Adieu, je suis distrait, et sans aucun entrain. Mes compliments à votre chère femme. Je souhaite vous revoir n'importe comment, et pour longtemps; et je souhaite que le ciel bénisse votre travail, pour me servir de l'expression de Mme de la Roche.

Weimar, le 17 août 1799.

GOETHE.

208.

Iéna, le 20 août 1799.

Ces jours-ci je suis tombé sur la piste d'une nouvelle tragédie. Il est vrai que tout est à inventer, mais, selon moi, le sujet se prête à l'invention.

Sous le règne d'Henri VII surgit en Angleterre un imposteur nommé Warbeck, qui se fit passer pour un des fils d'Édouard V, que Richard avait fait assassiner dans la Tour de Londres. Il sut fournir des preuves spécieuses à l'appui du récit de son évasion, et se fit reconnaître par un parti qui voulut le placer sur le trône. Une princesse de cette même maison d'York, qui avait donné le jour à Édouard, voulut susciter des embarras à Henri VII. Elle était au courant de l'imposture et la soutenait ; c'était elle surtout qui avait mis Warbeck en scène. L'aventurier vécut en qualité de prince à la cour de Marguerite de Bourgogne, et joua son rôle pendant quelque temps ; mais l'entreprise échoua ; Warbeck fut vaincu, démasqué et livré au supplice.

Les données de l'histoire offrent au poëte peu ou point de ressources ; mais la situation générale est très-féconde, et les deux figures de l'imposteur et de la duchesse d'York peuvent servir de fondement à une action tragique qu'il faudrait inventer de toutes pièces. Je crois, du reste, qu'on ferait bien de ne jamais emprunter à l'histoire que la physionomie générale du temps et les personnages réels, et d'imaginer tout le reste avec la liberté permise au poëte ; il en résulterait un genre intermédiaire qui réunirait les avantages du drame historique à ceux du drame d'imagination pure.

Quant à la manière de traiter le sujet en question, il faudrait, à mon sens, suivre une marche contraire à celle que suivrait le poëte comique. Celui-ci ferait sortir le ridicule du contraste de l'imposteur avec le grand rôle qu'il joue, et de son impuissance à bien le remplir. Mais dans la tragédie il faudrait que l'aventurier parût né pour ce rôle, qu'il y entrât si complétement que la supériorité de son jeu amènerait des luttes intéressantes entre lui et ceux qui voudraient en faire leur instrument et le traiter comme leur créature. Il faudrait faire croire que l'imposture lui a donné la place à laquelle la nature elle-même l'avait destiné. Il faudrait que la catastrophe fût amenée par ses partisans et par ses protecteurs, non par ses ennemis ; qu'elle fût provoquée par des intrigues d'amour, par la jalousie et par d'autres motifs de ce genre.

Si vous trouvez que ce sujet ait quelque valeur, si vous le croyez propre à servir de fondement à une action tragique, je m'en occuperai de temps à autre ; car, quand je suis arrivé au milieu d'une pièce, il faut qu'à certaines heures je puisse déjà en méditer une nouvelle.

Ce que vous me dites de l'Almanach n'a rien de bien rassurant. En ce qui concerne les gravures, je n'ai pas fondé mes espérances sur la perfection du travail ; on n'est point gâté sous ce rapport ; et, comme cette manière plaît en somme, qu'en même temps le dessin est fait avec intelligence, nous n'aurons pas, j'espère, à rougir de cet ornement. La remarque que vous faites sur le poème est plus grave à mes yeux, d'autant plus que moi-même j'ai senti vaguement le défaut que vous lui reprochez. Je ne sais pas encore comment nous nous tirerons d'affaire, car mes pensées refusent toujours de se prêter au lyrisme.

Une autre circonstance fâcheuse, c'est qu'il nous

reste très-peu de place pour les petites poésies que nous devons ajouter à l'Almanach. Il faudra nécessairement remplir cet espace par des choses de valeur. Dès que j'aurai terminé mon deuxième acte, j'y songerai sérieusement.

Adieu ; ma femme vous envoie ses meilleures amitiés.

SCHILLER.

209.

La vie paisible que je mène dans mon jardin continue de porter des fruits bons, sinon abondants.

Dans les derniers temps j'ai étudié avec zèle la vie et les œuvres de Winckelmann. Il faut que je tâche de me rendre exactement compte du mérite et de l'influence de ce vaillant homme.

J'ai continué de réunir et de corriger mes poésies légères. Ce travail me fait voir une fois de plus que tout dépend du principe qui vous guide. Maintenant que je reconnais la nécessité d'une mesure rigoureuse, j'y trouve un secours plutôt qu'un obstacle. Sans doute il reste encore bien des points à éclaircir. Voss nous aurait rendu un grand service il y a dix ans, si dans son introduction aux *Géorgiques* il avait écrit sur cette question dans un style moins mystique.

Contre mon habitude, je suis resté levé jusqu'à minuit toute cette semaine afin d'attendre la lune, que j'observe avec beaucoup d'intérêt à l'aide du télescope d'Auch. C'est une grande jouissance de voir de près et d'apprendre à connaître plus exactement un corps sur lequel, il n'y a pas longtemps encore, on ne savait rien, ou du moins fort peu de chose. Le bel ouvrage de Schrœter, la Sélénotopographie est sans doute un guide qui abrége sensiblement la route. De plus, le silence imposant de la nuit et le grand air au jardin ont un charme extraordinaire, surtout quand on n'a pas à craindre d'être réveillé au matin par aucun bruit ; avec un peu d'habitude, j'arriverai bientôt à mériter d'être admis dans la sociétés des dignes Lucifuges.

On m'apporte à l'instant votre lettre. Le sujet tragique que vous me signalez a beaucoup de bon à première vue ; je vais y réfléchir. Il est évident que si l'histoire fournit le simple fait, le sujet tout nu, et que le poète crée le fond et la forme, on est bien plus à l'aise que si l'on doit se servir des détails circonstanciés que donne l'historien. Car, dans ce dernier cas, on ne peut exclure les circonstances individuelles, on s'écarte de l'élément purement humain, et la poésie se trouve à l'étroit.

Notre exposition n'a reçu qu'un dessin qui puisse concourir et qui ait quelque mérite ; il y en a plusieurs autres qui sont au-dessous de toute critique ; ce sont des énigmes qui font penser à celle qui mit un jour la populace allemande si fort en colère.

Quant à l'Almanach des Muses, il faut vivre au jour le jour et faire notre possible. Le troisième chant, que j'ai relu avec ces dames, est actuellement chez l'imprimeur, et nous allons tâcher de corriger le quatrième. Il reste hors de doute que le poème est bien conduit et qu'il a de la valeur ; seulement l'exécution laisse trop à désirer, quoiqu'on ait bien retouché ce travail depuis que vous ne l'avez vu.

Mme de Kalb déménage en effet, et son logement devient vacant. On ne le donnera sans doute qu'à un locataire qui le prendrait pour toute l'année. Il faudrait donc se décider. D'ailleurs, au point de vue du théâtre, nous aurions toute sorte de bonnes raisons pour vous faciliter ce changement de résidence.

L'ingénieur des mines Scherer, qui compte se marier, a des vues sur cet appartement, à ce que j'entends dire; dans le cas où ses projets se réaliseraient, l'étage supérieur de la maison des Wolzogen deviendrait libre, et votre famille pourrait aller l'habiter. A vous-même nous vous donnerions le logement de Thouret, et, si ce dernier devait séjourner à Weimar en même temps que vous, nous trouverions bien à le loger ailleurs. Il faut examiner et discuter la question sous toutes ses faces, jusqu'au moment où il faudra prendre une décision. Et là-dessus, adieu. Mes compliments à votre chère femme.

Weimar, le 21 août 1799.

GOETHE.

210.

Iéna, le 24 août 1799.

Tout me porte à croire que nous ne pouvons pas compter sur vous avant le commencement de l'automne. Voilà donc un été qui s'écoule tout autrement que je ne me l'étais promis. Bien que je m'occupe fortement de mon travail, qui fait des progrès, je n'en sens pas moins dans tous les coins de mon existence la privation de votre société ; aussi cette longue séparation redouble-t-elle mon désir d'aller passer l'hiver à Weimar. Je ne me dissimule pas qu'il y a peu de bien à attendre de l'influence de la société de là-bas, mais le plaisir d'être avec vous, le contact de Meyer, le théâtre, le spectacle de la vie réelle que me présentera nécessairement la foule à laquelle je serai mêlé, exerceront une bonne influence sur mon esprit et sur mon travail. L'existence que je mène ici est une solitude absolue ; et c'est trop.

J'attends tous les jours une réponse de Mme de Kalb au sujet de son logement ; s'il est disponible, je n'hésiterai pas à le louer tout de suite pour un an à partir de la Saint-Michel. Si je puis m'arranger de manière à vivre commodément avec ma famille, je préférerai toujours cette combinaison ; au cas contraire, j'accepterai avec reconnaissance l'offre du logement de Thouret. Si ma femme a des couches heureuses, je serais assez porté à aller m'établir à Weimar vers la fin de novembre ; je partirais seul, en attendant que ma famille pût me rejoindre. Une des raisons qui m'y ferait tenir beaucoup, c'est que je pourrais composer les deux derniers actes de mon drame sous l'influence des représentations auxquelles j'assisterais.

Si d'ici à dix jours vous ne pouviez pas venir à Iéna au moins pour quelques jours, j'aurais grande envie d'aller passer une journée avec vous, et d'apporter mes deux actes. Car le moment est venu, où je voudrais avoir votre appréciation sur mon travail et la conviction que je suis sur la bonne voie.

J'aimerais bien aussi prendre part à vos observations lunaires. L'étude à laquelle vous vous livrez m'a de tout temps inspiré je ne sais quel respect, sans jamais manquer de provoquer chez moi de sérieuses réflexions. Avec un bon télescope on voit très-distinctement la matière de la surface; il y avait toujours quelque chose d'effrayant pour moi dans le fait que je croyais percevoir ce globe étrange par un autre sens encore que celui de la vue. J'ai fait à ce propos quelques distiques, que les besoins de l'Almanach aideront peut-être à faire mûrir.

J'aimerais bien savoir à l'occasion si, parmi les livres que j'ai fait vendre à l'encan, il m'en est resté beaucoup : car quelqu'un disait dernièrement à Weimar que j'avais acheté quantité de livres à l'enchère, ce qui ne serait pas bon signe.

Adieu; bonne santé et bon courage dans votre active solitude. Votre sévérité en matière de prosodie ne manquera pas d'édifier messieurs les rigoristes.

Ma femme vous envoie ses salutations affectueuses; elle aussi est très-impatiente de vous revoir.

Bien des amitiés à Meyer.

SCHILLER.

211.

Sérénissime Duc,
Très-gracieux Prince et Seigneur,

Les quelques semaines qu'il m'a été donné de vivre à Weimar, près de Votre Altesse, dans le cours de l'hiver et du printemps derniers, ont exercé une si heureuse influence sur la disposition de mon esprit, que je ressens doublement l'absence et la privation de toute jouissance artistique et de tout commerce intellectuel, à laquelle je suis condamné à Iéna. Tant que je me suis occupé de philosophie, je me trouvais ici parfaitement à ma place; mais maintenant que mes goûts et une santé meilleure m'ont ramené à la poésie avec une ardeur nouvelle, je me crois relégué ici comme dans un désert. Un endroit où prospère le seul savoir, et surtout la métaphysique, ne saurait être favorable aux poètes; ceux-ci n'ont jamais pu fleurir que sous l'influence des arts et des relations avec les gens d'esprit. En même temps mes occupations dramatiques rendent pour moi la fréquentation du théâtre indispensable, et je suis parfaitement convaincu de l'heureuse influence de la scène sur mes travaux. Tous ces motifs ont fait naître en moi le vif désir de passer dorénavant les mois d'hiver à Weimar.

Mais en comparant ce projet avec l'état de mes ressources, je trouve qu'il me serait impossible de faire face aux dépenses d'une double installation, et aux nécessités de la vie matérielle, si chère à Weimar,

Dans mon embarras, je me permets de faire un appel direct à la bienveillance de Votre Altesse, et j'y recours avec d'autant plus de confiance que Votre Altesse a daigné, comme je le sais, approuver les motifs qui me font désirer ce changement de séjour. Ce qui m'enhardit à faire cette démarche, c'est le désir de me rapprocher de vous, monseigneur, et de mesdames les duchesses, et de me perfectionner dans mon art en travaillant sans relâche à mériter vos suffrages ; c'est l'espoir de contribuer, pour une faible part, aux délassements de Votre Altesse.

Comme je puis suffire à mes dépenses ordinaires par les fruits de mon travail, et que je n'ai nullement l'intention de me relâcher, mais plutôt celle de redoubler d'activité et d'ardeur, j'ose supplier Votre Altesse de vouloir bien, en élevant le chiffre de mon traitement, m'aider à supporter les frais nouveaux qu'entraîneront pour moi tous les ans le séjour à Weimar, et la nécessité d'une double installation.

Daignez agréer, monseigneur, l'expression des sentiments respectueux d'inaltérable dévoûment avec lesquels j'ai l'honneur d'être, de Votre Altesse sérénissime, le très-humble et très-obéissant serviteur.

Iéna, le 16 septembre 1799.

F. SCHILLER.

212.

Je profite du départ d'une dépêche à l'adresse de nos acteurs, à Rudolstadt, pour vous envoyer quelques mots par le courrier.

J'ai conclu le bail avec Muller ; Charlotte veut laisser quelques meubles dans la maison, ce qui est très-aimable de sa part.

Je vous souhaite un bon voyage. Cette fois le chemin de Rudolstadt n'a pas été favorable aux artistes de Weimar.

J'aurai bien du plaisir à discuter bientôt avec vous sur votre *Marie Stuart!* En ce qui concerne la situation, elle appartient, si je ne me trompe, au genre romantique. Comme nous autres modernes nous ne pouvons pas échapper au romantisme, nous laisserons sans doute passer la pièce, pourvu que la vraisemblance soit sauvée jusqu'à un certain point. Mais vous avez certainement fait plus encore. Je suis extrêmement curieux de voir comment vous avez traité ce sujet.

Notre exposition de dessins est complète à l'heure qu'il est ; la salle est encore fermée ; elle ne s'est ouverte jusqu'ici qu'à quelques visiteurs ; il me semble cependant que le cercle des jugements est à peu près parcouru dès maintenant.

Tout le monde se récrie sur *l'absurde ;* on est heureux de voir quelque chose si loin au-dessous de soi. On s'élève non sans complaisance au-dessus du *médiocre*. On loue *l'apparence* sans réserve et sans condition ; car, à proprement parler, c'est l'apparence qui prévaut généralement dans le monde de l'empirisme. Quant au *bien*, lorsqu'il n'est pas parfait, on le passe sous silence ; car ce qu'on remarque de pur et de vrai dans le bien, commande le respect, ce qu'on y sent d'imparfait provoque le doute, et celui qui est incapable de résoudre le doute à l'aide de ses propres lumières n'aime pas à se compromettre ; il se tait, et il fait très-bien. Le *parfait*, quand on le rencontre, cause une satisfaction toute superficielle ; c'est ainsi que tous deux produisent un effet semblable.

Nous allons voir si le public fera preuve de plus de variété encore. Voyez donc pendant votre excursion actuelle si vous ne pourriez pas compléter votre esquisse. Ce serait charmant si l'on arrivait à savoir d'avance ce que les gens devront penser de votre œuvre.

Adieu ; soyez heureux et content ; saluez bien votre chère femme. Venez bientôt et arrivez à bon port. Il me tarde d'autant plus de vous revoir que ma situation actuelle me force d'appeler de mes vœux un événement qui fasse époque dans mon existence ; car mon esprit entre dans une période de stagnation.

Weimar, le 4 septembre 1799.

GOETHE.

213.

Iéna, 15 octobre 1799.

Notre petite Caroline a été baptisée ce matin, et je commence à retrouver un peu de calme et de repos. Ma femme se porte aussi bien que possible après une crise pareille, et l'enfant aussi s'est très-bien trouvée pendant ces deux jours.

J'ai commencé à lire *Mahomet*, et j'ai fait sur cette pièce quelques remarques que je vous enverrai vendredi. Ce qu'il y a de certain, c'est que, si l'on voulait essayer de traduire une tragédie française, et surtout une tragédie de Voltaire, on ne saurait mieux choisir. Le sujet de *Mahomet* est déjà une garantie contre l'indifférence, et la manière dont il est traité tient beaucoup moins du genre français que toutes les autres pièces auxquelles je songe en ce moment. Vous-même avez déjà beaucoup fait pour assurer le succès de cette épreuve ; il vous sera facile de faire encore quelques améliorations importantes. Aussi je ne doute pas que le résultat ne couronne dignement vos efforts. Malgré cela j'hésiterais à faire des expériences semblables avec d'autres pièces françaises, car on en trouverait difficilement une seconde qui pût s'y prêter. Si dans la traduction on supprime la manière française, il reste trop peu d'intérêt poétique et humain ; si on la conserve au contraire, et qu'on cherche à en faire valoir les avantages dans la version allemande, on chassera forcément le public.

La propriété qu'a l'alexandrin de se partager en deux moitiés égales, et la nature de la rime, qui de deux alexandrins forme un couplet, déterminent non-seulement la langue, mais encore l'essence et l'esprit de la tragédie française. Les caractères, les sentiments, les allures des personnages, tout est, par suite, soumis à la loi de l'antithèse ; et, de même que le violon règle les mouvements des danseurs, de même la marche compassée de l'alexandrin règle les mouvements du cœur et de la pensée. L'intelligence est tenue sans cesse en éveil, et chaque pensée, chaque sentiment est contraint d'entrer dans cette forme comme dans le lit de Procuste.

Comme la traduction, en supprimant le vers alexandrin, fait disparaître la base sur laquelle on a édifié ces pièces, il ne peut plus rester que des ruines. On ne comprend plus l'effet, la cause ayant disparu.

Je crains donc que cette source ne fournisse que bien peu de choses nouvelles pour notre scène allemande, sinon les sujets purs et simples.

Voilà deux jours que vous êtes parti, et je n'ai encore rien fait ; mais j'espère me remettre demain à la besogne.

Ayez donc la bonté de m'envoyer par la messagère les feuilles dont se compose l'*Almanach*, ou bien un *Almanach* broché, s'il est possible d'en avoir.

Bien des amitiés à Meyer. Adieu.

SCHILLER.

214.

Iéna, le 18 octobre 1799.

Ma femme commence à se remettre de sa grande faiblesse ; elle se porte assez bien pour ces circonstances, la petite va très-bien. Elle vous est très-reconnaissante de votre bon souvenir et du cordial que vous lui avez envoyé.

Voici *Mahomet* avec quelques remarques que j'ai

faites en le lisant. Elles portent en majeure partie sur l'original, et non sur la traduction ; j'ai cru nécessaire de corriger et de remanier un peu le drame de Voltaire.

Quant à l'ordonnance de l'ensemble, je trouve qu'il est indispensable de donner un rôle actif à Ammon, afin de tenir l'attente du spectateur toujours en haleine, en lui faisant croire qu'il va révéler à Zopire le secret relatif aux enfants. Il faut qu'il cherche plusieurs fois à lui parler, qu'il laisse échapper des demi-mots, et ainsi de suite. De cette façon le spectateur sera toujours préoccupé du secret, et la *terreur* alimentée, ce qui est le point essentiel. Il faut que le public éprouve le désir de voir arriver Ammon par tous les moyens possibles, afin qu'il découvre le mystère ; il faut qu'on espère, qu'on attende avec anxiété son apparition en temps opportun, etc.

La scène où Séide révèle à Ammon le meurtre projeté, et que l'auteur se contente de mettre en récit, devrait se passer sur la scène. Elle importe trop à l'ensemble ; de plus, l'effet dramatique y gagnerait beaucoup. Mais il ne faut pas pour cela qu'Ammon se hâte de communiquer son secret à Séide ; il a d'autres moyens d'empêcher le crime sans se compromettre. Mahomet apprendrait d'Omar simplement ceci : que ce dernier a surpris Séide au milieu d'un entretien très-animé avec Ammon, et qu'il a vu Ammon consterné. Il pourrait aussi apprendre que ce dernier a tenté de parler en secret à Zopire. Cela suffirait pour décider Mahomet à se débarrasser d'Ammon ; celui-ci, en mourant, découvrirait tout à Phanor, et le drame suivrait son cours comme dans la pièce originale.

Voici quelle serait à peu près mon idée. Au moment où Mahomet vient de faire à Omar la confidence de sa passion pour Palmire (acte II, scène 4), Ammon paraîtrait ; on éloignerait Omar sous un prétexte convenable, et Ammon se déclarerait en demandant à Mahomet de rendre enfin les enfants à leur père, et de faire ainsi la paix avec Zopire et la Mecque. L'amour qui enflamme les deux enfants l'un pour l'autre, cet amour qu'il a découvert, et la crainte d'un inceste pourraient être un nouveau stimulant pour lui. Il ne faudrait pas que Mahomet refusât absolument ; il se bornerait à lui imposer le silence le plus absolu.

Au commencement du troisième acte je ferais reparaître Ammon, et cette fois entre les deux enfants ; ils laisseraient éclater devant lui leur passion mutuelle, et cette vue lui causerait un frisson de terreur. Séide aussi pourrait, à ce moment déjà, révéler à Ammon que Mahomet veut faire de lui l'instrument d'un crime. Ammon serait épouvanté, et l'entrée de Mahomet le chasserait de la scène.

Pour la troisième fois je mettrais Ammon en présence du père et du fils ; mais avant qu'il se fût expliqué, Omar apparaîtrait et éloignerait Séide. Ammon resterait avec Zopire ; une partie de la découverte qui, dans l'original, se fait au moyen de la lettre de l'Arabe, se ferait directement par Ammon. Zopire apprendrait que ses enfants sont encore en vie, mais il ignorerait ce qu'ils sont devenus, parce qu'on empêcherait Ammon d'achever ses confidences. Celui-ci n'aurait que le temps de lui proposer un rendez-vous pour la nuit.

Pendant ce temps Mahomet aurait conçu des soupçons sur la fidélité d'Ammon, et tout le reste se passerait comme dans l'original.

Il faut que je m'arrête, on vient m'interrompre. Adieu. Je désire vivement que pendant ces huit jours vos idées se fixent bien sur les changements qui sont encore à faire dans Mahomet, afin qu'arrivé ici vous puissiez aussitôt vous mettre à les exécuter.

Il me manque la sixième et la septième feuille des *Sœurs de Lesbos*. Vous avez peut-être oublié de les envoyer.

Adieu.

SCHILLER.

215.

Je vous félicite des aspects favorables qui continuent à rayonner sur la chambre de l'accouchée ; peut-être irai-je bientôt moi-même m'informer de sa santé. L'existence que je mène ici est aussi prosaïque que l'Almanach de Voss, et, dans les conditions où je me trouve à Weimar, je ne vois pas la possibilité d'avancer dans un travail qui demande de l'émotion. La partie qui me reste à traiter dans *Mahomet* est précisément celle qui s'accommode le moins de la froide raison.

Depuis que la lettre de Humboldt et mon travail sur *Mahomet* m'ont fait voir la scène française sous un jour nouveau, j'ai plus de plaisir à lire les tragédies de nos voisins. Je viens d'aborder Crébillon. Cet auteur a quelque chose de bien curieux. Il traite les passions comme des cartes que l'on peut battre et jouer, rebattre et rejouer, sans qu'elles changent le moins du monde. Chez lui on ne trouve pas trace de ces affinités délicates en vertu desquelles les passions s'attirent, se repoussent, se fondent, se neutralisent, pour se séparer et se rapprocher de nouveau. Sans doute, en suivant sa voie, il rencontre des situations qui partout ailleurs seraient impossibles. Nous autres Allemands, nous ne saurions nous faire à ce genre; cependant je me suis demandé si on ne pourrait, si on ne devrait pas chercher à l'imiter avec succès, dans des œuvres subalternes, telles que l'opéra, les drames de chevalerie et les pièces féeriques. Mes idées là-dessus nous fourniront l'occasion de discuter et de méditer ce point.

Vous me ferez grand plaisir en m'apportant le plan des *Chevaliers de Malte*. S'il n'y a pas d'empêchement, mais surtout si je ne vois pas la possibilité d'achever ici *Mahomet*, j'irai vous voir le premier novembre; jusque-là les affaires qui me retiennent ici seront réglées pour quelques temps.

Weimar, le 23 octobre 1799.

GOETHE.

216.

Iéna, le 4 novembre 1799.

Ma pauvre femme en est toujours au même point qu'il y a trois jours; il n'est pas encore possible de prévoir l'issue de cette crise. Depuis avant-hier, elle ne prononce pas une syllabe ; cependant plusieurs circonstances font supposer qu'elle nous reconnaît, et qu'elle répond à nos marques d'affection. Elle a beaucoup dormi pendant ces trois jours, mais elle n'a presque rien pris ; encore le peu qu'elle prend passe-t-il avec beaucoup de peine. Une stupeur opiniâtre, une indifférence et une absence d'esprit complètes, voilà les symptômes qui nous tourmentent et nous inquiètent le plus. Dieu sait où tout cela aboutira ! Je ne connais pas de cas semblable d'après lequel on puisse se prononcer sur celui-ci, et je crains que Starke ne soit aussi à bout de ressources avant peu. L'opium, le musc, l'hyoscyame, le quinquina, le camphre, l'oxyde blanc de zinc, les vésicatoires, les sinapismes, les compresses froides d'ammoniaque sur la tête, les frictions d'huiles énergiques ont été employés tour à tour ; aujourd'hui l'on essaiera encore la belladone.

Ce spectacle navrant que j'ai sans cesse devant moi m'énerve et m'abat ; aussi ai-je décidé que j'irai peut-être passer une demi-journée à Weimar pour distraire mes pensées. Ma belle-mère aussi a besoin de sortir de ce milieu ; pendant notre courte absence, nous confierons ma femme à la sollicitude de Mme Griesbach, qui nous a déjà rendu de grands services.

Ayez donc la bonté de me faire faire le plus vite possible une copie du *Camp de Wallenstein* et des deux pièces que je vous renvoie. Il m'est impossible en ce moment de loger les copistes, et je n'aime pas que les manuscrits sortent de chez moi. Vous me rendrez grand service en me procurant ces copies au plus tôt.

Au reste tous mes travaux chôment et chômeront peut-être longtemps encore.

Vous cependant, puissiez-vous rester bien dispos ! L'autre jour j'ai regretté de ne pouvoir recevoir Bury; mais dans les circonstances actuelles c'était absolument impossible.

Je vous dis adieu du fond du cœur.

SCHILLER.

P.-S. Demain la messagère vous apportera les deux pièces, le courrier ne les ayant pas acceptées. Le *Camp de Wallenstein* est entre les mains de Seyffarth, on pourrait donc en commencer la copie immédiatement. Je vous prie aussi de vous occuper de la musique 1° du chant par lequel s'ouvre le *Camp de Wallenstein*; 2° du chant du conscrit; 3° de celui des cavaliers; 4° de la plainte de Thécla : Loder a traité pour les pièces avec le théâtre de Magdebourg; il faut que je les lui envoie sans retard. Seyffarth, il est vrai, m'a fait copier dernièrement le *Camp de Wallenstein*; mais j'ai besoin d'une seconde copie.

1800

217.

Je vous envoie mes salutations affectueuses à l'occasion de la nouvelle année et du nouveau siècle ; j'espère apprendre bientôt que vous avez bien commencé l'un et l'autre. Irez-vous à l'Opéra? En ce cas, je vous y verrai peut-être, car je veux m'offrir une distraction aujourd'hui. Vohs et Heide sortent de chez moi ; ils ne font pas un grand éloge de *Gustave Wasa* ; et, s'il est permis de juger cette pièce d'après certains détails, elle doit contenir des motifs affreux.

Adieu. Ma femme vous envoie ses meilleurs compliments à l'occasion de l'année nouvelle.

SCHILLER.

218.

Hier je me suis félicité de toute mon âme du bonheur de finir l'année avec vous et le siècle aussi, puisque nous arrivons au centenaire. Tâchons de commencer le dix-neuvième siècle comme nous avons fini le dix-huitième, et puisse l'avenir ressembler au passé !

Je dîne ce soir chez Gore, où l'on reste longtemps à table. Mais dans tous les cas je tâcherai de vous rejoindre au théâtre.

Adieu. Présentez à votre chère femme, à l'occasion de la nouvelle année, mes compliments les plus affectueux, et mes vœux les plus sincères.

Weimar, le 1er janvier 1800.

GOETHE.

219.

L'agitation qui contraste avec ma longue solitude, me fait plaisir. Je compte passer encore la semaine prochaine à Leipzig.

Une foire comme celle-ci, c'est vraiment le monde enfermé dans une noix; on y voit à nu l'industrie humaine, qui repose sur des aptitudes purement mécaniques; l'ensemble porte si peu de traces de ce qu'on pourrait appeler l'esprit, que tout ressemble plutôt à un instinct animal.

Quant à l'art proprement dit, on peut affirmer hardiment qu'il n'en existe pas le moindre vestige dans ce que produit le moment actuel.

On trouve ici de bons tableaux, de bonnes gravures et d'autres œuvres d'art estimables, mais tout cela appartient à des temps antérieurs.

Le portrait d'un peintre qui vit actuellement à Hambourg, est exposé chez Bausen; il produit un effet incroyable. Mais c'est comme la dernière écume produite dans les sujets d'arts par l'esprit qui se retire.

Quant au théâtre, j'aimerais vous y voir avec moi, ne fût-ce qu'à une seule représentation. Le naturalisme, le sans-façon, l'extravagance, dans l'ensemble aussi bien que dans les détails, ne sauraient aller plus loin. Il n'y a pas l'ombre d'art ni de convenance. Une dame de Vienne disait avec beaucoup de justesse que les acteurs se comportaient absolument comme s'ils n'avaient pas de spectateurs en face d'eux. La plupart récitent et déclament sans montrer aucun souci de se faire comprendre. Sans cesse ils tournent le dos au public et à la cantonade, parlent avec ce naturel, comme ils l'appellent, jusqu'à ce qu'ils arrivent à certaines tirades, où ils prennent sans transition le ton le plus maniéré du monde.

Par contre il faut que je rende justice au public : il est très-attentif, et ne montre jamais la moindre préférence pour tel ou tel acteur ; ce serait difficile, du reste. On applaudit souvent l'auteur, ou plutôt le sujet qu'il a traité ; quant aux acteurs, ils ne sont récompensés par les bravos que lorsqu'ils chargent leurs rôles. Tout cela, vous le voyez, ce sont des symptômes qui révèlent un public non gâté, mais par contre sans culture, tel qu'une grande foire peut en ramasser.

Adieu ; pensez à moi. J'aurai bien des choses à vous dire de vive voix.

Leipzig, fin avril 1800.

GOETHE.

220.

Weimar, le 5 mai 1800.

Merci pour votre bonne lettre ; je ne pouvais pas me résigner à rester si longtemps sans avoir de vos nouvelles. Mais malgré le vide que me fait éprouver votre absence, je suis heureux pour vous que vous ayez cette distraction ; il vous la fallait après ce long hiver; aussi je suis sûr que vous nous reviendrez plus dispos. Depuis votre départ, ma santé a été bonne ; j'ai été beaucoup au grand air, et petit à petit je commence à me regarder comme un homme bien portant. Ces jours-ci je me suis occupé à arranger les quatre premiers actes de *Marie Stuart* pour la scène ; ce travail est terminé, et j'ai déjà commencé le cinquième acte. On a répété plusieurs fois *Macbeth* ; je crois que cette pièce réussira très-bien ; pourtant la première représentation ne pourra guère avoir lieu avant mercredi en huit.

Vous avez sans doute déjà parlé à Cotta, et appris ses mésaventures.

Vous devez connaître la réplique de Schütz à l'attaque de Schelling. Malheureusement il est à prévoir que Schelling n'aura pas les rieurs de son côté : quand on prend l'offensive, il est bien fâcheux de prêter le flanc à son adversaire. Notre philosophe vient de partir pour Bamberg.

On m'a dit que Kotzebue s'est permis, dans une nouvelle pièce, la *Visite*, différentes attaques contre les *Propylées*. S'il en est ainsi, j'espère que vous ferez sentir à ce malheureux l'énorme sottise qu'il a faite.

Je n'ai pas grandes nouvelles à vous annoncer de Weimar. Pendant votre absence j'ai assisté à un thé suivi de souper au palais ducal ; il m'a fallu, à cette occasion, entendre lire des vers français pendant trois quarts d'heure.

Bien que, sous le rapport des jouissances intellectuelles, Leipzig ne vous offre pas de grandes ressources, je suis sûr que, versé comme vous l'êtes dans ces choses terrestres, vous savez trouver, même dans ce milieu, beaucoup de plaisir et de profit.

La description que vous faites du théâtre de Leipzig dénote une ville et un public qui du moins n'ont pas la prétention de se mêler d'art ou de critique, et qui ne cherchent que l'amusement et l'émotion. Mais il est triste de voir l'art dramatique dans de si fâcheuses conditions. J'ai offert *Macbeth* à Opitz, mais il ne m'a pas encore donné signe de vie. J'ai appris aussi que Frédéric Schlegel, qui était à Weimar il n'y a pas longtemps, et Jean-Paul sont devenus grands amis ; Seckendorf aussi s'est lié avec Schlegel, il l'a reçu et fêté chez lui.

Richter vient de partir avec Herder, qui doit le marier.

Ma femme vous envoie ses compliments les plus affectueux. Portez-vous bien, et revenez-nous bientôt heureux et dispos.

SCHILLER.

221.

Considérant la brièveté et la fragilité de la vie humaine (je commence ma lettre comme un testament), et me sentant incapable de produire par moi-même, je me suis installé mardi soir, aussitôt après mon arrivée, dans la bibliothèque de Büttner, où j'ai pris un Voltaire et commencé à traduire *Tancrède*. J'y travaille un peu tous les matins, et je gaspille le reste de la journée.

Cette traduction va encore nous rendre service, sous plusieurs rapports. La pièce a une très-grande valeur dramatique, et, dans son genre, elle fera bon effet. Je dois rester encore une huitaine de jours ici, et, si le dieu des vers ne me pousse pas à une autre entreprise, je serai certainement aux deux tiers de la besogne. Du reste, j'ai vu beaucoup de monde, et plusieurs fois je me suis très-bien amusé.

Écrivez-moi de votre côté, où vous en êtes de votre travail, et quand vous comptez aller à Lauchstedt.

Mes compliments à votre chère femme. Pensez à moi.

Iéna, le 25 juillet 1800.

GŒTHE.

222

Weimar, le 29 juillet 1800.

Quelque *spiritus familiaris* m'a révélé que vous traduisiez Tancrède, car je le savais pertinemment avant d'avoir reçu votre lettre. Cette entreprise favorisera certainement nos projets de restauration dramatique ; mais cela ne m'empêche pas de désirer de tout mon cœur que *Faust* vous fasse oublier la pièce de Voltaire.

Du reste je vous envie le plaisir de voir éclore une œuvre nouvelle. Je n'en suis pas encore là : le plan de ma tragédie n'est toujours pas arrêté, et il me reste bien des obstacles à écarter de mon chemin. Bien qu'à chaque nouvelle composition il faille traverser une période semblable, on éprouve toujours un sentiment pénible qui vous fait croire que rien ne se fait, parce que le soir on n'a rien à montrer.

Ce qui m'incommode surtout dans ma nouvelle tragédie, c'est que je n'arrive pas à grouper les faits à ma fantaisie; sous le rapport du temps et du lieu je suis obligé de morceler le tout en trop de parties, ce qui est toujours contraire à la tragédie, quand même l'action a la consistance voulue. Je le vois bien par cette pièce, on ne doit jamais s'assujettir à une idée générale; il faut, au contraire, inventer hardiment une forme nouvelle pour chaque sujet nouveau, et laisser à l'idée de genre une grande élasticité.

Je vous envoie avec ma lettre un nouveau journal que je viens de recevoir : vous y verrez, à votre grand étonnement, quelle influence les idées de Schlegel exercent sur la critique contemporaine. Il est impossible de prévoir où tout cela conduira ; mais ce qui est positif, c'est que ce plat radotage ne tournera au profit ni de la poésie, ni du sentiment de l'art. Vous serez stupéfait d'y lire ceci : que la véritable création dans les beaux-arts doit être inconsciente, et que c'est surtout à votre génie qu'on attribue le rare avantage d'agir sans avoir conscience de ses actes. Vous avez donc grand tort de vous évertuer, comme vous l'avez fait jusqu'ici, à travailler avec une parfaite liberté d'esprit, et à vous rendre compte de vos procédés. C'est le naturalisme qui est le cachet des maîtres de l'art ; c'est ainsi que travaillait Sophocle.

Mon départ pour Lauchstedt dépend d'une lettre de Kœrner, que j'attends encore. Si ce projet ne se réalise pas, j'irai passer quelques jours à Ettersbourg, afin de m'y recueillir avant de commencer ma tragédie.

Puissent les Muses vous être favorables! Ma femme vous envoie ses amitiés.

SCHILLER.

223.

Dès hier matin j'ai mis Tancrède de côté. J'en ai traduit, et parfois développé la fin du second acte, et les actes III et IV, moins les dernières scènes. Je crois tenir maintenant les entrailles les plus nobles de la pièce ; je n'ai plus qu'à les vivifier un peu par la poésie, donner au commencement et à la fin un peu plus d'ampleur qu'il n'y en a dans l'original. Les chœurs feront très-bien ; malgré cela, il faudra que je sois très-sobre d'additions, afin de ne pas détruire l'économie de l'ensemble. En attendant, la voie dans laquelle nous sommes, ne me fera jamais regretter d'avoir continué jusqu'au bout cette entreprise.

Hier j'ai expédié quelques semblants d'affaires, et aujourd'hui j'ai dénoué un petit nœud de *Faust*. Si je pouvais rester encore quinze jours ici, mon poème prendrait une tout autre tournure. Malheureusement je me figure que ma présence est nécessaire à Weimar, et je sacrifie à cette illusion mon désir le plus ardent.

Mon séjour à Iéna a produit encore d'autres bons résultats. Nous avons longtemps rêvé une *Fiancée en deuil*. Tieck me rappelle, dans son journal poétique, un vieux drame de marionnettes que j'ai vu dans ma jeunesse, et qui a pour titre la *Fiancée de l'enfer*. C'est un pendant de *Faust*, ou plutôt de *Don Juan*. Une jeune fille, vaine et coquette au dernier point, désespère ses amants fidèles, et engage sa foi à un personnage étrange qu'elle n'a jamais vu ; le fiancé, c'est le diable qui vient, comme de raison, chercher sa belle. Ne pourrait-on pas trouver ici ou dans ces parages la matière d'une *Fiancée en deuil ?*

J'ai lu un écrit de Baader sur le carré de Pythagore dans la nature, ou les quatre points cardinaux. Est-ce que depuis quelques années je me suis familiarisé davantage avec ce genre d'études ? ou bien l'auteur sait-il mieux nous initier à ses idées ? enfin j'ai lu ce petit ouvrage avec beaucoup de plaisir ; il a été pour moi comme une introduction à son premier livre, que mes faibles moyens ne me permettent pas encore de comprendre dans tous ses détails.

Un entomologiste, qui s'occupe de l'anatomie des insectes, en a disséqué très-proprement quelques-uns sous mes yeux ; cette opération a été très-instructive pour moi, au double point de vue de la théorie et de la pratique.

Si l'on pouvait utiliser, seulement pendant trois mois, le savoir-faire d'un homme de cette valeur, on arriverait à une belle somme de résultats intéressants. En attendant, si je puis revenir ici avant l'époque de la métamorphose de certaines chenilles, je tâcherai de tirer parti de son activité et de son talent. Il serait facile sans doute de faire toutes ces opérations soi-même ; si seulement elle ne vous entraînaient pas violemment sur un terrain écarté.

Je vous reverrai lundi ; j'apporterai des volumes de manuscrit, et j'aurai bien des choses à vous raconter. D'ici là bonne santé et bon courage ; pensez à moi.

Iéna, le 1er août 1800.

Goethe

224.

Weimar, le 13 septembre 1800.

Recevez mes félicitations au sujet des progrès de *Faust*. Mais ne vous laissez pas troubler par la pensée que ce sera dommage de donner une physionomie barbare aux belles figures et aux situations intéressantes, quand elles se présenteront. Dans la seconde partie de *Faust* vous pourriez vous trouver plus d'une fois encore en pareil cas ; vous feriez bien de faire taire une bonne fois votre conscience poétique à ce propos. Ce qu'il y a de barbare dans la forme vous est imposé par l'esprit de l'ensemble, et ne peut ni détruire la haute valeur ni effacer la beauté de votre œuvre ; seulement cette beauté apparaîtra sous d'autres aspects et mettra en jeu une autre faculté de l'âme. Ce sont précisément l'élévation et la noblesse des motifs qui donneront au poème un attrait tout nouveau, et, dans ce drame, Hélène est le symbole de toutes les belles figures qui viendront s'y égarer. C'est un avantage très-important de passer sciemment du pur à l'impur, au lieu de chercher, comme nous autres barbares, à s'élever de l'impur au pur. Il vous faut donc partout dans votre *Faust* maintenir votre Faustrecht (votre droit du plus fort).

Quant à la critique des tableaux de votre exposition, je ne puis rien vous promettre de positif, si ce n'est la lettre que je veux écrire pour moi seul, et à ma manière sur ce sujet. Je perds tous mes avantages, si je cherche à fondre mes idées sur ces tableaux avec celles de Meyer et avec les vôtres. Le résultat que j'obtiendrai en séparant ainsi mon appréciation de votre jugement à vous, ne sera pas à dédaigner pour les lecteurs des *Propylées*, ou plutôt pour les vues que nous avons sur le public. D'ailleurs je suis tout disposé à communiquer mes avis à Meyer, quand il rédigera son article.

J'avance toujours très-lentement dans mon travail ; pourtant je ne recule pas. Le peu d'observations et d'expériences que j'ai du dehors m'oblige à inventer une méthode nouvelle, et à dépenser beaucoup de temps pour animer mon sujet. Celui que je traite en ce moment n'est ni très-facile ni très-abordable pour moi.

Je vous envoie quelques nouvelles de Berlin qui vous amuseront ; vous serez surtout charmé de la protection que vous accorde Woltmann.

Adieu ; suivez avec persévérance la voie que vous avez prise.

SCHILLER.

225.

Votre lettre me rassure et me fait espérer que de l'union des formes pures et des créations capricieuses pourra sortir un monstre poétique supportable, ou peu s'en faut. J'en ai déjà fait l'expérience : de cet amalgame naissent des figures singulières, auxquelles je prends moi-même quelque plaisir. Il me tarde de voir, où j'en serai dans quinze jours. Malheureusement ces figures ont tant d'ampleur et de profondeur; elles me rendraient heureux si j'avais six mois de repos devant moi.

Je continue mes entretiens philosophiques avec Niethammer, et je suis même sûr qu'en persévérant, je finirai par avoir la clef de la philosophie. Puisqu'on ne peut, à notre époque, se débarrasser des considérations sur la nature et sur l'art, il faut absolument se familiariser avec le système tyrannique qui règne actuellement.

Mais avant tout il faut que je vous demande, si je puis compter sur vous pour dimanche prochain. Mme Griesbach m'a déjà invité à votre intention. Par ce beau temps, qui promet de durer, j'aimerais bien vous voir exécuter cette bonne résolution et venir ici avec Meyer. Vous pourriez prendre ma voiture, nous dînerions chez les Griesbach, vous passeriez la nuit chez moi au château, et, quand toutes nos consultations seraient terminées, vous seriez libre de repartir lundi matin. Je ne voudrais pas faire connaître officiellement les prix du concours, sans indiquer en même temps les sujets à traiter l'année prochaine. Il faudrait aussi nous consulter encore sur les articles à mettre dans les *Propylées*.

J'ai écrit à Humboldt; voici ma lettre. Je joue vraiment de malheur; voilà deux fois qu'il me donne son adresse, et deux fois j'égare le tout.

Mais, comme il n'a pas changé de quartier, ce renseignement se trouvera bien chez vous, ou chez madame votre belle-sœur. Ayez la bonté de compléter la suscription et de mettre ma lettre à la poste.

Je vous renvoie le factum de Woltmann. Il faut qu'il y ait un singulier courant à Berlin pour qu'on puisse y avoir des idées pareilles. On songe moins d'ailleurs à produire quoi que ce soit, qu'à faire du bruit. Je veux parler de l'idée qu'on a eue de nous y attirer. L'annonce de cette nouvelle est tout à fait dans le style de Fichte. Je ne crains qu'une chose, c'est qu'au premier jour messieurs les idéalistes et messieurs les dynamistes ne se transforment en dogmatistes, en pédants, et qu'à la première occasion ils ne se prennent aux cheveux. Si vous venez à Iéna, vous entendrez et vous verrez bien des choses que je ne me sens pas le courage de vous raconter de loin.

Adieu.

Iéna, le 16 septembre 1800.

GOETHE.

226.

Weimar, le 26 septembre 1800.

La lecture que vous m'avez faite l'autre jour m'a laissé une grande, et imposante impression ; l'esprit sublime et puissant de la tragédie antique respire dans le monologue, et produit tout son effet en remuant dans sa force majestueuse l'âme jusque dans ses profondeurs. Quand même vous ne rapporteriez d'Iéna d'autre butin poétique que ce beau passage, et le plan du développement ultérieur de cette partie de votre tragédie, vous n'auriez pas à regretter votre long séjour là-bas. Si, comme je n'en doute pas, vous réussissez dans cette synthèse de l'élément noble et de l'élément barbare, vous aurez trouvé la clef de la seconde partie de votre œuvre. Dès lors il vous sera facile de partir du point où vous êtes arrivé pour déterminer et distribuer, par un travail d'analyse, le sens et l'esprit du reste du poëme. Car il faut que ce sommet, comme vous l'appelez vous-même, soit visible de tous les points de l'ensemble et les domine tous.

Hier j'ai commencé la lettre dont je vous ai parlé; si, comme je l'espère, je puis la terminer pour vendredi, je résisterai difficilement à l'envie de vous apporter moi-même ce travail. Je me promets d'heureux effets de la solitude dont je jouis dans mon jardin, quand même le temps laisserait à désirer; du reste, au mois d'octobre, on peut compter sûrement sur quelques journées agréables. Ma femme se résigne à son isolement, tout cela n'est qu'affaire d'habitude. Nous tâcherons de ne pas nous gêner dans nos travaux, si vous aimez mieux la solitude absolue.

J'ai parlé hier à Mellish, et me suis évertué à entretenir le vif intérêt qu'il prend déjà maintenant à votre optique. Si j'allais à Iéna, je vous proposerais une entrevue avec lui, et vous prierais de lui donner quelques renseignements essentiels, et vos instructions ultérieures. Il a une haute idée de votre théorie; elle est à ses yeux toute une révolution, et, s'il hésite encore à l'admettre, son incertitude vient de son étonnement même. Si vous lui prouvez par des faits que les idées de Newton sont insoutenables, il trouvera la question assez importante pour y consacrer toute son attention et tous ses efforts.

Meyer et moi nous sommes presque fâchés que vous ayez déjà fait connaître les sujets du prochain concours ; nous aurions voulu vous présenter encore quelques observations relatives à la seconde tâche. J'aurais été bien aise aussi de vous soumettre une idée qui m'est venue : ne pourrait-on pas intéresser le public à l'entreprise, en mettant les deux ou trois meilleurs tableaux en loterie, et en lui faisant prendre de 150 à 200 billets, à un ducat le numéro ? De cette manière il serait possible de donner au premier lauréat un prix de cent ducats ; il va sans dire que l'auteur serait obligé de renoncer à la propriété de son œuvre. Ce serait un moyen d'intéresser le public directement au succès de l'entreprise, et indirectement à celui des *Propylées*, et aucun artiste ne pourrait rester en dehors du concours.

Meyer a trouvé mon idée à la fois praticable et avantageuse. Je la livre à vos réflexions.

Adieu.

SCHILLER.

227.

Weimar, le 24 décembre 1800.

Il me tarde bien de vous voir, ainsi que votre besogne avant la fin du siècle. L'année dernière a été féconde pour vous en créations dramatiques de tout genre, et vous avez lieu d'être content de vous.

Votre *Iphigénie* vous attend ici ; j'ose lui promettre un succès complet. J'ai assisté à la répétition d'hier ; ce qui reste à faire est très-peu de chose. La musique est si divine que, même à la répétition, malgré les folies et les distractions des acteurs, j'en ai été touché jusqu'aux larmes. Je trouve aussi que la marche dramatique de la pièce est parfaitement comprise ; je reconnais une fois de plus la justesse de la remarque que vous faisiez l'autre jour, c'est-à-dire que le souvenir des noms et des personnages de l'antiquité poétique est irrésistible. Mille remercîments pour la nouveauté littéraire qui accompagnait votre lettre. Ce petit ouvrage m'a fait bien plaisir, il renferme des bons mots délicieux ; seulement il pourrait être un peu plus riche comme fond et comme forme. Tel qu'il est, on arrive trop vite au bout ; il faudrait qu'il contînt des traits d'esprit et de malice sans fin. Je n'en ai pas encore entendu parler ici.

Burgsdorf a passé par Weimar ; vous l'avez vu sans doute à l'heure qu'il est, et vous l'avez fait causer sur nos amis de Paris, qui ne pensent revenir ici qu'au mois de mai.

Depuis votre départ, ma tragédie a fait des progrès sérieux ; mais la carrière à fournir est encore longue. Je suis très-satisfait de tout ce qui est déjà terminé, et j'espère que vous approuverez mon travail. J'ai triomphé des difficultés historiques ; et j'en ai tiré, si je juge bien, tout le parti possible. La somme des motifs est poétique, presque tous appartiennent au genre naïf.

Ces jours-ci j'ai lu un roman de Mme de Genlis, et, à ma grande surprise, j'ai reconnu qu'il existe une étroite parenté intellectuelle entre cet écrivain et notre *Hermès*, abstraction faite de la différence de nation, de sexe et de position sociale.

Adieu. Revenez-nous joyeux et dispos.

SCHILLER.

228.

Vous nous feriez grand plaisir en venant souper sans façon avec nous ce soir, après la répétition ; elle sera terminée, je pense, avant huit heures. Gœtze pourra attendre vos ordres au théâtre, et vous aller chercher la voiture quand le cinquième acte sera commencé. Si vous désirez qu'il vienne vous prendre chez vous, veuillez lui donner vos ordres.

Je vais d'une manière très-satisfaisante. Ce matin j'ai fait répéter à Mlle Caspers le rôle qui lui est destiné ; la brave enfant s'est très-bien tirée de cette épreuve.

Adieu.

Weimar, le 29 janvier 1801.

GOETHE.

229.

Je vous envoie mon bonsoir par écrit, parce que je suis affligé d'un gros rhume de cerveau qui m'a fait passer une mauvaise nuit, et qui m'oblige à garder la chambre. J'ai craint cette nuit de tomber malade ; j'ai eu alternativement froid et chaud ; cependant je n'ai aucun accès de fièvre de toute la journée. J'espère que cela ne sera rien.

Je souhaite que vous continuiez à vous remettre, et puisse le manuscrit de *Faust* ne dormir pas trop longtemps sur votre table.

Adieu. Je compte vous voir demain.

Schiller.

230.

Je vous ai déjà communiqué tant de passages isolés de ma *Pucelle d'Orléans*, que je crois bon de vous faire connaître la suite de tout l'ensemble. Et puis, j'ai besoin d'un coup d'éperon pour arriver à mon but d'un trait. Les trois premiers actes sont au net; si vous désirez les entendre aujourd'hui, je serai chez vous à six heures. Ou bien, si vous vous sentez la force de quitter votre chambre venez et restez à souper avec nous. Vous nous feriez grand plaisir, et la prudence me commande presque de ne pas m'exposer au grand air après m'être échauffé par une lecture de deux heures. Si vous vous décidez, veuillez inviter aussi Meyer; mais dites-lui de ne pas venir avant huit heures.

Schiller.

231.

J'accepte avec grand plaisir la lecture que vous me proposez, d'autant plus que je comptais vous prier de me détailler au moins votre plan. Seulement je ne puis pas sortir aujourd'hui : ce matin Starke m'a fait à l'œil une opération assez douloureuse, mais qui, je pense, sera la dernière, et il m'a défendu le grand air à cause du froid. Je vous enverrai donc ma voiture à cinq heures et demie; elle vous ramènera après le souper. Je me promets beaucoup de bien de cette lecture pour le progrès de votre travail et pour ma propre activité : elle sera tout à la fois un stimulant pour vous, et un encouragement pour moi-même.

Weimar, le 11 février 1801.

GOETHE.

232.

Iéna, le 27 mars 1801.

Bientôt je quitterai le séjour d'Iéna ; j'en reviendrai sans grandes richesses poétiques ; mais non sans aucun fruit. Après tout, le résultat aura été au moins égal à celui que j'aurai obtenu en restant à Weimar. Si je n'ai rien gagné à la loterie, j'ai du moins rattrapé ma mise.

Comme à mon ordinaire, j'ai moins profité que je ne m'y attendais des relations que j'ai trouvées ici ; j'ai eu quelques conversations avec Schelling et Niethammer, et c'est tout. Il y a quelques jours, j'ai fait la guerre à Schelling à propos d'une assertion de sa *Philosophie transcendante*; il prétend que la nature part du fait inconscient pour s'élever à la conscience, tandis que dans l'art on va de la conscience au fait inconscient. Il est vrai qu'il veut simplement marquer l'opposition qui existe entre le produit de la nature et celui de l'art, et dans ce sens il a raison. Mais je crains que messieurs les apôtres de l'idéalisme, dans leur passion de tout ramener à l'idée, ne se soucient pas assez de l'expérience. Dans le monde des faits, le poète aussi ne voit d'abord que l'objet inconscient ; il doit même s'estimer heureux si, ayant parfaitement conscience de ses opérations, il arrive à retrouver dans toute sa force, une fois son ouvrage terminé, l'idée première, l'idée confuse de l'ensemble de son œuvre. Sans cette idée générale et vague, mais puissante, qui précède toute technique, il n'est point de poème possible ; car, à mon avis, la poésie consiste précisément à savoir exprimer et communiquer cette idée primordiale, c'est-à-dire à lui donner un corps. Celui qui n'est pas poète peut être frappé d'une idée poétique, aussi bien que le poète lui-même ; mais il ne peut la réaliser ; il ne peut la rendre objective en revendiquant pour elle les droits d'une idée nécessaire. De même le profane peut, aussi bien que le poète, créer une œuvre à la fois libre et nécessaire ; mais cette œuvre n'aura l'idée inconsciente ni au moment de naître ni après son achèvement. Elle ne sera que le produit de la réflexion. Or c'est l'inconscience jointe à la réflexion qui constitue le vrai génie poétique.

A force de vouloir porter la poésie à un *degré* plus élevé, on a, dans ces derniers temps dénaturé le sens du mot. Tout homme capable de donner à ses sentiments une forme objective qui m'arrache à moi-même en m'associant à ce qu'il éprouve, est à mes yeux un poète, un créateur. Ce n'est pas à dire que chaque poète soit excellent au même degré. Son degré de perfection repose sur la richesse, sur le fonds qu'il possède en lui-même et que, par suite, il dépense au dehors ; il repose aussi sur le degré de *nécessité* qu'atteint son œuvre. Plus ses impressions sont subjectives, plus elles sont accidentelles ; la force objective repose sur l'idée. On demande à toute œuvre poétique d'être complète dans l'expression ; car il faut que chacune ait son caractère, sous peine de n'être rien ; mais le poète parfait est celui qui exprime l'ensemble de l'humanité.

On trouve aujourd'hui un certain nombre d'hommes d'une haute culture, que l'excellent et l'exquis peuvent seuls satisfaire, mais qui seraient incapables de produire une œuvre seulement bonne. Ils ne peuvent rien faire, le chemin du sujet à l'objet leur est fermé ; mais c'est précisément ce pas qui pour moi fait le poète.

De même il y a eu et il y a encore assez de poètes qui sont à même de produire quelque chose de louable et d'originale, mais qui, dans leurs œuvres, restent au-dessous de ces hautes régions de l'art, et qui ne songent pas même à y arriver. Ce qui manque à ces derniers, c'est dis-je, le *degré* ; ce qui manque aux autres c'est le *talent*, et, selon moi, on ne fait pas assez cette distinction. De là une querelle aussi stérile qu'interminable entre les deux partis, sans profit aucun pour l'art ; car les premiers, qui se tiennent sur le terrain vague de l'absolu, ne savent opposer à leurs adversaires que *l'idée de perfection*, obscure par elle-même ; les autres, au contraire, ont pour eux le *fait*, qui est réel, quoique restreint. Or *l'idée* sans le *fait* ne sera jamais rien. Je ne sais si je me suis expliqué assez clairement ; j'aimerais connaître votre avis sur cette matière, qui est tant controversée de nos jours dans le monde esthétique, qu'elle s'impose à chacun,

Il est probable que je ne vous écrirai plus d'Iéna, car je pense retourner à Weimar mercredi prochain ; peut-être vous y retrouverai-je, et, dans ce cas, nous pourrons échanger nos idées comme jadis.

Merci pour la relation d'un voyage en Portugal ; elle n'est pas mal écrite, mais je la trouve un peu maigre et passablement prétentieuse. L'auteur me semble être un de ces froids raisonneurs qui, au fond du cœur, sont plus hostiles à la philosophie et à l'art qu'ils ne veulent l'avouer. Dans ce récit de voyage cela ne tire pas à conséquence ; mais cette hostilité éclate néanmoins et choque le lecteur !

Adieu ; vivez heureux.

SCHILLER.

233.

Pendant que le théâtre vous amuse de toute sorte de représentations extraordinaires, je végète à la campagne, n'ayant d'autre distraction que des affaires de chicane, des visites de voisinage et d'autres détails matériels. Je ferai mon possible pour revenir samedi prochain. Dites-moi donc, je vous prie, ce que devient *Nathan*, et si la vaillante *Pucelle* a fait son entrée dans le monde. En ce qui me concerne, je n'ai rien à vous dire, sinon que ma santé ne se trouve pas mal de mon séjour ici ; c'est tout ce que je puis demander, vu que mon état de convalescent ne me permet pas de m'attendre à des merveilles. Adieu ; régalez-moi bientôt de quelques lignes.

Oberrosla, le 27 avril 1801.

GOETHE.

234.

Weimar, le 28 avril 1801.

Vous perdez toujours quelque chose en passant loin de Weimar cette semaine musicale, où la danse et la musique s'unissent pour nous divertir. Gern nous a charmés par sa belle voix dans le rôle de Sarastro ; on a été moins content de lui dans Tarare; le personnage brusque et violent, jure avec la mollesse de sa diction.

Les danseurs qui se sont produits lundi dernier dans l'intermède, ont excité parmi les Weimariens une admiration équivoque ; on n'est pas habitué à ces poses et à ces mouvements étranges qui consistent à étendre la jambe dans toute sa longueur, soit en arrière, soit de coté. Ces attitudes paraissent inconvenantes, indécentes même et rien moins que belles. Cependant la légèreté et la prestesse des danseurs, et la cadence musicale font grand plaisir.

Ces jours-ci Cotta a passé par Weimar, mais il ne s'est arrêté que quelques heures. A son retour il restera un peu plus longtemps ; il espère vous trouver ici à ce moment-là. Il a amené avec lui le graveur Müller, de Stuttgard, que vous connaissez de vue, si j'ai bonne mémoire. C'est un brave homme, mais l'homme et son art s'expliquent réciproquement : il est soigné, propret, minutieux, délicat comme son burin. Il est venu aussi à cette occasion quatre dessins de Wæchter, qui sont destinés à *Wallenstein*; ils fournissent matière à bien des réflexions, surtout en ce qui concerne le choix des sujets. Mais il y a dans ces compositions beaucoup de fond, de caractère et de force. Meyer ne les a pas encore vues, je suis curieux de savoir s'il devinera l'auteur.

Nathan est entièrement copié; on vous l'enverra, pour que vous distribuiez les rôles. Je ne veux plus rien avoir à démêler avec l'engeance des acteurs; la raison et la complaisance ne font que blanchir. Il n'y a qu'une manière de vivre avec eux: c'est d'employer l'impératif tout court, que je n'ai pas le droit d'employer.

Il y a huit jours il m'a fallu envoyer au duc la *Pucelle d'Orléans*; il ne me l'a pas encore rendue. D'après ce qu'il en a dit à ma femme et à ma belle-sœur, elle a fait sur lui une impression inattendue, quoiqu'elle soit en contradiction manifeste avec ses goûts. Il croit cependant qu'on ne pourra pas la jouer, et il a peut-être raison. Après m'être longtemps consulté, j'ai pris le parti de ne pas faire représenter ce drame, malgré la perte matérielle qui en résultera pour moi. D'abord Unger, à qui j'ai vendu ma tragédie, compte la produire à la prochaine foire de Leipzig comme une haute nouveauté; il m'a bien payé, je ne puis donc pas lui faire concurrence. En second lieu, je tremble à l'idée des mille tracas qu'entraînent l'étude des rôles avec tous les accessoires; j'ai peur de sacrifier un temps précieux en assistant aux répétitions.; sans compter tant de moments favorables perdus pour l'inspiration. Toutes ces raisons m'empêchent de faire représenter la *Pucelle*. A l'heure qu'il est, j'ai en tête deux nouveaux sujets dramatiques ; quand je les aurai médités et mûris tous deux, j'entreprendrai un nouveau travail. Portez-vous bien, et revenez-nous pour samedi.

SCHILLER.

235.

Au lieu de musique et de danse, j'ai eu, ces jours-ci, des prises de corps avec la nature brute, et maintes discussions dégoûtantes sur le tien et le mien. Enfin me voilà débarrassé de mon ancien fermier ; mais, comme le nouveau n'entre en jouissance qu'à la saint-Jean, j'ai bien des choses à ordonner et à combiner. Aussi me sera-t-il difficile de revenir samedi prochain. Chargez-vous donc, je vous prie, de diriger la première répétition de *Nathan*, en attendant mon retour ; car nos acteurs ne se tireront jamais d'affaire tout seuls. C'est une tâche très-ingrate, mais il est impossible de s'y soustraire tout à fait.

Je n'aimerais pas abandonner entièrement l'idée de faire représenter votre *Pucelle d'Orléans*. Je sais bien que l'entreprise présente de grandes difficultés, mais nous en avons déjà surmonté bien d'autres ; il est vrai que l'expérience du théâtre n'est pas faite pour augmenter la confiance, l'amour et l'espérance. Vous pouvez personnellement faire quelque chose de mieux que d'entreprendre une telle éducation, j'en suis moi-même convaincu ;

reste à savoir, si dans ma demi-activité actuelle, je ne serais pas plus propre à remplir ce rôle. Mais nous en causerons dès que nous serons réunis.

Je n'ai pu résister à la tentation de créer ici une promenade ; auparavant on ne pouvait faire un pas sans souffrir de l'humidité ou du soleil ; tous les temps étaient également défavorables au promeneur. Ces embellissements m'ont mené un peu trop loin ; je suis condamné à rester ici jusqu'à la fin des travaux ; car on pourrait bien finir par tout me gâter.

Soyez heureux, vous qui vivez dans un monde moins terre à terre, et songez à nous charmer par des créations nouvelles.

Oberrosla, le 28 avril 1801.

GOETHE.

236.

Weimar, le 28 juin 1801.

Nous avons attendu de vos nouvelles avec une extrême impatience, et c'est avant-hier seulement après être restée quinze jours en route, que votre lettre de Gœttingue nous est parvenue. Grâce à une occasion, la mienne vous arrivera plus vite, j'espère ; je vous l'envoie par quelqu'un qui part cette semaine pour Pyrmont. Je crains que le froid qu'il a fait il y a quinze jours n'ait dérangé le commencement de votre cure, et ne vous force à prolonger votre séjour aux eaux. Pour moi cet abaissement de la température n'a pas non plus été favorable à ma santé, et mon travail en a souffert. Je suis pourtant parvenu à composer une ballade, *Héro et Léandre*, que Cotta m'avait demandée, sans compter quelques poésies légères que j'espère vous lire à votre retour. Mon drame commence à s'organiser, et je pense pouvoir me mettre à l'œuvre dans huit jours. Le plan est simple, l'action rapide, et je n'ai pas à craindre d'être entraîné aux longs développements.

Mais je suis menacé, moi aussi, d'une distraction prolongée, car j'ai fini par me décider très-sérieusement à faire dans trois semaines le voyage de la Baltique, pour y essayer les bains de mer, et revenir par Berlin et par Dresde. Je ne me promets pas beaucoup de plaisir de cette expédition, je m'attends même à passer de tristes journées à Berlin ; mais il faut que je voie des objets nouveaux, il faut que je tente un grand remède dans l'intérêt de ma santé. J'éprouve le besoin d'assister à quelques bonnes représentations dramatiques, de voir du moins quelques artistes de mérite, et de retrouver, sans un bien long détour, les vieux amis. Mes espérances sont si modestes qu'elles seront plutôt dépassées que déçues. Du reste, je compte être de retour le 10 septembre, car je voyagerai vite ; je ne m'arrêterai que douze jours à Dobberan, autant à Berlin, et six à Dresde. J'espère vous revoir dispos et bien portant, et revenir moi-même dans des conditions de santé meilleures.

Vous avez sans doute appris par d'autres ce qui s'est passé de nouveau ici pendant votre absence. La princesse badoise est venue avec une de vos anciennes connaissances, Mme de Hack, qui s'est informée de vous avec beaucoup d'intérêt et vous a parfaitement reconnu dans le portrait de Buri. Depuis quelques jours Weimar possède aussi Knebel ainsi que sa femme ; on dit qu'il est très-gai et qu'il n'a pas changé du tout.

Rochlitz, de Leipzig, est aussi venu ; il m'a dit que vous l'aviez engagé à concourir pour le prix dramatique ; son intention est bonne, mais il n'est pas de force à lutter. Il m'a envoyé de Leipzig la moitié d'une comédie, en me priant de lui dire si je croyais que son œuvre pût concourir avec quelque chance de succès. Il m'écrit qu'il ne pourrait la terminer pour l'ouverture du concours sans négliger d'autres travaux, et qu'il ne voudrait pas aller jusqu'au bout sans être sûr de réussir.

Autant qu'on peut en juger maintenant, la pièce est sans doute jouable. Elle renferme quelques scènes bien menées qui ne manqueront pas leur effet ; mais il est impossible de la juger favorablement, à plus forte raison de la couronner, tant elle est triviale, faible et plate. Dans l'embarras où je suis pour lui faire une réponse convenable, je m'en tiendrai rigoureusement au programme, qui veut une *comédie d'intrigue* ; or, ce qu'il y a de bon et de piquant dans les deux premiers actes est l'effet produit par le jeu de deux caractères comiques, et nullement par l'intrigue. Je l'engagerai à terminer sa pièce, mais à ne pas l'envoyer au concours. Je puis lui promettre que nous la jouerons ; ainsi il dépendra toujours de vous de lui ouvrir ou de lui refuser l'accès du concours.

SCHILLER.

237.

Je vous félicite bien sincèrement de la résolution que vous avez prise ; vous faites très-bien de vous diriger vers le nord, pendant que je parcours le nord-ouest de l'Allemagne. Nous aurons un jour bien des choses à nous communiquer et nous pourrons comparer les résultats de nos observations.

Comme la cure m'a rendu toute espèce de travail impossible, j'ai eu ici peu de moments heureux ; je ne dois pas oublier toutefois mainte bonne et intéressante conversation. Le pasteur Schütz, de Buckeburg, frère de Mme Griesbach, est un homme très-instruit et très-agréable ; il forme surtout un contraste frappant avec ses frères et sœurs ; c'est une comparaison bien curieuse à faire *in petto*. Je vous parlerai de vive voix de mes autres rencontres.

Faut-il vous entretenir d'un phénomène bizarre qui semble se produire en moi? Il me prend comme une envie de faire de la théorie pour moi de plus en plus, de moins en moins pour les autres. Les hommes tournent autour des énigmes de la vie ; les uns en rient, les autres en ont peur ; mais bien peu se mettent en peine d'en chercher la clef. Ils ont parfaitement raison ; aussi ne faut-il pas les déranger.

Quel que doive être l'effet physique et moral de mon voyage et de ma cure, je sens que j'ai tout lieu de me borner, de rétrécir mon cercle d'action et de n'entreprendre que l'indispensable. Je serai donc enchanté de me débarrasser d'un engagement, quel qu'il soit ; d'un autre côté, je n'aimerais pas à prendre d'engagement nouveau. Mais quand nous nous retrouverons ensemble, nous verrons ce qu'il en est ; nous calculerons notre acquis, aussi bien que nos forces.

Je suis très-curieux de lire *Héro et Léandre* ; vous m'auriez fait plaisir en me l'envoyant. Vous me parlez de votre drame, s'agit-il des *Chevaliers de Malte* ou du faux prince ? Je serai donc doublement surpris de voir avancer ce nouveau travail.

Je possède assez bien mon Pyrmont. Il me reste à m'instruire de quelques détails relatifs à Gœttingue ; j'espère combler cette lacune à mon retour. Quant à Cassel, je compte plutôt l'étudier d'une manière générale, et au point de vue artistique, n'ayant pas le temps de me livrer à un examen plus complet.

Ma provision de notes est très-maigre ; les listes de baigneurs et les affiches de théâtre en forment la partie la plus considérable.

Le théâtre de Pyrmont compte quelques sujets qui ont fort bon air et dont on pourrait faire quelque chose. En somme, la société est plutôt bonne que mauvaise, et pourtant elle n'est pas réellement agréable : le naturalisme, le bousillage, les fausses tendances des individus, tout cela concourt à faire régner la sécheresse, l'affectation et tous les défauts de ce genre ; dès lors, point de combustion de l'ensemble.

Il me tarde bien de voir la peinture que vous nous ferez du théâtre de Weimar.

On attend le duc pour demain ou après-demain ;

je compte retourner à Gœttingue dès qu'il sera installé. La collection de crânes que j'ai vue chez Blumenbach a ressuscité des idées d'autrefois ; une étude sérieuse me permettra, j'espère, d'arriver à quelques résultats. Le professeur Hoffman me fera faire plus ample connaissance avec les cryptogames ; il comblera ainsi une grande lacune dans mes connaissances botaniques. Tous les ouvrages que j'aurai à consulter pour ma *Théorie des couleurs*, et qu'il me faudra chercher dans la bibliothèque sont déjà notés ; je les trouverai d'autant plus facilement. Je ne vous cache pas que j'aimerais bien passer trois mois à Gœttingue ; on y trouve des trésors réunis dans un petit espace.

Le duc vient d'arriver à Pyrmont. Comme tous les baigneurs nouveau-venus, il est plein d'illusions, et s'amuse ; mais moi, qui vais partir, je trouve que j'ai peu profité de mon séjour ici ; à mesure que j'approche du terme, le temps semble chaque jour plus long. Aussi je soupire après l'heure de la délivrance ; dans trois jours je dirai probablement adieu à Pyrmont. Je vous écrirai encore une fois de Gœttingue, si j'ai quelque chose d'intéressant à vous dire.

Pyrmont, le 12 juillet 1801.

GOETHE.

238.

Weimar, le 1ᵉʳ janvier 1802.

Commençons l'année nouvelle sous les auspices de notre vieille et solide affection et avec les meilleures espérances.

J'ai bien regretté de n'avoir pu passer avec vous la soirée d'hier ; si mon récent accès de fièvre et de choléra n'a pas été long, en revanche il a été très-violent, et la faiblesse qui en a été la suite a réveillé mon ancien mal, ces crampes si douloureuses.

Pourtant je vais bien mieux aujourd'hui, et j'espère pouvoir assister à la représentation de demain. Ayez la bonté de m'envoyer Euripide, si vous n'en avez pas besoin en ce moment ; je voudrais au moins le volume renfermant la tragédie d'Ion. Comme tout autre travail m'est impossible aujourd'hui, je trouverai dans cette lecture une occupation agréable ; elle me permettra de mieux suivre la pièce qu'on jouera demain soir.

SCHILLER.

239.

Vous nous avez bien manqué hier ; nous avons d'autant plus regretté votre absence qu'elle nous a fait supposer que vous étiez souffrant.

Je souhaite que vous puissiez assister à la représentation de demain.

Voici le volume d'Euripide que vous demandez. Vous faites très-bien de lire l'original ; je ne l'ai pas encore ouvert cette fois. J'espère que la comparaison nous fournira matière à maintes réflexions.

Je serai heureux de vous apporter moi-même mes compliments de nouvelle année, et de fêter à loisir la continuation de nos excellents rapports.

Je joins à ma lettre les croquis des tableaux admis au concours. Ils ne sont pas mal réussis.

Weimar, le 1ᵉʳ janvier 1802.

GOETHE.

246.

Je me retrouve toujours avec bonheur dans la chambre de Knebel, à Iéna ; car il n'y a pas sur cette terre un endroit auquel je doive autant de moments d'inspiration. Je me suis amusé à inscrire, sur un chambranle de fenêtre, toutes les œuvres un peu considérables que j'ai écrites dans cette chambre depuis le 21 novembre 1798. Si j'avais commencé ces inscriptions plus tôt elles comprendraient plus d'un ouvrage que nos relations m'ont inspiré.

J'ai dicté les premières pages d'une pasquinade sur le théâtre de Weimar, tout en gardant l'air le plus grave du monde, cela va sans dire. Comme l'article sérieux est déjà fait il est bon de faire un peu le fou et de se ménager toutes sortes d'issues.

Voici la copie du drame à la façon grecque. Je suis

curieux de voir ce que vous en tirerez. Je l'ai ouvert par-ci par-là ; il est humain en diable. Si cela marche à peu près, nous tenterons l'aventure ; car nous avons déjà vu plus d'une fois que les résultats de ces témérités sont incalculables pour nous-mêmes, et pour l'art en général.

Comme je fouille la bibliothèque de Büttner et celle de l'Académie, et que je songe à faire un catalogue raisonné des trois bibliothèques de notre duché, je suis entraîné à parcourir une quantité incroyable d'ouvrages littéraires. Eh bien ! on a beau être difficile, exigeant même, on rencontre dans le nombre plus d'un travail et plus d'un résultat respectables.

Animés par la jeunesse d'Iéna qui se renouvelle sans cesse, on passe les soirées en grande compagnie. Dimanche dernier, pour mon début, je suis resté chez Loder jusqu'à une heure du matin ; la conversation était tombée justement sur quelques questions d'histoire dont nous n'avons pas l'habitude de nous entretenir. En réfléchissant un peu à ce qui se dit dans cette soirée, l'idée me vint qu'on pourrait écrire un livre bien intéressant, si l'on faisait un récit piquant de tous les événements de sa vie, en les jugeant avec le coup d'œil calme et sûr que donnent les années.

L'heure du courrier approche ; je n'ai plus que le temps de vous dire un bonjour affectueux.

Iéna, le 19 janvier 1802.

GOETHE.

241.

Weimar, le 20 janvier 1802

Je vais relire *Iphigénie*, en me plaçant au point de vue de sa nouvelle destination ; je pèserai chaque mot comme si je l'entendais au théâtre, mêlé au parterre. Ce que vous appelez l'élément humain de votre pièce soutiendra parfaitement l'épreuve, et je vous conseille de n'en rien retrancher. Samedi prochain je pourrai vous renseigner, je pense, sur le résultat de l'opération.

Schutz vient de m'envoyer un compte-rendu de ma *Pucelle d'Orléans*. C'est l'œuvre d'une tout autre plume que le compte-rendu de *Marie Stuart*, et d'un homme plus capable; l'article contient la première application des principes de Schelling en matière de philosophie de l'art. Mais, à ce propos, j'ai bien reconnu que ce qui manque encore à la philosophie transcendante, c'est un pont qui la relie au fait réel; car les principes de cette philosophie, quand on les oppose à la réalité d'un fait donné, forment un singulier contraste avec le fait matériel, et le détruisent ou sont détruits par lui. Dans tout le compte-rendu l'auteur ne dit pas un mot de l'œuvre qu'il analyse; du reste, cela n'était pas possible pour lui, une fois qu'il était lancé dans cette voie; comment passer de formules générales et creuses à un fait positif ? Et voilà ce qu'on appelle une critique; celui qui n'a pas lu la pièce ne peut s'en faire la moindre idée d'après cette prétendue analyse. Cela prouve du moins que la philosophie et l'art ne s'entendent pas encore et ne se sont pas encore pénétrés ; aussi reconnaît-on plus que jamais la nécessité de trouver un organe qui les rapproche. Je voulais indiquer ce lien dans les *Propylées*, en ce qui touche les arts plastiques ; mais les *Propylées* prenaient aussi la contemplation de l'objet pour point de départ, tandis que nos jeunes philosophes veulent passer directement de l'idée à la réalité. De cette manière les formules générales sont forcément vides et creuses, et, d'autre part, les observations particulières sont plates et insignifiantes.

Je pense pouvoir assister mardi prochain à la représentation de *Turandot* ; alors seulement je pourrai déterminer ce qui reste à faire, et les changements que les conditions actuelles de temps et de lieu nécessitent dans ce vieux drame. Detouches a composé une marche pour cette pièce ; il me l'a jouée ce matin, et j'ai trouvé qu'elle fait très-bon effet.

Je souhaite que vous vous plaisiez toujours autant dans ce réduit si fécond en inspirations, et que vous puissiez bientôt inscrire un nouveau titre sur le chambranle de la fenêtre.

SCHILLER.

242.

Weimar, le 22 janvier 1802.

Vous verrez que j'ai fait à votre manuscrit moins de ravages que je ne m'y serais attendu ; j'ai trouvé qu'il n'était ni nécessaire ni facile d'y faire de grands changements. La pièce en elle-même n'est pas trop longue, puisqu'elle dépasse à peine le chiffre de deux mille vers ; elle en aura même moins, si vous consentez à la suppression des passages que j'ai soulignés. Ces coupures m'ont donné assez de peine, car ce qui pourrait ralentir l'action tient moins à certains passages qu'à l'ensemble de la pièce, qui contient trop de réflexions pour un drame. Souvent aussi les parties que les ciseaux auraient dû atteindre en premier lieu, étaient en quelque sorte des traits-d'union indispensables, qu'on ne pouvait remplacer sans bouleverser la marche de la scène. J'ai désigné par un trait fait à la marge les passages simplement douteux ; j'ai rayé ceux dont la suppression me semblait nécessaire, et souligné les expressions que je voudrais voir changées.

Comme en général l'action pèche par excès de casuistique morale, il sera bon de laisser un peu moins de place aux sentences et aux réflexions philosophiques des personnages.

Quant à la partie historique et mythique, il faut qu'elle reste intacte ; elle est un contre-poids indispensable à l'élément moral. D'ailleurs, tout ce qui parle à l'imagination doit être respecté.

Ce qu'il y a de plus épineux dans toute la pièce, c'est le personnage d'Oreste ; sans les Furies, point d'Oreste possible. Tel que vous le représentez, la cause de son délire n'est point physique, elle est purement morale ; aussi la situation où il se trouve n'est-elle qu'une longue torture, monotone et sans objet. C'est une des limites qui séparent la tragédie antique de la tragédie moderne. Ne pourriez-vous imaginer un moyen de corriger ce défaut ? A vrai dire, cela ne me paraît guère possible, étant donnée l'économie actuelle de la pièce; car tout ce qu'on pouvait obtenir sans l'intervention des dieux et des fantômes, vous l'avez obtenu. Dans tous les cas, je vous recommande d'abréger les scènes où figure Oreste.

De plus j'appellerai votre attention sur le point que voici : ne conviendrait-il pas, pour exciter et soutenir l'intérêt dramatique, de faire paraître un peu plus tôt Thoas et les Tauriens, qui pendant deux actes entiers ne bougent pas, et de mener avec le même entrain les deux actions, dont l'une est maintenant trop stationnaire? Il est vrai que dans le deuxième et le troisième acte, on entend parler du danger que courent Oreste et Pylade; mais on n'en *voit* rien, rien ne frappe les sens, rien ne montre aux yeux leur cruelle situation. Selon moi, il faudrait encore glisser un motif *ad extra* dans les deux actes qui ne s'occupent que d'Iphigénie et de son frère; ainsi l'action extérieure ne serait pas interrompue, et l'apparition d'Arcas, qui entre plus tard en scène, serait mieux préparée; car, d'après la disposition actuelle de la pièce, on a eu presque le temps de l'oublier.

Sans doute le caractère de cette pièce demande que ce qu'on appelle l'action proprement dite se passe derrière les coulisses, tandis que les impressions et les réflexions morales doivent être mises en action, et présentées, pour ainsi dire, aux yeux du spectateur. Il faut conserver cet esprit du poème; il faut que la partie morale ait toujours le pas sur la partie matérielle; mais je désire aussi que vous développiez cette dernière autant qu'il le faut pour présenter l'autre dans toute son extension.

Du reste, *Iphigénie* m'a profondément touché à la seconde lecture; cependant je ne vous cacherai pas que j'aurais voulu y trouver un peu plus de corps. Je serais tenté de dire que c'est *l'âme* qui fait le véritable mérite de votre pièce.

Le drame ne manquera pas son effet sur le public; tout ce qui s'est passé depuis que vous l'avez écrit en a préparé le succès. Il est probable que nos connaisseurs y loueront précisément ce que nous y trouvons de blâmable. Il faut s'y résigner de bonne grâce; ne critique-t-on pas à chaque instant ce qui est vraiment digne d'éloges?

Adieu. Apprenez-moi bientôt que la matière commence à reprendre sous vos mains l'élasticité qu'elle avait perdue entre les miennes.

SCHILLER.

243.

Weimar, le 11 février 1802.

Je viens de me décider à acheter la maison de Mellish qui a consenti à une légère diminution. Bien que le prix soit encore assez élevé, il faut que je me décide, pour en finir une bonne fois avec cette préoccupation. Dans les circonstances actuelles j'ai doublement intérêt à me défaire de ma petite propriété d'Iéna ; je vous prie donc de charger Goetze de cette commission.

Je joins à ma lettre l'annonce à insérer dans la feuille hebdomadaire, avec une indication sommaire des impôts que je paie annuellement pour le pavillon du jardin. Je l'ai payé 1150 thalers, et j'y ai dépensé 500 thalers en constructions, comme je puis l'établir par mes comptes. Il va sans dire que je n'aimerais pas à perdre sur le marché ; je ne serais même pas fâché d'y gagner quelque chose, si c'était possible. Mais comme je serais bien aise d'avoir de l'argent comptant pour dégrever tout à fait ma maison de Weimar, je me contenterais, comme limite extrême, de 1500 thalers pour le jardin et le pavillon. Si Gœtze me trouve au delà de cette somme je lui promets un large dédommagement. Je consentirai aussi à ce que cette somme me soit payée en deux ou trois termes, soit un tiers à Pâques, un tiers à la Saint-Jean, et le reste à la Saint-Michel ou à Noël. Si je puis recevoir tout comptant, ce sera encore mieux.

Pardonnez-moi de vous donner cet ennui ; mais puisque vous êtes plongé dans les titres de livres et dans les numéros, ce travail mécanique passera avec le reste. Ce souci pécuniaire m'a ôté toute liberté d'esprit, comme le font toujours les préoccupations de la vie matérielle. Il m'a fallu aviser aux moyens d'acquérir cette propriété, et maintenant que je la considère comme m'appartenant, de nouveaux soucis viennent m'assaillir : je me demande comment m'y prendre pour l'approprier à mes besoins. Au milieu de tous ces tracas un petit poème que j'avais commencé sous d'assez heureux auspices, *Cassandre*, n'a pas pu faire de grands progrès.

Ces jours-ci une personne de Stuttgard m'a prié d'offrir au théâtre de Weimar, pour la somme de six carolins, un opéra posthume du bon Zumsteeg Comme il a laissé beaucoup d'enfants et point de fortune, vous voudrez bien, j'espère, faire votre possible pour procurer cette bonne aubaine à la famille de mon ami.

Puissiez-vous mener à bonne fin le travail d'Hercule de votre compagne bibliographique.

Adieu.

SCHILLER

244.

Je suis enchanté de vous voir devenir propriétaire à Weimar et choisir cette ville comme votre résidence définitive ; aussi serai-je heureux de faire ici toutes les démarches nécessaires.

Goetze fera son possible. Je vous prie de m'envoyer bientôt les clefs du pavillon et du jardin, afin qu'on puisse y introduire les amateurs.

Ces jours-ci je n'ai rien pu faire, sauf un petit travail sur le théâtre de Weimar, que j'ai déjà livré à Bertuch. C'est une ébauche à titre d'essai ; il faudra voir ce qu'on peut y rattacher, afin d'arriver à quelque résultat sérieux.

L'arrangement de la bibliothèque est une tâche plutôt désagréable que difficile ; elle est d'autant plus ennuyeuse qu'on manque d'espace pour bien caser tous les livres. En attendant j'ai déjà pris mes mesures. Ce qu'il y a de fâcheux, c'est qu'on ne peut employer aucun ouvrier d'ici ; ils sont tous très-occupés, et leur temps est toujours pris, ce qui d'ailleurs fait leur éloge. Ces jours-ci je n'ai fait qu'examiner les différentes faces de ma tâche, afin de me mettre à l'œuvre. non pas avec l'espérance, mais avec la certitude du succès. Adieu. Tâchons tous deux d'en finir avec les choses de la terre pour rentrer bientôt dans une sphère supérieure.

Iéna, le 12 février 1802.

Goethe.

245.

A Iéna, le vent est aux plaisirs et aux réunions ; presque tous les jours je dîne ou je soupe en ville. Par contre je ne fais rien, je le confesse ; l'inspiration devient de jour en jour plus rare.

Je suis tombé sur les *Mémoires historiques et politiques du règne de Louis XVI*, par Soulavie. C'est un livre dont on ne peut se détacher ; il captive par sa variété extraordinaire, bien que la véracité de l'auteur soit parfois très-suspecte. On croit avoir sous les yeux une multitude immense de ruisseaux et de torrents qui, obéissant aux lois de la nature, se précipitant du haut des montagnes, du fond des vallées, se brisent les uns contre les autres, font déborder un grand fleuve et produisent une inondation, qui engloutit à la fois celui qui la prévoyait et celui qui n'en avait aucun pressentiment. Dans ce dédale de faits on ne voit que la nature ; nulle trace de ce que nous autres philosophes aimerions tant à appeler liberté. Nous verrons bien si la personnalité de Bonaparte nous réserve cette splendide et triomphante apparition.

Comme j'ai lu quatre volumes de cet ouvrage en très-peu de jours, je n'ai guère autre chose à vous dire. Le beau temps m'a engagé quelquefois à sortir, mais il fait encore très-humide dehors.

Adieu. Dites-moi à l'occasion ce qui se passe à Weimar, et si vous réussissez à faire quelque chose.

Iéna, le 9 mars 1802.

GOETHE.

246.

Il est probable que je me déciderai bientôt à plier ma tente et à revenir près de vous. Je me réjouis déjà de retrouver nos bonnes soirées, d'autant plus que nous aurons bien des choses à nous dire.

Quand la société de Weimar aura un peu oublié sa mésaventure du 5 de ce mois, nous redonnerons un pique-nique, et nous essaierons les nouvelles chansons que j'apporterai. Avez-vous peut-être donné les vôtres à Zelter, en voyant que les compositions de Kœrner ne prenaient pas ?

Si vous répondez à l'appel d'*Irène*, je vous souhaite une verve enjouée et un poing de fer. Ce serait charmant si vous réussissiez à composer une épître qui mît à sa place toute cette racaille, à laquelle je voue et jure une haine de plus en plus profonde.

Je suis heureux d'apprendre que vous êtes disposé à approprier votre *Jeanne d'Arc* à la scène de Weimar. Puisque nous avons fait tant attendre cette représentation, il faut tâcher de nous signaler par un coup d'éclat.

Il m'est impossible de rien faire d'*Iphigénie*. Si vous ne voulez pas risquer l'entreprise, corriger quelques vers équivoques et diriger les répétitions, je crois qu'on n'arrivera pas à la jouer. Pourtant il serait bon de la donner dans les circonstances actuelles ; puis on nous la demanderait pour d'autres théâtres, comme cela est arrivé pour *Nathan*. Vu de près, *Rhadamiste et Zénobie* est une œuvre très-remarquable : c'est l'apogée du genre maniéré ; les tragédies de Voltaire sont, en comparaison, des chefs-d'œuvre de naturel. Ce qui impose dans cette pièce, c'est sans doute la situation du héros qui rappelle celle de Caïn, c'est son caractère errant, qui fait penser à la destinée du premier fratricide. Du reste, je ne vois pas encore le moyen d'introduire ce drame sur la scène.

Je vous félicite d'avoir fait la connaissance de saint Bernard. Nous tâcherons d'en savoir quelques *specialiora* sur son compte.

Nos deux amis les théologiens sont en assez piteux état : Griesbach est tourmenté par ses pieds, et Paulus par sa femme. Elle est assez bas, au point que je crains pour sa vie ; la nature aura fort à faire pour produire un deuxième être aussi facétieux.

Zelter a laissé ici d'excellents souvenirs. Partout ou n'entend plus que ses airs, et nous avons à le remercier d'avoir ressuscité des morts nos chansons et nos ballades.

Les affaires de la bibliothèque se débrouillent, on commence à voir clair dans ce chaos. Des radeaux de planches et de poutres descendent le cours de la Saale pour servir à la construction du nouveau temple des Muses de Lauchstedt. Tâchez de vous associer à notre nouvelle entreprise, de revoir vos anciennes pièces, et que nous les représentions. Je sais fort bien que ce n'est pas chose facile ; mais il faut qu'à force d'habitude et de réflexion vous arriviez peu à peu à connaître assez bien les secrets du métier de dramaturge pour n'avoir pas toujours besoin de génie et de véritable inspiration poëtique.

J'ai consacré mes loisirs à des lectures et à différentes occupations. J'ai jeté un coup d'œil sur les éléments de médecine, par *Brown* ; ce livre m'a fort intéressé. On se sent en face d'un esprit d'élite qui se crée des mots, des expressions, des tournures, à l'aide desquels il expose ses convictions avec autant de modestie que de suite. Il n'y a pas la moindre trace de cette terminologie routinière dans laquelle ont donné ses successeurs. Du reste, il est difficile de suivre l'enchaînement des idées que contient ce petit livre ; aussi ai-je renoncé à cette lecture, car je ne puis y consacrer ni le temps ni l'attention nécessaires.

Depuis que j'ai dicté ces lignes, je me suis décidé à retourner à Weimar mardi prochain ; je vous invite d'avance à passer la soirée chez moi.

Seriez-vous assez bon pour vous informer si nos amis veulent se réunir chez moi mercredi soir ? Vous feriez connaître leur réponse aux miens. qu'ils acceptent ou qu'ils déclinent mon invitation.

Je m'arrête, puisque j'espère avoir bientôt le plaisir de vous voir.

Iéna, le 19 mars 1802.

GOETHE.

247.

Weimar, le 20 mars 1802.

Je me réjouis de vous revoir bientôt et de pouvoir passer avec vous le commencement du printemps ; car d'habitude cette époque de l'année me rend tout triste parce qu'elle fait naître en moi des aspirations inquiètes et sans objet.

Je ferais tout mon possible pour approprier *Iphigénie* à la scène ; un travail de ce genre est toujours très-instructif, et je ne doute pas du succès, si notre personnel dramatique fait son devoir. On vient même de m'écrire de Dresde qu'on veut représenter *Iphigénie* dans cette ville ; je suis sûr que d'autres théâtres suivront cet exemple.

Don Carlos est en assez bon train ; j'espère avoir fini de le remanier dans huit ou dix jours.

Il y a dans cette pièce un fonds dramatique sur lequel on peut compter ; elle a bien des qualités qui lui vaudront, j'en suis certain, la faveur du public. Sans doute il était impossible d'en faire un tout satisfaisant ; c'est d'abord un sujet beaucoup trop vaste. Je me suis donc borné à faire le strict nécessaire, c'est-à-dire à grouper, à resserrer les détails de manière à ce que l'ensemble leur serve simplement de base. Quant au public, c'est, après tout, l'ensemble qu'il considère.

Pour ce qui est de la *Pucelle d'Orléans*, nous la ferons jouer à Lauchstedt avant de la donner à Weimar. Il faut que je fasse cette réserve, parce que le duc s'est nettement prononcé contre la représentation ; or, je ne voudrais pas le moins du monde avoir l'air d'être l'instigateur de la chose. Nous en causerons plus en détail. La deuxième raison, c'est que l'année dernière j'ai donné le rôle de Jeanne à Mme Iagemann, et que chacun se demanderait avec étonnement pourquoi je ne le lui ai pas laissé. Mais si l'on commence par jouer mon drame à Lauchstedt, et que Mme Vohs remplisse le rôle de Jeanne, Mme Iagemann ne pourra plus y prétendre quand on donnera la *Pucelle* à Weimar. Je ferai étudier la pièce par nos acteurs pendant les dernières semaines de l'année théâtrale ; je dirigerai moi-même quelques répétitions afin que les rôles soient bien appris et que cette représentation de Lauchstedt nous fasse honneur. Pour cette année il faut que je renonce à revoir mes anciens drames. Il n'y a rien qui presse d'ailleurs ; car, pourvu qu'*Iphigénie* puisse être achevée, notre troupe se présentera à Lauchstedt avec un répertoire plus riche que jamais. Et puis, il ne serait guère possible d'étudier encore plusieurs pièces.

J'ai encore en dépôt une traduction nouvelle de l'*Ecole des Femmes* dont nous pourrons certainement tirer parti ; il suffira, pour la mettre en état d'être représentée, de la retoucher un peu. J'ai reçu aussi une autre pièce, qui contient d'excellentes choses ; mais, comme elle a été taillée dans un roman, elle est remplie de fautes dramatiques.

Mme Méreau m'a dit qu'elle était en train de traduire le *Cid* de Corneille. Nous tâcherons de diriger un peu ce travail ; il y aurait là peut-être une bonne acquisition à faire pour le théâtre.

Conformément à votre désir, j'inviterai notre

société ; il me tarde bien de savoir si les passions se sont assez calmées pour que l'on puisse renouer décemment les bonnes relations de jadis. Quand Zelter est parti, je lui ai remis mes deux chansons ; nous verrons ce qu'il en fera. Du reste, une des mélodies de Kœrner peut très-bien se chanter ; malheureusement nos artistes ne sont pas assez forts.

Adieu. Peut-être vous verrai-je lundi prochain à Iéna. Ma belle-sœur passera par cette ville pour aller voir une amie qui reste dans le voisinage ; nous l'accompagnerons peut-être, mais ce n'est pas encore sûr.

SCHILLER.

248.

Je rentre à l'instant du palais, où l'on m'a fait attendre plus longtemps que je ne pensais ; comme la messagère est pressée de partir, je ne puis donc vous écrire que l'indispensable.

Dans aucun cas la représentation d'*Iphigénie* n'aurait pu avoir lieu samedi prochain parce que le rôle principal est très-long et très-difficile à étudier. Il fallait absolument laisser à Mme Vohs le temps de l'apprendre. Du reste, je compte sur un succès complet ; je n'ai rien rencontré qui puisse nuire à l'effet de votre pièce. J'ai vu avec plaisir que ce sont les plus beaux endroits, et surtout les passages lyriques qui ont le plus vivement impressionné nos acteurs. Le récit des horreurs de Thyeste et ensuite le monologue d'Oreste, où les mêmes figures reparaissent, non plus ennemies, mais réunies paisiblement dans l'Élysée, demandent à être bien accentuées ; il faudra les faire ressortir comme deux morceaux qui se rattachent l'un à l'autre, comme une dissonance heureusement corrigée. Surtout il ne faut rien négliger pour que le monologue soit bien dit ; c'est un passage très-délicat à rendre ; il faut qu'il touche profondément, ou bien il risque de refroidir l'intérêt. Mais je pense qu'il produira un effet sublime.

Vous savez sans doute par le conseiller des finances l'échec d'*Ariane*. Vous pouvez croire tout ce qu'il vous en a dit de fâcheux ; car cette Élise est une piètre actrice ; elle n'a ni cœur ni esprit, elle est commune, et, à force de prétentions, elle devient insupportable. Mais vous la verrez et vous l'entendrez vous-même, si vous prolongez votre séjour à Iéna ; car elle pense donner sous peu dans cette ville un concert et une séance de déclamation.

Nous sommes emménagés depuis six jours ; tout est encore sens dessus dessous chez moi. Cependant j'ai pu trouver le matin quelques heures de recueillement et de travail ; bientôt je serai de nouveau bien en train, je l'espère.

Je vous félicite de vos conquêtes dans le domaine de la poésie lyrique. Jouissez bien de la belle saison et pensez à nous.

Weimar, le 5 mai 1802.

SCHILLER.

249.

Quoique le séjour d'Iéna n'ait été guère productif pour moi, et que je ne sache pas trop pourquoi je resterais plus longtemps ici, je veux pourtant vous donner signe de vie et vous dire sommairement où j'en suis.

Il y a aujourd'hui quinze jours que je suis ici, et comme il m'a toujours fallu ce temps pour retrouver ici mon assiette, je vais voir à partir de maintenant si le succès couronnera mes efforts. Quelques circonstances désagréables, dont j'ai par hasard senti le contre-coup plus vivement que d'habitude, sont venues m'entraver. Tout, jusqu'au bain que je prenais tous les matins, a dérangé mes projets.

Voilà pour le côté négatif. Par contre, j'ai trouvé quelques idées qui promettent pour l'avenir; surtout dans le domaine de l'histoire naturelle, j'ai fait certaines observations et certaines expériences qui m'ont conduit à de bons résultats. J'ai pu combler à mon gré quelques lacunes dans ma théorie de la métamorphose des insectes. Comme vous le savez, dans un travail de ce genre il ne s'agit que de rendre plus facile l'application des formules déjà trouvées, et de montrer ainsi qu'elles ont plus de valeur; il faut être poussé à inventer des formules nouvelles, ou plutôt à élever les anciennes à une plus haute puissance. Peut-être pourrai-je bientôt produire des exemples satisfaisants de cette double opération.

J'ai relu encore une fois le *Prologue* avant de l'expédier à Cotta. Qu'il aille à son tour courir le monde !

Je n'ai rien décidé, quant aux honoraires ; je me suis contenté de déclarer qu'en tout cas j'étais prêt, en ce qui me regarde, à signer ce que vous ferez. Il ne saurait d'ailleurs être question ici que d'un peu plus ou moins.

Je suis curieux de savoir si la Muse vous a été plus favorable, et si, pour les quelques jours que j'ai encore à passer à Iéna, elle va m'accorder ses faveurs.

L'apparition d'un seigneur prenant paisiblement possession de son nouveau domaine vous distraira pendant quelques jours. Quant à moi, je vais, autant que possible, attendre tranquillement l'issue de l'affaire; ensuite je tâcherai de savoir comment tout s'est passé.

Adieu. Un mot, je vous prie, pour me consoler d'être si longtemps séparé de vous; une fécondité sans pareille pourrait seule servir d'excuse et de compensation à mon exil volontaire.

Iéna, le 17 août 1803.

GOETHE.

250.

Weimar, le 17 août 1802.

Vous ne pouvez jamais rester inactif, et ce que vous appelez la stérilité serait pour tout autre un temps très-bien employé. Je voudrais bien qu'un de ces génies subalternes qui trônent dans les universités, mit la dernière main à vos idées scientifiques, pour les réunir, les rédiger tant bien que mal, et les conserver ainsi à la postérité. Vous-même, je le crains, vous remettrez toujours ce travail à plus tard, parce que tout ce qui est didactique me semble contraire à votre nature. Vous êtes créé tout exprès pour avoir des héritiers qui vous dépouillent de votre vivant ; cela vous est arrivé déjà plusieurs fois, et cela vous arriverait encore plus souvent, si les gens connaissaient mieux leur intérêt.

Si nous nous étions rencontrés six ans plus tôt, j'aurais eu le temps de m'approprier les résultats de vos recherches scientifiques ; j'aurais peut-être entretenu chez vous le désir de donner à ces grands objets leur dernière forme ; en tout cas, j'aurais été le fidèle intendant de vos possessions.

Ces jours-ci j'ai lu quelques notices sur Pline l'Ancien, et j'ai été frappé de voir à quoi l'homme peut arriver s'il emploie son temps. A côté d'un travailleur de cette force, Haller lui-même n'était qu'un fainéant. Pourtant je crains qu'à force de dévorer des livres, de faire des extraits et de dicter, il n'ait pas pris assez de temps pour réfléchir. Le désir d'entasser des connaissances semble avoir absorbé toute son activité intellectuelle ; il allait si loin qu'un jour il fut très-fâché de voir son neveu se promener dans le jardin sans avoir de livre en main.

Je me suis occupé de ma pièce, et non sans succès ; jamais travail n'a encore été aussi instructif pour moi. C'est un tout que j'embrasse et que je manie facilement; du reste, c'est une tâche moins ingrate et plus agréable d'enrichir et de féconder un sujet simple que de circonscrire une matière trop riche et trop ample.

Mais, d'autre part, je suis assailli par bien des distractions, et comme je puis ressentir le contre-coup des événements politiques, je ne vois pas venir sans inquiétude le jour où mon sort sortira de l'urne. Il y a encore d'autres points noirs, d'autres incidents qui menacent de m'arracher à ma tranquillité; jugez si je suis à mon aise.

J'espère en finir cette semaine avec mes constructions et mes autres travaux d'aménagement; aussi, quand vous nous reviendrez, pourrai-je vous faire les honneurs d'une maison proprette et hospitalière.

Adieu. Apprenez-moi bientôt que vous allez nous rapporter un riche butin.

SCHILLER.

251.

Plusieurs fois déjà j'ai voulu vous demander comment vous allicz; je m'acquitte aujourd'hui de ce devoir. Pour vous donner envie de laisser courir un peu votre plume, je vous donnerai sur ce qui me concerne les détails suivants.

Le supplément de *Benvenuto Cellini* avance tout doucement. J'ai lu et pensé beaucoup de choses intéressantes et utiles sur ce sujet.

J'ai reçu quelques gravures nouvelles qui sont pour moi un sujet de plaisir et d'entretien.

On m'avait envoyé de Cassel un mauvais plâtre de la tête d'une Vénus Uranie, que j'ai retouchée et restaurée avec amour, afin de la rendre présentable. Il m'a fallu respecter en partie ce qu'elle a de nébuleux ; mais, grâce aux principaux contours, qui subsistent dans toute leur beauté, la disparate n'est pas trop choquante.

J'ai expédié une longue lettre à Humboldt.

Je n'ai guère touché à mes médailles; toutefois je m'instruis chaque fois que je les regarde en passant.

Le docteur Chladni vient d'arriver ; il nous apporte son *Traité de l'Acoustique*. C'est un respectable in-quarto, que j'ai déjà lu à moitié; je pourrai vous dire de vive voix bien des choses intéressantes sur le contenu, la valeur, la méthode et la forme de l'ouvrage. L'auteur est, comme Eckhel, un de ces bienheureux qui ne se doutent même pas de l'existence d'une philosophie de la nature, qui ne s'appliquent qu'à observer exactement les phénomènes pour les classer et les utiliser tant bien que mal, selon l'aptitude spéciale qu'ils ont reçue de la nature, et qu'ils ont cultivée exclusivement.

Vous pouvez penser qu'en lisant ce livre, et même dans l'entretien de plusieurs heures que j'ai eu avec Chladni, je suis resté fidèle à ma vieille méthode d'examen. Aussi je crois avoir trouvé plusieurs points de repère grâce auxquels je pourrai découvrir de nouveaux horizons.

L'apparition du docteur me paraît d'un bon augure ; il arrive juste au moment où nous comptons un peu sur Zelter.

Je viens aussi de revoir ma *Théorie des couleurs* ; les mille idées qui s'y croisent en tous sens ont eu sur mon esprit une influence très-heureuse.

Consentiriez-vous à accorder un quart d'heure à Chladni? Vous apprendriez à connaître l'individu ; c'est une figure très-originale, un commentaire vivant de ses idées et de son cercle d'action. Comme il aimerait à visiter Rudolstadt après avoir quitté Iéna, vous voudrez peut-être bien lui donner quelques mots de recommandation.

Je m'arrête, quoi qu'il me reste bien des choses à vous confier, dont le plus et le moins d'importance s'équilibrent.

Adieu ; parlez-moi longuement de vous, et, puisque nous nous entêtons à ne pas sortir, faisons comme ces amoureux qui correspondaient *par-dessus le paravent*.

Weimar, le 26 janvier 1803.

GŒTHE.

252.

A côté de l'extrême variété de vos occupations, mon activité concentrée sur un point unique fait triste figure ; encore ne puis-je vous faire connaître le résultat de mon travail solitaire que par le fait lui-même. Je viens de terminer une besogne fatigante et désagréable : j'ai comblé de nombreuses lacunes que j'avais laissées dans les quatre premiers actes de ma pièce. Me voilà donc débarrassé des cinq sixièmes au moins de ma tâche ; tout cela est proprement expédié et le dernier sixième, qui est toujours le vrai festin du poète tragique, marche aussi bon train. Ce qui facilite et favorise le dénoûment de l'action, c'est que j'ai entièrement séparé l'enterrement de l'un des deux frères du suicide de l'autre, que celui-ci, avant de se donner la mort, rend les derniers honneurs à sa victime et s'acquitte gravement de ce pieux devoir, qu'enfin ce n'est qu'après la cérémonie sur la tombe de don Manuel, que se passe la dernière action, c'est-à-dire la vaine tentative du chœur, de la mère et de la sœur, pour empêcher don César de mourir. C'est un moyen d'éviter toute confusion et tout mélange fâcheux de la cérémonie qui a lieu sur la scène et de la gravité de l'action.

Du reste, dans le cours de mon travail, j'ai découvert encore différents motifs qui concourront puissamment à l'effet de l'ensemble.

Je doute cependant que mon drame puisse être achevé avant quinze jours. J'aurais tant voulu le terminer pour le 8 février, jour anniversaire de la naissance de l'archi-chancelier! j'aurais été heureux de lui montrer, par cette attention, que je n'ai pas oublié son beau cadeau du jour de l'an.

Pour obéir au duc, j'ai lu et examiné les pièces les plus nouvelles du théâtre français qui se trouvent dans la bibliothèque. Je n'ai encore rien rencontré qui m'ait fait plaisir, ou qui puisse convenir à notre scène. Je n'en dirai pas autant d'une traduction française d'Alfieri, que j'ai commencé à lire; mais je ne veux encore m'expliquer là-dessus. En tout cas, Alfieri est une figure remarquable, et je me réjouis de débattre la question avec vous quand j'aurai lu jusqu'au bout les vingt-et-une pièces de ce poète. Il est un mérite qu'il faut que je lui reconnaisse, mais qui contient en même temps un blâme. Il sait présenter ses sujets d'une manière si poétique qu'il vous invite, pour ainsi dire, à les traiter à votre tour. Cela prouve sans doute que son œuvre à lui ne vous satisfait pas, mais cela montre aussi qu'il a réussi à dégager l'idée féconde et dramatique que recélait la prose, l'histoire.

Si vous êtes capable de rompre votre quarantaine, venez nous voir demain soir, et prévenez-moi demain dans la matinée.

J'aurai du plaisir à recevoir le docteur Chladni cet après-dîner.

Adieu.

SCHILLER.

253.

Weimar, le 2 mai 1803.

Je vous renvoie la *Prosodie* de Voss; je n'ai pu en lire que quelques pages. Il y a trop peu de notions générales à tirer de ce traité, et, comme livre d'usage, pour celui, par exemple, qui voudrait le consulter dans les cas douteux et qui devrait y pouvoir puiser des indications précieuses, il y manque un index qui permette au lecteur de trouver sans effort la solution demandée. L'idée que vous avez eue d'abréger cet ouvrage est le seul moyen de le rendre un peu pratique.

J'ai lu la *Bataille de Hermann*, et j'ai reconnu, à mon grand chagrin, que nous ne pouvons pas nous en servir pour notre théâtre. C'est une œuvre froide, sèche, souvent même grotesque, sans couleur, sans vie et sans vérité; les quelques situations touchantes que renferme cette tragédie sont traitées avec une absence de chaleur et de sentiment qui révolte.

Ma petite comédie a fort amusé le public; elle est, en effet, très-gentille. Elle a été jouée avec beaucoup d'entrain, quoiqu'elle eût été assez mal étudiée; nos acteurs, vous le savez bien, ne se font pas faute de bousiller quand ils ne sont pas tenus en respect par le vers. Comme le plan et la pensée ne sont pas de moi, et que le texte a été improvisé, je n'ai pas à m'attribuer le succès de cette représentation.

Je ne puis plus faire étudier ici l'autre pièce de

Picard, parce que Graff et Becker ont trop à faire dans le drame de Niemeier, qu'on veut donner à Lauchstedt.

Je vous félicite de vous être débarrassé avantageusement de votre propriété, et d'être redevenu un homme libre.

Adieu. Je vous communiquerai ce que Cotta nous apportera de nouveau, et je profiterai de l'occasion pour vous envoyer quelques poésies qui ont vu le jour tout récemment.

Schiller.

254.

Voici quelques mots pour vous dire que, cette fois-ci, je serai probablement content de la *Théorie des Couleurs*. Je me suis élevé assez haut pour pouvoir envisager en historien mes études et mes travaux passés, et pour les juger en spectateur désintéressé dans la question. La naïve ignorance, la maladresse, la violence passionnée, la confiance, la foi, l'effort, l'application soutenue, le vulgaire et pénible labeur suivi d'irrésistibles élans, tout cela forme, dans mes papiers et dans mes notes, un spectacle intéressant au plus haut degré. Mais je suis inflexible : je me contente d'extraire et de classer ce qui convient à mon point de vue actuel, tout le reste est immédiatement jeté au feu. On ne peut ménager les scories quand on veut finir par dégager le métal.

Quand je serai débarrassé de toutes ces paperasses, j'aurai triomphé. Mon grand tort a été de prendre la plume, et de traiter, de livrer à la publicité ces sortes de travaux, avant d'être à la hauteur du sujet. Ces essais n'ont jamais été infructueux pour moi ; mais souvent, au lieu d'un seul chapitre, j'en ai trois devant moi. Dans la première rédaction, les expériences et les essais sont exposés d'une manière lumineuse ; dans la seconde la méthode est plus sûre et le style meilleur ; dans la troisième, je me place à un point de vue plus élevé, et je tâche de réunir ces différentes qualités, sans toutefois arriver droit au but. Que faire de tous ces essais? Pour choisir dans ce fouillis ce qu'il y a de meilleur, il faut du courage et de la patience ; pour tout jeter au feu, il faut de la résolution, enfin, c'est dommage de tout détruire. Quand j'aurai fini mon travail, si toutefois je puis arriver jusqu'au bout, je regretterai certainement ces ébauches, pour me remettre devant moi l'histoire de mes tâtonnements ; et, si je ne les détruis pas, je n'arriverai point à mon but.

Vous voilà au courant : heur et malheur, je vous ai tout dit. A votre tour, écrivez-moi bientôt, pour me dire ce que vous devenez.

Hermann et ses fidèles n'ont donc pas eu grand succès. L'âge d'or n'a pas trop gâté ses descendants.

Adieu.

Iéna, le 22 mai 1803.

GOETHE.

255.

Weimar, le 21 mai 1803.

Je vous félicite d'être parvenu à dompter votre matière. Puissiez-vous une bonne fois rejeter au loin toutes ces scories de monde scolaire dût-il en résulter une planète destinée à se mouvoir éternellement autour de vous !

Moi aussi, je suis tourmenté, mais par une matière d'un autre genre. Au moment où je suis en train de dire un mot sur le chœur tragique pour en faire une préface à ma *Fiancée de Messine*, les exigences du théâtre et de notre époque viennent m'assaillir, et je ne sais plus comment me tirer d'embarras. Au reste, ce travail m'intéresse beaucoup, et je tâcherai de bien traiter la question, afin de servir la cause que nous défendons tous deux.

Tout est réglé avec Cotta, selon vos désirs. Quant à l'impression de la *Fille Naturelle*, vous pourrez donner vous-même vos instructions à Frommann. J'ai payé d'avance à Chlers la somme de dix louis d'or à valoir sur le compte de Cotta.

Ce dernier semble un peu rassuré sur le succès de *Cellini*; du moins on en a commandé un grand nombre d'exemplaires. Voilà donc cet ouvrage entraîné par le torrent du commerce et de la littérature. Cotta n'ayant pu m'en donner un exemplaire, je suis obligé de vous en demander un.

Voici quelques produits poétique. La *Fête triomphale* est la réalisation d'une idée que je dois à notre petit cercle; elle date de dix-huit mois,

Comme toutes les chansons de société qui ne traitent pas un sujet poétique, tombent dans la platitude des chansons de francs-maçons, j'ai voulu me lancer dans le champ vaste et fécond de l'*Iliade* pour y glaner, ou plutôt pour y puiser à pleines mains.

Adieu. Ne restez pas trop longtemps loin de nous. A ce que j'apprends, Zelter quittera Dresde le 1ᵉʳ juin.

SCHILLER.

256.

Si je tarde encore à vous écrire, je n'en aurai que plus de peine à rompre le silence. Je vous dirai d'abord que j'ai commencé par me débarrasser de toutes sortes d'affaires; j'ai passé ces quelques jours à écrire des réponses et à expédier le plus pressé. De plus, je me suis occupé très-activement de la nouvelle *Revue Critique*, qui promet de s'épanouir à merveille. Il va me falloir huit jours au plus pour rédiger le programme de l'Exposition artistique et des reproductions de Polygnote. Quand tout cela sera entre les mains de l'imprimeur, je verrai s'il n'est pas possible de produire quelque chose de plus agréable. Si je n'y réussis pas, je saurai m'en consoler.

J'ai passé quelques heures charmantes avec Schelder, Hegel et Fernow. Le premier travaille si bien dans le domaine de la botanique, et marche si sûrement dans ce que j'appelle la bonne voie, que j'ose à peine en croire mes yeux et mes oreilles. Car je suis habitué à voir chaque individu se laisser entraîner, par de folles prétentions à l'originalité, à quitter le droit chemin du progrès et de la vraie science pour se jeter dans les sentiers perdus de la fantaisie.

Quant à Hegel, je me suis demandé si l'on ne pourrait pas lui rendre un grand service en lui apprenant à appliquer les règles de la rhétorique. C'est un esprit d'élite, mais il est loin d'être clair dans ses discours.

Fernow est, dans son genre, une bonne et honnête nature; il juge si loyalement, si sûrement les œuvres d'art! Quand je cause avec lui, il me semble toujours que je reviens tout droit de Rome; je sens alors, non sans une certaine confusion, que je me relève, que je gagne à échapper un moment à ce prosaïque entourage de gens du Nord que j'ai subi depuis de si longues années, et qui finit par déteindre plus ou moins sur nous.

Chose curieuse! l'histoire, qui est si grande lorsqu'elle traite des sujets dignes d'elle, peut encore avoir une certaine valeur et une certaine portée, lorsque le sujet est vulgaire et même absurde

Mais quand il faut que la forme fasse tous les frais, l'art est tombé bien bas; c'est là un signe qui ne trompe jamais.

Du reste, ces messieurs sont partis ou vont partir, et personne ne songe à se dire que c'est une perte. Quand le meilleur citoyen d'une ville vient à mourir, la cloche appelle, sans doute, tout le monde à ses funérailles; mais la masse des survivants s'en retourne à la maison avec la certitude que la chose publique peut et doit marcher et marchera son train comme devant.

Là-dessus, adieu. Travaillez avec succès, si les circonstances vous le permettent. Écrivez-moi de temps à autre ; quant à moi, je me ferai une loi de vous donner de mes nouvelles au moins tous les huit jours.

Iéna, le 27 novembre 1803.

GOETHE.

257.

Weimar, le 30 novembre 1803.

Au fond de la solitude où je vis, je ne m'aperçois de la marche du temps qu'à la décroissance continue des jours. Grâce à l'absence de toute distraction et à ma persistance, mon travail ne subit pas d'arrêt, bien que tout mon être souffre du poids de la mauvaise saison.

Votre lettre me prouve que vous êtes dispos, et je vois avec plaisir que vous faites plus ample connaissance avec Hegel. Il serait difficile, je crois, de lui donner ce qui lui manque ; cette absence de clarté est, en somme, notre défaut national qui se compense, du moins aux yeux d'un auditeur allemand, par des qualités toutes germaniques, la profondeur, la bonne foi et la solidité.

Tâchez donc de rapprocher Hegel et Fernow ; on arriverait, je pense, à les compléter l'un par l'autre. Le contact de Fernow forcera Hegel d'imaginer une méthode d'enseignement, afin de lui faire comprendre son idéalisme ; quant à Fernow, il faudra qu'il aille un peu plus au fond des choses. Lorsque vous les aurez réunis quatre ou cinq fois et que vous les aurez fait causer, il se trouvera certainement des points de contact entre eux.

Le professeur Rehberg a passé par Weimar il y a huit jours. Vous pourrez mieux m'édifier sur son compte que je n'ai pu le faire moi-même, car je n'avais jamais entendu parler de lui. Il a de l'estime et du goût pour tout ce qui est allemand, mais je ne sais pas s'il est organisé de manière à concevoir l'idéalisme. L'aimant boréal semble agir puissamment sur les Allemands qui vivent en Italie ; car, en plein Midi, ils s'inquiètent à l'excès de ce que nous faisons dans le Nord.

On dit à Weimar que les gens de Halle sont parvenus à faire interdire la *Gazette d'Iéna* en Prusse. J'ai peine à le croire ; écrivez-moi donc ce qu'il en est.

Thibaut, que j'ai vu récemment, augure aussi le plus grand bien de la *Gazette d'Iéna*. D'ordinaire il avait de grandes inquiétudes, et ne voulait point croire au succès de cette publication.

Vous ne me dites pas un mot de Voss ; saluez-le de ma part quand vous le verrez, et donnez-moi de ses nouvelles.

Mme de Staël est réellement à Francfort, et nous pouvons nous attendre à recevoir bientôt sa visite. Pour peu qu'elle comprenne l'allemand, nous en aurons raison, j'en suis sûr ; mais lui exposer notre religion en phrases françaises, et triompher de la volubilité française, c'est une tâche par trop rude. Elle nous donnerait plus de fil à retordre que Camille Jourdan à Schelling. Le Français se présentait armé des idées de Locke. — « Je méprise

Locke, » dit Schelling, et du coup il réduisit son adversaire au silence.

Adieu.

Schiller.

258.

M. le conseiller du gouvernement Voigt est venu me voir cet après-midi, et m'a empêché de vous écrire ; en revanche, je l'ai prié d'aller bientôt chez vous, et de vous annoncer que notre entreprise littéraire est en bonne voie. Si vous n'aviez pas, pour le moment, choisi le meilleur lot, je vous prierais de nous donner bientôt un témoignage matériel de votre approbation.

Ce travail est pour moi une école nouvelle et singulière. La chose a son bon côté, parce qu'avec l'âge l'activité créatrice diminue, et que, par suite, on peut donner plus d'attention aux affaires des autres.

En ce moment je suis occupé de mon programme ; il comprend deux parties, la critique des œuvres exposées, et la mise en lumière des restes de Polygnote. Grâce à Meyer, la première partie de la besogne est toute préparée ; il a parfaitement examiné et exprimé toutes les idées qui méritent d'être prises en considération ; cependant il faut que je refonde entièrement plusieurs passages, et c'est une lourde tâche.

Quant aux restes de Polygnote, j'ai fait mon possible ; mais, pour réunir et pour rédiger tout ce qu'il y a à dire là-dessus, j'aurai encore besoin de quelques matinées. Quoi qu'il en soit, ce travail mène dans de fort belles régions; il faudra qu'à l'avenir il donne à notre publication une toute autre tournure. Puis viendra l'impression; si bien que je ne serai pas débarrassé de toute la besogne avant quinze jours. Cette fois-ci le programme comprendra environ quatre feuilles.

Je n'ai vu Voss qu'une fois; par suite de l'humidité j'ose à peine m'aventurer jusqu'à la rue du Ruisseau. Il est maintenant occupé à compulser Burkhardt Waldis, pour consigner dans son dictionnaire les mots et les locutions dont se sert cet auteur. Il faut que je recommence à m'habituer à son voisinage et à son cercle, et que j'apprenne à dompter mon impatience au contact de sa douceur. S'il m'était permis de songer à la poésie, je reprendrais avec lui nos lectures d'autrefois; car c'est là le vrai moyen de se trouver tout de suite au beau milieu de l'intérêt.

Knebel a loué un logement dans la maison de Hellfeld, près de la Porte-Neuve, dans le voisinage de votre ancienne demeure, et assez loin de Voss pour n'être pas incommodé du rigorisme de celui-ci. Par contre, il ne troublera pas l'eau de notre prosodiste, car celui-ci demeure en amont, et l'autre en aval du ruisseau.

Le conseil que vous me donnez de rapprocher Fernow et Hegel a déjà reçu un commencement d'exécution. Du reste, demain soir je donnerai un thé où se rencontreront les éléments les plus hétérogènes.

Le pauvre Vermehren est mort. Il est probable qu'il vivrait encore s'il avait continué à faire des vers médiocres ; c'est son emploi dans les postes qui l'a tué. Je termine en vous envoyant mes salutations bien affectueuses.

Iéna, le 2 décembre 1803.

GOETHE.

259.

Il était à prévoir qu'on me rappellerait dès que Mme de Staël serait arrivée à Weimar. Je m'étais consulté pour ne pas être pris au dépourvu, et j'avais pris à l'avance la résolution de rester ici. Dans ce mauvais mois de décembre surtout, j'ai tout juste assez de forces physiques pour suffire à ma tâche ; j'ai peine à fournir le contingent que j'ai promis pour notre difficile et délicate entreprise. Il faut que je revoie l'ensemble du travail, quant au fond, et que je descende jusqu'aux détails typographiques ; de plus l'impression du programme, qui n'est pas mal épineuse à cause des tables de Polygnote, demande à être revue souvent. Combien de jours faudra-t-il donc dépenser encore jusqu'à ce que tout soit achevé, et que notre publication paraisse avec avantage, malgré l'opposition passionnée qu'elle rencontre ? Vous, cher ami, vous compatissez certainement à l'horreur de ma situation; Meyer me soulage de son mieux, il est vrai ; mais personne ne peut se rendre compte de mes embarras, car le monde regarde comme facile tout ce qui n'est pas matériellement impossible. Aussi m'obligeriez-vous infiniment si vous consentiez à me remplacer ; je me fais l'effet du plongeur, personne ne s'en douterait ; vous seul me comprenez. Faites donc pour le mieux, dans les limites du possible. Si Mme de Staël veut venir me voir, elle sera la bienvenue. Si je suis prévenu vingt-quatre heures à l'avance, elle trouvera une partie de l'appartement de Loder meublée et prête à la recevoir; je lui promets aussi une bonne table bourgeoise. De cette façon nous nous verrons réellement, nous causerons ensemble, et elle pourra rester aussi longtemps qu'elle voudra. Ce que j'ai à faire ici peut ne demander que quelques quarts d'heure; le reste de mon temps lui appartiendra; mais voyager, arriver par un temps pareil, faire toilette, figurer à la cour, aller dans le monde, cela est tout bonnement impossible; ma résolution à cet égard est inébranlable, comme l'a été la vôtre dans des cas analogues.

J'abandonne tout cela à votre amicale direction ; je désire de tout mon cœur voir de près cette femme remarquable et faire sa connaissance, mais je désire tout aussi vivement qu'elle s'impose pour moi ces quelques heures de route. Elle a dû s'habituer en voyage à être moins bien traitée qu'elle ne le sera ici. Dirigez et maniez cette négociation avec votre dextérité délicate et amicale, et envoyez-moi un exprès, dès qu'il y aura du nouveau.

Bonne chance pour les travaux de votre choix qui mûrissent librement dans votre solitude ! Pour moi, je navigue sur une mer étrangère, je serais même tenté de dire que je ne fais qu'y patauger ; car je suis sevré des joies du dehors, sans trouver en moi-même la moindre satisfaction. Mais, puisque notre séjour ici-bas doit être l'image de l'enfer, ainsi que je l'apprends toujours plus clairement par Homère et Polygnote, je veux bien que l'infernale existence que je mène passe pour une véritable vie. Mille fois adieu, dans le sens céleste du mot !

Iéna, le 13 décembre 1803.
GOETHE.

260.

Weimar, le 14 décembre 1803.

Les raisons que vous invoquez pour ne pas venir à Weimar en ce moment sont absolument sans réplique ; j'ai fait mon possible pour les faire accepter au duc. Il sera certainement bien plus agréable pour Mme de Staël de vous voir loin des mille distractions de la cour. Quant à vous, vos relations avec elle seront, grâce à l'arrangement que vous proposez, réellement attrayantes, tandis que de toute autre manière elles eussent été un fardeau insupportable.

Je m'intéresse vivement à la marche de vos travaux actuels qui s'imposent à vous comme une nécessité, bien qu'au point de vue intellectuel ils n'édifient ni n'établissent rien. Mes travaux, à moi, suivent aussi leur cours et commencent à prendre un corps. Mais ce qui m'ôte un peu de mon entrain, c'est l'impatience des Berlinois, qui me pressent et me harcèlent sans relâche ; je crois toujours voir le dragon qui dévorera mon œuvre à sa sortie toute chaude de ma plume. Je viens de m'assurer une fois de plus, par une lettre de Cordemann, combien l'administration du théâtre de Berlin est vile et méprisable.

Il est certain aujourd'hui que Boettiger ira à Berlin ; nous lui souhaiterons de grand cœur un bon voyage. Dieu veuille qu'il soit remplacé avantageusement ! J'ai songé à Riemer ; il serait désirable de retenir un homme comme lui.

Adieu ; continuez d'être joyeux et dispos, et faites bon ménage avec la pèlerine qui dirige ses pas vers votre sanctuaire. Dès que je saurai quelque chose de positif, je vous ferai signe.

Schiller.

Le duc me fait répondre qu'il vous écrira lui-même, et qu'il me parlera au spectacle.

Tenez bon, quand même il ne céderait pas de bonne grâce au premier moment.

261.

Weimar, le 21 décembre 1803.

La brusque transition du travail et de la solitude aux distractions et au bruit du monde m'a tellement fatigué, tellement énervé cette semaine, qu'il m'a été complétement impossible d'écrire ; aussi ai-je chargé ma femme de vous raconter la vie que nous menons.

Mme de Staël répondra parfaitement à l'idée que vous avez dû vous en faire à priori. Elle est tout d'une pièce, on n'y voit pas un trait étranger et faux, pas un trait pathologique. Voilà pourquoi, malgré l'abîme qui sépare notre nature et notre pensée de la sienne, on se sent parfaitement à l'aise avec elle ; on est disposé à tout entendre de sa bouche et à tout lui dire. C'est un parfait échantillon, une vivante image de l'esprit français dans ce qu'il a de plus cultivé. Dans tout ce que nous appelons philosophie, par conséquent sur les principes essentiels de toutes choses, on est en désaccord avec elle ; on a beau discuter, on n'arrive pas à s'entendre là-dessus. Mais son naturel et son cœur valent mieux que sa métaphysique, et sa belle intelligence s'élève à la hauteur du génie. Elle veut tout expliquer, tout comprendre, tout mesurer ; elle n'admet rien d'obscur, rien d'inaccessible ; ce qu'elle ne peut éclairer de son flambeau n'existe pas pour elle. De là son effroyable aversion pour la philosophie idéaliste, qui, d'après elle, conduit au mysticisme et à la superstition ; l'idéalisme, pour elle, est l'azote qui la fait mourir. La poésie, telle que nous l'entendons, lui fait défaut ; dans l'œuvre du poète elle ne peut s'assimiler que le côté passionné, oratoire et général ; elle n'admirera jamais le faux, mais elle ne reconnaîtra pas toujours le vrai. Ces quelques mots vous prouvent que la netteté, la décision et la vivacité spirituelle de sa nature ne peuvent exercer qu'une influence bienfaisante. La seule chose qui fatigue en elle, c'est sa volubilité sans pareille ; il faut, pour la suivre, se transformer en appareil auditif. Quoique j'aie de la peine à parler couramment le français, je me fais encore assez bien comprendre d'elle ; quant à vous, qui avez beaucoup plus l'habitude de cette langue, vous causerez avec elle le plus facilement du monde.

Voici ce que je vous proposerais : vous viendriez samedi prochain à Weimar pour faire sa connaissance, et le lendemain vous retourneriez à Iéna pour terminer vos affaires. Si Mme de Staël prolonge son séjour ici au delà du nouvel an, vous la reverrez; si elle part avant, elle pourra revenir vous voir à Iéna. L'essentiel, en ce moment, est que vous vous fassiez au plus tôt une idée de l'illustre étrangère, et que vous vous débarrassiez de l'espèce de préoccupation qui vous tourmente. Si vous pouvez venir avant samedi, tout n'en sera que mieux.

Adieu. Il va de soi que je n'ai guère avancé en besogne cette semaine ; pourtant il n'y a pas eu de temps d'arrêt absolu. Quel dommage que cette intéressante visite nous arrive juste au moment où des occupations pressantes, la mauvaise saison et les tristes événements qu'on ne peut pas oublier tout à fait, nous accablent à la fois !

Schiller.

262.

Je viens m'informer de votre santé, et vous demander en même temps si vous ne seriez pas d'humeur à prendre connaissance d'une œuvre poétique. Si vous y étiez disposé, je vous enverrai l'interminable premier acte de *Guillaume Tell*, qu'on me demande à grands cris d'expédier à Iffland. Je n'aimerais pas qu'il sortît de mes mains avant d'avoir été soumis à votre jugement. Malgré les empêchements que le mois de janvier a multipliés autour de moi, mon travail marche assez bien, et j'espère le terminer pour la fin du mois prochain.

Le compte-rendu que vous m'avez envoyé; me paraît indigeste et presque inintelligible. J'ai peur que vous n'ayez souvent encore cette male-chance. D'après cette critique, je n'ai pu me faire aucune idée du livre dont il était question.

Hier j'ai vu la Staël chez moi; je la reverrai aujourd'hui chez la duchesse-mère. C'est toujours la même chanson; on dirait le tonneau des Danaïdes, si l'on ne songeait plutôt à l'histoire d'Ocnos et de son ânesse.

SCHILLER.

263.

Non, ce n'est pas là un premier acte, c'est bien une pièce entière, et, de plus, une pièce excellente. Je vous en félicite de tout cœur, et j'espère voir bientôt la suite. A en juger d'après le premier coup-d'œil, tout est à sa place, ce qui est le grand point quand il s'agit d'œuvres destinées à produire certains effets calculés d'avance. Je n'ai marqué que deux passages. L'un demanderait à être arrondi ; il faudrait, à l'endroit que j'ai indiqué par un trait, ajouter encore un vers, parce que la phrase est coupée trop brusquement. Voici l'observation que me suggère l'autre : le Suisse n'éprouve pas le mal du pays, parce qu'il entend le ranz des vaches sur la terre étrangère ; car, si je ne me trompe, cet air ne se joue qu'en Suisse. Il souffre plutôt parce qu'il ne l'entend pas, parce qu'il manque à son oreille les sons connus qui charmaient sa jeunesse. Mais je ne prétends pas vous donner cela pour article de foi. Adieu. Continuez à nous charmer par les fruits de vos travaux, et à nous préparer de nouveaux sujets d'admiration ; ne ménagez pas les coups dans les querelles de salon ; tressez une bonne corde de jonc et de roseau, pour donner au moins quelque chose à mâcher à vos adversaires.

Recevez mes salutations bien affectueuses.

Weimar, le 13 janvier 1804.

GOETHE.

264.

C'est une grande consolation pour moi que vous soyez content de mon premier acte ; j'avais besoin de ce témoignage réconfortant dans l'atmosphère étouffante où je vis. Lundi je vous enverrai le *Rütli* ; on est en train de le mettre au net ; on peut le lire isolément, comme un morceau détaché.

Il me tarde bien de vous revoir ; quand donc votre porte se rouvrira-t-elle ?

Aujourd'hui, pour la première fois depuis quatre semaines, j'éprouve le désir de retourner au spectacle. Pendant tout ce temps-ci je n'en ai eu nulle envie, parce que le plus souvent on jouait mes propres élucubrations.

Mme de Staël veut passer encore trois semaines ici ; malgré l'impatience française, elle fera, j'en ai peur, une expérience fâcheuse pour elle ; elle verra que nous autres Allemands de Weimar, nous sommes aussi un peuple changeant, et qu'il faut savoir partir à temps. Envoyez-moi encore quelques lignes à titre de bonsoir.

SCHILLER.

265.

Je vous renvoie le *Rütli*, digne de toute louange. L'idée de constituer immédiatement une fédération est excellente ; cela donne à la fois de la dignité et de l'ampleur à l'action. Je suis très-impatient de voir le reste. Puissiez-vous terminer heureusement votre œuvre!

Weimar, le 18 janvier 1804.

GOETHE.

266.

A l'instant même j'étais sur le point de demander de vos nouvelles, car cette longue séparation finit par paraître bien insolite.

Aujourd'hui, j'ai reçu la première visite de Mme de Staël ; l'impression qu'elle m'a laissée est toujours la même. Avec toute sa politesse, elle se conduit assez grossièrement pour une voyageuse chez des hyperboréens dont les beaux et vieux pins et les chênes, dont le fer et l'ambre pourraient encore assez bien se convertir en objets utiles et élégants. Cependant elle nous oblige à exhiber nos vieux tapis pour les lui offrir comme cadeaux d'hospitalité, et nos armes rouillées pour nous défendre.

Hier j'ai vu Müller ; il reviendra probablement aujourd'hui. Je lui transmettrai votre compliment. Il va sans dire qu'il est péniblement surpris de voir la cour de Weimar transformée en hôpital ; car un nouvel arrivant doit être tristement impressionné en apprenant que le duc lui-même garde la chambre. Ce qui me console un peu de toutes ces misères, c'est que votre travail n'a pas été tout à fait interrompu ; ç'eût été, à mes yeux, le seul mal irréparable ; le peu qui me reste à faire n'est pas bien pressé. Tenez-vous tranquille, jusqu'à ce que vous retrouviez la plénitude de votre activité. Demain, de bonne heure, vous aurez des nouvelles au sujet de Müller. Mille salutations affectueuses,

Weimar, le 23 janvier 1804.

Je vous enverrai peut-être encore ce soir le nouveau *Journal littéraire*.

GOETHE.

267.

Je vous envoie mon drame; auquel je ne puis plus rien faire dans les circonstances actuelles. Quand vous l'aurez lu, veuillez me le renvoyer; le copiste des rôles l'attend.

Si la pièce doit être donnée vers Pâques, il faut que nous tâchions d'y mettre la dernière main huit jours *avant*, afin de profiter encore de la présence de Zimmermann, et en considération de la recette; car la société, assez nombreuse en ce moment à Iéna, peut se disperser après Pâques. Ensuite il faudrait, sans tarder, prendre une résolution en ce qui touche l'achat des costumes et la confection des décors; il faudrait aussi ajourner *Macbeth*. L'étude des rôles n'est pas une difficulté puisque le plus long de tous n'a pas une étendue bien considérable.

Vous trouverez ci-joint mon avis sur la distribution des rôles. Vous verrez par là combien il serait difficile de trouver un remplaçant à Zimmermann. Quand même il faudrait se passer de lui après

Pâques, on se tirera mieux d'affaire que si la première impression est manquée.

Je suis très-affecté de tous ces soins et du mauvais temps, et il faut que je garde encore la maison pendant quelques jours. Si vous voulez parler à Becker et à Genast, et vous entendre avec Meyer et Heidlof, l'affaire pourra marcher malgré tout.

Schiller.

268.

Vous avez admirablement réussi, et votre pièce m'a fait passer une bien belle soirée. Il m'est venu quelques scrupules quant à la question de faire jouer votre drame avant Pâques. Si vous voulez faire un tour en voiture vers midi, j'irai vous chercher.

Le 21 février 1804.

Goethe.

269.

Iéna, le 3 août 1804.

Il est vrai que l'alerte a été chaude, et que le mal aurait pu facilement empirer; mais le danger a été heureusement conjuré. J'éprouve un mieux général; pourvu que la chaleur écrasante ne m'empêche pas de reprendre des forces. Un affaiblissement de tout le système nerveux dans une saison pareille, a réellement de quoi vous tuer; aussi, depuis huit jours que mon mal s'est calmé, je sens à peine revenir mes forces, bien que la tête soit assez dégagée, et que j'aie tout à fait recouvré l'appétit.

Je suis heureux d'apprendre que vous avez presque achevé de revoir *Goetz de Berlichingen*, et que nous pouvons compter positivement sur cette fête dramatique.

Le comte Gessler est en ce moment à Iéna ; il y restera probablement encore une huitaine de jours. Peut-être vous déciderez-vous à venir une fois pendant son séjour.

Sans doute la critique de Kotzebue par Bode est une méchante affaire ; mais il serait absolument impossible d'entreprendre la publication d'une Revue générale de la littérature, si l'on voulait y regarder de si près. Mon avis serait donc qu'on fît imprimer cet article à la garde de Dieu, *mutatis mutandis*, et surtout en faisant quelques coupures. Cette critique a du moins l'avantage de rappeler les principaux griefs qu'on a contre Kotzebue ; elle est insuffisante, ce qui ne l'empêche pas d'être fondée en raison.

On m'envoie de Berlin les mélodies ci-jointes pour *Guillaume Tell*. Vous voudrez bien les faire jouer une fois par Detouche ou par quelque autre personne, afin de voir ce qu'elles valent.

Chez moi tout le monde va bien ; la famille tout entière vous fait ses meilleures amitiés.

Adieu. Rappelez-moi au souvenir de mes amis ; surtout ne m'oubliez pas auprès de Mme de Stein.

SCHILLER.

270.

J'ai été bien heureux de revoir votre écriture. Votre accident, que je n'ai appris que très-tard, m'a donné des accès d'impatience et de colère; c'est ainsi que le chagrin se traduit ordinairement chez moi. Je me réjouis de tout mon cœur d'apprendre que vous allez mieux. Tenez-vous bien tranquille par cette chaleur énervante.

Je vous envoie une lettre que Zelter nous adresse à tous deux. C'est une vaillante et riche nature; cet homme-là aurait dû naître dans un siècle plus rude, sous des papes et des cardinaux. Il fait pitié quand on le voit se morfondre dans ce sable haletant après son véritable élément.

Le comte Gessler vous envoie ses meilleures amitiés. Si c'est possible, je viendrai à Iéna la semaine prochaine.

En ce qui concerne la critique de Kotzebue, je me range à votre avis. Si vous vouliez consulter le conseiller aulique Eichstaedt, sur cette question, cette cargaison pourrait s'expédier à son tour.

J'apprends avec un vif plaisir que les vôtres, grands et petits, se portent bien, et je désire me retrouver bientôt auprès de vous.

Mes respects à Mme de Wolzogen.

Weimar, le 5 août 1804.

GŒTHE.

271.

Recevez, avec mes souhaits de bonne année, tout un paquet de drames. Comme vous les regarderez sans doute d'un œil favorable, vous voudrez bien consacrer quelques mots à chacun. Nous finirons tout de même par arriver à un résultat. N'est-ce pas qu'Oels n'a pas de rôle dans *Phèdre?* Il m'a demandé un congé, que je lui accorde d'autant plus volontiers.

Ne m'enverrez-vous pas bientôt quelques actes? Le terme fatal avance à vue d'œil.

GOETHE.

272.

Dites-moi, bien cher ami, un mot de vous et de vos travaux. J'ai essayé de tâter du grand, du beau monde, mais je ne m'en suis pas très-bien trouvé. Me voilà de nouveau consigné pour quelques jours au moins. Aussi vous serai-je reconnaissant si, du haut de votre donjon, vous m'envoyez un rayon de soleil; en même temps je voudrais vous demander si votre dame consentirait à venir demain matin fêter le jeudi avec ses amies. Bonne santé ; que la muse vous soit favorable !

Le 9 janvier 1805.

GOETHE.

J'apprends à l'instant que Son Altesse nous honorera demain de sa présence. Vous seriez bien aimable si vous vous décidiez à venir, et à être de la fête.

273.

Le 14 janvier 1805.

Je suis désolé d'apprendre que vous gardez la maison malgré vous. Malheureusement nous avons lieu de nous plaindre de notre santé tant que nous sommes ; mais le moins malheureux est encore celui qui s'est familiarisé à la longue avec l'habitude de souffrir. Je suis très-content d'avoir pris et exécuté la résolution de traduire une œuvre étrangère. Du moins j'ai produit quelque chose pendant ces tristes jours ; j'ai vécu, j'ai agi : tout n'est donc pas perdu. Je vais consacrer la semaine prochaine à tâcher de me mettre dans la disposition d'esprit nécessaire pour composer mon *Démétrius*. Réussirai-je ? J'en doute. Si j'échoue, il faudra que je déterre une nouvelle occupation à moitié mécanique.

Je vous envoie ce qu'il y a de recopié ; demain Rudolph finira de mettre tout au net.

Veuillez revoir ces premières feuilles, les confronter de temps à autre avec l'original, et marquer au crayon les passages dont vous ne serez pas satisfait. J'aimerais à être en règle le plus tôt possible, c'est-à-dire avant que l'on commence à copier les rôles.

Si l'on attaque ce travail après-demain, la lecture pourra avoir lieu dimanche; nous aurions donc encore dix jours devant nous jusqu'au 30.

Le duc me permet de lire les *Mémoires* de Marmontel que vous avez entre les mains. Veuillez donc me les envoyer, si vous n'en avez plus besoin.

Hier encore, la grande-duchesse parlait avec beaucoup d'intérêt de la lecture que vous avez faite récemment. Elle se réjouit d'assister encore à plus d'une séance de ce genre.

Adieu. Donnez-moi bientôt de vos nouvelles

Si vous n'étiez pas d'humeur à lire les feuilles que je vous envoie, vous m'obligeriez en me les retournant aussitôt; cela me donnerait le temps de les faire recopier.

SCHILLER.

274.

Soit que, d'après l'ancienne école, les *humores peccantes* se promènent dans le corps, soit que, d'après la doctrine moderne, les parties relativement plus faibles soient en *désavantage*, toujours est-il que chez moi c'est tantôt une partie et tantôt une autre qui cloche. Le mal est sorti des intestins pour gagner le diaphragme, envahir ensuite la poitrine, passer dans le cou et se jeter enfin sur l'œil, où sa présence est plus désagréable que partout ailleurs.

Je vous remercie d'avoir bien voulu assister à la représentation d'hier. Comme la pièce a été favorablement accueillie, on pourra y faire encore mainte correction nouvelle; car je l'ai déjà retouchée en différents endroits. Le grand point, à mes yeux, c'est d'atténuer et de gazer ce qui choque encore trop ouvertement la bienséance, et d'introduire dans la pièce, en la remaniant, un peu plus de gaîté, d'intérêt et de sentiment. Les quelques répétitions en chambre auxquelles j'ai assisté m'ont suggéré plus d'une idée nouvelle. Je vous enverrai à l'occasion l'exemplaire destiné au théâtre; ainsi vous serez, dès à présent, à même d'apprécier les changements indiqués ci-dessus, et de me donner votre avis au sujet d'autres corrections à faire. On pourra aussi pousser davantage les acteurs, la chose en vaut la peine; car il est plus important qu'on ne croit d'avoir une pièce de plus au répertoire.

Je vais m'occuper incessamment du *Général citoyen*. J'avais songé un moment à supprimer tout à fait la figure solennelle du gentilhomme; mais il faudrait qu'il me vînt une idée heureuse pour réunir à la fin tous les éléments contraires au moyen d'une bonne bourde, afin de se dispenser de recourir au *Deus ex machinâ*. Il faudrait examiner cela à l'occasion.

Comme Œls doit rester en congé jusqu'au 26, il faudra sans doute s'en tenir à la première distribution des rôles. Apprenez-moi, je vous prie, où vous en êtes, et quand vous pensez pouvoir faire l'épreuve de la lecture.

Comme je suis encore condamné à garder la maison pendant quelque temps, vous trouverez peut-être dans l'après-midi un moment pour venir me voir. Je vous enverrais ma voiture.

Adieu. Tâchez de trouver quelques idées nouvelles.

GOETHE.

275.

Vous savez vous-même que, lorsque l'idée m'est venue de faire cette traduction, j'ai compté sur Mme Becker, et si bien compté sur elle que, pour lui donner un beau rôle, j'ai choisi *Phèdre* de préférence à *Britannicus*; aussi vous figurez-vous sans peine combien je dois trouver étranges les bruits qu'on fait circuler. Je ne sais vraiment pas ce qui peut avoir donné naissance à ces commérages, à moins que ce ne soit le fait suivant. Quand Œls, avant de partir pour Berlin, me demanda si j'avais des commissions pour cette ville, je lui dis que je travaillais à une pièce où il y aurait un rôle intéressant pour Mme Unzelmann. Comment a-t-on pu en conclure que Mme Unzelmann allait venir jouer ce rôle *ici*? Je n'y comprends rien.

Dieu merci, tout se passe sans accident fâcheux pour mes enfants; et ils iront de nouveau bien dans quelques jours, je l'espère. Moi, je ne suis pas encore délivré de mon catarrhe, bien que le mal ait diminué. Les *Mémoires* de Marmontel m'intéressent beaucoup; surtout les événements qui amènent la Révolution sont supérieurement racontés. J'aurai grand plaisir à m'entretenir avec vous de Necker, quand nous nous reverrons; car je suis sûr que vous le connaissez par ses écrits, et que vous savez jusqu'à quel point ce qu'en dit Marmontel est vrai.

SCHILLER.

276.

Je vous renvoie en attendant ce que j'ai lu du *Neveu de Rameau;* vous recevrez le reste demain. J'ai trouvé fort peu de remarques à faire; encore doit-il y avoir dans le nombre plus d'un détail qui n'a frappé que moi.

J'ai regardé avec soin si la traduction du français *vous* par *ihr* n'était pas quelquefois inconvenante; mais je n'ai rien remarqué de ce genre. En tout cas cela valait mieux que d'employer *sie*.

Pour ce qui concerne la décence, je n'ai pas grand'chose à dire. A tout hasard on pourrait se contenter des lettres initiales pour les mots trop libres, et respecter ainsi la bienséance sans sacrifier la chose elle-même.

Ma maison continue de ressembler à un hôpital; cependant le médecin nous rassure au sujet de l'indisposition du petit, et nous promet que cela ne sera rien.

Seriez-vous disposé à vous occuper un peu de *Phèdre?* Je ne veux parler que de la direction des acteurs; il faudrait peut-être surtout tâcher d'amener Hippolyte sur la bonne voie. L'autre jour, en lisant son rôle, il mettait trop de violence dans son débit ; il croit être fort et pathétique en exagérant le ton.

Adieu. Puissions-nous vous voir apparaître bientôt comme un bon génie !

SCHILLER.

277.

S'il ne vous répugne pas d'écrire quelques mots, dites-moi donc comment vous vous portez. Je ne puis rien apprendre de positif sur votre compte, malgré tout l'intérêt que je vous porte.

Quant à moi, j'ai retrouvé le calme, le repos et la liberté d'esprit. Mais je ne puis encore rien produire, ce qui me contrarie un peu, car je voudrais me débarrasser de l'étude sur Winckelmann.

Qu'il me tarde de vous revoir ! A bientôt, j'espère.

Le 22 février 1805.

GOETHE.

278.

22 février 1805.

Je suis heureux de revoir quelques lignes de votre main : je me reprends à espérer, et à croire que notre bon vieux temps reviendra, bien que parfois je me dise que c'est bien fini. Les deux assauts que j'ai eu à supporter dans l'espace de sept mois m'ont ébranlé jusque dans les racines de l'existence ; j'aurai de la peine à me remettre.

Il est vrai que mon mal actuel semble n'avoir été causé que par l'épidémie régnante ; mais la fièvre était si forte, et elle m'a surpris dans un tel état d'affaiblissement que je suis abattu comme si je venais de faire la maladie la plus grave. J'ai surtout de la peine à triompher d'une espèce de découragement qui, dans ma situation, est le pire des maux.

Il me tarde de savoir si le manuscrit du *Neveu de Rameau* est à l'impression. Gœschen ne m'en a rien dit ; du reste, depuis quinze jours je ne sais plus ce qui se passe dans le monde.

Puisse votre santé se rétablir de jour en jour, d'heure en heure, et la mienne aussi ! Puissions-nous avoir bientôt la joie de nous revoir !

SCHILLER.

279.

Je vous envoie le *Neveu de Rameau*, avec prière de l'expédier demain par la malle-poste à Leipzig. Vous voudrez bien avoir la bonté de garantir le manuscrit par une solide couverture. Il peut s'expédier tel qu'il est ; mais il faudra retoucher plus d'un endroit quand il reviendra de l'impression. Mettre la dernière main à un travail de ce genre, ce n'est pas l'affaire d'un convalescent.

Quand j'aurai terminé l'essai sur Winckelmann, je verrai s'il me reste assez de temps et de courage pour ajouter à la traduction du *Neveu de Rameau* mes remarques littéraires par ordre alphabétique.

J'ai joint au manuscrit quelques indications qui pourront guider un peu l'imprimeur.

Pour toutes sortes de bonnes raisons je serais bien aise de lire *Phèdre*.

Au reste, il faut nous résigner, et faire ce qui est faisable, en attendant mieux. Je sors tous les jours en voiture et refais peu à peu connaissance avec le monde.

J'espère vous voir bientôt, et je souhaite de vous trouver plus vaillant.

GŒTHE.

Je vous envoie ci-joint les gravures pour le *Tell*, et quelques nouveautés de différents genres.

280.

Comme vous aimez sans doute à lire dans la situation où vous êtes, je vous envoie un paquet respectable de journaux littéraires et nos *Winckelmannia*, etc., que vous ne connaissez pas encore, je crois. Je me suis égaré de nouveau dans la littérature française, afin d'arriver à compléter les notes que vous savez ; je finirai bien par obtenir un résultat.

Mon état semble s'améliorer. Et le vôtre ? Je soupire après le moment où je pourrai vous revoir.

Le 26 février 1805.

GŒTHE.

281.

J'ai lu avec grand plaisir la série des comptes-rendus esthétiques que vous m'avez envoyés ; on reconnaît du premier coup de quelle plume ils sont sortis. Si vous pouviez vous décider à faire quelquefois des excursions de ce genre dans le domaine de la critique, quand même vous ne procéderiez que par boutades, vous rendriez grand service à la bonne cause en général, et à la *Gazette d'Iéna* en particulier. C'est précisément cette façon créatrice de reconstruire un ouvrage et de ressusciter un auteur, cette indication précise des points saillants qui manque dans toutes les critiques, et c'est pourtant le seul moyen d'arriver à un résultat.

En même temps ces comptes-rendus sont écrits dans un style agréable et enjoué qui charme le lecteur. Vous devriez passer en revue le théâtre de Kotzebue, et faire sur ce sujet une série d'articles conçus dans le même esprit et écrits dans le même ton ; cela ne vous coûterait que la peine de dicter, et vous fournirait, j'en suis sûr, des saillies non moins heureuses que celles du philistin de Nuremberg, qui a conscience de sa haute valeur.

J'aimerais bien lire le *Dimanche matin* dans une langue poétique à la fois pure et littéraire, parce que le dialecte allemanique est toujours un peu embarrassant à lire. Ce petit poème est un vrai bijou; il est écrit avec un charme irrésistible.

Merci pour les lettres de Winckelmann. Cette lecture tombe bien à propos pour hâter ma convalescence. Le mieux se soutient, et je compte me risquer incessamment au grand air.

Voudriez-vous me procurer la traduction de Nestor par Schloezer, ou du moins m'indiquer où je puis trouver cet ouvrage?

Continuez à reprendre de la vie et de la gaité. Peut-être, si le vent s'apaise, m'aventurerai-je à sortir demain, et à pousser jusque chez vous.

SCHILLER.

282.

Le 27 mars 1805.

Dites-moi donc quel a été ces jours-ci l'état de votre santé. Enfin je me suis remis sérieusement à mon travail; je m'y cramponne, et j'espère ne plus m'en laisser distraire si facilement. Après ces longues pauses, après tous ces fâcheux incidents, j'ai eu de la peine à reprendre mon assiette, et il a fallu me faire violence. Mais à présent me voilà lancé.

Ce vent froid de nord-ouest retardera votre rétablissement, j'en ai peur; quant à moi, il m'est très-contraire. Pourtant j'ai moins souffert que d'habitude de ce mauvais temps.

Voudriez-vous m'envoyer pour Gœschen le texte français du *Neveu de Rameau*? Je vais lui recommander très-sérieusement de vous expédier les bonnes feuilles, dès qu'elles seront tirées.

Adieu. Je soupire après une ligne de votre main.

SCHILLER.

283.

Je vous remercie de tout cœur d'avoir bien voulu relire mon manuscrit, et je suis heureux de voir que nous sommes du même avis, sur les obligations dont nous avons parlé. On éprouve une singulière impression quand on se reporte vers un passé si récent, vers des jours qui se ressemblent si peu. A l'occasion, nous examinerons la question de plus près ; nous songerons à la disposition des matières et à la continuation du sujet.

Hier j'ai envoyé à l'imprimeur les trois esquisses sur Winckelmann. Je ne sais quel peintre ou quel dilettante a écrit au bas d'un tableau : *in doloribus pinxit*. Cette épigraphe conviendrait assez à mon travail actuel. Je n'ai qu'un désir c'est que le lecteur ne s'aperçoive de rien, de même qu'on ne devinait pas sous les plaisanteries de Scarron les souffrances du goutteux.

Je me suis mis à rédiger mes notes sur le *Neveu de Rameau ;* me voilà entraîné dans le vaste domaine de la musique. Je me contenterai de tracer quelques grandes lignes, et je tâcherai de sortir au plus vite de ce champ qui m'est à peu près inconnu.

Je vous félicite de votre ardeur, et je me réjouis de voir bientôt un échantillon de votre travail.

Weimar, le 20 avril 1805.

GOETHE.

284.

Je vous communique ce qu'on m'a envoyé hier de Leipzig. Goeschen semble renoncer à mes notes, alors que moi-même je n'avais cessé d'y travailler. Les voici.

Ayez la complaisance de les lire et de souligner ce que vous y trouverez de trop paradoxal, de trop risqué et de trop maigre, afin que nous puissions en causer. Mon avis serait qu'on revît à fond, avant de les envoyer à l'impression, les feuilles dont il s'agit, bien qu'elles n'épuisent pas même la moitié des noms qui figurent dans le dialogue ; car les points essentiels qu'il faut mettre en lumière, y sont déjà traités. Le reste a un caractère plus accidentel et plus biographique ; nous sommes trop éloignés du temps et des lieux pour pouvoir entrer dans des détails précis et complets. Les noms d'artistes dramatiques, tels que ceux de La Clairon, de Préville, de Dumesnil, sont déjà connus, et n'ont d'ailleurs pas très-grande importance dans le dialogue. Bref, je le répète, ayez la bonté de lire ces feuilles, d'examiner la question, et d'en conférer avec moi l'un de ces jours.

Adieu ; recevez mes meilleures amitiés.

Weimar, le 23 avril 1805.

GOETHE.

285.

Vos notes sont excellentes ; on peut les lire indépendamment du texte, qu'elles éclairent d'ailleurs d'une lumière très-vive. Ce que vous dites du goût français, des auteurs et du public en général, vos rapides digressions sur l'Allemagne, tout cela est aussi heureux et aussi juste que vos remarques sur la musique et les musiciens, sur Palissot et sur d'autres, sont un commentaire judicieux et instructif de l'œuvre traduite. La lettre de Voltaire à Palissot et le passage où Jean-Jacques parle de Rameau font très-bon effet.

J'ai trouvé peu d'observations à faire; mes critiques ne portent d'ailleurs que sur l'expression. J'excepte pourtant un court passage sur l'article *Goût*, que je n'ai pas trouvé tout à fait irréprochable.

Comme ce travail me semble achevé, il s'agirait de savoir si l'on ne pourrait pas l'expédier par le courrier de demain. J'y ai trouvé quinze articles qui ont par eux-mêmes un intérêt suffisant, il n'en aurait fallu que la moitié pour justifier ces annotations. J'évalue le tout à trois feuilles d'impression au moins; ce qui peut s'appeler une assez belle abondance de matières.

Bonne santé; puisse le mieux continuer toujours! N'oubliez pas de m'envoyer *Elpénor*.

Le 24 avril 1805.

SCHILLER.

286.

Weimar, avril 1805.

Vos lignes de Voltaire terminent les notes d'une manière très-agréable, vous renvoyez le lecteur avec une bonne provision d'idées pour la route.

Pourtant c'est précisément sur ce dernier article que je ne suis pas tout à fait d'accord avec vous ; je n'admets pas entièrement l'énumération des qualités qu'il faut pour faire un bon écrivain, ni l'application que vous en faites à Voltaire.

Il est vrai que l'énumération de ces qualités ne doit être qu'un détail empirique des épithètes qu'on se sent disposé à employer quand on lit les bons écrivains ; mais quand ces qualités sont enfilées l'une à la suite de l'autre, on est tout surpris de voir les genres et les espèces, les couleurs principales et les nuances figurer sur la même ligne. Du moins j'aurais évité dans cette liste les termes généraux et compréhensifs, tels que *génie, intelligence, esprit, style*, etc., et je me serais renfermé dans un cercle d'expressions restreintes et de nuances spéciales.

Ensuite je trouve qu'il manque à votre liste certaines qualités particulières, telles que : *caractère, énergie, chaleur*. Ce sont elles précisément qui font la valeur et la force de tant d'écrivains ; or il n'y a pas moyen de les faire rentrer dans celles que vous avez mentionnées. Sans doute il sera difficile d'assigner un caractère défini à ce Protée qu'on appelle Voltaire.

Par contre, en refusant à Voltaire la *profondeur*, vous avez mis le doigt sur un des grands défauts de cet écrivain. Pourtant vous auriez bien fait, selon moi, de parler de cette heureuse simplicité que nous appelons *Gemüth*, et qui manque à Voltaire aussi bien qu'à tous les Français en général. Je cherche en vain dans votre énumération la *tendre naïveté* et le *cœur* ; sans doute les qualités sont contenues, en partie du moins, dans d'autres que vous citez ; mais les mots qui les désignent n'ont plus tout le sens qu'on y attache d'ordinaire.

Enfin je livre à vos réflexions la question suivante : Louis XIV, qui, au fond, était un caractère très-faible, qui personnellement n'a jamais accompli de grands exploits guerriers, et dont l'orgueilleuse puissance n'était, après tout, que l'œuvre de deux grands ministres qui avaient gouverné la France avant lui et qui lui avaient frayé la voie, Louis XIV représente-t-il plus que Henri IV le caractère du souverain français ?

Ce *heteros logos* m'est venu à l'esprit pendant que je lisais vos notes ; je n'ai pas voulu le garder pour moi.

SCHILLER.

287.

Ayez la bonté d'envoyer à Leipzig la petite note que voici ; vous voudrez bien aussi lire à l'occasion le présent essai sur l'histoire des couleurs. Gardez le manuscrit jusqu'à ce que je vous envoie la fin de ce chapitre. En tête se trouve un petit aperçu de l'ensemble.

GOETHE.

FIN.

Coulommiers. — Typ. P BRODARD et GALLOIS.

www.ingramcontent.com/pod-product-compliance
Lightning Source LLC
Chambersburg PA
CBHW071040240526
45471CB00014B/10